KB173509

인간 이하

LESS THAN HUMAN

Text Copyright © 2011 by David Livingstone Smith

Published by arrangement with St. Martin's Publishing Group. All rights reserved.

Korean Translation Copyright © 2022 by WHALEBOOKS

Korean edition is published by arrangement with St. Martin's Publishing Group through Imprima Korea Agency.

이 책의 한국어판 저작권은 Imprima Korea Agency를 통해
St. Martin's Publishing Group과의 독점 계약으로 웨일북에 있습니다.
저작권법에 의해 한국 내에서 보호를 받는 저작물이므로 무단 전재와 무단 복제를 금합니다.

인간 이하

데이비드 리빙스턴 스미스 지음 | 김재경·장영재 옮김 | 박한선 감수

Less Than Human

타인을 인간 이하로 보는
비인간화에 대한 거의 모든 역사

whale books

일러두기

- 외국 인명, 지명은 외래어 표기법을 따르되 관용적인 표기와 동떨어진 경우 절충해 실용적 표기법을 따랐다.
- 국내에 소개된 작품명은 번역된 제목을 따랐고, 소개되지 않은 작품명은 우리말로 옮겼다.
- 책, 신문, 잡지는 겹격쇠(《 》)로, 영화, 곡, 수필, 시는 홑격쇠(〈 〉)로 묶었다.

로라 포레스터 밀러 고모를 위하여

나는 더러운 노예들이 무엇이 되기를
당신이 원하는지 이해한다.
나는 당신의 야만인, 당신의 테러리스트,
당신의 괴물이다.

— 알리 알리자데 Ali Alizadeh, 〈당신의 테러리스트 Your Terrorist〉

인류의 잔인한 본성은
과거의 유물이 아니다

편견과 차별, 폭력과 잔혹함의 뿌리를 파헤친 이 책은 인간의 민낯을 적나라하게 보여준다. 인권과 인간애를 끊임없이 외치면서도 다른 사람을 인간만 못한 존재로 여기는 비인간화의 일상에 무시무시한 폭력이 숨어 있음을 폭로한다. 인간의 폭력성에 관심이 있다면 꼭 읽어야 할 책이다.

"히틀러와 스탈린이 사라진다고 전체주의가 사라지는 것은 아니다." 왜 우리는 폭력적이고 잔혹한 전체주의의 유혹에 빠지는 것인가? 한나 아렌트는 옳고 그름을 스스로 판단할 능력이 없으면 보통 사람도 엄청난 범죄를 저지를 수 있다는 '악의 평범성'이 문제라고 지적한다면, 스미스는 다른 사람을 종종 인간 이하의 존재로 여기는 사고방식인 '비인간화'가 그 원인이라고 말한다. 인권 사상이 보편화된 오늘날에도 다른 사람을 비하하고, 노예화하고, 말살하는 잔학 행위를 가능하게 만드는 것은 무엇일까? 인간처럼 보인다고 모두 인간인 것이 아니라 하위인간에게는 인간을 인간답게 만드는 무언가가 결여되어 있다는 생각이 지배하는 한, 비인간화는 쉽게 일어난다. 이렇게 우리는 다른 사람을 개나 쥐와 같은 짐승, 바퀴벌레, 해충으로 부름으로써 인간 이하의 존재로 비하한다. 이러한 사고방식에서 잔혹한 행동으로 이어지는 길은 짧다. 다른 인간을 죽이는 것은 잘못된 일이지만, 쥐를 박멸하는 것은 당연한 일이기 때문이다. 우리는 다른 사람에 대한 이러한 사고방식을 인종차별과 외국인 혐오, 전쟁과 대량 학살에서 발견한다.

비인간화가 문화가 아니라 진화론적으로 발전한 인간 본성에 뿌리를 두고 있다는 스미스의 인식은 섬뜩하게 냉철하고 강렬하다. "정확히 누가 '인간'이라는 범주에 들어가는가?"라는 인간 본성에 관한 질문은 언제나 인간이지만 인간이 아닌, 인간만 못한 존재를 만들어낸다는 주장은 매우 독창적이다. 비인간화는 결코 과거의 유물이 아니다. 히틀러와 스탈린, 공산주의자와 테러리스트처럼 우리가 악마시하는 괴물의 특성도 아니다. 우리는 모두 다른 사람을 인간 이하의 존재로 여기는 비인간화의 대상이 될 수도 있고, 동시에 주체도 될 수 있다. 비인간화가 차별과 편견, 폭력과 잔혹함의 뿌리라는 점을 파헤친 이 책이 지금도 여전히 시의적절한 이유이다.

이진우
포스텍 명예교수

차례

1장 **인간만 못한 존재**

인종 청소 프로젝트의 비밀

2장 **비인간화 이론의 단계**

존재의 대사슬에 자리한 두 인간

어딘가 열등한 종족

> 우리는 다음과 같은 사실들을 자명한 진리로서 받아들인다.
> 즉, 모든 인간이 평등하게 창조되었다는 사실, 창조주께서 모든 인간에게
> 양도 불가능한 권리를 부여하셨다는 사실, 그 권리 중에
> 생명과 자유를 누릴 권리와 행복을 추구할 권리가 있다는 사실을 믿는다.
>
> —토머스 제퍼슨, 〈미국 독립선언서〉

많은 사람이 독립선언서의 이 대목을 경건한 마음을 담아 인용하고는 한다. 여기에 담긴 사상, 즉 모두가 인간이라는 이유만으로 기본적인 권리를 가지고 태어난다는 사상은 충분히 공감할 만하며 찬사를 받아도 이상하지 않다. 하지만 제퍼슨이 남긴 말은 의문 하나를 남긴다. 정확히 누가 '인간'이라는 범주에 들어갈까?

제퍼슨이 살던 당시에는 그 답이 명확하지 않았다.[1] 계몽주의적 시각에 따르면 인간은 존엄한 존재였지만 그렇다고 노예제도가 가져다주는 경제적 이점을 포기할 수는 없었다. 양심의 목소리를 들어야 할지 이기심을 채워야 할지 갈피를 잡지 못하는 사람들에게 한 가지 해결책이 있었다. 바로 아프리카 노예가 인간이라는 사실을 부정하는 것이었다.

이런 식으로 그들은 도덕적 딜레마를 무마했다. 교묘하게 머리를 굴린 결과 모든 인간이 신으로부터 자유를 누릴 권리를 부여받았다고 주장하면서도, 아무런 양심의 가책 없이 잔인하고 비인간적인 노예제를 지지하고 이용할 수 있었다. 개인 인권을 인정받으려 투쟁하고 신대륙의 사상적 기반을 마련하려고 애쓴 계몽주의 시대의 수많은 사상가들이 '인간'이라는 범주에서 유색인들을 번번이 배제했다. 노스웨스턴대학교의 철학과 교수 찰스 밀스Charles Mills가 지적한 대로 18세기의 기라성 같은 위인들이 모든 인간의 자유를 보장하기 위해 투쟁했다는 생각은 사실 "심각한 오해에서 비롯된, 단단히 잘못된 생각"이다. 그런 인식은 "최근 역사를 철저히 미화"했으며 따라서 우리는 그런 주장을 "의심하고 반박"해야만 한다. 그래야 "우리가 세계를 나누는 사회정치학적 분류 체계가 실제 현실에 부합"할 것이다.[2]

흑인이 인간 자격이 없다고 생각한 것은 지식인뿐만이 아니었다. 철학자와 정치가를 비롯한 지식인들이 내놓은 이론적 관점은 여태껏 제대로 설명된 적 없을 뿐, 오래도록 대중의 의식 속에 자리 잡고 있던 신념에 완벽히 맞아떨어졌다. 그렇기에 1760년에 어느 익명의 노예제 폐지론자가 출판한 《노예무역에 관한 두 개의 담론Two Dialogues on the Man-Trade》에서는 당시 상황을 이렇게 묘사한다.

노예무역에 종사하는 사람들은… 머릿속에 모호하고도 막연한 생각 하나를 품고 있다. 그것은 바로 흑인이 백인이랑 같은 종족이기는커녕 어딘가 열등한 종족이라는 생각이다.

저자는 계속해서 이렇게 말한다. "흑인 역시 영원불멸의 영혼을 지닌 이성적인 존재라고 생각한다면 백인의 마음속에 있는 인간성이 어떻게 그처럼 잔인하고 야만적인 방식으로 흑인을 대해도 된다고 느끼게 만드는지 나는 도저히 이해할 수가 없다."[3] 이렇듯 사람들은 하위인간 subhuman에게 인간을 인간답게 만드는 특별한 무언가가 결여되어 있다고 생각한다. 따라서 결함이 있는 하위인간은 진정한 인간인 우리가 서로에게 마땅히 주어야 할 존중을 받을 자격이 없다. 오히려 그들은 노예가 되고 괴롭힘을 당하며 심지어 죽음에 직면한다. 같은 종족 구성원이라고 여겨진다면 결코 받아서는 안 될 대우를 받는 것이다.

우리는 이런 현상을 가리켜 '비인간화dehumanization'라 부른다. 바로이 비인간화 현상이 이 책에서 다룰 주제이다.

비인간화를 자세히 파고들기 전에 미리 밝히자면 나는 이 문제를 다루는 연구 문헌이 방대할 것이라고 생각했다. 대중적으로나 학술적으로나 비인간화를 언급하는 저술물이 워낙 많다 보니 관련 연구 역시 충분히 진행되었으리라 판단한 것이다. 하지만 비인간화를 다루는 자료를 찾으려고 애를 쓴 결과, 다양한 분야의 학자들이 전쟁과 학살처럼 잔혹 행위에 비인간화 현상이 중요한 요인으로 작용했다는 사실을 인정하는 것에 반해 정작 그에 관한 연구 문헌은 충격적일 만큼 부족했다. 어느 문헌에서든 비인간화를 여기서 한 페이지, 저기서 한 단락 다루는 식으로 언급할 뿐이었다. 사회심리학자들이 게재한 논문 열댓 편을 제외하면 사실상 관련 문헌이 없다시피 했다.[4] 학계 주장대로 비인간화가 정말 중요한 문제라면 그 원리와 기제를 밝히는 일이 최우선 순위가 되어야 마땅할 텐데 오히려 방치되고 있다니. 중대한 문제인 만큼 당황스러움도 배가되었다. 내가 이 책을 쓴 목적도 결국 '비인간화'라는 화제를 양지로 드러내 여러 세기 지체된 담론에 불을 지피기 위함이다. 나는 역사, 심리학, 철학, 생물학, 인류학을 비롯한 여러 분야를 참고해 비인간화란 무엇인지, 비인간화를 지탱하는 원동력과 원리가 무엇인지 설명하려고 애썼다.

일부 학자들은 비인간화 현상이 기껏해야 몇 세기 전에 생겨난 사회적 구조물이라고 주장한다. 역설적이게도 이런 주장에 따르면 비인간화는 보편적 인권이 사회 신조로 자리를 잡은 결과물이다. 계몽주의 시대의 도덕적, 정치적 표준이었던 보편적 인권 사상은 당시 유럽인들이 자행하던 잔혹한 식민지 활동과 조화를 이루지 못했다. 서두에서 지적한 것처럼 이론과 현실 사이의 부조화를 해결하려면 억압당하는 자들의 인간성을 부정하는 수밖에 없었다.

그 자체로는 틀린 설명이 아니지만 온전한 진실은 아니다. 오히려 이런 설명은 타인을 비인간화하려는 인류의 욕망이 어떤 본성과 역사와 규모를 자랑하는지 명확히 파악하지 못하도록 방해한다. 그런 욕망은 유럽인들만의 것도 아니고 현대에 들어서야 생겨난 것도 아니다. 비인간화는 사회 구성주의 이론에서 전제하는 것보다 훨씬 더 오래전부터 널리 인류의 삶에 복잡하게 얽혀 있다. 따라서 비인간화의 작동 원리를 이해하려면 특정 시기에 발생한 일부 사건을 조사하는 것만으로는 충분하지 않다. 그보다 훨씬 깊은 곳을 들여다봐야 한다.

물론 타인을 비인간화하려는 욕망이 특정한 형태로 실현된다면 그 현상 자체는 어떤 시대나 문화에 뚜렷한 발자취를 남겼다는 점에서 사회적 구조물이라 부를 수 있다. 18세기의 유럽 사람들 역시 인간성을 말살하려는 욕망을 특정한 형태로 드러냈다. 하지만 그것은 기원전 4세기의 아테네 사람들, 1930년대와 1940년대의 독일 사람들, 적을 똥파리나 도마뱀이나 지렁이 취급하는 뉴기니 고산지대의 부족 사람들도 마찬가

16

지이다.[5]

이 책에서는 비인간화가 인간의 생물학적 특성, 인류의 문화, 인간의 인식 구조가 결합한 결과물임을 밝힐 것이다. 비인간화의 본성과 원리를 이해하려면 세 가지 요소에 모두 주의를 기울여야만 한다. 셋 중 하나라도 빠뜨린다면 왜곡된 방식으로 현실을 바라볼 수밖에 없을 것이다.

비인간화는 그 논의를 전문가에게만 맡기기에는 너무나 중요한 주제이다. 따라서 이 책에서는 여러 분야의 전문가가 제기한 쟁점들을 파고드는 동시에 이해하기 쉽고 호소력 있는 방식으로 독자들에게 다가가고자 한다. 무엇이든 소명할 만한 가치가 있는 것은 명확하고 흥미로운 방식으로 설명할 필요가 있다는 원칙에 따라 나는 이 책을 학문적으로 세밀하면서도 누가 봐도 매력적인 책으로 만들기 위해 최선을 다했다. 전반적으로 학술적인 용어는 사용하지 않으려고 애를 썼지만 불가피한 경우에는 덧붙였다. 하지만 몇 가지 예외도 있다. 이 책에서는 일상적인 단어를 일상적이지 않은 방식으로 사용하는 경우가 두 가지 있는데 바로 사람person과 인간human이라는 단어이다. 난해한 학술적 문제를 물고 늘어지려는 게 아니다. 일상적인 언어로 담아내기 어려운 사상을 표현할 만한 단어가 필요하기 때문이다(인간처럼 보이는 것과 실제로 인간인 것을 구분하는 것이 중요한 맥락에서만 사람과 인간이라는 단어를 이처럼 특별한 방식으로 사용할 것이다. 그 외의 경우에는 일상적인 용례를 따른다).

무슨 말인지 자세히 알아보자.

우선 비인간화라는 단어를 생각해 보면, 이 단어는 문자 그대로 '인간성을 없애는 것'을 뜻한다. 자, 이제 누군가를 떠올린 다음 그 사람에게서 인간성이 벗겨졌다고 상상해 보라. 거기에 무엇이 남아 있는가? 미국 건국의 아버지들이 흑인 노예를 비인간화했을 때 노예들에게는 무엇이 남아 있었을까? 유럽 식민주의자들이 아메리카 원주민의 인간성을 말살했을 때, 독일 나치가 유대인의 인간성을 말살했을 때 그 자리에는 과연 무엇이 남아 있었을까? 비인간화를 자행한 사람들의 눈에는 인간처럼 보이는 생물, 다시 말해 인간의 형태를 지니고 두 발로 걸어 다니며 인간의 언어를 말하고 인간처럼 행동하지만 그럼에도 인간은 아닌 생물이 남아 있었다. 나중에 더 자세히 설명하겠지만 비인간화란 어떤 존재가 인간처럼 보일 뿐 그 본질은 전혀 인간이 아니라는 믿음을 가리킨다.

실제로 나치는 유대인에게 운테르멘셴Untermenschen, 즉 '하위인간'이라는 이름표를 붙였다. 유대인이 어느 모로 보나 아리안과 다를 바 없는 인간처럼 보이기는 하지만 그것은 가면일 뿐, 그 가면 아래에는 역겨운 기생충이 숨어 있다고 확신했기 때문이다. 물론 나치가 유대인의 소매에 따로 딱지라도 붙여 놓은 것은 아니었다. 그들은 훨씬 은밀한 차원에서 유대인을 하위인간으로 인식했다. 유대인은 기껏해야 표면적으로만 인간일 뿐이었다.

여기서 명확히 알 수 있는 사실은 인간처럼 보이는 것과 실제로 인간인 것을 개념적으로 구분할 어휘가 필요하다는 점이다. 따라서 나는 사람과 인간이라는 단어를 사용함에 학계의 유서 깊은 전통을 따르지도, 통상적인 언어 사용 표준을 따르지도 않을 것이다. 이 책에서 사람이라는 단어는 인간처럼 보이는 모든 대상을 가리킨다. 이에 따르면 책을 읽고 있는 당신은 사람에 속한다. 드라큘라와 터미네이터처럼 인간의 모습을 한 것이 존재한다면 그 역시 사람이다.

반면 인간이라는 단어는 외모와는 관계없이 우리랑 같은 부류에 속하는 종족 구성원을 의미한다(물론 '우리와 같은 부류'에 속한다는 것이 무엇인지는 7장에 가서야 명확히 밝힐 것이다). 따라서 당신은 인간이지만 드라큘라와 터미네이터는 설령 인간처럼 보일지라도 인간이 아니다. '엘리펀트 맨Elephant Man'이라 불린 조셉 메릭Joseph Merrick은 설령 외모가 인간을 닮지 않았을지라도 분명 인간이다.

　　한편 이 책에는 중요한 논점 하나가 빠진 것처럼 보일지도 모른다. 바로 '비인간화가 여성을 억압하는 데 어떤 역할을 했는가?'이다. 이에 대해서는 내가 해줄 말이 거의 없다. 이 책에서 탐구하려는 유형의 비인간화는 여성에게 가해진 유형의 비인간화와 근본적인 차이가 있기 때문이다. 1980년대 이래로 안드레아 드워킨Andrea Dworkin, 캐서린 매키넌Catherine MacKinnon, 린다 르몬체크Linda LeMoncheck를 비롯한 페미니스트 학자들은 여성이 대상화 과정을 통해 비인간화되었다고 주장했다. 여성을 대상화하는 남성은 여성을 인간이 아니라 사물로서, 인간성을 지닌 주체가 아니라 욕구를 해소할 살덩이로서 인식하기 때문이다.[6] 하지만 이 책에서는 주로 전쟁과 학살 등 집단적인 폭력 사태와 연관된 비인간화를 다룬다. 여성의 대상화는 이와는 다른 힘의 작용에 따라 발생하므로 그 원리를 분석하려면 이 책에서 채택한 것과는 다른 종류의 개념적 틀이 필요하다. 남성 중심의 사회정치적 분위기 탓에 여성을 대상화하는 심리적 원동력에 관해서는 여태까지 제대로 연구된 바가 없으며 학문 외적인 의도에서 비롯한 정신분석학적 억측만이 난무할 뿐이다. 물론 이 책에서 분석한 비인간화의 심리적 작동 원리가 여성의 대상화에도 적용될 수 있을지 모른다. 하지만 여성의 대상화는 그 자체로 너무나 광범위한 주제이기 때문에 제대로 설명하려면 별도의 책에서 다루는 것이 마땅하다.

　　이 책에는 성 소수자(특히 동성애자), 이민자, 장애인, 소수민족 등

수차례 비인간화의 표적이 되어온 특정 집단들에 관한 이야기도 빠져 있다. 그 이유는 결코 그들이 중요하지 않다고 생각해서가 아니다. 비인간화라는 주제 자체가 워낙 거대하기 때문에 비인간화가 나타나는 양상을 일일이 논의하기에는 지면이 한참 부족하기 때문이다. 그렇기에 논의 범위를 의도적으로 좁힐 수밖에 없었다. 이 책에서는 주로 유대인, 사하라 이남 아프리카인, 아메리카 원주민의 비인간화에 초점을 맞춘다 (물론 다른 집단 역시 종종 언급된다). 한 가지 이유는 그들이 지니는 역사적 중요성이 매우 커서이다. 물론 인류 역사에 수많은 고난과 비극이 있었지만 인간이 다른 인간에게 자행한 온갖 만행 중에서도 유대인을 몰살하려 박해한 일, 아프리카인을 노예로 사고판 일, 아메리카 원주민의 문명을 파괴한 일만큼 끔찍한 일이 없다. 내가 이들에게 초점을 맞춘 또 다른 이유는 이들의 이야기를 다루는 자료가 방대하게 쌓여 있어서이다. 이들의 이야기는 비인간화 과정의 핵심적인 특징을 뚜렷이 보여주는 교보재 역할을 한다. 이것으로부터 비인간화의 핵심 원리를 뽑아낼 수 있다면 다른 사례에도 적용할 수 있을 것이다.

　　이 책의 주제를 소개했고 오해가 생길 수 있는 지점도 짚어봤으니 이제 어떤 식으로 책이 전개될지 대략 알아보도록 하자.

　　1장에서는 비인간화를 탐구하는 것이 왜 가치가 있는 일인지 알아본다. 이를 뒷받침하기 위해 제2차 세계대전 중에 벌어진 일들을 주요 사례로 살펴볼 것이다. 역사 교육을 조금이라도 받은 사람이라면 나치가 유대인과 집시와 같은 특정 민족을 비인간화했다는 사실은 잘 알 것이다. 하지만 연합군을 비롯해 전쟁에 관여한 모두가 상대를 비인간화했다는 사실은 그리 잘 알려져 있지 않다. 역사적 사례를 충분히 본 다음에는 오늘날 비인간화가 어떤 역할을 하는지 검토할 것이다. 특히 언론이 중동에서 벌어지는 분쟁과 테러 단체와의 전쟁을 보도하는 방식을 살펴봄으로써 비인간화가 대중매체 속에서 어떤 모습으로 나타나고 있는지 알아볼 것이다.

비인간화에 관한 논의가 활발하게 이루어진 것은 20세기 사회심리학자들 덕분이었다. 하지만 이들도 결국에는 후발주자였다. 실제 논의는 그보다 수 세기 전에 시작되었기 때문이다. 따라서 2장에서는 비인간화라는 개념이 여러 세기에 걸쳐 어떻게 변화해 왔는지 알아본다. 비인간화 개념의 역사는 아리스토텔레스, 아우구스티누스, 보에티우스에서 시작해 중세와 계몽주의 시대를 거쳐 지금에 이르렀다. 이 기록되지 않은 역사를 살펴보는 과정에서 책 전체를 관통하는 중요한 이론적 개념 하나가 등장하는데, 바로 본질 개념이다.

3장에서는 식민지로 전락한 신대륙의 원주민이 인간성을 말살당한 과정을 엿본다. 스페인 사람들이 카리브 지역에 당도한 이후로 '아메리카 원주민을 인간으로 볼 것인가?'라는 의문이 수면 위로 스멀스멀 떠올랐다. 이 의문은 1550년, 원주민의 권리를 지키고자 했던 바르톨로메 데 라스 카사스Bartolomé de Las Casas가 스페인의 인본주의자 후안 히네스 데 세풀베다Juan Ginés de Sepúlveda와 논쟁을 벌이면서 제대로 무르익었다(이 사건은 서양 정치 역사상 가장 주목할 만한 사건으로 손꼽힌다).[7] 3장에서는 이 이야기를 발판 삼아 1970년대 초 이래로 심리학자들이 제시해 온 비인간화 개념을 논의하고 평가한다. 더불어 2장에서 소개한 본질과 현상 개념을 간략히 정리해 볼 것이다.

4장에서는 노예제도가 작동하는 과정에서 비인간화가 어떤 역할을 했는지 살펴본다. 사하라 사막과 대서양을 가로지르는 노예무역의 역사는 오래전부터 이어져 왔으며 이러한 역사 속에서 노예는 인간 이하의 짐승 취급을 받았다. 이 장에서는 인종과 인종차별이라는 주제 역시 다룬다(이는 6장에서 다시 살펴볼 것이다). 마지막으로는 비인간화가 어떻게 도덕적 이탈 현상을 불러일으키는지, 즉 비인간화가 어떻게 동료 인간을 잔혹하게 대해서는 안 된다는 도덕적 제약을 약화시키는지 알아볼 것이다.

5장에서는 비인간화가 집단 학살 과정에 미친 영향을 확인해 본다. 대표적으로 여섯 건의 대규모 집단 학살 사태를 살펴볼 것이다. 바로 헤레로 대학살, 아르메니아 대학살, 홀로코스트, 캄보디아 대학살, 르완다 내전, 비교적 최근에 일어난 수단 다르푸르 대학살이다. 다음으로는 1940년대 나치 출판물《하위인간The Subhuman》을 근거 자료로 삼아 비인간화 과정의 핵심적인 특징 몇 가지를 밝힐 것이다. 이후에는 지금까지 논의한 내용들의 가닥을 이어 붙여 비인간화 원리를 설명하는 하나의 종합적인 이론을 도출해 낼 것이다. 이 이론에 비춰보면 비인간화 현상은 문화적, 심리적, 그리고 생물학적 요인에 민감하게 반응한다.

6장에서는 인종 개념에 관한 논의를 시작으로 인종주의와 비인간화 사이의 연관성을 탐구한다. 사실 우리가 일상적으로 사용하는 인종 개념에는 과학적인 근거가 전혀 없음에도 사람들은 인종 구분을 진지하게 받아들인다. 사회 구성주의 이론가 역시 인종 개념을 하나의 이념적 범주로 여길 뿐, 그 이면에 깔린 심리적 기반은 외면하고 있다. 하지만 인종 개념(그리고 인간이 인종이라는 인식 틀로 다른 인간을 바라보는 심리적 기제)을 올바로 이해하는 것은 비인간화의 원리를 이해하는 데 매우 중요하다. 비인간화는 인종주의라는 양분을 먹고 자란다 해도 과언이 아니다. 인종 개념이 없다면 비인간화 역시 존재하기 어렵다.

흔히들 전쟁이 인간의 전유물이 아니라고 말한다. 개미와 침팬지 같은 생물도 서로 전투를 벌이기 때문이다. 하지만 7장에서는 이런 통념을 비판적인 시각으로 평가한 뒤 동물들 간의 동족 살해 행위가 전쟁으로 규정될 수 '없음'을 밝힐 것이다. 이 주장을 뒷받침하기 위해 침팬지 집단 간에 벌어지는 급습 행위와 아마존의 야노마뫼족이 벌이는 급습 행위를 비교하는 시간도 가질 것이다. 다음으로는 잔인함을 드러낼 수 있는 동물은 인간이 유일하다는 제인 구달의 주장을 주의 깊이 들여다볼 것이다. 잔인함이라는 개념을 자세히 뜯어보면 구달의 주장이 정당하다는 사실을 깨닫는다. 이런 깨달음은 비인간화가 도덕적 이탈을 유발하는 원리를 깊이 이해하는 데 도움이 된다.

8장은 크게 세 부분으로 나뉜다. 전반부에서는 살인 행위를 향한 인간의 이중적인 태도에 초점을 맞춘다. 인간은 동족을 학살하는 일에 열성적으로 참여하는 존재인 동시에 손에 피를 묻히는 일을 극도로 두려워하는 존재이기도 하다. 이는 단지 위선의 결과물이 아니다. 오히려 인간 본성의 두 측면을 있는 그대로 반영한다. 중반부부터는 인간이라는 종이 어떻게 타자를 비인간화하는 능력을 얻게 되었는지 탐구한다. 내 추리에 의하면 이는 다른 수많은 능력이 발달하는 과정에서 딸려 나온 부산물이다. 인간은 다른 동물과 달리 자신의 생각을 되돌아보는 능력이 있기에 내적 갈등을 겪을 수밖에 없는데, 과거나 지금이나 타자를 비인간화함으로써 이런 갈등을 해소하는 것으로 보인다.

마지막 9장에서는 지금까지 다룬 비인간화 이론의 핵심 내용을 간략히 정리한 뒤 비인간화라는 문제를 해결하기 위한 방안을 살펴본다.

서문

1장

인간만 못한
존재

인종 청소
프로젝트의 비밀

우리의 조국은 팔레스타인.
유대인은 우리가 기르는 개라네.
—팔레스타인 동요

아랍인들은 짐승이나 마찬가지입니다.
짐승 중에서도 최악이죠.
—랍비 오바디아 요세프Ovadia Yosef,《하아레츠Haaretz》[1]

"어서 와봐라, 개놈들아! 난민촌 개자식들, 다 어디로 내뺀 거냐? 개새끼들아! 창녀 새끼들아! 너희 엄마는 몸이나 팔고 다니지!" 철조망 너머의 이스라엘 영토에서 칸유니스 난민촌을 향해 모욕적인 아랍어 욕설이 울려 퍼졌다. 가자지구의 남쪽 끝, 고대 도시 칸유니스 바로 외곽에 있는 난민촌은 1948년 제1차 중동전쟁으로 난민이 된 약 100만 명의 아랍인 중 3만 5천 명을 수용하기 위해 설립되었다. 21세기에 들어서는 난민촌 인구가 배로 불어서 무려 6만 명이 넘는 사람들이 13구획으로 나뉜 지저분한 시멘트 땅 위를 살아가고 있다.

철조망 너머에서 쏟아지는 욕지거리는 성이 난 무슬림 입에서 나오는 소리가 아니었다. 이스라엘 군용 지프차 위에 달린 확성기에서 나오는 소리였다. 마침 그 자리에는 난민촌을 방문한 《뉴욕타임스》 기자 크리스 헤지스Chris Hedges가 있었다. 헤지스가 지켜보는 가운데 팔레스타인 소년들은 지프차를 향해 돌을 던지면서 의미 없는 저항을 벌이고 있었다. 헤지스는 뒤이어 벌어진 상황을 이렇게 묘사한다.

> 섬광수류탄이 펑 하고 터졌다. 열 살 남짓 된 아이들이 혼비백산했다. 자갈길을 헤쳐 나아가느라 제대로 뛰지도 못했다. 아이들 몸이 하나둘 풀썩하고 쓰러져 내 앞에 있던 모래 둔덕 뒤편으로 모습을 감췄다. 총성은 들리지 않았다. 군인들 총에 소음기가 달려 있었기 때문이다. M16 소총으로 발사한 총알이 눈으로 따라갈 수도 없는 속도로 날아와 아이들의 가냘픈 몸을 뚫고 떼굴떼굴 바닥을 굴렀다. 나중에 병원에 도착해서야 두 눈으로 참상을 확인할 수 있었다. 아이들의 손발이며 몸통에는 구멍이 숭숭 뚫려 있었고 배 밖으로는 내장이 나와 있었다.[2]

총에 맞은 아이는 네 명이었다. 그중 세 명만 목숨을 건졌다. 아메드라는 소년은 자신들이 겪은 일을 헤지스에게 이렇게 설명했다. "군인들이 확성기로 철조망 앞에 오면 초콜릿이랑 돈을 준다고 그랬어요. 그러더니 갑자기 저희한테 욕을 퍼부었어요. 그다음에는 폭탄을 던지더라고요. 그래서 무작정 뛰었어요. 하지만 알리는 등에 총을 맞았죠."[3]

오래전부터 칸유니스는 이슬람 저항운동 단체 하마스의 요새였다. 2005년 가을에 이스라엘 군대가 가자지구에서 철수한 뒤로 칸유니스 난민촌의 시멘트 옥상에는 하마스의 밝은 녹색 깃발이 펄럭였다. 하마스는 자신들의 고토에서 이스라엘을 완전히 몰아내고 예루살렘을 수도로 한 이슬람국가를 세우겠다는 목표로 1987년 창설되었다. 물론 하마스는 학교와 병원, 갖가지 문화적 활동을 지원하는 데 많은 노력을 기울여 왔지만 세간에서는 이스라엘 민간인을 대상으로 납치, 암살, 자살 폭탄 테러, 미사일 공격 등을 자행한 것으로 악명이 높다. 칸유니스의 시장이자 하마스의 일원인 오사마 알파라Osama Alfarra는 이스라엘이 가자지구의 통제권을 포기했을 때 기쁨에 찬 수많은 팔레스타인 사람 중 한 명이었다. 영국 신문사《가디언》의 기자와 진행한 인터뷰에서 알파라는 이렇게 말했다. "가자지구는 시작에 불과합니다. 혹시 여우를 사냥하는 법을 아시나요? 일단 여우 굴을 파내 여우를 밖으로 끄집어내야죠. 그러면 여우는 가자지구라는 굴에서 쫓겨나 웨스트뱅크(요르단강 서안 지구)로 갈 수밖에 없습니다. 그러면 우리 저항운동 단체가 거기서도 굴을 파내 여우를 밖으로 끄집어낼 겁니다."**4**

이 분쟁 속에서 소년들에게 총을 쏜 군인들과 오사마 알파라는 서로 반대 진영에 속했다. 그럼에도 양측의 태도는 기이할 만큼 닮아 있었다. 둘 다 서로를 인간만 못한 짐승으로 바라본 것이다. 군인들이 보기에 알리와 알리의 친구들은 유대교와 이슬람교에서 부정한 동물로 여겨지는 개나 다름없었다. 마찬가지로 오사마 알파라는 이스라엘을 여우에 비유함으로써 자신이 이스라엘이라는 나라를 사냥하고 소탕해야 할 해로운 짐승 정도로 인식하고 있음을 드러냈다. 과도한 탐욕과 교활한 술수의 상징인 여우에게는 유대인을 경멸하는 자들이 오래전부터 가졌던 고정관념이 그대로 반영되어 있다. 예컨대 13세기 무슬림 작가 알자우바리Al-Jaubari는《신성한 비밀에 대해 선택받은 자가 내놓는 해답The Chosen One's Unmasking of Divine Mysteries》에서 유대인의 특성을 이렇게 묘사한다.

이들이 가장 교활한 생물, 사악하고 위선적이어서 믿어서는 안 될 생물임을 기억하라. 겉으로는 그렇게나 겸허하고 미천해 보일 수가 없으나 실상은 어떤 인간보다도 가장 악랄한 족속이다. 파렴치하고 가증하다는 게 바로 그런 거 아니겠는가. … 이들의 교활하고 간사하고 사악한 행태를 보라. 이들이 어떻게 남의 돈을 빼앗고 남의 삶을 망치는지를 보라.

비교적 최근 하마스의 일원이자 이맘(이슬람 성직자—옮긴이)인 요지프 알자하르Yousif al-Zahar 역시 똑같은 생각을 드러냈다. 그는 이렇게 말했다. "유대인은 믿어서는 안 될 족속이다. 역사를 되짚어 봐라. 어떤 약속을 맺든 그들은 늘 배신을 저질렀다. 그들은 이 땅에서 사라져야만 한다."[5]

이스라엘 군용차에 타고 있던 군인들은 팔레스타인 사람을 비인간화했다. 마찬가지로 오사마 알파라와 그의 동료들은 이스라엘 사람을 비인간화했다. 양쪽 사례에서(계속해 다룰 그 외의 수많은 사례에서) 특정 집단의 사람들이 전부 인간 이하의 존재로 그려졌다. 그리고 이는 극심한 폭력의 전주곡이자 배경음 같은 역할을 했다. 어떤 사람들은 이처럼 다른 집단 사람들을 인간 이하의 존재로 묘사하는 것이 그저 빈말에 불과하다고, 모멸적인 수사에 불과하다고 생각할지도 모른다. 하지만 나는 그런 생각이 한참 잘못되었다고 본다. 비인간화는 그저 수사법에 불과한 것이 아니라 하나의 사고방식이다. 심지어, 슬프게도 우리 모두가 쉽게 빠질 수 있는 사고방식이다. 비인간화는 지난 수천 년 동안은 물론 지금도 인류 사회의 골칫거리이다. 이는 마치 심리적 윤활유와 같아서 혐오를 억제하려는 노력을 막고 파괴적인 욕망을 부채질한다. 그 결과 우리는 평소라면 상상조차 하지 못할 짓들을 저지른다. 나는 이 책 전반에 걸쳐 타인을 비인간화하는 사고방식이 어떤 특징을 지니는지, 어떤 원리로 작동하는지, 어째서 우리의 머릿속을 그처럼 쉽게 장악하는지 최선을 다해 설명할 것이다.

비인간화의 원리를 설명하기에 앞서 그 원리를 이해하는 것이 왜 중요한지 사례를 들어 밝히고 싶다. 따라서 본론에 들어가기 전에 인류 역사상 가장 파멸적인 사건이라 불리는 제2차 세계대전에서 비인간화가 어떤 역할을 했는지 간략히 살펴보자. 제2차 세계대전은 7천만 명이 넘는 사람들을 죽음에 이르게 했으며 그중 대다수는 민간인이었다. 전투 중에 사망한 군인도 수백만에 달했다. 비 오듯 쏟아지는 소이탄에 의해, 종국에는 핵폭탄에 의해 셀 수 없이 많은 사람이 산 채로 녹아 없어졌다. 조직적인 학살 과정에서 또 수많은 사람이 목숨을 잃었다. 이런 일들이 가능했던 핵심적인 이유 하나는 바로 비인간화였다.

사건의 결말부터 되짚어 보자. 독일과 일본이 패전한 후에 독일에서는 총 열두 차례의 군사재판이 열렸는데, 그중 첫 번째 재판이 1946년 뉘른베르크 의사 재판이었다. 20명의 의사와 세 명의 행정가(22명이 남성, 단 한 명이 여성)가 전쟁 범죄와 비인도적 범죄를 저지른 혐의로 법정에 섰다. 그들은 히틀러가 지시한 안락사 프로그램에 참여했으며(인간 사회에 적합하지 않다고 판단되는 정신적, 신체적 장애인 20만 명을 가스실에 보내 사살했다) 유대인과 러시아인, 집시, 폴란드인 수감자 수천 명을 대상으로 악랄한 의료 실험을 감행했다.

텔포드 테일러Telford Taylor 부장검사는 엄중하게 모두진술을 시작했다.

이번 사건의 피고인들은 의학 연구라는 명목하에 살인과 고문을 비롯한 수많은 악행을 저지른 혐의로 기소되었습니다. 피해자는 그 수가 수십만 명에 이릅니다. 그중 소수만이 목숨을 부지했습니다. 생존자 중 일부는 이번 법정에도 증인으로 참석할 것입니다. 하지만 비참하게도 피해자 대다수는 노골적인 학살의 희생양이 되거나 고문 과정에서 목숨을 잃고 말았습니다. … 이 살인범들은 가련한 피해자들을 개별 인간으로서 바라보지 않았습니다. 그들은 피해자들을 도매금으로 묶어 짐승만도 못한 취급을 했습니다.[6]

뒤이어 테일러는 전범들이 자행한 실험 내용을 자세히 나열했다. 그들은 인간을 대형 기니피그처럼 이용했다. 어떤 실험에서는 고공에서 낙하산으로 뛰어내리는 상황을 재현하겠다며 실험 대상자에게서 산소를 차단했다. 신체를 얼리거나 말라리아원충을 체내에 주입하거나 머스터드 가스를 들이마시게 하기도 했다. 또 어떤 실험에서는 부상을 재현하기 위해 실험 대상자의 몸에 일부러 상처를 낸 뒤 거기에 유리 조각이나 대팻밥을 집어넣었다. 괴저를 유발하기 위해 혈관을 동여맨 뒤 박테리아를 주입하기도 했다. 실험 대상자들은 남녀 할 것 없이 소금물을 마셨고 티푸스를 비롯한 치명적 질병에 노출되었으며 독극물을 주입받았고 백린탄에 몸이 지져져야 했다. 의료인들은 실험체가 고통스러운 비명을 내지르고 격렬히 경련을 일으키는 모습을 성실히 기록으로 남겼다.

묘사하는 장면들이 너무나 끔찍하다 보니 테일러가 던진 중요한 말 한마디를 사소한 미사여구쯤으로 치부하고 넘어가기 쉽다. 바로 "그들은 피해자들을… '짐승만도 못한' 취급을 했습니다"라는 표현이다. 이 표현은 심오하고도 중대한 의문 한 가지를 불러일으킨다. 어떤 인간 집단으로 하여금 다른 인간 집단을 인간 이하의 짐승으로 취급하게 만드는 요인은 대체 무엇일까?

대략적인 해답은 비교적 쉽게 내놓을 수 있다. 바로 생각이 행동을 불러일으킨다는 것이다. 인간을 인간만 못한 존재로 여기는 사고방식이 잔혹한 행동을 일으킨다. 나치는 그들이 피해자를 어떤 존재로 인식하는지 명확히 밝혔다. 그들은 피해자를 운테르멘셴, 즉 하위인간으로 인식했다. 하위인간은 인간을 '인간'이라는 범주로 묶는 도덕 체계에 포함되지 않았다. 인간을 죽이는 것은 잘못된 일이지만 쥐를 죽이는 것은 허용 가능한 일이다. 나치가 보기에 유대인과 집시를 비롯한 인간 집단은 사실상 쥐나 다름없었다. 위험한 질병을 옮기고 다니는 쥐 말이다.

나치가 벌인 인종 청소 프로젝트의 주된 희생양은 유대인이었다. 아돌프 히틀러와 그의 추종자들은 활동 초기부터 유대인이 인류의 고귀한 품성과 활동에 치명적인 위협을 가한다고 확신했다. 나치가 바라보는 종말이란 유대인이라는 사회 기생충(병균을 옮기는 벼룩이자 이이자 박테리아)이 인류 문명을 좀먹는 모습이었다. 1943년에 히틀러는 이렇게 선언했다. "오늘날 전 세계 유대 민족은 과거에 그랬던 것처럼 세계 곳곳의 민족과 나라를 썩어 문드러지게 만들고 있습니다. 우리가 이 바이러스를 박멸할 힘을 기르지 않는다면 세계는 계속 병들 것입니다." 나치는 이 치명적 역병에 대응하기 위해 죽음의 형무소를 만들고, 형무소의 가스실은 해충을 제거하는 방역소를 본떴다. 그리고 독일군 뒤를 따라 동부 유럽 전역을 다니면서 인종 말살을 자행한 준군사 조직 아인자츠그루펜Einsatzgruppen을 파견했다.[7]

때때로 나치는 상대를 해충으로 바라보는 대신 피에 굶주린 사악한 맹수로 바라보기도 했다. 독일이 점령한 소련 일부 지역에서 별동대가 독일군을 상대로 게릴라전을 벌이자 독일군 총사령관 발터 폰 라이헤나우Walter von Reichenau는 "유대계 하위인간 족속들에게 가혹하지만 정당한 응징을 가하라"는 명령을 내렸다. 나치는 자신들의 앞을 가로막는 적이라면 모두 '전 세계 유대 민족'에 속하는 것으로 이해했으며 유대인들이 러시아, 영국, 미국 정부를 손에 쥐고 흔들고 있다고 확신했다. 군사 역사학자 메리 하벡Mary R. Habeck의 말에 따르면 "독일의 군인과 장교들은 러시아인과 유대인을 박멸해야 할 '짐승'으로 여겼다. 이렇듯 적들을 비인간화한 덕분에 그들은 나치가 새롭게 제시한 전쟁관을 아무 거부감 없이 받아들였으며 결과적으로 일말의 자비도 없이 소련을 공격"했다.[8]

이 시기 비인간화가 초래한 폐해를 가장 뚜렷이 보여주는 사례가 바로 홀로코스트이다. 홀로코스트의 참상은 끔찍하기가 상상력의 한계를 넘어선다. 그럼에도 끔찍한 참상에만 집중하는 것은 묘하게 위안이 된다. 제3제국(히틀러 치하의 독일—옮긴이)이 인류가 벌인 기이한 일탈에 지나지 않는다는, 정신 나간 이념 집단이 정권을 쥐고 나라를 마음대로 흔들기 위해 집단 광기를 불러일으킨 결과물에 지나지 않는다는 생각이 들기 때문이다. 어쩌면 독일인이 유독 악랄하고 잔인한 민족이었다고(혹은 민족이라고) 결론 내리고 싶을지도 모른다. 하지만 그런 판단은 단단히 잘못되었다. 나치가 일으킨 참극에서 가장 소름이 끼치는 부분은 나치가 광인이나 괴물이 모인 집단이 아니라는 점이다. 그들 또한 평범한 인간에 불과했다.

제2차 세계대전 중의 비인간화에 대해 생각하다 보면 자연스레 홀로코스트를 떠올리게 된다. 하지만 적을 인간 이하의 존재로 여긴 것은 독일인에게만 국한된 일은 아니었다. '최종적 해결(나치 독일의 유대인 말살 프로젝트—옮긴이)'을 고안한 설계자들이 인종 청소 계획을 어떻게 실행으로 옮길지 머리를 감싸고 고민하는 동안 러시아계 유대인 시인이자 소설가 일리야 에렌부르크Ilya Ehrenburg는 스탈린의 적색군에게 배포할 선전물을 열심히 찍어내고 있었다. 이런 선전물에는 상대를 인간만도 못한 존재로 깎아내리는 문구가 여기저기 들끓었다. 예컨대 에렌부르크는 "독일 짐승들이 내뿜는 입 냄새"를 언급하거나 독일인을 "전쟁 기술을 연마한 두 발 달린 짐승" 내지는 모조리 척살해야 할 "짝퉁 인간"으로 묘사했다.[9] 또한 '독일인은 인간이 아니'라며 이렇게 부추겼다. "만약 당신이 독일인을 하나 죽였다면 하나 더 죽여라. 독일인 시체가 수북이 쌓인 광경만큼 보기 좋은 모습이 없다."

> 며칠이 흘렀는지, 얼마를 걸었는지 세어보지 마라. 오직 당신이 독일인을 얼마나 죽였는지 세어라. 독일인을 학살하라. 그것이 당신의 노모가 두 손 모아 소망하는 일이다. 독일인을 학살하라. 그것이 당신의 자녀가 간절히 바라는 일이다. 독일인을 학살하라. 그것이 당신의 고토 러시아가 부르짖는 일이다. 머뭇거리지 마라. 마음 약해지지 마라. 죽여라.[10]

이는 빈말이 아니었다. 독일 국방군 베어마흐트Wehrmacht는 이미 2천 300만 명에 달하는 소련 국민의 목숨을 앗아갔다. 심지어 그중 절반은 민간인이었다. 마침내 전쟁의 판도가 뒤집히자 러시아군이 동쪽에서부터 독일을 향해 물밀듯 쏟아져 들어갔다. 그들은 거침없이 진군해 나아가면서 강간과 살인을 일삼았다. 저술가 자일스 맥도노그Giles MacDonogh는 "그들은 에렌부르크를 비롯한 소련 선동가들의 프로파간다에 자극을 받은 것이 틀림없다"라며 이렇게 서술한다.

적색군이 휩쓸고 지나간 첫 독일 점령지는 동프로이센이었다. … 적
색군은 하룻밤 사이에 여성 72명과 남성 한 명을 죽였다. 여성 대다
수는 강간을 당했으며 그중 가장 나이가 많은 여성은 84세였다. 일
부 피해자는 십자가에 매달려 죽었다. … 간신히 서쪽으로 달아난
목격자의 증언에 따르면 어느 마을에서는 전차 부대원 전체가 가여
운 소녀 하나를 두고 저녁 7시부터 다음 날 아침 9시까지 돌아가며
강간했다고 한다. 총에 맞아 사망한 남자는 돼지들에게 먹이로 던져
졌다.[11]

그러는 동안 지구 반대편 아시아에서도 전쟁이 터지고 있었다. 동
맹국인 독일과 마찬가지로 일본인은 자신들이 가장 고등한 형태의 인간
이라고 생각했다. 자기 이외의 적들은 기껏해야 열등한 인간이거나 심
하게는 인간 이하의 존재라고 보았다. 일본인의 눈에 미국과 영국의 지
도자들은 관자놀이에 뿔이 솟아 있고 꼬리, 발톱, 송곳니가 자라 있는
괴물로 그려졌다. 일본인은 적들에게 귀신(오니), 귀축(기치쿠), 악귀(아
키 혹은 아쿠마), 괴물(카이부츠)이라는 이름을 붙이거나 "코가 비뚤어진
털 달린 야만인"이라 불렀다. 미국인에게는 영어와 발음이 비슷한 '메이
리켄'이라는 표현을 사용했는데, 이는 '길 잃은 개'를 뜻한다.[12]

일본은 잔혹하면서도 뻔뻔한 방식으로 군사적인 목표를 달성해 나
갔다. 예컨대 일본이 1937년 12월에 중국 난징을 점령한 뒤 체계적으로
벌인 학살극을 생각해 보자. 일본군은 6주에 걸쳐 중국 시민 수십만 명
을 살해하고 강간하고 고문했다. 그 참상이 혼다 가츠이치Honda Katsuichi

의 책《난징 대학살The Nanjing Massacre》에 자세히 나온다. 증언을 수집하던 가츠이치에게 전쟁 당시 부사관을 지낸 어느 남성은 "군인들이 임신한 여성의 배를 가르고 여성의 음부에 수류탄을 집어넣어 터뜨린" 일이 있었다고 말했다. 또 어느 부사관은 당시에 자신이 갓난아기 엄마를 강간하고 있었는데 아기가 시끄럽게 울자 짜증이 난 나머지 "이제 갓 옹알이를 시작한 무고한 아기를 들어다 끓는 물에 집어던졌다"고 자백했다.[13] 머릿속에 떠올리기조차 어려울 만큼 끔찍한 일이다. 어떻게 (정말로) 평범한 인간이 그런 짓을 벌일 수 있단 말인가? 전쟁에 참전했던 또 다른 군인 요시오 츠키야Yoshio Tshuchiya는 그 답을 이렇게 제시한다. "저희는 중국인을 가리켜 '찬코로'라고 불렀습니다. 그들이 벌레나 짐승처럼 인간만 못한 존재라는 뜻이었죠. 중국인은 인간 범주에 속하지 않았습니다. 저희가 보기에는 그랬죠."[14] 츠키야는 무장하지도 않은 중국인 민간인을 총검으로 찔러 사살하라는 명령을 받았을 때 자신이 그 명령에 순응할 수 있었던 이유를 이렇게 설명한다. "만약 제가 그들을 인간이라고 생각했다면 그런 짓을 못 했겠죠. 하지만 저는 그들을 인간 이하의 짐승이라고 생각했습니다." 난징 대학살에 군인으로 참여한 아즈마 시로Azuma Shiro 역시 자신이 여성들을 강간할 때는 그들을 인간이라 여겼을지 모르나 학살할 때만큼은 돼지쯤으로 여겼다고 진술했다.[15]

그렇다면 미국과 영어권 국가들은 어땠을까? 아마 정의를 수호한 쪽은 이들이었겠지라고 기대할지 모르겠으나 현실은 전혀 그렇지 않았다. 연합국 일원들 역시 적들을 인간 이하의 존재로 보았다. 예컨대 어느 군인은 집으로 보내는 편지에 이렇게 썼다. "인간을 죽이는 건 아주 그릇된 일이지. 하지만 망할 나치 놈들은 인간이 아니야. 개새끼일 뿐이지." 그나마 독일인은 일본인보다 비인간화를 덜 당한 편이다. 어쨌든 독일인은 미국 오클라호마주의 어느 농장에서 자랐다고 해도 이상하지 않을, 파란 눈을 가진 자신들과 같은 앵글로색슨계 민족이었으니까. 하지만 일본인은 전혀 다른 이야기이다. 실제로 당시 여론조사에서 일본군을 기꺼이 죽이겠다는 미군은 44퍼센트에 달했으나 독일인을 기꺼이 죽이겠다는 미군은 6퍼센트에 불과했다.[16]

연합군은 '왜놈'을 짐승이라 생각했으며 대개 원숭이, 침팬지, 쥐 같은 동물로 묘사했다. 이따금 벌레처럼 바라볼 때도 있었다. 일례로 허먼 오크Herman Wouk의 소설 《케인호의 반란The Caine Mutiny》에서는 연합국 군인들이 일본군을 "무장한 거대 개미"로 묘사한다. 호주 장군 토머스 블래미Thomas Blamey가 태평양전쟁에 참여한 병사들을 앞에 두고 진행한 연설에서도 인종 혐오적인 열의가 전형적으로 드러난다. "제군들이 상대해야 할 적은 참으로 특이한 종족이다. 인간과 유인원의 중간쯤 되는 종족이랄까. … 우리 자신과 우리 가족의 목숨을 지키려면 이 해로운 짐승들을 모조리 박멸해야만 한다." 수백 종류의 신문을 통한 스스럼없는 보도로 퓰리처상을 수상한 종군기자 어니 파일Ernie Pyle은 이런 태도가 지휘부에만 국한된 것이 아니라 일개 보병들 사이에도 만연해 있었음을 분명히 밝혔다. 파일은 이렇게 보도했다. "일본인은 바퀴벌레나 쥐처럼 인간만 못한 역겨운 무언가로 여겨졌다." 전장 멀리에서 상황을 지켜보던 평범한 시민들 역시 이에 동조했다. 예컨대 1942년 뉴욕시에서 종일 이어진 퍼레이드에서는 노란 쥐 떼에게 폭격을 쏟아붓는 장면을 담은 꽃차 행렬이 가장 큰 인기를 끌었다. 여기에는 "도쿄야, 우리가 가고 있다"라는 문구가 붙었다.[17]

일본인을 인간 이하의 존재로 바라보는 시각은 일본인의 시신을 훼손하고 시신 일부를 전리품처럼 챙겨가는 관행에도 기여했을지 모른다. 비행사 찰스 린드버그Charles Lindbergh가 전시 중에 기록한 일기에 따르면 미군은 쓰러진 일본군의 넙다리뼈를 깎아서 펜대와 종이칼을 만들었으며 부패 중인 일본군 시신을 파내 금니를 뽑고 귀나 코, 치아, 두개골을 전쟁 기념품으로 챙겼다. 유럽 전장에서는 시신 일부를 전리품으로 챙겨가는 일이 흔하지 않았다. 군사 역사가 존 다우어John Dower가 지적하는 대로, 연합국 군인이 일본군 시신에 하듯이 독일군이나 이탈리아군 시신을 훼손했다면 이는 어마어마한 논란을 불러일으켰을 것이다.[18]

군인들은 시체만 표적으로 삼은 것이 아니었다. 항복한 적군 포로를 죽이는 일이 비일비재했으며 때로는 고문도 자행되었다. 제2차 세계대전에 참전한 철학자 글렌 그레이J. Glenn Gray는 이와 관련된 충격적인 일화 하나를 이렇게 밝힌다.

> 태평양전쟁에 참가한 어느 참전 용사가 내 동기에게 말해 주기를… 자기 부대가 전장에서 한참 떨어진 은신처에 숨어 있던 일본군 하나를 우연히 맞닥뜨려 '소탕'한 적이 있었다고 한다. … 비교적 미숙한 병사들로 이루어진 그 부대는 웃고 떠들면서 전장에 파견되기만을 기다리고 있었다. 그러다 웬 적국 군인 하나를 발견했는데 전혀 위협이 되지 않았다. 오히려 부대원들은 소총을 들고는 그를 살아 있는 표적 삼아 쏘기 시작했다. 일본군은 안전한 곳으로 숨으려고 개활지 곳곳을 미친 듯이 뛰어다녔다. 부대원들은 그 광경을 보고는 배꼽이 빠져라 웃었다. 어찌나 격렬히 웃었던지 그 가련한 일본군의 운명을 빨리 끝내주지도 못했다. 하지만 결국 부대원들은 그를 사살하는 데 성공했으며 이후로도 이 일을 가지고 며칠을 웃고 떠들면서 서로 사기를 북돋았다.

그레이는 계속해서 이렇게 덧붙인다.

참전 용사는 이 이야기를 하는 내내 그 일본군이 짐승이나 다름없었음을 강조했다. 일본군을 마주친 미군 중 누구도 그가 두려움이라는 인간의 감정을 느꼈을 것이라고, 살기를 간절히 바랐을 것이라고 생각하지 못하는 듯 보였다.[19]

미국인이 일본인을 인간 이하의 존재로 바라본 가장 섬뜩한 예시 하나를 미 해군이 발행한 잡지 《레더넥Leatherneck》에서 찾아볼 수 있다. 기사 자체는 굉장히 짧으며 유머러스한 분위기를 전달하려고 의도한 것으로 보인다. 기사 상단에 새겨진 삽화에는 애벌레 같은 몸에 기괴한 일본인 얼굴을 한 혐오스러운 짐승 한 마리가 나오며, 거기에는 라우세우스 재패니쿠스Louseus japanicus라는 학명이 붙어 있다. 하단의 기사에서는 "역병의 근원이자 해충의 번식지인 도쿄 전역"을 완전히 쓸어버려야 이 불결한 생물을 박멸하는 '위대한 과업'을 완수할 수 있다고 설명한다. 공교롭게도 이 기사가 발표된 것은 1945년 3월이었다. 바로 그 달에 미공군은 도쿄 상공에서 소이탄을 퍼부어 10만 명에 달하는 시민을 산 채로 불태웠다. 이후 오 개월에 걸쳐 일본 도시 67개가 소이탄 폭격으로 불타올랐다. 커티스 르메이Curtis LeMay 장군의 말을 빌리자면 그 과정에서 약 50만 명의 민간인이 남녀노소 할 것 없이 "타오르는 불에 삶고 구워져" 죽음에 이르렀다. 뒤이어 같은 해 8월에는 원자폭탄이 떨어져 히로시마와 나가사키가 평평한 황무지로 변했고 그 과정에서 막대한 사상자가 발생했다.[20]

대중매체에 나타난 비인간화

제 눈앞에는 벌거벗은 재소자 두 명이 있었습니다.

한 명이 무릎을 꿇은 채 입을 벌리고 있으면

다른 한 명이 거기다 대고 자위를 하고 있었죠.

그 자리를 피해야겠다는 생각이 들었습니다.

옳지 않다는 생각이 들었어요. …

프레데릭 하사가 저를 향해 걸어오고 있었습니다.

그는 이렇게 말하더군요.

"이 짐승 놈들은 잠깐만 내버려 둬도 이런다니까."

—아부그라이브 교도소에서 벌어진 일에 관한 미 육군 상병 매슈 윌슨Matthew Wilson의 증언[21]

　프로파간다는 비인간화를 자극하고 심화하며 그렇게 자라난 혐오는 또 다른 프로파간다로 이어진다. 잘 알려져 있듯이 르완다 정부는 1994년 대학살이 발생하기 전후로 라디오 방송을 이용해 투치족을 바퀴벌레 같은 집단으로 몰아세웠고, 나치 정부는 선전기구를 활용해 유대인과 그 밖의 민중의 적을 끔찍한 존재로 묘사하려고 애썼다. 1930년대와 1940년대의 러시아 정치 예술가들 역시 독일과 이탈리아의 파시스트를 비롯한 추축국 일원들을 쥐, 뱀, 돼지, 개, 원숭이 같은 짐승으로 그려냈다. 설령 인간의 모습으로 나타내더라도 뾰족한 귀와 송곳니, 이질적인 피부색 등 인간 같지 않은 특징을 지닌 것으로 그려냈다. 하지만 이처럼 전형적인 선전물이 악명이 높은 것에 반해, 비인간화를 부추기는 수단으로서 대중매체가 얼마나 큰 영향력을 지니는지에 대해서는 제대로 된 주의가 기울여지지 않았다.[22]

　오래전부터 대중매체는 사람들 사이에 거짓된 정보를 퍼뜨려 여론을 조종해 왔다. 그 과정에서 군사적, 정치적 반대 세력을 비인간화하는 경우도 많았다. 유럽 전역에서 파시즘의 물결이 거세지던 1936년, 올더스 헉슬리는 런던의 로열 앨버트 홀 연단에 서서 프로파간다의 주된 기능이 비인간화임을 이렇게 역설했다.

> 사람들은 자신과 같은 인간은 선뜻 고문하거나 죽이지 못합니다. 하지만 만약 그 인간이 마치 인간이 아닌 존재, 사악한 본질의 구현체로 여겨진다면 사람들은 더 이상 망설이지 않습니다. … 국가주의에 기반을 둔 정치 프로파간다는 모두 한 가지 목적에 초점을 맞춥니다. 특정 집단의 사람들에게 상대 집단의 사람들이 인간이 아니라고 설득함으로써, 그들을 강탈하고 속이고 괴롭히고 죽여도 괜찮다고 믿게 만드는 것이지요.[23]

20세기의 정치 포스터를 모아놓고 보면 미국, 독일, 영국, 프랑스, 소련, 한국 등 어느 나라에서든 시각적 선전물을 사용해 '적'을 인간이 아닌 위협적인 생명체로 묘사하는 것을 확인할 수 있다.[24] 하지만 대중매체에 드러나는 비인간화의 사례를 찾기 위해 꼭 역사 기록 보관소를 뒤질 필요는 없다. 그저 신문을 펼치거나 라디오를 틀기만 하면 된다.

2007년 9월 4일 자 오하이오주 일간지 《콜럼버스 디스패치Columbus Dispatch》를 보면 이란을 바퀴벌레 떼를 쏟아내는 하수관으로 그려낸 풍자화가 나온다. 그림에 담긴 함의는 꽤 노골적이었다. 독자들은 신문사가 무슨 메시지를 전달하고 싶은지 쉽게 파악할 수 있었다. 한 독자는 이렇게 반응했다. "르완다의 후투족 신문에서도 다른 인간들을 박멸해야 할 바퀴벌레처럼 묘사하는 풍자화를 내놓고는 했습니다. 그게 결국 학살로 이어졌죠. 귀 신문사도 똑같은 길을 가는 것 같아 마음이 심히 불편합니다." 이렇게 반응하는 독자도 있었다. "이란 사람들을 하수관에서 쏟아져 나오는 바퀴벌레처럼 묘사한 것은 악질적인 비방에 지나지 않습니다. … 이런 식의 풍자화는 이란을 상대로 군사적 공격을 감행해야 한다는 신보수주의적 외침을 더 크게 울려 퍼지도록 만들 뿐입니다."[25]

이로부터 3년 전인 2004년 아부그라이브 교도소 스캔들이 세간에 알려졌을 때 유명한 라디오 진행자 러시 림보Rush Limbaugh는 미군으로부터 모욕과 고문, 강간, 살해를 당한 재소자들을 인간만 못한 존재로 묘사했다. 림보는 "구역질 나는 건 오히려 그들"이라며 열을 내서 말했다.

타락한 건 오히려 그들입니다. 위험한 건 오히려 그들이지요. 인간만도 못한 존재, 인간 찌꺼기 같은 존재는 바로 그들입니다. 우리 미국이나 미군들이 아니라요.[26]

재소자 학대에 가담한 이들을 비롯해 미군 수뇌부 역시 림보와 같은 시각으로 바라보고 있었다. 실제로 아부그라이브 교도소의 총책임자 재니스 카핀스키Janis Karpinski 준장은 제프리 밀러Geoffrey Miller 육군 소장이 재소자들을 짐승처럼 대할 것을 요구했다고 폭로했다. 카핀스키는 이렇게 말한다. "밀러는 재소자들이 개나 다름없으며 한순간이라도 그들이 자신들을 개보다 나은 존재라고 생각할 여지를 준다면 지휘자로서 통제력을 잃은 것이나 마찬가지라고 말했습니다." (일찍이 밀러는 관타나모 수용소에서 사용된 고문 기법을 토대로 이라크에서 사용할 군 심문 기법을 '개혁'한 인물로 알려져 있었다. 카핀스키가 해임을 당한 뒤 밀러는 이라크 억류 작전의 부사령관으로 임명되었다.)[27]

마이클 앨런 위너Michael Alan Weiner 역시 유명 라디오 프로그램 사회 자로 림보가 그랬던 것처럼 교도소 재소자들을 인간 이하의 존재라거나 해로운 짐승이라고 깎아내렸으며, 그들을 인간으로 되돌릴 수 있는 유일한 '방법'은 강제로 기독교인으로 개종시키는 것밖에 없다고 주장했다. 또 다른 라디오 방송인 닐 부츠Neal Boortz가 이슬람 사람들을 묘사하는 내용을 듣고 있자면 묘하게도 아돌프 히틀러가 유대인에게 서슴없이 했던 비방이 겹쳐 들린다. 부츠는 이슬람이 유럽과 아메리카에 퍼지고 있는 치명적인 바이러스와 같다며 이렇게 덧붙였다. "우리는 이 바이러스에 맞서 싸우기 위해 서둘러 백신을 개발해야만 합니다."[28]

림보와 위너, 그리고 부츠는 인종차별적인 성향을 지닌 청중을 대상으로 방송을 진행해야 한다. 따라서 그들이 이따금 상대를 인간 이하의 존재로 깎아내리는 수사법을 사용하는 것도 어찌 보면 당연한 일이다. 하지만 이런 식의 화법은 대중에 영합하려는 극우 인사들만 사용하는 화법이 아니다. 주류 언론을 보면 어떤 정치적 색채를 가진 집단이든 종종 상대를 비인간화하는 태도를 드러내고는 한다. 심지어 퓰리처상을 받은 《뉴욕타임스》 칼럼니스트 모린 다우드Maureen Dowd 역시 2003년에 작성한 어느 칼럼에서 무슬림 테러리스트를 가리켜 "바퀴벌레처럼 수를 불려 우리에게 덤벼들고 있다"라고 언급한 적이 있다.[29] 비인간화를 이용하는 면에서는 좌나 우나 크게 다를 바가 없는 셈이다.

상대를 비인간화하는 표현은 신문 기사 제목에도 넘쳐난다. 애초에 헤드라인의 목적이 독자의 시선을 사로잡아 기사를 읽게 만드는 것이다. 바로 그런 역할을 수행하는 데 인간을 피에 굶주린 짐승과 위험천만한 해충으로 묘사하는 것만큼 효과적인 게 없다. 그런 표현들이 인간의 마음속 가장 깊숙한 곳에 자리 잡은 두려움을 자극하기 때문이다. 이런 수사법은 사람들이 공포를 느끼게 하고 마음을 닫게 만든다. 다른 국가와 갈등이 있을 때 상대가 인간만 못한 사악한 짐승이기 때문에 갈등이 발생한 것이라고 규정한다면 더 이상의 분석은 필요하지 않다.

프로파간다를 연구하는 에린 스튜터Erin Steuter와 데버라 윌스Deborah Wills는 이렇게 지적한다.

> 9·11 테러 이후 언론 매체가 사용하는 상징어를 분석하면 뚜렷한 패턴이 나타난다. 테러 용의자부터 시작해 반대 세력의 군인이나 정치가, 궁극적으로는 반대 세력 민족 전체가 동물, 특히 사냥감으로 비유된다는 점이다. 이런 양상은 국가 내의 갈등은 물론 국가 간의 갈등에서도 똑같이 드러난다. 미국, 유럽, 호주를 비롯해 어느 지역에서든 정치적 색채를 띤 신문을 펼쳐 헤드라인을 살펴보면 상대를 사냥해야 할 짐승으로 규정하는 태도가 놀라울 만큼 일관적이게 나타난다.[30]

예컨대 이라크나 아프가니스탄과의 전쟁은 이따금 사냥 활동으로 묘사된다('영국군이 도시 바스라를 에워싸자 이라크군이 혼비백산해 달아나다', '테러 사냥꾼들이 25명의 테러리스트를 덫으로 포획하다', '빈 라덴을 향한 포위망이 점점 좁혀지다'). 적군 기지는 짐승이 기거하는 둥지처럼 그려진다('오사마를 숨길 굴을 포기한 파키스탄군', '팔루자에 있는 테러리스트들의 보금자리에 공격이 개시되다'). 물론 사냥감은 그 둥지에서 몰아내야 한다('어떤 공격으로도 빈 라덴을 보금자리 밖으로 나오게 만들 수 없는 이유', '미국은 어떻게 빈 라덴을 굴 밖으로 끌어낼 것인가'). 그러려면 일단 덫을 놓아야 한다('탈레반 우두머리를 덫으로 포획할 가능성이 열리다', 'FBI가

놓은 함정에 이슬람 수뇌부가 걸려들다'). 다음으로는 사냥감을 철장에 가둬야 한다('사담 후세인이 철장에 갇힌 뒤에도 사그라지지 않는 위협'). 반대로 적이 게걸스러운 포식자('족쇄를 채운 맹수 사담 후세인, 법정에 가다')나 괴물('괴물 같은 테러리스트', '괴물과 무슬림에 관하여')로 묘사되는 경우도 있다. 적을 성가신 쥐('미군이 아프가니스탄의 쥐 소굴을 말끔히 쓸어버리다'), 독사('똬리를 틀고 기다리는 독사'), 곤충('이라크군이 팔루자에 벌집을 틀다'), 병균('바이러스처럼 변이를 일으키는 알카에다')으로 바라보는 시각도 드러난다. 어느 경우든 적들은 무서운 속도로 증식한다('점점 더 늘어나는 이라크의 자살 폭탄 테러리스트').[31]

혹시 내가 별것도 아닌 사례들에 지나친 의미를 부여하는 것 같은가. 어쩌면 이런 표현들은 한낱 비유에 불과할지도 모른다. 말과 글을 다채롭게 꾸미는 방식일 뿐 다른 사람을 인간 이하의 존재로 규정하는 표현이라고 해석할 필요는 없을지도 모른다. 사실 스튜터와 윌스도 이런 표현들을 '비유'라고 못 박았다. 물론 맞는 말이다. 이런 부류의 언어 표현이 비유적인 것은 사실이다. 하지만 그저 비유에 불과한 것만은 아니다. 다른 인간을 쥐나 바퀴벌레로 일컫는 행위에는 비유하고자 하는 의도보다 훨씬 강력하고 위험한 무언가, 우리가 반드시 이해해야만 하는 무언가가 반영되어 있다. 바로 우리의 사고방식이다. 타인을 인간만 못한 존재로 생각하는 것은 단지 욕을 하는 것과는 다르다. 욕설의 목적은 상대의 마음을 다치게 하고 모욕감을 주는 것이다. 언어를 무기로 사용하는 행위인 셈이다. 하지만 다른 사람을 비인간화하는 사고방식에는 다른 사람이 인간만 못하다는 판단이 수반된다. 다시 말해 공격하는 것이 아니라 규정하는 것이 목적이다. 따라서 비인간화는 현실을 부정하는 일, 일종의 자기기만에 해당한다. 우리가 적을 무엇이라고 생각하든 그들이 인간만 못한 짐승이 아니라 엄연한 인간이라는 사실 자체는 변하지 않는다.

지금까지 우리가 살펴본 사례는 비교적 최신 역사에서 가져온 것들이다. 하지만 비인간화가 인류 역사에 미친 영향은 그보다 훨씬 더 방대하다. 비인간화는 세계 곳곳의 문화에서 인류 역사 전반에 걸쳐 나타난다. 어쩌면 그 역사가 선사 시대까지 거슬러 올라갈지도 모른다. 동양에서도 서양에서도, 선진국의 문명인에게서도 아마존 외지의 원시 부족에게서도 비인간화를 찾아볼 수 있다. 비인간화의 자취는 고대의 쐐기문자판에도 현대의 뉴스 헤드라인에도 묻어 있다. 비인간화는 나치, 공산주의자, 테러리스트, 유대인, 무슬림 등 각 시대와 지역의 잔혹한 괴물들만의 전유물이 아니다. 우리 모두가 비인간화의 표적이 될 수 있는 것은 물론 비인간화의 주체가 될 수도 있다. 비인간화는 모두가 마주한 문제이다. 왜 그렇게 말할 수 있는지 지금부터 알아보자.

비인간화
이론의 단계

**존재의 대사슬에
자리한 두 인간**

사람들이 불행한 건 단지 악행과 속임수 때문만이 아니다.
혼동과 오해 때문이기도 하다. 무엇보다도 다른 사람들 역시
자신과 같은 인간임을 이해하지 못하기 때문에 불행이 생겨난다.

—이언 매큐언, 《속죄》

비인간화라는 단어는 19세기 초반에 영어에 등장했다. 이 단어는 처음부터 여러 의미로 쓰였으며 지금도 그 용례가 다양하다. 예컨대 뉴스 기사와 학계 논문을 보면 공항의 자동발권기가 고객을 '가축' 취급한다는 점에서 비인간적이라거나, 포르노가 여성을 비인간화한다거나, 철인 3종 경기가 체육인을 비인간적으로 혹사한다거나, 기술이 발전하면서 교육 환경이 비인간적으로 변화한다거나, 교도소에서 죄수를 관리하는 방식이 비인간적이라는 등의 말을 찾아볼 수 있다. 비인간화라는 단어가 사용되는 사례는 그 밖에도 수없이 많다.[1]

이렇듯 다양한 의미가 복잡하게 얽혀 있다 보니 비인간화를 연구

하기란 여간 까다로운 일이 아니다. 따라서 비인간화를 제대로 논의하려면 일단 비인간화가 무엇인지 분명히 정의할 필요가 있다. 이 책에서 말하는 비인간화란 다른 사람을 인간 이하의 존재로 인식하는 행위를 가리킨다. 이런 정의에는 크게 두 요소가 들어 있다. 하나는 우리가 다른 사람을 비인간화할 때 그 사람에게 무언가가 결여되어 있다고 생각한다는 점이고, 다른 하나는 거기서 더 나아가 우리가 그 사람을 인간보다 못한 존재로 여긴다는 점이다.

이 사실을 명확히 밝히기 위해 내가 제시한 비인간화 개념을 흔히 사용되는 다른 비인간화 개념들과 비교해 보도록 하겠다.

어떤 사람들은 인간이 개별 존재로 인식되지 못할 때 비인간화가 된 것이라고 말한다. 그들에게 비인간화란 다른 인간을 독자적인 개인이 아니라 단순한 수치, 관료주의 사회의 부품, 특정 인종, 국가 또는 민족 집단의 사례로 취급하는 태도를 가리킨다. 하지만 이는 내가 말하는 비인간화는 아니다. 개인의 독자성을 제거하는 것은 인간성을 말살하는 것과는 다르다. 개성을 잃은 인간도 어쨌든 인간이기 때문이다.

어떤 경우에는 비인간화가 대상화objectification라는 개념을 나타내기도 한다. 예컨대 여성주의 사상가 린다 르몬체크의 저서《여성의 비인간화Dehumanizing Women》에는 대놓고 '성적 대상물 취급을 받는 사람들'이라는 부제가 달려 있다.[2] 페미니스트 학계에서 사용하는 대상화라는 개념은 20세기 후반에 캐서린 맥키넌과 안드레아 드워킨이 계몽주의 철학자 임마누엘 칸트의 설명을 참조해 발전시킨 개념이다. 드워킨은 대상화라는 표현을 이렇게 정의한다.

대상화란 특정한 사회적 수단을 이용해 다른 인간을 인간 이하의 존재로, 사고팔 수 있는 사물이나 상품으로 둔갑시키는 행위를 가리킨다. 대상화를 당한 사람은 인간성을 잃어버린다. 다시 말해 사회적 환경에서나 개인적 환경에서나 개성과 완전성을 잃어버린다. 대상화는 본질적으로 차별에 기반을 둔 공격이나 다름없다. 온전한 인간 대접을 받는 것이 아니라 사물 취급을 당하는 사람들은 온전한 인간으로서 사회에 존재할 수 없다. 그들의 인간성에는 무시로 인한 상처가 생긴다.[3]

대상화를 당하는 여성들은 인간성을 인정받지 못한다. 그들은 주체성을 가진 인간이라기보다는 성적 쾌락을 위한 도구로 취급받는다. 하지만 다른 사람을 성적 도구로 취급하는 것은 다른 사람을 인간 이하의 존재로 인식하는 것과는 다르다. 누군가에게 주체성이 존재한다는 사실을 부정하지는 않더라도 그 사람의 주체성을 인정하지 못할 수는 있기 때문이다. 예컨대 어떤 의사는 수술대 위에 누워 있는 환자의 인간성을 경시할 수는 있다. 환자를 주체성을 가진 인간이 아니라 피와 살로 이루어졌을 뿐 수리가 필요한 기계로서 바라볼 수 있는 셈이다. 하지만 그런다고 해서 환자를 인간 이하의 존재로 인식하는 것은 아니다.

때로는 다른 인간에게 경멸적인 태도를 나타내는 것을 두고 비인간화의 사례라고 말하는 사람도 있다. 하지만 상대방의 인간성을 부정해야만 상대방을 깎아내릴 수 있는 것은 아니다. 대개는 상대를 인간 이하의 짐승으로 바라보는 대신 열등한 인간으로 보는 것만으로도 충분하다. 하지만 열등한 인간도 결국은 인간이다.

마지막으로 비인간화가 다른 사람을 잔인하거나 모멸적인 방식으로 대하는 행위를 가리킨다고 생각하는 경우가 있다. 예를 들면 누군가에게 고통을 주거나 누군가를 체계적으로 따돌리는 것이 곧 비인간화라는 말이다. 하지만 이런 생각은 선후 관계의 착각 때문에 발생한다. 어떤 사람이 폭력을 당한다고 해서 그가 인간 이하의 존재가 되지는 않는다. 하지만 한 사람을 인간 이하의 존재로 인식한다면 많은 경우에 폭력과 모욕이 뒤따른다. 결국 기억해야 할 점은 비인간화가 심리적 차원에서 이루어지는 현상이라는 사실이다. 비인간화는 우리 머릿속에서 일어난다. 일종의 태도, 즉 다른 사람을 인식하는 방식이다. 반면 다른 사람을 해치는 것은 일종의 행동, 다시 말해 생각이 아니라 행위이다.

다른 사람을 비인간화한다는 것은 그를 인간 이하의 존재로 여기는 사고방식을 가리킨다. 바로 이런 용례를 과거 에이브러햄 링컨이 스티븐 더글러스와 마지막으로 벌인 논쟁에서 찾아볼 수 있다. 링컨과 더글러스가 벌인 논쟁의 핵심 화제는 노예제도였다. 더글러스는 과거 '건국의 아버지들'이 인간의 평등을 말할 때 열등하거나 타락한 인종을 염두에 두지는 않았을 것이라고 주장했다.[4] 이에 링컨은 더글러스가 다른 사람을 탈인간화하려는 경향이 있으며 결과적으로 그에게서 인간으로 여겨질 권리를 빼앗으려 한다고 응대했다. 링컨의 담화문을 게재한《뉴욕 트리뷴》편집자는 탈인간화dishumanize라는 말이 어색하다고 느꼈는지 좀 더 자연스러운 비인간화dehumanize로 대체했다.[5]

내가 정의한 비인간화의 의미를 생각해 보면 여러 의문이 떠오를 것이다. 그중에서도 특히 중요한 의문이 세 가지 있다. 첫째, 누군가를 인간으로 인식한다는 것은 대체 무엇일까? 인간인 것이 인간처럼 보이는 것과는 확실히 다르다. 겉모습만으로 충분하다면 스티븐 더글러스 역시 아프리카계 미국인이 온전한 인간이라고 인정했을 테니까 말이다. 그러므로 인간성은 눈에 보이는 것을 넘어서는 무언가일 것이다. 인간인 것이 인간처럼 보이는 것과 다르다면 분명 오감으로 감지하기 힘든 미묘한 무언가가 인간성을 결정하는 것이 틀림없다. 이는 자연스럽게 다음 의문으로 이어진다. 비인간화를 당한 사람들에게 결핍된 것은 정확히 무엇일까? 마지막으로 어떤 유형의 존재가 다른 사람의 인간성을 말살하는 것일까?

한편 비인간화는 인간의 심리 작용에 대해서도 궁금증을 불러일으킨다. 인간 본성에 어떤 성질이 있기에 우리는 서로를 인간 이하의 존재로 인식할 수 있을까? 비인간화는 정확히 어떤 이유에서 어떤 방식으로 일어날까? 비인간화가 특정한 기능을 수행할 수 있을까? 만약 그렇다면 어떤 기능을 수행할까? 다른 사람을 비인간화하려는 욕구는 인류 보편적일까, 아니면 특정 문화나 역사에 한정될까? 이런 욕구는 생물학적 진화의 산물일까, 아니면 후천적으로 학습된 결과일까? 타인을 비인간화하는 사고방식에 공통적인 패턴이 존재할까? 존재한다면 왜 그런 패턴이 나타날까?

제대로 된 비인간화 이론이라면 이런 의문들을 전부 다룰 필요가 있다. 이어지는 장들에서 그렇게 하겠지만 해답을 점진적으로 쌓아가는 방식으로 문제에 접근할 것이다. 이번 장에서는 고대 그리스 시대부터 21세기에 이르기까지 비인간화라는 개념이 어떤 식으로 발전해 왔는지 이야기하고자 한다. 지금까지 누구도 다룬 적이 없는 아주 흥미로운 이야기가 되리라 약속한다.

고전 고대: 아리스토텔레스,
아우구스티누스, 보에티우스

야만인이 없는 지금 우리에게는 무슨 일이 벌어질까?
어떤 점에서는 그들이 해결책이었는데.

─콘스탄티노스 카바피Constantine Cavafy, 〈야만인을 기다리며Waiting For The Barbarians〉[6]

비인간화 역사는 아주 먼 고대까지 거슬러 올라간다. 하지만 오늘날 우리가 접할 수 있는 문헌 중 비인간화를 다루는 가장 오래된 문헌은 불과 2600년 전에 고대 그리스에서 기록되었다. 고대 그리스인은 다른 사람들을 인간 이하의 짐승으로 묘사했으며 이는 단지 수사적 표현이 아니었다. 이스라엘 출신 고전 연구가 벤저민 아이작Benjamin H. Isaac 역시 고대 문헌 가운데 동물을 문학적 장치로 사용하는 문학 전통을 풍부하게 찾을 수 있기는 하지만, 그렇다고 이런 문학적 장치가 수사적 효과만 있다고 착각해서는 안 된다고 지적한다. 아이작은 "인간을 동물로 묘사하는 문학 글귀를 전부 비유나 상징으로 해석해서는 안 된다"며 계속해서 경고한다.

그중에는 문자 그대로의 의미를 전달하려고 의도한 경우도 있다. … 동물 비유는 일종의 마음 상태를 반영했다. 자기 자신을 이민족과 구별하는 사고방식이 드러났던 것이다. 이런 사고방식 덕분에 그들은 아무런 도덕적 제약 없이 제국주의를 꽃피울 수 있었다.[7]

기원전 7세기 세모니데스(시인으로 아모르고스 식민지 건설을 이끌었기 때문에 흔히 '아모르고스의 세모니데스'라고 불린다)는 자신의 시에서 대놓고 여성을 인간 이하의 생물로 묘사한다. 이 시에서 여성은 열 가지 범주로 나뉘는데 각각의 범주는 서로 다른 동물을 나타낸다. 세모니데스는 이렇게 말한다.

> 태초에 신께서는 여성의 정신을 따로 구분해 만드셨다. 한 부류의 여성은 털이 긴 암퇘지를 본떠 만드셨다. 그런 여자의 집에는 모든 것이 진흙이 묻은 채 바닥 위를 어지럽게 굴러다닌다. 여자 또한 몸을 씻지 않고 옷을 빨지 않으며 살만 뒤룩뒤룩 찐 채 똥 무더기 옆에 앉아 있다. 또 어떤 부류의 여성은 모든 것을 듣고 모든 것을 알기를 바라는 악랄한 암캐를 본떠 만드셨다.[8]

세모니데스는 암퇘지와 암캐 외에도 여우, 당나귀, 족제비, 노새, 원숭이 같은 동물에 빗대어 여성을 묘사한다. 21세기의 독자에게는 말장난 같아 보일지도 모르나 세모니데스의 생각은 달랐다. 아이작의 주장에 따르면 세모니데스는 "특정한 부류의 여성이 정말로 특정한 동물에게서 나왔다"고 믿었다. "암퇘지에게서 나온 여성은 정말로 암퇘지인 것"이다.[9] 이 시에서 우리는 원시적인 형태의 비인간화 이론을 발견할수 있다. 사람들 중에 인간 하위의 생물이 섞여 있으며 하위인간성은 그들의 기원이 된 동물의 본질에서 나왔다는 이론이다. 반면 가장 고등한 형태의 인간은 자생적autochthonous(고향 땅의 흙에서 나옴)이라고 여겨졌다. 약 1세기 후에 그리스 노예 이솝의 《이솝 우화》에서 비슷한 주장을 찾아볼 수 있다(이번에는 여성에 국한되지 않는다).

2장 비인간화 이론의 단계

제우스의 명령에 따라 프로메테우스는 인간과 동물을 만들었다. 제우스는 동물이 인간보다 월등히 많은 것을 보고는 프로메테우스에게 일부 동물을 인간으로 바꿔 동물의 수를 줄이라고 지시했다. 그는 지시에 따랐고 그 결과 본래 동물이었던 사람들이 동물의 영혼을 간직한 채 인간의 몸을 갖게 되었다.[10]

아마 이것이 겉으로는 인간처럼 보일지라도 속에는 동물의 영혼을 지녔을 수 있다는 생각을 담은 가장 오래된 기록물일 것이다. 물론 이런 기록들도 흥미롭지만 비인간화라는 개념이 본격적으로 이론화되기 시작한 것은 기원전 4세기 아리스토텔레스의 저작물에서였다. 아리스토텔레스가 살던 시대의 그리스인들은 인간을 두 범주로 분류했다. 그들 자신과 그들 이외의 모두로 말이다. 그들은 스스로를 인류 문명의 귀감이라 생각했으며 자신들 이외의 이민족은 모두 바르바로이barbaroi(야만인)라고 불렀다. 이런 상황에서 비인간화에 관한 아리스토텔레스의 설명은 이방인을 향한 그리스인의 반감에 지적 허울을 덧입혔다. 아리스토텔레스는 야만인이 노예로 타고났다고 주장했다.

아리스토텔레스가 그렇게 주장한 것은 인간을 인간으로 만드는 것이 이성이라고 생각했기 때문이다. 그의 주장에는 '생물학적 목적'이라는 특별한 개념이 깔려 있었다. 그는 우리 몸에 있는 각각의 기관이 존재하는 이유가 있음을, 즉 목적이 있음을 인식했다. 예컨대 눈은 보기 위해 존재하고 심장은 피를 펌프질하기 위해 존재하며 보호색은 포식자의 위협을 피하기 위해 존재하고 날개는 공중을 날기 위해 존재한다. 이때 주목할 점은 서로 여러 면에서 이질적인 두 존재가 같은 목적을 공유할 수 있다는 사실이다. 예를 들어 새의 날개, 곤충의 날개, 박쥐의 날개는 서로 굉장히 다르다. 새와 박쥐의 날개는 둘 다 앞발이 변화한 결과물이지만 새의 날개가 비교적 날개로서 고정된 반면에 박쥐의 날개는 공기를 '잡기'도 하는 손에 가깝다. 나비의 날개는 애초부터 앞발과는 상관이 없다. 이렇듯 각각의 날개는 해부학적으로 차이가 있으며 진화해 온 역사 역시 상이하다. 물론 아리스토텔레스는 진화에 대해 아는 바가 없었다. 이 예는 내가 제시하는 것으로, 그럼에도 이것들을 전부 날개라고 할 수 있는 이유는 무엇일까?

아리스토텔레스의 답은 전부 같은 목적을 공유하기 때문이라는 것이었다. 다시 말해 누구의 날개든 비행을 위해 존재하기 때문이다. 지나치게 단순화한 설명이기는 하지만 무언가를 날개로 만드는 것은 비행이라는 목적이다.[11]

아리스토텔레스는 똑같은 추론 방식을 인간에게 적용해 인간으로 존재하는 것에도 틀림없이 목적이 있을 것이라고 주장했다. 비행이라는 목적이 무언가가 날개인지를 정의하는 것처럼 누군가가 인간인지를 정의하는 목적 역시 존재하리라 확신했다. 아리스토텔레스는 바로 그 목적이 이성이라고 결론을 내렸다. 뚜렷한 의도를 가지고 생각을 하면서 살아가는 것이 인간 삶의 적합한 목적이라고 판단한 것이다. 날개가 날기 위해 존재하는 것처럼 인간은 이성적으로 사고하기 위해 존재하고, 무언가를 날개로 만드는 것이 비행이라는 목적인 것처럼 누군가를 인간으로 만드는 것은 이성이라는 목적이다.

이 지점에서 이론적 개념 한 가지를 소개해야겠다. 이어지는 장들에서 점진적으로 발전시킬 비인간화 이론을 이해하려면 이 개념을 아는 것이 아주 중요하다. 바로 '본질'이라는 개념이다.

본질이라는 철학적 개념은 아리스토텔레스에게서 유래했다. 그는 자신의 글 곳곳에서 "그것이 되어야 했던 것to ti ên einai"과 "그것인 것to ti esti"이라는 특이한 표현을 사용했다. 이런 표현을 라틴어로 번역하느라 애를 먹던 로마인들은 '존재'를 뜻하는 라틴어 동사 에세esse를 활용해 에센티아essentia라는 단어를 만들었다. 이후 14세기 말에 에센티아는 영어 단어 에센스essence가 되었다.

본래 아리스토텔레스가 사용한 용어에서 드러나듯이, 본질이란 어떤 대상으로 하여금 그 대상이 되게 하는 무언가를 뜻한다. 본질 개념은 현상(사물의 실체라기보다는 겉모습) 개념과 대조를 이룬다. 요컨대 현상은 피상적인 수준에서 그치지만 본질은 핵심을 파고든다.

철학자들은 대개 물을 예로 들어 본질과 현상의 차이를 설명한다. 물이란 정확히 무엇일까? "무색, 무미의 투명한 액체로 해수면 기준 섭씨 0도에 얼고 섭씨 100도에 끓으며 강을 이루어 흐르거나 샤워기에서 흘러나온다"라는 식으로 물에 대한 설명을 쭉 늘어놓으면 이 질문에 답이 되리라 생각하기 쉽다. 물론 물에 이런 특성들이 있는 것은 사실이다. 하지만 과연 이런 특성들이 물의 실체를 정확히 밝혀줄까?

화학자들은 물을 이런 식으로 정의하지 않는다. 화학에서 물은 구성 요소로서 정의된다. 간단히 말해 물은 H_2O이다.[12] 어떤 대상은 물과 온갖 피상적인 특성을 공유할지 모르나 여전히 물이 아닐 수 있다. 예컨대 보드카는 투명하고 색이 없는 액체이지만 확실히 물은 아니다. 그렇다면 앞 단락에서 물과 관련된 모든 특성을 지니고 있다면 어떨까? 그런 특성들이 쌓이고 쌓여 물의 정의가 될 수 있지 않을까? 딱히 그렇지도 않다. 물론 우리가 아는 바로는 물에 관한 설명에 완벽히 부합하는 물질은 전부 H_2O이다. 하지만 그렇지 않은 경우도 있다. 피상적인 측면에서는 물과 같지만 분자구조가 H_2O가 아닌 물질이 존재할 수 있기 때문이다. 적어도 그런 물질을 상상할 수는 있다. 반대로 과학자들이 분자구조가 H2O이지만 물이 아닌 물질을 발견하는 상황은 상상할 수조차 없다.

우리가 물에 관해 이런 통찰을 할 수 있는 이유는 하버드대학교 철학과 교수 힐러리 퍼트넘Hilary Putnam 덕분이다. 퍼트넘은 '쌍둥이지구Twin Earth'라고 알려진 유명한 사고실험을 통해 이런 통찰을 끌어냈다.[13] 이 사고실험에서는 일단 지구와 완벽히 똑같은 행성 하나를 떠올릴 것을 요구한다. 다만 이 행성에서는 강이 흐르고 샤워기에서 흘러나오는 물질이 H2O가 아니라 XYZ(이웃 행성에서만 발견되는 낯선 원소)이다. XYZ는 형태, 맛, 냄새, 움직임 등이 전부 H2O와 같다. 심지어 (H2O를 한 번도 본 적이 없는) 쌍둥이지구의 주민들은 XYZ를 가리켜 '물'이라고 부른다. 완전히 별개의 구성 요소로 만들어졌지만 겉보기로는 전혀 구분할 수 없는 두 물질을 일컫기 위해 양쪽 주민 모두 같은 단어를 사용하는 셈이다. 자, 이제 우리가 쌍둥이지구로 휴가를 떠났다고 상상해보자. 우리는 욕조에 뜨거운 물을 받아 반신욕을 하다가 자신이 뜨거운 물에 몸을 담그고 있다는 생각에 잠긴다. 하지만 퍼트넘의 주장에 따르면 이런 생각은 착각이다. 우리가 만족스럽게 몸을 담그고 있는 액체가 겉으로는 물과 구별되지 않지만 어쨌든 물이 아니기 때문이다. 이 액체는 물의 외양(색깔, 투명도, 맛 등)을 가졌지만 물의 본질은 없는 것이다. H2O라는 분자구조는 무언가를 물로 만든다는 점에서 물의 본질에 해당하지만 투명한 무색, 무미의 액체라는 성질은 무언가를 물과 닮게 만든다는 점에서 물의 현상에 불과하다. 만약 쌍둥이지구에 사는 우리의 도플갱어가 지구에 와서 반신욕을 즐기면서 같은 생각을 한다면 그 역시 착각하는 것이다. 쌍둥이지구에서 물은 XYZ를 가리키기 때문이다.

본질과 현상의 구분은 그저 학문적인 문제에 불과한 것이 아니다. 이는 우리가 일상에서 사물을 바라보는 방식을 반영한다. 여기에는 철학자들이 말하는 '직관'이 관련되어 있다. 평소에 직관이라고 하면 텔레파시나 투시력 같은 기이한 직감을 가리킬 때가 많지만 철학자들은(최근에는 심리학자들 역시) 전혀 다른 뜻으로 직관이라는 단어를 사용한다. 철학에서 직관이란 어떤 사물이나 사실이 그냥 그렇게 보이는 것을 가리킨다. 예컨대 지금 당신은 당신이 이 책을 읽고 있다는 직관을 가졌다. 그 사실을 이해할 필요가 없다. 당신이 이 책을 읽고 있다는 사실이 당신의 의식 속에 직접적으로 나타나서 그 자체로 명백해 보인다. 다른 누가 설득해도 그렇지 않다고 생각할 수가 없을 것 같다. 한편 심리학에서도 인간이 본질과 현상을 직관적으로 구분한다는 사실이 여러 연구를 통해 밝혀졌다(그중 일부는 6장에서 살펴볼 것이다). 실제로 우리는 생명체를 비롯한 수많은 대상이 그것을 그것으로 만들어주는 무언가를 '속'에 지니며 그 무언가가 반드시 외관에 반영되어 있지는 않다고 생각한다. 심지어 어린아이조차도 사물에 본연의 특성이 존재한다고 생각한다. 이해하기 쉽게 예를 들자면 호랑이에게는 일종의 '호랑이스러움'이 있어서 그것을 호랑이로 만들어준다고 생각한다. 따라서 발이 세 개밖에 없거나 보라색 칠을 했거나 꼬리가 없는 등 호랑이의 전형적인 외형의 특징이 빠진 호랑이를 보더라도 여전히 호랑이임을 인식할 줄 안다.[14]

이렇듯 우리는 본질을 중심으로 사물을 바라보는 경향이 있기 때문에 모든 인간이 인간으로서의 본질(영혼, 정신 또는 뚜렷한 유전적 특질)을 가졌다는 생각 역시 직관적으로 받아들이는 데 무리가 없다. 대부분의 사람처럼 당신 역시 이런 직관을 공유하고 있다면 누군가가 인간처럼 보이지는 않더라도 인간일 수 있다는 사실 역시 인정할 것이다. (영화 〈엘리펀트 맨〉의 메릭을 생각해 보자. 메릭은 다른 종에 속하는 생물처럼 보일 정도로 외모가 극심하게 일그러졌지만 그럼에도 엄연한 인간이었다.) 정반대로 누군가가 인간을 굉장히 닮았을지라도 진짜 인간은 아닐 가능성 역시 받아들일 수 있다. 실제로 이 주제는 브램 스토커의 《드라큘라》나 아놀드 슈왈제네거 주연의 〈터미네이터〉 등 호러와 SF 장르에서 자주 다뤄진다. 드라큘라와 터미네이터는 인간의 모습을 하고 있고 (특이점이 없지는 않으나) 인간과 비슷한 방식으로 행동한다. 그럼에도 둘 다 정말 중요한 '내적' 차원에서는 인간이 아니다.

다시 아리스토텔레스 이야기로 돌아가 보자. 아리스토텔레스의 주장대로 인간을 인간으로 만드는 본질이 이성이라면 이성이 없는 존재는 무엇이든 인간 이하의 존재일 것이다. 실제로 아리스토텔레스는 야만인들이 지극히 기초적인 사고 능력만 가지고 있다고 믿었으며 그렇기에 그들을 타고난 노예로 인식했다. 물론 들짐승과 달리 야만인은 합리적인 대화를 어느 정도 이해하고 응답할 수 있었다. 하지만 야만인에게는 능동적으로 이성을 사용할 능력이 결핍되어 있었다.

> 따라서 우리는 육체가 영혼과 다른 것처럼, 짐승이 사람과 다른 것처럼 인간과는 다른 (주로 육체적 일을 수행하며 그것을 할 때만 최상의 결과를 내놓을 수 있는) 모든 자가 본질적으로 노예라고 결론 내릴 수 있다. 그런 자들은 주인에게 지배를 받는 편이 더 낫다. 만약 누군가가 다른 이에게 이성이 존재한다는 사실을 이해할 수 있을 뿐 정작 본인은 이성을 지니고 있지 않다면 그는 본질적으로 노예이다. 물론 짐승들은 타고난 본능에 따를 뿐 이성을 이해하지도 못한다. 하지만 둘이 사용되는 방식에서는 별 차이가 없다. 노예와 길들인 짐승 둘

다 인간의 기본적인 필요를 충족하기 위해 육체의 힘을 보탤 뿐이다. … 따라서 어떤 이들이 본질적으로 자유민인 것처럼 어떤 이들은 본질적으로 노예인 것이 분명하다. 후자의 존재들은 노예로 부리는 것이 정당하고 이로운 처사이다.[15]

물론 아리스토텔레스가 야만인을 인간 이하의 존재로 규정한 것은 아니다. 그에 근접한 주장을 내놓았을 뿐이다. 그는 야만인이 인간이 아닌 짐승이라기보다는 '불완전한' 인간이라고 생각했다. 그럼에도 인용한 대목에서 확인할 수 있는 것처럼 야만인이 인간 이하의 짐승과 공통점을 가졌다고 믿었으며 혹시 그들이 노예라는 본연의 운명을 거부한 채 어디에도 종속되지 않으려고 완강히 저항한다면 전쟁을 일으켜서라도 그들을 굴복시켜야 한다고 권고했다. 그리고 그 과정에서 소름 끼치게도 전쟁을 사냥에 비유했다.

전쟁이란 본질적으로 사냥 기술이 수반되는 습득 행위와 다를 바 없다. 사냥 기술은 야생동물들을 상대로 사용할 수도 있고 전쟁이 정당하기만 하다면 타고난 노예임에도 지배받을 준비가 되지 않은 자들을 상대로 사용할 수도 있다.[16]

아리스토텔레스가 그리는 그림에서 야만인은 인간과 짐승 사이의 경계에 위태롭게 놓여 있다. 그들은 가축보다는 고등한 존재이기는 하지만 이성을 사용할 능력이 부족하다. 따라서 폴리스(고대 그리스의 도시국가—옮긴이)의 문명화된 삶에는 어울리지 않으며 오직 인간 주인에게 복종할 때에만 간접적으로나마 인간의 지위에 도달할 수 있다.

아리스토텔레스의 타고난 노예 이론은 중세 시대의 이슬람과 기독교 문화권에 지대한 영향을 미쳤다. 특정한 사람들이 노예제도에 맞게 태어난다는 주장은 기원전 322년 아리스토텔레스가 사망한 뒤에도 여러 세기에 걸쳐 역사에 비극적인 반향을 일으켰다. 이런 주장을 이어받아 철학자 이븐 시나Ibn Sina와 법학자 알안달루시al-Andalusī 같은 무슬림 사상가들은 사하라 사막을 가로질러 행해지던 끔찍한 노예무역을 정당화했으며 스페인의 콘키스타도르스(신대륙을 발견하면서 중남미 지역에 침입한 16세기 초의 스페인 탐험가들—옮긴이)와 영국의 식민주의자들은 아메리카 원주민을 정복하고 노예로 삼는 활동을 합리화했다(이에 대해 4장에서 더 자세히 다루겠다).[17]

아리스토텔레스가 사망한 지 오랜 시간이 흐른 후에도 본질과 현상의 구분은 철학적 사고 과정에서 중요한 역할을 했으며 인간 이하의 존재라는 개념을 만들어내는 데에도 큰 영향을 미쳤다. 그리하여 5세기에는 알제리 출신의 철학자 겸 신학자이자 성 어거스틴이라고도 알려진 아우구스티누스가 누군가의 외양만 보고는 그가 인간으로서 어떤 지위를 가졌는지 혹은 영적으로 가치가 있는 존재인지 파악할 수 없다며 동료 기독교인들을 이렇게 설득했다.

누구든 인간으로 태어난 사람이라면, 즉 이성을 지닌 필멸의 존재로 태어난 사람이라면 피부든 움직임이든 소리든 어떤 특이한 외양을 드러내든 혹은 어떤 능력이나 부위나 특성을 타고났든 결국 최초의 한 인간에게서 그가 나왔음을 부정할 수 없다. 따라서 우리는 보편적인 인간성과 특이하고도 놀라운 특성을 구별할 수 있다.

아우구스티누스는 21세기 다문화주의자라면 누구든 환영할 만한 기세로 계속해서 이렇게 주장한다. "하느님께서는 전체의 아름다움에 기여하는 공통점과 차이점을 둘 다 보신다."[18]

아리스토텔레스와 아우구스티누스는 완벽히 인간처럼 보인다고 해서 반드시 인간인 것은 아니라는 점에서는 생각이 같았다. 하지만 그들이 그러한 결론에 도달한 과정은 정반대였다. 아리스토텔레스는 어떤 존재가 갖출 것을 다 갖춘 인간과 구별되지 않는다고 할지라도 여전히 인간보다 못한 존재일 수 있다고 주장했으나, 아우구스티누스는 외관상의 특이성 자체가 인간성과는 아무런 관련이 없다고 주장했다. 서로 주안점은 달랐지만 결국은 동전의 양면일 뿐이다. 양쪽 다 본질과 현상을 구분하는 것에서 출발했기 때문이다.

아우구스티누스가 사망한 지 약 50년이 지난 기원 480년경에 기독교를 믿는 귀족 집안에 태어난 로마 철학자 보에티우스 역시 비인간화 이론이 형성되는 데 중요한 기여를 했다. 보에티우스는 정치가로서나 학자로서나 한창 전성기를 보내던 사십 대에 반역죄로 체포당해 사형 선고를 받았다. 그리고 옥에 갇혀 사형 집행을 기다리는 동안 그의 인생 역작인《철학의 위안》을 집필했다. 이 책은 이후 1000여 년 동안 유럽에서 가장 널리 읽힌, 영향력 있는 작품 중 하나가 되었다.

《철학의 위안》은 보에티우스가 '철학'이라는 여인과 나누는 대화로 전개된다. '철학'은 불행이 곧 축복이며 지상에서의 행복은 덧없는 환영에 불과하다는 가르침으로써 보에티우스를 계몽시키는 정신적 안내자이다. 대화를 나누는 중에 '철학'은 보에티우스에게 악한 사람은 인간성을 상실한 것이라며 이렇게 설명한다. "선으로부터 멀어진 모든 것은 존재 또한 멈추게 됩니다. 악한 자들은 더 이상 인간이기를 멈추게 되는 것이지요.” 뒤이어 ‘철학’은 악한 자들이 인간성을 잃어버렸다며 이렇게 덧붙인다. “악행으로 말미암아 변질된 자를 계속 인간으로 바라볼 수는 없지요.”

겉으로는 인간의 형상을 닮았을지라도 악인은 그를 인간으로 만드는 내면의 불꽃을 잃어버렸다. 그런데 실제 인간이 아니라면 악인은 도대체 어떤 존재란 말일까? 보에티우스는 우리가 일상 담화에서 사용하는 동물 비유가 어떤 의미를 지니는지 논의함으로써 그 대답을 완곡하게 제시한다.

어떤 강도가 다른 사람의 소유물을 보고 탐욕을 품으면 당신은 그를 가리켜 늑대 같다고 말하겠죠. 어느 다혈질인 사람이 늘 법정에 가서 혀를 쉬지 않고 놀린다면 당신은 그를 사냥개에 빗댈 것입니다. 혹시 누군가가 교활한 계략을 감춘 채 숨어 있다가 갑자기 다른 사람을 덮치기를 좋아합니까? 그럼 그는 여우 같은 자입니다. 또 누군가가 분노를 주체하지 못한 채 고함을 치기를 좋아합니까? 그는 사자의 마음을 품은 자라고 여겨지겠죠. 딱히 두려워할 이유가 없는데도 멀리 달아나 공포에 떠는 사람이 있습니까? 그는 사슴처럼 여겨질 것입니다. 어떤 사람이 게으르고 나태하다면 그는 사실상 나귀의 삶을 사는 것이나 마찬가지 아닐까요? 일관된 목표가 없이 툭하면 변덕을 부리는 사람은 새랑 다를 바가 하나도 없습니다. 누군가가 더럽고 추잡한 욕망의 진창에서 구르고 있다면 그는 불결한 돼지의 욕망에 사로잡힌 것입니다. 이렇듯 선함을 잃어버린 사람은 더 이상 인간이 아니며 짐승으로 변하고 맙니다.[19]

악인은 인간으로서의 본질을 잃어버리는 대신 짐승의 본성을 얻는다. 이 생각을 이해하려면 21세기 현대인의 사고방식을 잠깐 치워둔 채 보에티우스의 사고방식으로 세상을 바라보는 게 도움이 된다. 만약 어떤 대상을 그 대상으로 만드는 것이 대상의 본질이라면 본질을 잃어 버린 대상은 더 이상 그 대상이 아니게 된다. 호러 영화를 보면 뱀파이어가 된 사람은 이전의 인간성을 잃는다. 아예 다른 종류의 생물로 변한 것이다. 겉모습이 변하는 것으로는 그처럼 극적인 결과를 가져오지 못한다. 우리는 외모 변화에는 꽤 익숙한 편이다. 얼굴이 창백해지는 사람도 있고 머리를 염색하는 사람도 있으며 살을 빼는 사람도 있다. 하지만 어떤 경우든 그들이 이전과 같은 인간임에는 변함이 없다. 하지만 사람이 인간성을 잃을 수 있다고, 말 그대로 더 이상 인간이 아닐 수 있다고(예컨대 뱀파이어로 변할 수 있다고) 가정해 보자. 그렇다면 그 사람이 더 이상 존재하기를 멈추고 다른 누군가(혹은 다른 무언가)로 완벽히 대체되었다고 하더라도 틀린 말이 아니다. 외관만 똑같을 뿐 본질은 크게 바뀐 셈이다.

　　생각하면 할수록 그리 기이한 주장이 아님을 이해할 수 있을 것이다. 실제로 물리학을 보면 특정한 존재가 자연히 다른 존재로 변모하는 사례를 찾아볼 수 있다. 이 특이한 현상은 방사성이 붕괴할 때 발생한다. 예컨대 자연적으로 발생하는 방사성 금속인 우라늄U238은 알파 입자(두 개의 중성자와 두 개의 양성자로 구성된 입자)를 자연 방출함으로써 화학적 본성이 전혀 다른 원소인 토륨Th234으로 바뀔 수 있다. 우라늄 원자가 알파 입자를 방출하면 그것은 더 이상 우라늄이 아니게 되는 것이다. 사실 우라늄이 방사성 붕괴를 거쳐 토륨이 되는 것은 우라늄이 납이 되기까지 거치는 13단계의 '붕괴 사슬' 중 첫 단계에 불과하다. 보에티우스의 비인간화 이론 역시 이와 유사하다. 사람은 악인이 되어가는 과정에서 인간으로서의 본질을 잃는다. 결과적으로 그는 이전의 자기 자신, 즉 인간이 아니게 된다. 잃어버린 부분만 제외하면 이전과 질료는 같지만 완전히 다른 종류의 개체로 탈바꿈한다. 하위인간의 본질을 지닌 인간 이하의 존재가 되는 것이다.

이런 사상을 온전히 이해하려면 보에티우스를 비롯한 당대 사람들이 당연하게 여겼던(오늘날 사람들 역시 은연중에 받아들이는) 개념 하나를 공부해야 한다. 바로 '존재의 대사슬'이다.

존재의 대사슬

오래전부터 사람들은 세계가 거대한 위계질서로 이루어졌다고 인식했다. 꼭대기에는 더할 나위 없이 완벽한 존재인 신이 걸터앉아 있고 밑바닥에는 무생물이 있으며 그 사이는 여러 층위로 나뉘어 신과 무생물을 제외한 모든 존재가 각각의 층위에 자리 잡고 있다. 문화마다 혹은 시대마다 세부적인 그림은 다를 수 있지만 큰 틀에서는 전부 비슷하다. 식물은 거의 맨 밑바닥, 식물이 자라는 흙보다 살짝 위에 놓여 있다. 지렁이와 달팽이 같은 단순한 생물은 식물보다는 완전하기 때문에 그보다 조금 높은 고리를 차지하고 있다. 포유류는 훨씬 더 높은 곳에 있으며 특히 우리 인간은 천사 바로 아래라는 영예로운 자리를 차지하고 있다. 창조주가 걸터앉은 곳에서 불과 두 칸 떨어진 곳이다. 이런 분류 체계는 '존재의 대사슬' 혹은 '자연의 사다리scala naturae'라고 불렸다. 알렉산더 포프는 1733년 작 《인간론Essay on Man》에서 존재의 대사슬을 이처럼 간

2장 비인간화 이론의 단계

략히 묘사한다.

거대한 존재의 사슬!
신에서 시작해 천상과 지상의 존재까지.
천사와 인간은 물론 들짐승, 새, 물고기, 곤충까지.
어떤 눈으로도 볼 수 없고 어떤 망원경으로도 닿을 수 없는 곳까지.
무한에서 시작해 그대까지. 그대에게서 시작해 무까지.
우리가 우리보다 우등한 존재를 밟고 올라서거나
우리보다 열등한 존재가 우리를 밟고 올라선다면,
혹은 온 창작품 가운데 어딘가 빈틈이 생긴다면,
그처럼 한 층이라도 무너진다면 사슬 전체가 무너지리라.
자연의 사슬에서는 연결고리가 하나만 끊어지더라도,
그것이 열 번째 고리든 만 번째 고리든 사슬 전체가 무너지리라.[20]

존재의 대사슬에 관한 결정적인 연구를 제시한 것은 물론 연구를 집대성한 역작을 집필하기도 한 철학자 아서 러브조이Arthur O. Lovejoy는 존재의 대사슬 개념이 기원후 3세기 이집트 철학자 플로티노스가 플라톤과 아리스토텔레스의 사상을 종합한 결과 생겨났다고 주장한다. 하지만 러브조이는 그리스 철학의 지적 영향력을 과대평가한 것으로 보인다. 물론 서양 사회와 이슬람 사회에 널리 퍼져 있던 존재의 대사슬 개념이 그리스 철학에 많은 영향을 받은 것은 사실이나 대사슬 개념은 그보다 훨씬 오래전부터 널리 퍼져 있었기 때문이다. 예컨대《창세기》를 보면 엘로힘Elohim(하느님)은 자신의 형상에 따라 인간을 창조한 뒤 인간에게 다른 모든 생명체를 (신이 인간을 지배하듯) 지배할 운명을 부여한다.

동물의 몸에 갇혀 있던 영혼이 윤회를 거듭해 올라가다가 결국 신적 존재로 환생한다는 동양적 사고방식 역시 대사슬 개념과 유사한 위계질서를 공유한다. 사실 대사슬 개념의 역사는 그 기록이 선사 시대의 암흑 속에 묻혔을 뿐 고대 이집트와 메소포타미아 문명까지 거슬러 올라간다.[21]

오늘날 세상에서는 사실 정보와 가치 정보를 구별하며, 세계 구조를 과학적으로 설명할 때 오로지 사실만 있는 그대로 서술한다. 존재의 대사슬 개념을 지지하는 보에티우스 시대 사람들에게는 이런 관점이 굉장히 낯설 것이다. 자연의 사다리에는 사실 정보와 가치 정보가 촘촘히 엮여 있기 때문이다. 무언가가 위계질서 속에 배치되는 순간 그것의 내재적 가치 역시 매겨질 수밖에 없다. 게다가 존재의 대사슬에서는 층위마다 고유의 위계질서가 별도로 존재했다. 예를 들어 금속(무생물의 하위 범주)이라는 범주 내에서도 금은 가장 고귀한 금속으로 여겨진 반면, 납은 가장 흔한 금속으로 여겨졌다. 따라서 금은 금속 중에서도 가장 높은 자리를 차지했지만 납은 가장 낮은 자리를 차지했다. 하위 범주 내에 고유의 위계질서가 존재한다는 개념은 자연스레 어떤 인간 부류가 더 우월하고 더 열등한지 호기심을 불러일으켰다. 실제로 12세기 철학자 알베르투스 마그누스는 인간과 동물 사이에 시밀리투디엔스 호미니스similitudiens hominis(인간과 유사한 생물이라는 뜻으로 알베르투스는 여기에 유인원과 피그미족을 포함한다)라는 범주가 존재한다고 주장했다. 하지만 이런 구분은 오래가지 못했다. 얼마 뒤 학계에서는 알베르투스의 사상을 폐기했으며 그 대신 인간을 '가장 고등한 인간'부터 '가장 열등한 인간'에 이르는 일련의 범주로 분류했다. 이런 분류 체계가 어디서 기원했는지 생각해 보면 놀랄 것도 없이 주로 백인이 인간 범주의 꼭대기를 차지하고 있었다. 반면 아메리카 원주민과 사하라 이남 아프리카 사람

　　　　　　　　　　　　　2장 비인간화 이론의 단계

은 밑바닥에 놓여 있었다. 유인원과는 고작 실금만큼 떨어진 위치였다 (이런 사상이 깔려 있었기에 토머스 제퍼슨은 수컷 유인원이 자기네 암컷보다 아프리카계 여성을 짝짓기 상대로 선호한다는 끔찍한 주장을 내놓을 수 있었다).[22]

존재의 대사슬 개념에 따르면 우주는 그 자체로 완전한 고정불변의 공간이다. 새로운 변화가 나타날 여지가 없다. 자연이 가장 아름답고 경이로운 종을 끊임없이 생성하고 그렇지 못한 종을 기억 저편으로 소멸시키는 가운데 우주가 끊임없이 변화한다는 다윈의 세계관과는 굉장히 다르다. 어쩌면 다윈의 이론에서 가장 혁신적인 측면은 오래전부터 전해 내려온 기존의 수직적 생태계 모형이 비교적 평등한 수평적 생태계 모델로 대체되었다는 점일지도 모른다. 다윈은 생명체가 완벽을 향해 발전해 나아간다는 사상을 부정하는 대신 생명체가 다각도로 확장될 뿐이라는 주장을 제시했다. 생명체가 위계질서를 타고 올라가는 대신 분류망을 따라 가지를 뻗친다고 파악한 것이다. 다윈은 자신의 이론을 '진화'라는 단어로 설명하기도 원하지 않았다. 거기에는 생명체가 예정된 목표를 향해 진보한다는 함의가 담겨 있었기 때문이다. 하지만 다윈 이후의 세계를 살아가는 우리조차 여전히 고대의 세계관을 버리지 못하고 있다. 아직도 우리는 특정한 생명체가 진화의 척도에서 '더 우월'하다거나 '더 열등'하다는 말을 주저 없이 내뱉는다. 우리 인간이 다른 종보다 고도로 진화한 종이라는 생각 역시 오랜 세월이 지난 지금까지 시대정신을 뒤덮고 있다. 심지어 호모사피엔스를 비롯한 동물을 통틀어 일컫는 영장류primate라는 용어조차 '지위가 가장 높음'을 의미하는 라틴어 'primas'에서 나온 말이다.

존재의 대사슬이라는 개념은 어째서 이토록 철저히 인간의 상상력을 사로잡았을까? 어쩌면 (지위를 중시하는 영장류인) 우리 인간은 부, 계급, 권력과 같은 기준에 의해 층위가 나뉜 인간 사회를 우주 전체에 투영하고 싶은 것일지도 모른다. 아니면 어떤 존재가 다른 존재에 비해 더 큰 내재적 가치를 지니고 있다는 사실을 부정했다가는 도덕적 가치 체계가 붕괴할까 봐 겁이 나서 위계질서에 집착하는 것일 수도 있다. 이런 맥락에서 본다면 만족한 돼지보다 불만족한 인간이 낫다는 존 스튜어트 밀의 주장 역시 흥미롭게 다가온다. 밀이 자신의 도덕 이론을 뒷받침하기 위해 은연중에 자연적 위계질서 개념에 의존하고 있기 때문이다. 밀이 뒷받침하려 한 도덕 이론은 쾌락 이론이었다. 밀의 공리주의 원칙에 따르면 도덕적 선이란 인간의 쾌락을 최대화하는 것에 지나지 않는다. 하지만 밀은 모든 종류의 쾌락이 동등하다는 생각을 도저히 받아들일 수 없었다. 그래서 뚜렷한 논리적 근거도 없이 '질 높은' 쾌락과 '질 낮은' 쾌락이 존재한다는 전제를 깔았다. 은밀히 도덕적 우월성 개념을 끌어들임으로써 쾌락을 기준으로 도덕적 가치를 분석할 수 있다는 자신의 주장 자체를 뒤흔든 것이다. 밀은 질 높은 쾌락과 질 낮은 쾌락을 각각 고등한 생물과 열등한 생물에 결부했다. 인간과 돼지에 관한 발언 역시 이런 맥락에서 나왔다. 하지만 돼지의 만족이 인간의 불만족보다 열등한 이유가 대체 무엇일까? 우리 대다수와 마찬가지로 밀 역시 우주의 위계질서 속에서 돼지가 인간보다 아래에 있다는 생각을 떨쳐 버리지 못한 것 같다.

존재의 대사슬 개념은 현대인의 세계관에 계속해서 큰 영향을 미친다. 사실 존재의 대사슬은 비인간화 개념을 떠올리기 위한 전제 조건이기도 하다. 하위인간이라는 개념, 인간보다 열등하다는 개념 자체가 위계질서에 기반을 둘 수밖에 없기 때문이다.

보에티우스의 세계관은 오늘날 우리에게는 굉장히 낯선 시각이다. 실제로 보에티우스 이후의 사상가들 역시 인간이 아무리 타락한다고 한들 문자 그대로 인간 이하의 존재가 될 수는 없다고 생각했다. 그 대신 그들은 우리 인간이 다른 사람을 인간 이하의 존재로 인식하는 심리학적 근거를 찾으려고 노력했다. 그럼에도 인간이 얼마든지 인간의 본질을 잃어버릴 수 있다는 보에티우스의 주장은 비인간화에 대해 굉장히 중요하고도 근원적인 시사점을 던져준다.

중세 시대: 이슬람, 피코, 파라켈수스

나의 명성, 명성, 명성이여! 아, 나는 명성을 잃었구나.
나 자신에게서 불멸해야 할 부분을 잃었으니 남은 것은 짐승뿐이구나.
—윌리엄 셰익스피어, 《오셀로》[23]

알라께서 보시기에 가장 사악한 짐승은 믿음이 없는 자이다.
—《코란》[24]

보에티우스는 경계선에 서 있던 인물로 고전고대의 마지막을 장식한 사상가로 볼 수도, 중세 시대의 문을 연 사상가로 볼 수도 있다. 그가 살던 시기에는 로마제국이 쇠락하고 있었으며 그리스-로마 문명이 남긴 위대한 문화 유산이 마지막 숨을 간신히 내뿜고 있었다. 한 시대의 막이 내리고 유럽이 암흑시대에 돌입하자 아라비아반도에서는 새로운 종교적 움직임이 나타났다. 632년에 이슬람교 창시자 마호메트가 사망한 뒤 한 세기가 채 지나기도 전에 이슬람 문명이 탄생지를 벗어나 급격히 영역을 확장하기 시작한 것이다. 이슬람 제국은 서쪽으로는 스페인과 남부 프랑스에서 시작해 동쪽으로는 중앙아시아까지 그 영역을 펼쳤다.

무슬림 세계관에는 처음부터 비인간화가 들어갈 자리가 마련되어 있었다. 중세 시대의 무슬림은 인간이 인간 이하의 존재가 될 수 있다는 생각을 당연한 사실로 받아들였기 때문이다. 마호메트의 언행록《하디스》는 물론《코란》의 권위가 이런 생각을 뒷받침하고 있었다. 아리스토텔레스나 보에티우스와는 달리 초창기 무슬림은 인간이 인간 이하의 존재로 전락하는 것을 신이 내리는 처벌로 이해했다.

비인간화에 관한 초기 무슬림 문헌은 다분히 민족 중심적이다. 인간이 인간 이하의 짐승(특히 돼지, 원숭이, 쥐)으로 전락한다는 내용은 거의 예외 없이 유대인에 관한 것이다.

《코란》에는 유대인이 벌을 받아 인간 이하의 짐승으로 전락한다는 내용이 세 차례 나온다. 그들이 처벌을 받는 것은 유대인이기 때문이 아니라 안식일에 일을 해서는 안 된다는 율법의 권고를 어겼기 때문이다.

잘 알다시피 너희들 가운데 안식일과 관련된 율법을 어긴 자들이 있었다. 우리가 그들에게 고했다. "너희들은 경멸당하고 무시당하는 원숭이가 되리라." (2장 66절)[25]

이렇게 고하라. "알라로부터 받은 심판을 보건대 과연 이보다 더 끔찍한 것이 있으랴? 알라께서 분노해 저주를 내린 자들, 알라께서 그 모습을 원숭이와 돼지로 바꾼 자들, 악을 숭상하는 자들. 이들은 지위가 한참 낮으며 정로를 훨씬 벗어났구나!" (5장 60절)

2장 비인간화 이론의 단계

《코란》에 나오는 구절들과 달리 이로부터 2~3세기 후에 편찬된 《하디스》에서는 비인간화와 관련된 구절들이 확연히 반유대인 정서를 띠고 있다. 여기에는 이스라엘 사람들이 쥐로 변한 이야기, 믿음이 없는 자들이 원숭이나 돼지로 변한 이야기, 아브라함의 아버지가 짐승으로 변해 이글거리는 지옥 불에 던져진 이야기가 등장한다.[26]

보에티우스와 아리스토텔레스가 어떤 사람이 겉으로는 인간처럼 보여도 속으로는 인간 이하의 존재일 수 있다는 생각을 품었던 것에 반해 이 시기 무슬림 문헌에서는 그와 유사한 생각을 흔적조차 찾아볼 수 없다. 《코란》과 《하디스》에서 인간이 동물로 변했다고 언급할 때에는 다분히 신체적 변형을 염두에 둔 것 같다. 사람의 몸이 단지 원숭이, 돼지, 쥐의 몸으로 바뀐 것이다. 하지만 9세기에 아리스토텔레스 철학이 이슬람 사상에 진지하게 녹아들면서 무슬림 철학자들은 이런 이야기를 인간 영혼이 짐승 수준으로 타락했다는 뜻으로 받아들였다. 한편 이 시기 무슬림 철학자들은 몇 세기 후에 유럽의 철학자들이 그랬던 것처럼 다양한 부류의 인간이 존재의 대사슬에서 차지하는 위치에 대해 생각하기 시작했다. 그들은 일부 인간(특히 사하라 이남 아프리카 사람들)을 콕 집어 인간과 하위인간의 경계에 서 있는 존재로 인식했다. 이에 관해서는 4장에서 더 자세히 다룰 것이다.[27]

유럽에서는 보에티우스의 이론이 르네상스 말엽까지 위세를 이어 나갔다. 예컨대 르네상스 시대의 학자 피코 델라 미란돌라가 1486년에 집필한 《인간 존엄성에 관한 연설》은 존재의 대사슬에서 인간이 차지한 위치를 논의하는 것으로 시작해 인간이 인간보다 못한 존재로 퇴화할 가능성을 지적한다.

존재의 사슬에서 차지한 위치란 무엇인가? 온 우주의 최고 설계자이신 하느님 아버지께서는 형언할 수 없는 지혜의 숭고한 법칙에 따라 우리 주변에 보이는 이 우주라는 터전을, 자신의 신성이 담긴 존귀한 성전을 창조하셨다. 하늘 위의 공간에는 영적 존재들을, 하늘 공간에는 영원히 살아 숨 쉬는 영혼들을 채워 넣으셨다. 하늘 아래의 난잡하고 더러운 세상에는 온갖 종류의 동물을 채워 넣으셨다.

신이 인간을 창조한 것은 신의 위대한 작품에 담긴 섭리를 생각하고 무한한 아름다움을 즐기며, 그것의 광대함에 경탄할 피조물을 만들고자 했기 때문이다. 하지만 이미 창조 활동을 마친 신은 인간의 토대를 이룰 원형을 찾지 못했다. 물론 전능한 신이라면 무에서부터 새로운 층위를 떠올려 존재의 대사슬 어딘가의 적당한 위치에 끼워 넣으면 되는 것 아니냐고 생각할지도 모른다. 하지만 피코의 설명에 따르면 신은 인간에게 정해진 본성을 부여하지 않음으로써 문제를 해결했다. 다시 말해 인간은 자신의 본성을 스스로 선택할 능력을 지닌 존재로 창조되었다는 뜻이다.

위대한 도공께서는 인간을 본성이 어느 쪽으로도 정해지지 않은 피조물로 만드신 뒤 그를 세상의 중심에 놓고 이렇게 말씀하셨다. "아담, 네게는 네가 꼭 살아야 하는 장소도, 네가 꼭 취해야 하는 모습도, 네가 꼭 수행해야만 하는 역할도 없다. 너는 자신의 욕망과 판단에 따라 네가 살 곳, 네가 취할 모습, 네가 수행할 역할을 결정할 것이다. 너를 제외한 모든 피조물은 우리의 법칙이 정해놓은 제한적이고 고정적인 본성에 따라 움직인다. 하지만 네게는 어떤 제한이나 구

　　　　　　　　　　　2장 비인간화 이론의 단계

속도 없으니 너는 네 본성의 한계와 범위를 스스로 결정할 수 있다."

피코는 인간이 존재의 대사슬에서 자신의 위치를 자유롭게 선택할 수 있다고 생각했다. 인간 고유의 특성이 자신의 운명을 스스로 결정하는 능력이라고 본 것이다. 어떤 사람은 신에게 가까워지기 위해 위계질서를 오르기로 선택하는가 하면, 또 어떤 사람은 밑바닥의 짐승 수준까지 떨어지기도 한다. 피코는 이렇게 말한다. "너에게는 자신을 열등한 생명체, 즉 짐승 수준까지 떨어뜨릴 능력이 주어졌다. 또한 너에게는 고등한 존재, 즉 영적인 존재로 다시 태어날 능력 역시 주어졌다."[28]

피코와 거의 동시대 인물인 스위스 의학자 파라켈수스도 비인간화에 관한 글을 남겼다. 인간이 자신의 본질을 자유롭게 선택할 수 있다고 믿었던 피코와 달리 파라켈수스는 우리의 본성 속에 인간적 요소와 동물적 요소가 둘 다 있어서 서로 갈등을 일으킨다고 주장했다. 인간 영혼 내에서 동물적 본성과 신적 본성이 서로 우위를 차지하기 위해 싸운다는 생각은 중세 시대 신학에서 꽤 표준적인 개념이었다. 예컨대 그레고리오 1세의 《복음의 가르침Homily of the Gospel》이나 아일랜드 신학자 요하네스 스코투스 에리우게나가 쓴 글에는 인간이 모든 부류의 생물로 구성되어 있다는 생각이 등장한다.[29] 이러한 인간의 동물성 이론 중에서도 파라켈수스의 이론은 특히 유별나다. 과학 역사가 윌리엄 뉴먼William R. Newman은 이렇게 설명한다.

인간은 정신적 역량과 동물적 역량을 둘 다 가졌으며 따라서 어떤 인간을 늑대나 개라고 표현하는 것은 단순한 비유가 아니라 정체성을 밝히는 일이다. … 그러므로 누군가가 특정한 짐승처럼 행동한다

78

면 그 사람은 자기 내면에 있는 짐승을 발현한 것이며 문자 그대로 자신이 따라 하는 짐승 그 자체가 된다.[30]

이런 이론은 분명 보에티우스나 피코가 설명한 이론과 유사하지만 주안점이 살짝 다르다. 파라켈수스가 보기에 인간은 자기 내면에 쭉 잠들어 있던 혹은 억눌려 있던 동물적인 잠재력을 실현함으로써 비인간화된다. 내면에 있는 짐승에게 굴복함으로써 우리는 인간성을 잃어버리는 셈이다.

중세 시대에서 비인간화란 인간이 죄악을 저지름으로써 하위인간의 상태로 실재적인 변화를 겪는 현상을 가리켰지만, 계몽주의 시대에 접어들면서 이런 시각에도 큰 변화가 찾아온다.

계몽주의 시대:
데이비드 흄과 임마누엘 칸트

기독교인 대다수는 우리를 존중하기는커녕 그저 개로서 바라볼 뿐이었다.
… 당신들은 우리를 짐승으로 여기고 짐승처럼 사용하지만
우리는 짐승이 아니라 이성을 지닌 영혼이다.
—토머스 트라이언Thomas Tryon, 《동인도와 서인도 제도의 농장주들에게 전하는 친절한 조언
Friendly Advice to the Gentlemen- Planters of the East and West Indies》[31]

보에티우스가 사망한 지 1000여 년이 흐른 뒤에야 비인간화를 심리적인 관점에서 설명하려는 노력이 시작되었다. 처음으로 도전을 받아들인 사람은 스코틀랜드 철학자 데이비드 흄이었다.

흄은 계몽주의 시대가 낳은 사상가였다. 1711년에 출생한 흄은 아버지의 뒤를 따라 변호사의 길을 가려고 했다. 이를 위해 18세기 기준으로도 조숙한 나이인 12세에 집을 나와 명문 에든버러대학교에 들어갔다(당시 일반적으로 대학교에 입학하는 나이는 14세였다). 하지만 흄은 법학 공부를 지독히 싫어했다. 어느 일기에서는 변호사가 될 것이라는 생각이 속을 메스껍게 만든다고 고백했다. 오히려 어릴 적부터 철학자의 삶에 관심이 많았다. 학교를 나온 뒤 브리스틀에 있는 설탕 수입 회사에서 불행한 직원 생활을 이어나가던 흄은 결국 신경쇠약에 걸려 프랑스에 있는 라플레슈 마을로 요양을 떠났다. 이곳에서 살아생전에는 충분한 인정을 받지 못했지만 지금은 영어로 된 가장 위대한 철학 문헌으로 손꼽히는 인생 역작을 집필했다. 바로 그 책이 두 권으로 나뉘어 각각 1739년과 1740년에 출판된《인간 본성에 관한 논고A Treatise of Human Nature》이다.[32]

《인간 본성에 관한 논고》의 핵심 의의는 과학적 방법론을 인간 본성의 연구에 적용한 것이었다. 흄이 출생하기 약 100년 전부터 과학은 무궁무진하게 발전했으며 흄이 살던 시대에는 가속도가 더해졌다. 특히 물리학에서는 급진적인 발전이 이루어져 결국 1687년에 아이작 뉴턴의《프린키피아》가 출간되었다. 이 책은 물리 세계의 다양한 현상을 놀라울 만큼 간단명료하게 설명해 냈다(뉴턴이 제시한 이론은 어찌나 견고했던지 20세기 초에 알버트 아인슈타인이 학계에 등장하고 나서야 실질적으로 개선되었다). 아직 물리 세계의 미세구조를 관찰할 수단이 존재하지 않았음에도 17세기 물리학자들(당시에 불리기로는 자연철학자들)은 모든 물질이 조그마한 '미립자'로 구성되어 있으며 바로 이 미립자의 성질과 배열에 따라 물질의 특성이 결정된다고 추측했다. 입자물리학의 개념적 기반이 마련된 것이다. 한편 속임수에 불과했던 연금술 수준을 넘어서서 새로운 학문으로 자리 잡은 화학의 연구자들은 물질이 다른 물질과 상호작용하는 원칙을 이해하기 시작했다. 또한 광학이 발전하면서 이제껏 상상조차 할 수 없었던 전망이 펼쳐졌다. 작디작은 미생물은 물론 저 멀리 떨어진 목성까지 관찰이 가능해진 것이다. 아찔할 만큼 빠른 속도로 인류의 지식이 확장되었다.

그러나 모든 학문이 과학 발전의 물결에 휩쓸린 것은 아니었다. 심리학은 사실상 고대 그리스 시대부터 고일 대로 고인 채 미지의 영역으로 남아 있었다. 하지만 흄은 십 대 시절부터 과학의 뛰어난 힘이 방법론에 있으며 과학적 방법론만이 인간 본성의 비밀을 풀 수 있는 유일한 열쇠라고 확신했다. 흄이 살던 시기의 심리학 이론은 모두 기독교의 정통 교리와 오래전부터 (중세 기독교 사상가들의 해석을 거쳐) 전해 내려온 플라톤과 아리스토텔레스의 주장에 기반을 두거나 경험적인 관찰로 뒷받침되지 않은 순전한 추론에 기반을 두고 있었다.

흄은 이런 접근법이 잘못되었다고 생각했으며 심리학이 오랜 전통과 탁상공론식 추론에서 해방되어야 한다고 주장했다. "심리학이 아무리 영리하고 기발한 지식 체계라 한들 사실과 관찰에 기반을 두고 있지 않다면 거부해야 한다. 그 대신 오로지 경험적인 증거에 바탕을 둔 주장에 귀를 기울여야 한다."[33]

흄이 비인간화를 언급한 최초의 기록을《인간 본성에 관한 논고》의 한 대목에서 찾아볼 수 있다. 흄은 사랑과 미움의 기원을 논의하는 가운데 비인간화에 관해 짧은 견해를 남겼다. 이 논의는 우리 인간이 즐거움을 일으키는 사람에게 애정을 느끼는 반면 불쾌함을 불러일으키는 사람에게 혐오를 느끼는 경향이 있다는 설명으로 시작된다. 흄은 이렇게 설득한다. "우리가 어떤 사람에게서 받는 즐거움 혹은 불쾌함의 양에 비례해 그 사람에게 호의 혹은 악의를 품는다는 사실만큼, 우리가 품는 감정이 우리가 느끼는 감각의 변화에 정확히 보조를 맞춘다는 사실만큼 자명한 것이 없다." 뒤이어 흄은 우리가 불쾌함을 느끼는 특수한 사례 하나에 초점을 맞춘다.

조국이 다른 국가와 전쟁을 벌일 때 우리는 늘 적국의 사람들이 잔인하고 불공정하고 폭력적인 특성을 지녔다고 폄하하는 반면 조국과 동맹국의 사람들이 공정하고 온화하고 자비로운 특성을 가졌다고 추켜세운다. 만약 적장이 승리를 거둔다면 우리는 그에게 인간의 형상과 특성을 부여할 수 없다. 그는 악마와 소통하는 주술사이다. 그는 피를 갈구하며 죽음과 파멸에서 즐거움을 찾는다. 하지만 만약 아군이 승리를 거둔다면 우리는 아군 지휘관이 적장과 반대되는 온갖 좋은 특성을 지녔다고, 미덕과 용기와 품행의 귀감이 된다고 생각한다. 그가 배신을 저지르면 우리는 그것을 전술이라 부른다. 그가 잔혹한 행위를 저지르면 그것은 전쟁에서 떼놓을 수 없는 필요악이다. 요컨대 지휘관의 잘못 하나하나가 어쩔 수 없는 것으로 참작되거나 그와 비슷한 다른 미덕으로 포장된다. 이와 같은 사고방식이 일상생활에도 통용되는 것이 분명하다.[34]

오늘날 사회심리학자들이 외집단 편향outgroup bias(자신이 속한 공동체 구성원은 호의적으로 바라보는 반면 공동체 밖의 외부인을 차별하는 경향성으로 '우리 대 그들' 사고방식으로도 불린다)이라 일컫는 사고방식을 명쾌하게 설명한 대목이다. 우리는 그들보다 더 성실하고 양심적이며 매력적이다. 우리 중 누군가가 나쁜 일을 겪으면 그것은 불공정이지만 그들 중 누군가가 똑같은 일을 겪으면 그것은 업보이다. 거꾸로 우리 중 누군가가 좋은 일을 경험하면 그것은 응당 받아야 할 축복이지만 그들 중 누군가가 운 좋게 이득을 보면 그것은 우연히 얻어걸린 행운이다.

인용한 대목에 나타나는 것처럼 흄은 이런 원칙이 국제 관계는 물론 일상에도 적용된다고 보았다. 이는 옳은 생각이었다. 제롬 프랭크 Jerome D. Frank가 1982년에 집필한 에세이 〈핵무기 이전 시대의 지도자들과 핵무장 경쟁Prenuclear-Age Leaders and the Nuclear Arms Race〉을 보면 그 사실이 명백히 드러난다.

> 종종 갤럽에서는 여론조사를 실시해 응답자에게 다른 나라의 구성원을 가장 잘 묘사하는 수식어 열 개를 선택하도록 요청한다. … 과거 1942년에는 독일과 일본이 철천지원수였고 러시아가 우방국이었다. 당시 여론조사 응답자들이 독일인과 일본인을 묘사하기 위해 먼저 선택한 다섯 개의 수식어 중에는 '호전적인', '기만적인', '잔인한'이라는 표현이 들어 있었다. 이런 표현들은 당시 러시아인을 묘사하는 수식어 목록에는 등장하지 않았다. 1966년에 갤럽이 중국 본토를 겨냥해 여론조사를 실시했을 때에는 중국인이 '호전적'이고 '기만적'이라고 여겼으며 다른 동양인과 마찬가지로 중국인 역시 '교활'하다고 인식했다. 하지만 닉슨 대통령이 중국을 방문한 이후로는 이런 표현들이 중국인을 나타내는 수식어 목록에서 자취를 감췄으며 중국인을 '근면한', '똑똑한', '예술적인', '진보적인', '현실적인' 사람들로 생각했다.[35]

흄은 외집단 편향 개념을 더욱 확장한다. 흄의 주장에 따르면 때때로 우리의 편향이 극에 달하는 경우 다른 사람들을 인간으로 인식하는 것 자체가 불가능할 수 있다. 이런 주장은 선배 철학자 존 로크가 남긴 말에 영향을 받은 것으로 보인다. 틀림없이 흄에게도 익숙했을 로크의 1690년 작인《통치론》에서 로크는 폭군이 "사회와 치안에 어울리지 않는 야생 짐승인 사자나 호랑이로서 죽음을 맞이할 것"이라고 말한다. (이 대목이 아메리카 원주민의 몰락을 겨냥한 것이라고 잘못 해석하는 경우가 많다. 하지만 로크는 영국의 폭군 찰스 2세를 염두에 둔 것으로 보인다.) 어디서 영감을 받았든 흄의 설명은 전쟁 중의 프로파간다에 관한 최신 연구 내용과도 일치한다. 1장에서 살펴본 것처럼 전쟁을 이끄는 지휘관은 위험하고도 비인간적인 생물, 예컨대 포식자나 악마나 괴물 같은 존재로 묘사되곤 한다. 하지만 특이하게도 흄은 사람들이 적장을 인간 이하의 존재로 인식한다고 주장하지는 않는다. 제시한 사례들을 보면 오히려 사람들은 적장을 극악무도한 초인으로 바라보는 듯하다.[36]

흄의 설명이 모호하기는 하지만 우리는 그로부터 비인간화의 심리학적 토대를 설명할 첫 실마리를 발견할 수 있다.

흄은 1751년에 낸《도덕 원리에 대한 탐구An Enquiry Concerning the Principles of Morals》에서 같은 주제를 다시 한번 언급한다. 제목에서 짐작할 수 있듯이 이 책은 도덕적 판단의 본질을 분석하려고 시도한다. 특정한 행동을 좋거나 나쁘다고 혹은 옳거나 그르다고 판단할 때 인간 내면에서는 정확히 무슨 일이 벌어질까? 일단 흄은 인간의 도덕적 판단이 법이나 원칙에 근거를 둔다는 시각에 반대한다. 오히려 도덕이 주로 감정 문제라고 생각한다. 구체적으로 말하자면 흄은 인간의 도덕적 판단이 '공감'이라는 심리적 기능을 통해 도출된다고 주장한다.

18세기에는 공감이라는 단어의 의미가 오늘날과 많이 달랐다. 흄(그리고 경제학자 애덤 스미스처럼 흄의 영향을 받은 사상가들)의 글에서 공감은 측은지심 같은 것을 의미하지 않는다. 그보다는 다른 사람이 슬퍼하는 모습을 보고 고통스러워하거나 다른 사람이 기뻐하는 모습을 보고 행복해하는 등 타인의 감정에 공명하려는 인간의 선천적인 경향성을 가리킨다. 《인간 본성에 관한 논고》에 나오는 생생한 표현을 빌리자면 "인간의 마음은 서로의 마음을 반영하는 거울"이다. 우리가 다른 사람의 감정에 공명할 때 내면에는 주어진 상황을 인정하거나 거부하려는 마음이 생겨나는데, 바로 이 마음이 도덕적 판단의 근간이 된다는 것이다. 예컨대 다 큰 어른이 어린아이를 잔인하게 구타하는 상황을 목격한다고 가정해 보자. 우리 마음에는 도덕적 분노가 점점 차오른다. 흄의 주장에 따르면 우리는 아이가 겪는 상황에서 나타나는 감정에 '조응'해 고통을 느끼는 것이며, 이 고통이 도덕적 거부감을 불러일으킨다.

공감 능력은 불균등하게 나뉘는 경향이 있다. 우리는 다른 사람들보다 특정한 사람들에게 훨씬 더 많은 마음을 쏟는 경향이 있다는 뜻이다. 수백만 명이 빈곤으로 허덕인다고 한들 우리는 사랑하는 사람이 감기로 고생하는 모습을 보고 훨씬 더 많은 연민을 느낄 가능성이 높다. 인간의 공감 능력이 편향적이라는 사실을 잘 알고 있었던 흄은 그런 편향에 영향을 미치는 주된 요인을 세 가지 꼽았다. 인간은 자신과 닮은 사람, 자신이 관계를 맺고 있는 사람, 자신과 가까이 있는 사람에게 더 쉽게 공감한다. 반면 피부색, 종교, 언어 등이 자신과 '다른' 사람, 자신과 혈연관계가 없는 사람, 자신과 멀리 떨어진 사람에게는 가족과 공동체 구성원에게 갖는 만큼의 공감을 느끼기 어렵다. 하지만 도덕이란 편파적이어서는 안 된다. 누구에게든 공평하게 적용되어야 한다. 따라서 우리는 흄이 말하는 '보편적 관점'으로 타인을 바라봄으로써 편견을 굴복시킬 필요가 있다. 여기에는 상상력의 힘이 필요하다. 자신의 제한된 시각을 버리고 상대라면 주어진 상황에 어떻게 반응할지 상대의 입장에서 생각할 줄 알아야 한다. 우리는 바로 이때 느껴지는 만족감이나 거부감에 따라 도덕적 판단을 바로잡을 수 있다.

그렇다면 공감과 정의는 서로 어떤 관련이 있을까? 일단 흄이 말하는 정의가 꽤 좁은 의미로 설명된다는 사실을 이해해야 한다. 흄은 우리가 흔히 생각하는 넓은 의미의 정의가 아니라 순전히 사유재산과 관련된 권리에만 집중한다. 흄의 주장에 따르면 인간은 크게 두 가지 사실 때문에 정의를 요구한다. 하나는 우리가 살아가는 세계와 관련된 사실인데 바로 이 세상에 자원이 한정되어 있다는 점이다. 우리에게 필요한 것, 우리가 원하는 것은 모두 그 양이 한정적이다. 따라서 모두가 필요한 만큼, 원하는 만큼 다 가지는 것은 불가능하다. 다음은 인간 본성과 관련된 사실로 인간이 이기적이라는 점이다. 우리는 다른 사람보다는 자기 자신을, 남보다는 가족과 친구를 더 소중히 여긴다. 따라서 흄은 탐욕이라는 '영원히 채워지지 않는 보편적인' 인간 본성이 사회를 파멸에 이르게 한다고 말한다. 모두가 자기 멋대로 살아간다면 사회에는 혼란이 닥칠 것이므로 우리는 "외부 자산의 소유를 보장함으로써 각자가 자신의 운이나 노력에 따라 획득한 것을 평화롭게 향유하도록 하는 것"을 법칙으로 정해야 한다. 그렇게 할 때 모두가 자신이 안전하게 소유할 수 있는 것이 무엇인지 이해하며 편파적이고 모순적인 행동에 수반되는 감정을 억제할 수 있기 때문이다.

우리가 보편적인 시각으로 공감의 개입을 허락하는 순간 정의는 실용적인 문제라기보다는 도덕적인 문제가 된다. 그렇기 때문에 우리는

다른 사람의 상황에 감정적으로 공명해 그들의 재산권을 우리의 재산권처럼 존중하게 된다.[37]

자신의 정의 이론을 전개한 흄은 독자들에게 "사람들 사이에 섞여 살아가는 한 무리의 생물들을 떠올려 보라"고 제안한다. 그리고 이렇게 말한다. "이들은 이성이 있지만 육체적으로나 정신적으로나 지극히 열등한 힘에 사로잡힌 나머지 자신을 전혀 억제할 줄 모른다. 따라서 그들이 분노를 터뜨릴 때 그 근거가 아무리 합리적일지라도 우리는 그 여파를 느낄 수 없다." 뒤이어 이렇게 묻는다. "그렇다면 우리는 이 생물들을 어떻게 대해야 할까?" 흄이 내놓는 대답은 충격적이다. "우리는 이 생물들을 온화하게 대할 수는 있겠지만 그들에 대해 어떠한 정의의 구속도 받지 않을 것이고, 그들은 어떤 권리나 재산도 소유할 수 없을 것이다."

우리와 그들의 관계는 어느 정도의 평등을 전제하는 사회라 할 수 없다. 우리가 절대적인 지배력을 발휘하면 그들은 그저 굽신굽신 복종할 뿐이다. 우리가 원하는 것이 있다면 그들은 즉각 포기해야 한다. 그들은 오직 우리가 허락할 때에만 소유물을 지닐 수 있다. 우리가 연민과 친절을 나타내는 경우를 제외하면 그들이 우리의 자유로운 욕망을 피해 갈 길은 없다. 이미 자연적으로 확립된 힘을 행사하는 데 거리낄 것이 전혀 없으므로 정의나 재산과 관련된 제약은 완전히 쓸모가 없으며 그처럼 불평등한 관계에서는 설 자리가 전혀 없다.[38]

흄이 말하고자 하는 바는 분명하다. 정의가 존재하는 이유는 사회 조화를 보장하기 위해서이다. 하지만 인간이 아닌 생물은 인간 사회에 참여할 역량을 지니고 있지 않다. 따라서 우리는 그런 생물은 대할 때 정의를 고려하지 않아도 된다. 뒤이어 흄은 이런 추리가 단순한 사고실험이 아니라 말 그대로 '인간이 동물을 대하는 현실'임을 지적한다. 인간이 아닌 동물은 인간 사회에 참여할 수 없기에 정의라는 개념이 적용될 수 없다는 것이다. 바로 이 지점에서 비인간화 개념이 등장한다. "야만적인 원주민을 뛰어넘는 문명화한 유럽인의 우월성은 우리가 그들과 같은 위치에 있다고 우리를 상상하도록 유혹했으며, 우리가 그들을 대할 때 정의와 더 나아가 인간성이 부여하는 온갖 족쇄를 벗어던지게 했다."[39]

이 대목을 이해하려면 행간을 읽을 줄 알아야 한다. 핵심은 흄이 공감과 상상력 사이에 밀접한 연관성이 있다고 생각한다는 점이다. 흄은 우리가 다른 사람들을 마주칠 때마다 그들의 생각과 감정을 들여다볼 수 있는 것은 그들을 우리와 같은 존재라고 상상할 수 있기 때문이라고 주장한다.

잠깐 생각해 보자. 우리는 일상에서 새로운 사람들을 만나 상호작용하며 살아간다. 그리고 그 과정에서 그들이 다른 여느 사람들과 마찬가지로 생각과 감정을 지닌 의식적인 존재라고 추정한다. 그런데 그렇게 생각하는 근거가 무엇일까? 혹시 이 세상에서 주관적인 정신 활동을 하는 사람은 오로지 나 자신뿐이고 나랑 가까운 사람들을 비롯한 다른 모든 사람은 좀비나 로봇일 수도 있지 않을까? 물론 그럴 가능성은 터무니없이 낮다. 기껏해야 조현병 환자의 머릿속이나 공상과학 소설에서나 일어날 일처럼 보인다. 우리가 다른 사람들의 정신 상태를 구석구석 들여다볼 수 있는 것은 아니지만 적어도 그들의 경험, 생각, 감정이 우리랑 크게 다르지는 않으리라고 확신한다.

그런데 대체 그런 자신감의 근거는 무엇일까? 우리는 무슨 이유로 다른 사람들에게도 내면세계가 존재한다고 짐작할까? 분명 우리는 다른 사람들이 겪는 경험을 직접 인식할 수 없다. 그들이 우리의 감각기관 너머에 존재하기 때문이다. 그렇다고 논리적 추론 과정을 통해 그들의 내면세계가 존재한다고 확신할 수 있는 것도 아니다. 흄의 주장에 따르면 다른 사람에게 고유의 정신 상태가 존재한다고 인정하는 것은 순전히 상상력의 산물이다. 우리는 다른 사람들이 겉으로 보기에 우리랑 닮았음을 인지한 다음 한껏 상상력을 발휘해 그들이 정신적으로도 우리랑 닮았으리라고 유추하는 셈이다. 이는 꼭 의식적인 과정일 필요가 없다. 오히려 자연스럽게 이루어진다. 일단 상상력을 발휘하고 나면 공감이 등장할 무대 역시 마련된다.[40]

하지만 상상이 늘 옳은 것은 아니다. 오히려 상상과 공감이 연결되는 과정에서 크게 두 가지 오류가 발생한다. 첫째로 인간의 상상력은 의인화 환상을 불러일으킬 수 있다. 흄은 이렇게 말한다. "인간에게는 모든 존재를 인간처럼 생각하려는 보편적인 경향성이 존재한다. 인간은 자신에게 친숙하고 익숙한 인간적인 특성들을 모든 사물에 전이시킨다."

우리는 달을 보고 사람 얼굴을 떠올리고 구름 떼를 보고 군대를 떠올린다. 경험을 쌓거나 고민을 거쳐서 생각을 바로잡지 않는 이상, 자연스러운 성향에 따라 우리를 고통스럽게 하는 것에 악의가 있다고 판단하고 즐겁게 하는 것에 선의가 있다고 판단한다. 그렇기에 시에서는 나무, 산, 개천이 의인화되며 무생물이 감정과 감성을 얻는다.[41]

상상력이 불러일으키는 또 다른 오류는 다른 사람들이 사실 인간이 아니라고 착각해 그들에게 공감 능력을 발휘하지 못하는 것이다. 물

2장 비인간화 이론의 단계

론 흄이 이를 명시적으로 밝힌 적은 없다. 하지만 흄이 유럽의 식민주의 활동에 관해 남긴 말을 보면 그 사실이 은연중에 드러난다. 내가 흄의 주장을 이해한 바로는 식민주의자들이 아메리카 원주민에게 공감할 수 없었던 것은 상상력이 오작동을 일으켰기 때문이다. 그들은 원주민을 이질적인 생명체로 상상했기 때문에, 원주민을 대할 때 아무런 도덕적 제약을 받지 않았다.

흄은 식민주의에 대한 논의를 마무리하면서 여성이 겪는 억압에 대해 이런 말을 덧붙인다. "여러 국가에서 여성은 노예로 전락해 있으며 주인의 억압 아래 어떤 재산도 가질 권리가 없는 존재로 여겨진다." 여성은 분명 정의를 박탈당했지만 인간성을 박탈당한 것 같지는 않다.[42]

데이비드 흄이 당대에 식민주의의 잔혹성을 비판한 유일한 지식인은 아니었다. 식민주의가 영향력을 떨치는 데 비인간화가 큰 기여를 했다는 사실을 인지한 사람은 흄 외에 더 있었다. 흄의 친구인 프랑스 철학자 드니 디드로는 훨씬 더 직설적으로 분통을 터뜨린다. "미개한 유럽인들, 당신들은 새로운 지역을 발견한 직후에 그곳 주민들이 짐승이 아니라는 사실을 믿지 못했다. 당신들의 피부가 하얗고 그들의 피부가 까맣다는 이유만으로 아무런 죄책감 없이 그들을 살육했다. … 지구의 한 지역을 초토화한 다음 그곳에 다시 사람들을 채워 넣겠다고 다른 지역을 정복하고 황폐화했다."[43] 하지만 흄이 디드로 같은 지식인과 달랐던 지점은 그가 단지 식민주의를 비난하는 것으로는 만족하지 못했다는 것이다. 흄은 식민주의자의 행동 양식에 어떤 심리적 근거가 있는지 밝혀내고자 했으며 그 원리를 인간 본성에 관한 광범위한 이론 속에 포함하고자 했다.

비인간화 개념의 형성과 발전에 크게 기여한 다음 인물은 계몽주의 시대의 끝을 장식했다고 할 수 있는 위대한 사상가 임마누엘 칸트였다. 1724년에 독일에서 태어난 칸트는 지적으로 보수적인 학자였지만 사십 대에 흄의 글을 접하면서 변화를 맞이한다. 이 경험으로 칸트는 '독단의 잠'에서 깨어나 눈을 떴다.[44]

칸트는 흄이 지핀 의심의 불씨를 잠재우려고 애썼다. 그 불씨가 자신이 소중히 여기던 계몽주의적 신념, 이성이 최고의 위치에 있다는 신념을 집어삼키려 했기 때문이다. 흄은 원인과 결과 중심의 사고방식, 귀납적 추론이 완전무결하다는 생각, 내적 자아가 존재한다는 확신은 물론 (아마 칸트에게 특히 중요했을) 도덕적 판단에 객관적인 기초가 존재한다는 생각까지, 수많은 철학적 신념에 의문을 제기했다. 만약 도덕이 순전히 감정의 문제라면 도덕적 가치는 객관성을 완전히 잃어버릴 수밖에 없었다.

도덕성에 대한 칸트의 접근법은 어떤 면에서 흄과 정반대이다. 흄의 도덕론이 감정에 기반을 두는 반면 칸트의 도덕론은 이성에 기반을 두고 있기 때문이다. 칸트의 이론에서는 수단과 목적이 분명하게 구분된다. 우리가 무언가를 수단으로 여긴다는 것은 곧 우리가 그것을 특정한 목적에 도달하기 위한 디딤돌로 여긴다는 뜻이다. 예를 들어 나는 이 책을 쓰는 동안 진한 블랙커피를 홀짝이고 있다. 내가 커피를 가치 있게 여기는 것은 커피가 글을 쓰는 내내 정신을 또렷이 유지하도록 도와주기 때문이다(지금은 초저녁이고 늦은 밤까지 원고 작업을 계속할 예정이다). 결코 커피를 마시는 것이 내재적으로 옳은 일이기 때문에 마시는 것은 아니다. 다른 목적을 이루기 위한 디딤돌로써 커피를 이용하는 셈이다.

때때로 우리는 다른 사람을 특정한 목적을 위한 수단으로 이용하기도 한다. 학생들은 교육을 받기 위한 수단으로 나를 이용하고 나는 생

2장 비인간화 이론의 단계

계를 유지하기 위한 수단으로 학생들을 이용한다. 하지만 우리가 순전히 수단으로써만 서로 관계를 맺고 있는 것은 아니다. 나는 학생들을 인격체로서 존중하며 학생들 역시 나를 그처럼 존중하리라 믿는다. 우리가 서로를 수단으로써만 대한다면 우리의 관계는 상호 존중보다는 상호 착취에 가까울 것이다. 이런 식의 사고방식이 칸트가 생각하는 윤리적 삶에서 핵심을 이룬다. 칸트는 자기 자신이나 다른 사람의 인격을 단순히 수단으로만 대하지 말고 동시에 목적으로도 대하는 것이 우리의 의무라고 주장한다.[45]

칸트는 이 원칙을 인간과 동물 사이의 관계까지 확장하지는 않았다. 칸트가 보기에 인간은 절대적 가치를 지니며(즉 그 자체로 가치 있으며) 마음대로 다루거나 처분해도 상관없는 것, 예컨대 이성이 없는 동물과는 지위나 위신이 완전히 다른 존재이다. 흄과 달리 칸트는 인간이 아닌 동물이 수단으로서의 상대적 가치만을 지니기에 '사물'로 불린다고 주장한다. 반면 이성을 지닌 존재는 본성상 그 자체로 목적이며 따라서 '인간'이라 불린다.[46] 동물은 재산권은 물론 어떠한 도덕적 지위도 없다.

인간이 처음으로 양에게 "네가 입고 있는 가죽은 네가 아니라 내가 쓰라고 자연이 준 것이야"라고 말한 다음 양에게서 가죽을 빼앗아 옷을 만들어 입었을 때, 그는 자신이 모든 동물을 상대로 행사할 수 있는 천부적인 특권을 인식한 것이다. 그는 더 이상 다른 동물을 동등한 피조물로 여기지 않았다. 원하는 목적을 이루기 위해 마음대로 이용하는 도구이자 수단으로 여겼다.

이러한 칸트의 생각은 우리가 동료 인간과 맺는 관계에서도 중요한 시사점을 남긴다.

이는 다음과 같은 차이를 인식할 수 있음을 암시한다. 무릇 인간이라면 다른 인간을 동물처럼 대해서는 안 되며 오히려 자연으로부터 동등한 몫을 부여받은 존재로 대해야 한다.[47]

비인간화라는 화제를 직접적으로 다루지는 않았지만 칸트는 분명 사람들이 다른 인간을 수단으로서만 대하는 경향이 있음을 알고 있었다. 이런 경향이 나타날 때 우리는 다른 사람들을 인간 이하의 생물로 여기며 그들을 도덕적 의무의 세계에서도 배제한다. 결과적으로 그들은 우리가 좋을 대로 '다루거나 처분해도' 도덕적으로 아무런 문제가 없는 존재로 전락한다.

인류학의 부상:
윌리엄 그레이엄 섬너

저들이 영어를 할 줄 모르고 검은 피부를 가졌으니
우리와 같은 인간이 아니며 우리 마음대로 대해도 좋다는 생각,
이런 생각을 지지하는 사람이 정말 많았다.
―미군 제82공수사단 소속 조시 미들턴Josh Middleton[48]

18~19세기에 유럽이 아프리카, 오스트랄라시아, 북아메리카를 공고히 장악해 감에 따라 정착민, 선교사, 탐험가들이 굉장히 이질적인 문

화를 접하는 일도 점점 더 늘어났다. 연구 분야가 비교적 한정되어 있던 유럽 학계는 새로운 생활양식을 접하면서 한계를 의식했고 연구 분야를 넓혀갔다. 그렇게 19세기 중반에는 다양한 분야가 합쳐져 사회인류학이라는 새로운 학문이 탄생했다.

초창기 인류학자들은 바다 너머로 떠났다가 운 좋게 돌아온 선교사, 탐험가, 군인에게서 기이하거나 섬뜩한 이야기들을 수집했다. 그런 다음 그 이야기를 바탕으로 인간 본성과 문화 발전에 관한 이론을 만들어냈다. 물론 고작 일화에 바탕을 둔 학문을 학문이라 부르기는 어렵다. 20세기에 들어설 즈음에는 인류학자들 역시 훨씬 엄밀한 방법론을 활용해 자료를 수집할 필요가 있음을 인식했다. 마침내 빅토리아풍 고급 안락의자에서 일어나 다양한 문화를 두 눈으로 관찰하기 시작한 그들은 어떤 지역에 거주하는 사람이든 자기 문화를 다른 문화보다 우월하다고 생각하는 경향이 있음을 알아차렸다.

1907년에 예일대학교 사회학 교수 윌리엄 그레이엄 섬너William Graham Sumner는 그와 같은 민족적 경향성에 이름까지 붙여줬다. 바로 자문화 중심주의ethnocentrism라는 이름이었다. 섬너의 설명에 따르면 자문화 중심주의란 자신이 속한 집단이 세상의 중심이며 따라서 그 밖의 모든 집단은 자신의 집단을 기준으로 판단하고 평가해야 한다는 신념을 가리킨다. "각 집단은 마음속에 자존심과 허영심을 채우고 자신의 우월성을 뽐내며 스스로를 신성한 존재로 추앙하는 반면 경멸 어린 시선으로 외부인을 바라본다."[49] 민족지학적 연구가 더욱 광범위하게 이루어짐에 따라 섬너의 주장을 뒷받침하는 증거도 쏟아져 나왔다.[50]

자민족 중심주의가 극단적으로 치달으면 오로지 자기 집단의 구성원만이 진정한 인간이라는 신념을 갖게 된다. 바로 이 지점부터 자민족 중심주의는 비인간화로 이어진다. 이를 설명하기 위해 섬너는 많은 사례를 보여준다.

> 카리브 사람들에게 카리브라는 이름이 어디서 유래한 거냐고 물어보자, 그들은 오직 우리만 인간이라고 답했다. 카이오와라는 이름의 의미 역시 진정한 혹은 으뜸인 사람들이다. 라플란드 사람은 자신을 칭할 때 '사람' 혹은 '인간'이라고 부른다. … 퉁구스 사람도 자신을 '인간'이라 부른다. 이렇듯 원주민들은 하나의 법칙을 따르듯 자신을 '인간'이라 부른다. 자신들 이외의 사람들은 인간이 아닌 무언가이다. 아직 정의되지는 않았을지언정 진정한 인간은 아니다. 어떤 민족의 신화를 보면 자기 민족의 기원이 곧 인류의 기원과 같다. 다른 민족의 기원은 설명하지 않는다.[51]

30여 년 뒤 현대 문화인류학의 창시자로 꼽히는 프란츠 보아스 Franz Boas는 이렇게 기록한다. "수많은 원시 부족민 가운데 인간이라는 영예로운 칭호를 붙일 수 있는 대상은 자기 부족 구성원뿐이다. 심지어 어떤 경우에는 자기 부족 구성원만을 '그' 혹은 '그녀'로 칭하고 외부인은 전부 동물처럼 '그것'이라 칭하기도 한다."[52] 아메리카 원주민 부족 이름을 대충 훑어봐도 요점이 확실히 드러난다. 아메리카 토착 부족 이름(이누이트, 타나이나, 치페와이언, 나바호, 그위친, 이누 등)에는 자신을 '인간'이라 부르는 뜻이 포함되어 있다(현대 독일인 역시 자신을 도이치 Deutsch라 부르는데 이는 인간을 뜻하는 인도유럽어에서 유래했다).

오늘날 자민족 중심주의라는 단어에는 도덕적 거부감이 내포되어 있다. 이 단어는 서양인이 원주민의 토착 문화를 바라보는 편협한 시각을 비난하기 위해 주로 사용된다. 하지만 섬너가 이 단어를 사용한 목적은 가치 평가를 위해서라기보다는 사실을 있는 그대로 묘사하기 위함이었다. 물론 서양인이 원주민을 향해 자민족 중심적인 편견을 드러내는 경우가 많은 것은 사실이다. 하지만 앞서 살펴본 것처럼 원주민 부족 역시 서양인은 물론이고 다른 부족 구성원까지 인간 이하의 존재로 인식하는 경우가 많다.

브라질과 베네수엘라의 야노마뫼 부족을 연구한 내용으로 잘 알려진 인류학자 나폴리언 섀그넌Napoleon Chagnon은 자신이 자민족 중심적인 편견의 대상이 된 흥미로운 경험을 이렇게 소개한다. 섀그넌이 야노마뫼족과 처음 접촉했을 때 그들은 '강압적'이었으며 섀그넌을 인간 이하의 존재 혹은 인간이 아닌 존재로서 '함부로' 대했다. 하지만 결국 상황은 바뀌었다.

점점 더 많은 부족민이 나를 이방인이나 인간 이하의 존재가 아니라 그들과 같은 진정한 인간, 그들 사회의 구성원으로 받아들였다. 마침내 그들은 나를 일원으로 인정한다는 듯 이렇게 말하기 시작했다. "자네는 거의 인간이 되었네. 자네도 거의 야노마뫼가 되었어."[53]

섬너는 자민족 중심주의가 원시 부족이나 현대 국가 할 것 없이 세계 곳곳에 존재한다고 믿었다. 그는 이렇게 말한다. "오늘날 어느 국가든 자신을 문명을 이끄는 지도자로 여긴다. 자기 나라가 가장 뛰어나고 자유롭고 지혜로운 국가이며 다른 나라들은 열등한 국가이다. … 다들 알다시피 애국 편향은 왜곡된 생각이자 판단이며 우리는 교육을 통해 이를 막아야 한다."[54] 이로부터 채 10년이 지나지 않아 유럽에는 국가주의의 광풍이 몰아쳐 대륙 전체를 피로 물들였다. 제1차 세계대전이 터지면서 전례 없는 수준의 살육이 벌어진 것이다. 약 1천 700만 명이 사망했고(그중 100만 명은 기근으로 사망했다) 수천만 명이 심한 부상을 입거나 불구가 되었다. 이러한 대형 인재를 경험한 지식인들은 전쟁과 인간 본성에 관한 여러 의문을 탐구하기 시작했다.

세계대전: 존 맥커디

가축처럼 죽어간 영혼을 위해 무슨 조종이 울리나?
그저 분노에 찬 거대한 총성만이 울릴 뿐이네.
— 윌프레드 오언 Wilfred Owen, 〈죽은 청년을 위한 송가 Anthem for Doomed Youth〉[55]

전쟁과 인간성에 관한 의문을 해소하려고 한 사람 중 꼭 짚고 넘어가야 할 인물은 1918년에 《전쟁의 심리학 The Psychology of War》을 펴낸 정신분석가 존 맥커디 John T. MacCurdy이다. 맥커디의 인생 궤적은 꽤 특이했다. 1886년에 학자 집안에 태어난 맥커디는(아버지가 토론토대학교 아시리아학 교수였다) 처음에는 토론토대학교에서 생물학을 공부했고 이후에는 존스홉킨스대학교에서 의학 학위를 취득했다. 공부를 마친 뒤에는 지그문트 프로이트의 제자 중 영어를 구사할 줄 알았던 어니스트 존스 Ernest Jones를 만나 미국정신분석협회를 창립했으며 초대 협회장이 되었다. 말년에는 케임브리지대학교에서 정신분석학을 가르치다가 1947년에 생을 마감했다.[56]

1917년에 미국이 제1차 세계대전에 참여하자 맥커디는 미국 원정군에 들어갔으며 전쟁 후유증을 겪는 군인들을 정신의학적으로 치료하는 영국 병원들을 방문할 기회를 얻었다. 이때 경험을 통해 맥커디는 전쟁 중에 인간의 심리가 작동하는 원리를 깊이 생각해 볼 수 있었다. 특히 그는 전쟁이 집단 결속력에 굉장히 의존하고 있다는 사실을 발견하고는 크게 놀랐다. 사람들은 공동체를 향한 충성심으로 단단히 결속해 집단을 이루어 살아가는데 바로 이 집단적인 충성심이 대량 학살을 가능하게 했던 것이다.

> 바로 여기서 인간 본성의 가장 모순적인 측면이 드러난다. 자신을 잊은 채 타인에게 헌신하는 것, 즉 사랑과 충성은 도덕의 본질이다. 하지만 인간을 온 인류의 구세주로 만드는 바로 그 충성심이 작은 집단에 집중되는 경우 전 인류에게 가장 끔찍한 위협이 되기도 한다.[57]

집단을 향한 사랑과 충성은 전쟁의 필수 조건이지만 이것만으로는 충분하지 않다. 한 집단의 구성원들이 전장에 나가 다른 집단의 구성원들을 죽일 준비가 되지 않았다면 전쟁은 일어날 수 없다. 이는 간단한 문제가 아니다. 물론 영화에서는 살인이 식은 죽 먹기이다. 영웅이든 악당이든 아무런 망설임과 죄책감 없이 태연히 적들을 쓸어버린다. 하지만 현실은 다르다. 공감 능력이나 도덕 감정이 결여된 소시오패스가 아닌 이상 다른 사람을 죽이는 데에는 강력한 심리적 제약이 따른다.

전쟁과 폭력을 주제로 글을 쓴 다른 수많은 작가와 달리 맥커디는 살인에 심리적 제약이 있다는 사실을 예리하게 인식했다. 맥커디는 이렇게 지적한다. "특정 민족을 향한 반감이 개인을 향한 반감으로 전환되지 않으면 문명화된 인간이 다른 인간의 목숨을 끊는 것은 불가능하다. 여러 세대에 걸쳐 전해 내려온 거부감이 자기 자신을 억제하기 때문이다."[58] 그렇다면 전사들은 살인에 대한 뿌리 깊은 거부감을 어떻게 극복할까? 맥커디의 주장에 따르면 타인을 비인간화하는 능력이 한 가지 방법이 될 수 있다. 이를 논증하기 위해 맥커디는 희소한 자원을 두고 경쟁하는 원시 부족의 모습을 떠올린다.

> 인류 역사 초기에 인간은 사냥터나 그 밖의 탐나는 물품을 두고 다른 부족과 경쟁을 벌였다. 결과적으로 다른 부족의 구성원은 마치 다른 종족에 속하는 존재처럼 보였다. … 지식이 발전하면서 우리는 호모사피엔스라는 종에 속하는 구성원 전부가 같은 인간이라는 사실을 깨달았다. 하지만 그런 지식이 자동적인 정신 활동의 중심에 자리를 잡았는지는 의심이 든다. 우리가 어떤 생명체를 마주했을 때 그 생명체의 해부학적 구조가 우리와 유사하다는 사실을 알아차리는 것과 그 생명체가 실제로 우리와 같은 존재라는 사실을 느끼는 것은 다른 문제이기 때문이다. 낯선 사람, 즉 다른 집단의 구성원을 보고도 본능적인 유대감을 느끼지 못한다면 우리는 마치 다른 종의 생물을 만난 것 같은 생리적 반응을 나타낼 것이다. 우리는 우리에게 유용한 동물, 예컨대 개에게는 연민을 느낄지 모르지만 늑대, 뱀, 곤충과 같은 생물은 아무런 거부감 없이 살육한다.[59]

오늘날 우리는 모든 인간이 같은 종의 구성원임을 잘 알고 있다. 하지만 이런 인식이 우리의 의식 깊이 뿌리를 내리지는 못했다. 따라서 우리는 여전히 이방인을 인간 이하의 존재로 바라보는 무의식적인(자동적인) 경향성을 지니고 있다. 바로 이 직감적인 판단이 감정과 행동을 주로 통제한다. 결국 우리가 이방인을 죽일 수 있는 것은 그 역시 우리와 같은 인간이라는 사실을 무의식 차원에서 받아들이지 못하기 때문이다. 상대 집단과의 긴장이 고조될수록 상대가 경쟁 집단에 속한다는 무의식적인 생각은 상대가 해로운 짐승이나 다름없다는 믿음으로 발전한다.[60]

비인간화의 심리학적 원리를 전면적으로 설명한 최초의 시도였으나 맥커디의 주장은 당시에 거의 주목을 받지 못했다. 심지어 1918년 이후로는 거의 반세기 내내 비인간화 연구 자체가 외면을 받았다. 정신분석학자 에릭 에릭슨이 '문화적 의사종분화'라는 개념을 소개하기 전까지는 말이다.

정신분석학: 에릭 에릭슨

우리의 제복 위에 자비가 있기를,
평화의 사도든 전쟁의 사도든,
공작은 날개를 활짝 피노라.
—레너드 코언Leonard Cohen, 〈이삭 이야기The Story of Isaac〉[61]

에릭 에릭슨Erik H. Erikson은 특이한 삶을 살았다. 1902년 독일에서 덴마크 출신 어머니의 혼외 자식으로 태어난 에릭슨은 정규 교육을 고등학교까지밖에 받지 못했다. 그 이후로 에릭슨은 여행을 떠나 히치하이킹으로 유럽 전역을 다니면서 방랑 예술가로 간신히 생계를 유지했다. 그러다 25세의 나이에 오스트리아 빈에 다다른 에릭슨은 어느 초등학교의 여름 학기 교사로 일하게 되었다. 히치그Hitzig는 평범한 학교가 아니었다. 이곳은 지그문트 프로이트의 딸인 안나 프로이트가 오랜 동반자인 도러시 티퍼니 벌링햄Dorothy Tiffany Burlingham과 함께 창립한 진보적인 실험학교였다. 에릭슨은 히치그 학교와 빈 정신분석학계의 자유로운 분위기 속에서 역량을 한껏 꽃피웠으며 안나의 격려와 지원에 힘입어 빈에 정착해 정신분석학자가 되었다.

그로부터 5년 뒤, 히틀러가 독일 수상 자리에 취임했다. 대다수가 유대인으로 이루어진 정신분석학계 구성원들은 자연스레 불길한 기운을 감지했다. 그들은 오스트리아와 독일을 떠나 처음에는 프랑스, 벨기에, 스칸디나비아에 정착했고 나치의 그림자가 멀리까지 드리운 뒤에는 라틴아메리카, 영국, 미국으로 도피했다. 에릭슨 역시 예외는 아니었다. 그는 1933년에 뉴욕으로 도피했으며 1938년(오스트리아 사람들이 거리에 줄지어 서서 빈에 입성하는 독일군을 향해 "하일 히틀러!"라고 외치며 환영했던 해이자 노쇠한 지그문트 프로이트가 런던으로 도피해 '자유로이' 죽음을 맞이한 해)에 미국 시민이 되었다. 미국에 정착한 에릭슨은 점차 유명 인사로 떠오르기 시작했다. 영향력 있는 논문과 저서를 연달아 출간한 이후에는 고등학교 졸업장만을 가지고 하버드대학교로부터 특별 교수 직을 제의받았다. 이 제의를 받아들인 에릭슨은 68세의 나이로 은퇴하기까지 쭉 교수로 재직했다.

에릭슨이 연구한 내용의 중심에는 '문화가 어떻게 정체성의 틀을 잡는가?'라는 질문이 놓여 있다. 에릭슨은 모든 인간이 같은 종의 구성원임에도 불구하고 다른 문화에 속한 사람을 다른 부류의 존재로 대하는 경향이 있다는 사실에 사로잡혔다. 이는 자연스레 생물학적 분류 체계를 연상시켰다. 생물학적 계통이 여러 갈래로 갈라져 별개의 종을 형성하는 것처럼 인간 역시 각각의 집단을 이루어 별개의 문화를 형성한다는 것이다. 요컨대 인간 문화란 곧 인공적인 종, 좀 더 엄밀하게는 의사종pseudospecies이라 할 수 있다.

에릭슨은 의사종이라는 용어를 1966년 런던왕립학회 모임에서 처음으로 사용했다. 당시 청중 가운데 한 명이었던 오스트리아의 저명한 생물학자 콘라트 로렌츠는 문화적 의사종분화cultural pseudospeciation라는 용어를 사용해 문화가 분화하는 과정을 설명하는 것이 어떻겠냐고 에릭슨에게 제안했다. 에릭슨은 로렌츠의 조언을 받아들였다. 이때부터 의사종분화라는 용어는 유행을 탔고 사회과학 문헌 곳곳에 활발히 사용되었다.

의외로 에릭슨 본인은 의사종분화에 관해 그리 많은 설명을 남기지 않았다. 에릭슨의 글 여기저기에서 지나가는 말로 가끔 언급될 뿐이다. 하지만 딱 한 번 의사종분화에 초점을 맞춰 짧은 논문을 쓴 적이 있다.[62] 불과 4페이지가 안 되는 논문에서 에릭슨은 의사종분화를 이렇게 정의한다.

이 용어는 인간이 단일한 종이 확실함에도 계속해서 여러 집단으로 (여러 부족이나 국가로, 여러 계층이나 계급으로, 여러 종교나 이념으로, 여러 직군으로) 분화하는 것처럼 보인다는 사상을 전달한다. 각 집단에 속한 구성원은 자신들이 특별하고도 우월한 인간이라는 확고한 인식을, 더 나아가 자신들이 불멸성을 입은 존재라는 인식을 한다.[63]

도구와 무기, 역할과 원칙, 전설과 신화와 제사는 물론 가죽과 깃털과 물감, 의복과 제복 같은 의식 용품에 이르기까지 다양한 요소가 문화적 정체성을 확증하고 강화하는 데 기여한다. 하지만 의사종분화에는 좋은 면만 있는 것이 아니다. 의사종분화는 대규모 폭력과 억압의 근간이 되기도 한다.

하지만 이러한 분화 과정은 세계적인 차원의 재난을 초래할 수도 있다. 기술적, 정치적 변화나 갑작스러운 격변이 일어나 기존 체제를 위협하는 경우 다른 의사종을 향한 광적인 두려움과 경계심이 자기 종이 최우선이라는 생각을 심화할 수 있기 때문이다. 결국 인간은 전쟁을 반복해 다른 의사종을 말살하거나 억제해야 한다는 강박에 주기적으로 사로잡힌다.[64]

에릭슨이 무슨 말을 했고 무슨 말을 하지 않았는지 명확히 이해할 필요가 있다. 크게 두 가지 요점을 기억해야 한다. 첫째는 의사종분화라는 용어가 현상을 있는 그대로 기술하기 위한 용도로 사용되었다는 점이다. 이는 인간이라는 종이 자기 문화 중심적이며 상호 배타적인 사회 집단으로 다양하게 분화하는 경향이 있음을 비유적으로 나타낸 것에 지나지 않는다. 의사종분화라는 개념 자체에는 그 이상 어떤 의미도 담겨 있지 않다. 이것이 무슨 말인지 한 가지 예를 생각해 보자. '부'라는 단어는 돈이 많다는 사실을 기술하기 위한 단어이다. 따라서 '빌 게이츠가 돈이 많기 때문에 부유하다'고 말하는 것은 어떠한 정보도 주지 못한다. '빌 게이츠가 돈이 많기 때문에 돈이 많다'고 말하는 것이나 똑같기 때문이다. 마찬가지로 문화적 의사종분화 때문에 문화가 형성된다고 말하는 것은 아무 의미가 없다. 둘째는 에릭슨이 문화적 의사종분화를 논의하면서 종종 비인간화를 언급하기는 했지만 그렇다고 두 개념을 동일시하지는 않았다는 점이다. 에릭슨의 생각에 따르면 의사종분화는 비인간

2장 비인간화 이론의 단계

화의 필요조건이지만 충분조건은 아니다.

의사종분화라는 용어가 널리 통용되면서 이런 구별 역시 금세 희미해졌다. 일례로 콘라트 로렌츠는 한 단락 안에서 두 가지 요점을 동시에 놓치고 만다.

> 의사종분화의 어두운 면은 그것이 우리에게 다른 의사종에 속하는 구성원을 인간이 아닌 존재로 인식하게 만든다는 점이다. 이는 '인간'을 뜻하는 단어로 자기 부족을 칭하는 수많은 원시 부족에게서 뚜렷이 나타난다. 원시 부족민 입장에서 보자면 다른 부족 전사를 쓰러뜨린 뒤 그 시체를 먹는 것은 엄밀히 말해 식인 행위가 아니다.[65]

로렌츠는 자기가 무슨 말을 하는지 정확히 알고 있었다. 1930년대에 그는 활동적인 나치 당원이었으며 인종차별적인 정책을 지지했다. 예를 들어 로렌츠는 1940년에 독일 학술지에 이렇게 기고했다.

> 결함이 있는 체질 때문에 반사회적 존재가 된 개인과 국가의 관계를 악성 종양과 신체의 관계에 비유해 보면, 그 해결책에서도 유사점을 발견할 수 있다. … 다행히도 그런 요소를 제거하는 공공보건 의사의 일은 외과 의사가 개별 장기를 수술하는 것보다 쉽고 위험이 덜하다.[66]

에릭슨은 문화적 의사종분화가 발생하는 원인을 설명하려는 시늉조차 하지 않았다. 문화가 존재하면 그 부산물로 의사종분화가 따라 나온다고 설명하는 것은 선후 관계를 잘못 짚은 설명이다. 문화적 다양성은 의사종분화의 결과이지 원인이 아니기 때문이다. 문화가 형성되는 이유를 설명하려면 문화가 형성되기 이전의 상황을 들여다봐야 하는 것이 분명하다. 이를 위해 이번에는 생물학으로 눈을 돌려 진화가 어떻게 인간이라는 종을 형성했는지 살펴보자.

인간 본성의 생물학적 기원: 로렌츠, 아이블아이베스펠트, 구달

> 우리 동네 마트 대문에는 "동물 출입 금지"라는 팻말이 붙어 있다.
> 하지만 마트 안을 들여다보면 인간이라는 동물 수십 마리가 옷걸이를 이리저리
> 뒤적이고 계산대 뒤에 줄을 서서 기다리는 광경을 볼 수 있다.
> 도대체 인간은 무슨 근거로 동물이라는 용어가 자신에게
> 적용되지 않는다고 확신하는 것일까?
>
> ─메리언 숄트마이저Marian Scholtmeijer,《인간이란 무엇일까?What is Human?》

1966년에 에릭슨이 의사종분화 개념을 처음 소개했을 때 그 자리에는 뛰어난 생물학자도 많았다. 그중 콘라트 로렌츠는 의사종분화 개념을 가져다가 같은 해 펴낸 자신의 저서《공격성에 관하여On Aggression》에서 간략히 논의하기도 했다. 하지만 이 개념이 유용하다고 생각한 생물학자는 로렌츠 말고도 또 있었다. 1960년대 후반에서 1970년대 초반 사이에 학계에서는 인간의 행동을 생물학적으로 설명하려는 시도가 늘어났다. 특히 오스트리아에서는 로렌츠의 동료 학자 이레내우스 아이블아이베스펠트Irenäus Eibl-Eibesfeldt가 비교인간행동학이라는 새로운 분야를 개척했다. 그는 동물행동학에서 도출된 원칙들을 활용해 호모사피엔스

라는 종의 행동을 설명하고자 했다. 한편 하버드대학교에서는 에드워드 윌슨Edward O. Wilson을 필두로 한 일단의 생물학자들이 인간을 비롯한 사회적 동물의 행동 양식을 생물학적인 관점에서 연구하는 사회생물학이라는 분야를 발전시켰다. 비교인간행동학과 사회생물학 분야에 종사하는 학자들은 모두 문화적 의사종분화 개념을 받아들였다.

생물학자들이 의사종분화 개념에 이끌린 이유를 이해하려면 우선 문화가 무엇인지 숙고할 필요가 있다. 학계 안팎에서 사람들은 문화가 인간을 인간 이외의 동물과 구분하는 기준이라고 생각한다. 특히 인문학에서는 자연과 문화를 이분법적인 시각으로 바라보는 경향이 있으며 바로 이 구별이 인간과 동물을 확연히 가르는 핵심 기준이라고 이해한다. 하지만 진부한 이분법으로는 자연을 설명할 수 없다. 자연은 분절적이라기보다는 연속적이고, 갑작스러운 단절보다는 점진적인 차이를 선호하기 때문이다. 그렇다면 인간 이외의 동물이 나타내는 행동을 관찰함으로써 인간 문화를 움직이는 원동력을 알아낼 수 있을지도 모른다.

대부분의 동물은 촘촘하게 연결된 공동체를 이루어 살아간다. 때때로 개별 구성원이 새로운 행동 양식을 발견하면 다른 구성원들이 이를 모방하기도 한다. 만약 그 결과가 유익하다면 이런 행동 양식은 유전이 아니라 관습을 통해 다음 세대로 전해진다. 이런 양상은 아마 (훨씬 복잡하기는 하겠지만) 인간 문화에도 적용될 것이다.

침팬지는 관행을 창조하고 유지하는 데 특히 능하기 때문에 지역별로 행동 양식에 현격한 차이가 나타난다. 예컨대 사하라 이남 아프리카 곳곳에는 도구를 사용하는 것으로 밝혀진 침팬지 집단이 40여 종이 있는데, 집단마다 고유의 도구 활용 방식을 갖고 있다.[67] 하버드대학교 영장류학자 리처드 랭엄Richard Wrangham과 과학 저널리스트 데일 피터슨

Dale Peterson이 지적하듯이 침팬지의 행동 양식은 아프리카 전역에 걸쳐 집단마다 다양하게 나타난다.

> 어떤 지역에서는 침팬지가 구불구불한 구멍 사이로 나뭇가지를 구
> 겨 넣어 흰개미를 낚고 또 어떤 지역에서는 나무 위 좁은 틈에서 약
> 간의 물을 얻으려고 씹은 잎 뭉치를 쥐어짠다. 어떤 침팬지는 막대
> 기를 이용해 벌집에서 꿀을 채취하고, 어떤 침팬지는 껍질을 벗긴
> 나무 막대 위로 개미를 꾀어낸 다음 입으로 밀어 넣는다. 이곳에서
> 는 침팬지가 가시가 난 가지 위에 잎을 쿠션처럼 덮어서 깔고 앉거
> 나 잎이 달린 나뭇가지를 신발이나 장갑처럼 활용하는가 하면, 저곳
> 에서는 잎을 컵 모양으로 만들어 물을 퍼 마시거나 쟁반 삼아 그 위
> 에 음식을 차려놓는다. 뾰족한 뼛조각을 활용해 원숭이 뼛속에 남은
> 골수를 뽑아 먹는 침팬지 무리, 튼튼한 나무 막대기로 개미집을 파
> 헤치는 침팬지 무리, 잎을 냅킨처럼 활용해 몸을 닦는 침팬지 무리
> 도 있다. 이처럼 지역마다 침팬지 집단 고유의 관행이 존재하며 이
> 관행은 해당 지역의 침팬지 집단 내에서 여러 세대에 걸쳐 학습되고
> 전파되고 전승되었으나 집단 밖으로 전해지지는 않았다.[68]

이와 같은 문화적 다양성을 유지하는 데 필요한 원동력 한 가지는 다른 집단을 향한 적대심이다. 일부 예외도 있지만 사회를 이루어 살아가는 포유동물은 극도로 배타적인 경향이 있다. 집단 내의 구성원 사이에는 공격성이 나타나더라도 미세한 수준에서 그치지만 하필 잘못된 때에 잘못된 곳에 발을 들인 외부 개체에게는 사정없이 공격을 가한다. 물론 집단 내의 구성원에게도 이따금 폭력이 가해질 수 있다. 어느 구성원

의 외모나 행동이 집단의 표준을 벗어났을 때 집단 전체가 가하는 공격 표적이 될 수 있는 것이다. 닭의 볏에 특이한 색으로 점을 찍거나 이상한 방향을 향하도록 볏을 묶어놓으면 닭장 안 무리가 그 닭을 무자비하게 공격할 것이다. 야생의 침팬지를 가까이에서 직접 관찰한 최초의 학자인 제인 구달 역시 다리를 못 쓰게 된 침팬지가 이전에 친하게 지냈던 동료들에게 거부당하고 공격을 받는 모습을 확인했다. 집단의 표준에서 벗어난 동물은 외부 개체, 즉 '우리' 중 하나라기보다는 '그들' 중 하나로 여겨지는 것이다.[69]

생물학자들은 동물이 낯선 개체에게 나타내는 적대적인 태도를 설명하기 위해 진화론을 활용한다. 진화의 엔진이라 할 수 있는 자연선택은 종의 유전자가 확산되는 데 도움이 되는 특성을 선호한다. 유전자는 크게 두 가지 방식으로 퍼진다. 짝짓기와 새끼 낳기가 주된 번식 과정이다. 또 다른 방법은 혈육이 번식하도록 돕는 것이다. 가까운 혈육은 유전자의 상당 부분을 공유하므로 혈육이 자손을 퍼뜨리는 것을 도움으로써 자신도 유전적 이점을 얻는 셈이다. 그렇기 때문에 진화는 친족 이타적 행동, 즉 혈육의 복지를 촉진하는 데 적합한 행동 양식을 선호한다.

'친족 이타성kin altruism'은 사회적 행동의 초석과도 같다. 동물 사회란 결국 번식을 위한 집단이므로 집단 내의 구성원들은 혈연관계일 가능성이 높다. 이런 관점에서 본다면 동물이 자신의 집단에 충성심을 나타내고 외부의 개체에 적대심을 나타내는 것은 생물학적으로 매끄럽게 설명이 된다. 외부의 침입자를 위협하거나 공격하는 이유는 식량이나 물이나 짝처럼 자기 집단 구성원을 위해 비축한 귀중한 자원을 뺏기지 않기 위해서이다.

이런 경향성은 분명 문화적 의사종분화와 닮아 있다. 이 연관성을 지적한 최초의 생물학자는 에드워드 윌슨으로 보인다. 윌슨은 1978년에 출판한 저서 《인간 본성에 대하여》에서 이렇게 말한다.

> 에릭 에릭슨은 세계 전역의 사람들이 의사종분화를 거치는 경향이 있음을 지적했다. 인간이 다른 집단에 속한 사람들을 아무런 양심의 가책 없이 인간 이하의 열등한 종족으로 격하한다는 것이다. 심지어 칼라하리 사막에 거주하는 온화한 산족마저 자기 자신을 쿵Kung, 즉 인간이라 부른다. 이와 같은 인간 특유의 경향성이 생겨난 이유를 명확히 이해하려면 진화적 이점이라는 기준으로 평가하는 수밖에 없다.[70]

그로부터 1년 뒤 아이블아이베스펠트 역시 이렇게 주장한다.

> 종의 형성 과정은 문화적 의사종분화 과정에 대응된다. 각각의 문화 집단은 서로가 다른 종에 속하기라도 하는 것처럼 서로를 구별한다. … 서로의 차이점을 강조하기 위해 각 집단의 대표자들은 자신들을 인간이라 칭하며 집단 밖의 사람들을 모두 인간이 아닌 존재 혹은 인간성을 온전히 갖추지 못한 존재로 치부한다. 이와 같은 문화 발달 과정은 생물학적 본능, 특히 낯선 개체를 향한 선천적인 거부감에 기반을 두고 있으며 결국 집단의 분화를 초래한다.[71]

이런 설명은 비인간화 이론에 빠진 연결 고리를 채워준다. 다른 사회적 동물들이 그렇듯 인간이라는 동물 역시 집단 간에 상호 적대적인 관계를 이룬 채 살아가는 것이다. 하지만 비인간화는 낯선 개체를 향한 혐오와 공포를 넘어서는 차원의 문제이다. 여기에는 인간만이 지닌 독특한 요소 하나가 더해진다. 다른 사람들을 인간 이하의 존재로 여기려면 섬세한 인지 능력 하나가 필요하다. 바로 '인간'이나 '인간 이하의 존재' 같은 추상적인 개념을 활용하는 능력이다. 아무리 영리한 영장류라할지라도 인간을 제외하고는 이런 능력을 갖추지 못했다. 좀 더 일반화하자면 비인간화는 가치, 지위, 인종, 질서와 같은 개념을 비롯한 복잡한 상징 문화와 밀접한 관련이 있다. 이는 오직 인간의 두뇌만이 처리할 수 있는 개념이다. 이렇듯 침팬지는 다른 침팬지를 운테르침펜Unterchimpen으로 인식할 능력이 없지만 그럼에도 우리는 침팬지의 행동에서 비인간화의 전조 같은 것(이를테면 '비동물화')을 발견할 수 있다. 침팬지가 다른 침팬지를 침팬지 이하의 존재로 인식할지는 우리가 알 길이 없다. 침팬지가 인간 언어로 자기 생각을 말해줄 수는 없기 때문이다. 하지만 대략적인 추론 정도는 할 수 있다. 동물의 행동 양식이 동종의 동물과 상호작용할 때와 먹이를 쫓을 때가 전혀 다르게 나타나기 때문이다. 심지어 공격적이거나 폭력적인 행동을 취할 때도 동종의 동물을 대상으로는 그 양상이 달라진다. 예컨대 같은 종끼리 공격성을 드러낼 때는 대개 자세를 취하는 행동이 수반된다. 이는 상대를 위협하기 위해 고안한 안무 동작과 같다. 그에 더해 가능한 한 위협적으로 보이려는 듯 큰 소리를 내거나 몸을 부풀리기도 한다. 하지만 사냥할 때 취하는 동작은 전혀 다르다. 포식자는 오히려 소리를 죽이고 몸을 숨기려 애쓴다. 몸을 부풀리기보다는 땅에 납작 엎드린 채 천천히 조심스레 기어가다가 마지막 순간에 전력을 다해 튀어 올라 사냥감을 덮친다.

침팬지 역시 사냥꾼 기질을 타고난 동물이다. 침팬지가 좋아하는 사냥감은 붉은콜로부스원숭이로 특히 살을 뜯어 먹는 것을 즐긴다. 침팬지는 근방의 침팬지 무리를 상대로 약탈을 벌이기도 한다. 이를 위해 침팬지는 일종의 소대를 구성해 다른 무리의 영역을 침범한 뒤 힘으로 찍어 누를 수 있는 상대라면 누구든 살육한다. 마치 콜로부스원숭이를 사냥하는 것처럼 다른 침팬지 무리를 사냥하는 것이다.[72]

제인 구달은 이런 광경을 관찰한 뒤 의사종분화와 비인간화가 침팬지의 폭력성과 어떤 관계가 있는지 탐구했다. 그 내용이 구달의 저서 《침팬지와 함께한 30년Through a Window: My Thirty Years with the Chimpanzees of Gombe》에 담겨 있다.

> 인간 사회에서 한 집단의 구성원은 자신이 다른 집단의 구성원과 뚜렷이 구분된다고 생각할 수 있으며 그로 인해 자기 집단에 속하는 사람과 자기 집단에 속하지 않는 사람을 다른 방식으로 대할지도 모른다. 심지어 다른 집단의 구성원은 '비인간화'되어서 아예 다른 생물종으로 여겨지기도 한다. … 침팬지 역시 자기 집단 구성원과 다른 집단 구성원에게 서로 다른 행동을 보인다.… 게다가 사지를 비틀거나 피부를 뜯어내거나 피를 마시는 등 다른 집단 구성원에게 가하는 공격 양상은 같은 집단 구성원 간의 다툼에서는 절대 나타나지 않는다. 사실상 다른 집단의 피해자는 '비침팬지화'된 것이나 다름없다. 그러한 공격 양상은 보통 침팬지가 다른 종에 속하는 동물 성체를 사냥할 때 나타나기 때문이다.[73]

아이블아이베스펠트 또한 원시 사회에서든 문명화된 사회에서든 비인간화와 전쟁 사이에 밀접한 관련이 있음을 알아차렸다. 하지만 그의 접근법은 다른 의사종분화 이론가들과는 미묘하게 달랐다. 에릭슨,

로렌츠, 윌슨, 구달의 주장에 따르면 자기 집단을 우선시하고 다른 집단을 배척하는 인간의 자연스러운 본능이 의사종분화를 초래하며 바로 이의사종분화의 한 가지 특징이 비인간화이다. 아이블아이베스펠트는 여기서 더 나아가 비인간화가 전쟁에서 특별한 역할을 수행한다고 주장한다. 전쟁이 일어나려면 인간이 살육 행위를 향한 본능적인 거부감을 극복할 방법을 찾아야만 하는데 적군을 비인간화하는 것이 바로 그 방법이 될 수 있다고 주장한 것이다.

> 문명화된 서양 사회는 물론 원시 부족 사회에서도 적을 '비인간화'하려는 시도를 통해 전쟁이 이루어진다. 특히 기술이 진보한 사회에서는 적을 멀리서 빠르게 요격할 수 있는 치명적인 무기를 개발함으로써 이루어지기도 한다. 어느 경우든 우리가 가하는 공격이 인간이아닌 다른 종을 겨냥한 것이라는 세뇌 과정이 필요하다. 적을 우리보다 열등한 존재로 격하하는 것이다. 전쟁의 밑바탕에 자연적인 경향성이 어느 정도 깔려 있다 한들 결국 전쟁은 문화적 산물이다.[74]

굉장히 섬세하면서도 다층적인 분석이다. 우리는 본능적으로 외부인에게 편견이 있다. 하지만 인간이 다른 인간을 살육하도록 하는 것은바로 그 편견을 겨냥한 세뇌와 선동이다. 세뇌와 선동의 목표는 적을 인간 이하의 존재로 여기게 만드는 것이다. 이런 인식은 살육에 대한 자연적이고 생리적인 거부감을 무너뜨린다. 요컨대 비인간화는 전쟁에서 공격성의 고삐를 풀어버리는 특수한 역할을 한다. 이는 자연적인 산물이아니라 문화적인 산물이지만 그럼에도 효과적으로 작동하려면 생물학적 적응력에 기반을 두고 있어야 한다.

침팬지가 다른 침팬지를 죽일 때 그 내면에 무슨 일이 일어나는지 우리는 영원히 알 수 없을지도 모른다(7장에서 다시 이 문제를 살펴볼 것이다). 그보다는 비슷한 상황에서 인간 내면에 무슨 일이 일어나는지 알아내는 쪽이 실현 가능성이 높을 것이다. 다음 장에서는 비인간화의 심리학적 작동 원리를 밝히는 데 기여한 최신 연구들을 살펴보고 타인을 비인간화하는 정신에 어떤 일이 벌어지는지 집중적으로 들여다볼 것이다.

칼리반의
후손들

**외부자는 더럽고
폭력적이며 천하다**

대양 건너편에는 인간만 못한 종족이 살고 있었다.

—장 폴 사르트르, 프란츠 파농의《대지의 저주받은 사람들》서문[1]

앞서 살펴본 것처럼 유럽이 식민지를 넓히고 그 과정에서 다른 문화와 접촉하면서 철학자와 과학자들은 비인간화에 대해 생각하지 않을 수 없었다. 이번 장에서는 유럽인이 아메리카 대륙을 정복하는 과정에서 비인간화가 어떤 역할을 했는지 살펴볼 것이다. 그들은 신대륙에서 마주친 원주민들을 개념적으로 어떤 위치에 두어야 할지, 원주민들이 존재의 대사슬 속에서 어떤 지위를 차지하는지 판단해야 했다. 그들은 온전한 인간이었을까 인간만 못한 존재였을까? 아니면 이도 저도 아닌 무엇이었을까?[2]

식민주의를 풍자한 셰익스피어의 우화《템페스트》에서 칼리반이라는 등장인물은 경계선적 위치에 놓인 아메리카 원주민을 상징한다. 한 선박이 셰익스피어가 "멋진 신세계"라 명명한 어느 섬에 표류하게 된다. 그곳에서 칼리반을 발견한 선원들은 그를 노예로 붙잡는데, 선원들의 눈에 칼리반은 인간에 미치지 못하는 존재로 그려진다. 예컨대 칼리반은 울부짖는 괴물, 징그러운 괴물, 반인반수, 짐승 같은 것, 추잡한 존재, 어둠을 거니는 존재, 영광스러운 인간의 모습을 입지 못한 존재로 불린다.

본성을 절대로 교화할 수 없는 순수한 악마 그 자체라는 점에서 비인간성은 칼리반에 내재된 속성이다. 하지만 칼리반에게는 분명 인간적인 면모도 존재한다. 부당한 대우로 고통을 받는 칼리반은 자신이 착취당하고 있음을 알며 천부적인 권리를 강탈당했음을 인지한다. 작품이 나온 지 약 400년 후에도 칼리반은 식민 지배를 당하는 자들을 대표하는 상징 같은 존재였다. 쿠바 시인 페르난데스 레타마르Fernández Retamar는 현대의 메스티소(아메리카 원주민과 스페인계 백인의 혼혈 인종—옮긴이)를 대변해 이렇게 선언한다. "우리의 상징은 바로 칼리반이다. 우리가 처한 문화적 현실을 그보다 더 잘 표현할 수 있는 존재를 떠올릴 수 없다. … 우리의 역사와 문화를 칼리반의 역사와 문화라고 하지 않는다면 뭐라 할 수 있겠는가?"[3]

이제부터 우리는 남북아메리카의 정복과 식민지화 과정에 대해 논의한 뒤 이를 발판 삼아 비인간화를 더욱 폭넓게 분석하고자 한다. 분석을 마무리하고 나면 비인간화의 핵심적인 특징이 분명히 드러날 것이다.

멋진 신세계에서 벌어진 죽음

종종 인간의 영혼에는 악성 멍울과 고약한 궤양이 자란다.
그리하여 사악하고 잔혹하기로는 어떤 짐승도 인간에 견줄 수 없다.

— 폴리비오스, 《역사 The Historia》[4]

아메리카 원주민 탄압의 역사 역시 유럽에서 벌어진 유대인 탄압의 역사와 유사하게 시작된다. 첫 항해를 떠나는 크리스토퍼 콜럼버스는 이렇게 기록했다. "두 분 폐하께서는 당신들의 영토에서 유대인을 몰아내신 뒤 제게 충분한 선박을 이끌고 인디아 지역으로 항해하라 명하셨지요."[5] 콜럼버스가 이런 기록을 전하기 불과 한 달 전에 스페인의 페르디난도 왕과 이사벨라 여왕은 스페인에 거주하는 유대인에게 기독교로 개종하든 나라를 떠나든 둘 중 하나를 택해야 한다는 딜레마를 제시했다. 신앙을 저버리느니 스페인을 떠나기로 선택한 사람들은 귀중품을 모조리 몰수당했다. 스페인에 남아 있으면서도 왕의 포고령을 따르지 않은 사람들에게는 사형 판결이 내려졌다. 결국 유대인 대부분이 스페인을 떠난다. 명목상으로만 기독교인인 척해봐야 계속 공포에 질려 살아가야 할 것이 뻔했다. 실제로 이미 수많은 콘베르소converso(기독교로 개종당한 유대인)가 비밀리에 유대교 관습을 지키고 있다는 의심을 벗지 못하고 끊임없이 고문과 처형을 당했다. 기독교인들은 유대인을 경멸했으며 그들을 마라노marrano, 즉 돼지라고 불렀다. 표적에 오른 것은 유대인뿐만이 아니었다. 앞서 기독교 군대는 무어족(8세기에 스페인을 점령한 이슬람 종족—옮긴이)으로부터 스페인 남부 지역을 되찾았으며 이 과정에서 발생한 모리스코morisco(기독교로 개종당한 무슬림) 역시 마라노처럼 불신과 경멸을 피할 수 없었다. 그들은 늑대, 까마귀, 들개, 잡초 등으로 불렸으며 100여 년 뒤에는 대규모 인종 청소의 희생양이 되고 말았다.[6]

콜럼버스가 스페인 남서부에 있는 항구도시 팔로스에서 출항을 나설 때 항구에는 마지막 기회를 놓치기 전에 스페인을 탈출하려는 유대인 피난민이 가득했다. 이 모습을 지켜본 어느 목격자는 이렇게 기록했다. "그들이 겪는 고통을 바라보는 건 참으로 딱한 일이었다. 다들 굶주림에 사로잡혀 있었다. … 반쯤 넋이 나간 엄마들은 죽어가는 자식을 품에 안고 있었다."[7] 콜럼버스는 유럽에서 펼쳐지는 인적 재앙을 외면한 채 서쪽으로 향했다. 하지만 그는 배를 타고 가는 곳에 훨씬 더 끔찍한 재앙이 기다리고 있을 줄은, 심지어 그 재앙이 벌어지는 데 자신이 어느 정도 기여할 줄은 상상조차 하지 못했다.

10월에 바하마 제도 어딘가에 도착한 콜럼버스는 어느 섬에 상륙해 스페인 국기를 꽂고는 히스파니올라Hispaniola, 즉 '스페인 땅'이라고 이름을 붙였다. 고국 사람들에게 자랑할 원주민 포로 대여섯을 데리고 의기양양하게 스페인으로 돌아온 콜럼버스는 '대양의 제독'이라는 직함을 얻었으며 새롭게 발견한 땅들의 총독으로 임명되었다.

그로부터 1년 뒤 콜럼버스는 선박 17척, 선원 1천 200명, 개 20마리를 거느린 채 다시 한번 항해에 나섰다. 하지만 이번에는 치명적인 미생물이 배에 함께 올라타 있었다. 카리브해 섬들에서 창궐하기 시작한 전염병은 이내 아메리카 전역으로 퍼졌으며 말로 다 할 수 없는 수의 원주민이 사망했다. 스페인이 몰고 온 것은 미생물뿐만이 아니었다. 그들은 15세기의 기술력으로 만들어진 온갖 살육 기구로 무장한 채 섬 주민들을 살해하고 강간하고 약탈했다. 그들이 데려간 그레이하운드와 마스티프 역시 명령만 내리면 언제든 원주민을 공격해 찢어발길 준비가 되

어 있었다. 개들은 보상으로 원주민의 생살을 마음껏 뜯어먹을 수 있었다.[8]

수십 년이 흐른 뒤 도미니카 출신의 선교사 바르톨로메 데 라스 카사스Bartolomé de Las Casas가 그와 같은 스페인의 약탈 행위를 역사 기록으로 남겼다. 그의 기념비적인 저서《인디오의 역사History of the Indies》를 보면 이런 대목을 쉽게 찾아볼 수 있다. "원주민이 숲속으로 도피하면 스페인 사람들은 군대를 조직해 원주민을 추적했다. 그들은 원주민을 발견할 때마다 울타리 속에 갇힌 양 떼를 도륙하는 것처럼 무자비하게 살육을 저질렀다."

스페인 사람들 사이에서는 잔혹성을 드러내는 것이 당연한 법칙으로 여겨졌다. 그냥 잔혹한 정도가 아니라 원주민이 감히 자기 자신을 인간으로 생각하지 못하도록 최대한 매섭고 가혹하게 억압하는 것이 중요했다. 그래서 그들은 원주민의 양손을 잘라 대롱대롱 매달리게 내버려 둔 다음 "이제 가서 너희 족장에게 소식을 전해라"라고 말하며 놓아주었다. 이따금 그들은 칼의 성능이나 자신의 힘을 시험하려고 포로로 붙잡은 원주민을 데려다가 일격에 목을 날리거나 몸을 반으로 가를 수 있는지 내기를 했다.[9]

바르톨로메는 식민지 건설 프로젝트를 두 눈으로 직접 목격한 인물이었다. 1484년에 태어난 그는 아홉 살이 되던 해에 세비야 거리를 가득 메운 인파 속에 섞인 채 콜럼버스가 원주민 포로들을 데리고 행진하는 모습을 지켜보았다. 1년 뒤에는 바르톨로메의 아버지 페드로가 콜럼버스의 두 번째 항해에 함께했다. 항해를 마치고 돌아온 아버지는 아들에게 원주민 노예를 선물로 주었다.[10] 실제로 한 목격자는 이렇게 증언했다. "우리는 정착지에 모아든 원주민 남성과 여성 1천 600명 중 550명을 선박에 태웠다. 나머지 인원에 대해서는 누구든 원하는 만큼 데려가도 좋다는 발표가 있었다." 결국 남은 원주민 중 약 600명이 노예로 끌려갔다. 처음 포로로 선발된 550명 중 대다수는 스페인으로 항해하는 중에 목숨을 잃었으며 그 시체는 상어 밥으로 바다에 던져졌다. 역사가 데이비드 스태너드David Stannard는 이렇게 지적한다. "제독의 명령에 따라 노예로 끌려간 나머지 원주민 600여 명에게 무슨 일이 있었는지는 아무도 모른다." 하지만 우리가 분명히 아는 사실 한 가지는 그 600여 명 중 한 명이 살아서 스페인에 도착했고 당시 청소년이었던 바르톨로메에게 하인으로 주어졌다는 점이다.

1502년에 바르톨로메는 아버지를 따라 히스파니올라로 여행을 떠났다. 히스파니올라는 페드로가 왕으로부터 엔코미엔다encomienda(식민지의 토지와 주민에 대한 통치권)를 하사받은 섬이었다. 이곳에서 어린 바르톨로메는 아메리카 원주민들이 광산과 농장에서 고된 노동에 시달리다 죽음을 맞이하는 모습을 목격했다. 이후에 바르톨로메가 기록한 바에 따르면 원주민 여성들은 아기들이 영양실조로 죽어 나가자 애초에 고통을 겪을 일을 만들지 않기 위해 영아를 죽이거나 태아를 유산시키기도 했다.[11]

바르톨로메는 전쟁의 참상 역시 두 눈으로 지켜보았다. 스페인이 쿠바를 침공할 당시 군목으로 참여한 그의 눈앞에는 이런 광경이 펼쳐졌다.

한 스페인 병사가 갑자기 검을 뽑았다. 그러자 다른 병사 100명도

검을 꺼내고는 양 떼를 도륙하듯 사람들을 마구 죽였다. 겁에 질린 채 무방비 상태로 주저앉아 있던 사람들은 남녀노소 할 것 없이 배가 갈리고 팔다리가 잘리고 목숨을 잃었다. … 병사들은 근처에 있는 커다란 집 문을 열고 들어가 똑같은 방식으로 베고 자르면서 그곳에 있던 사람들을 보이는 대로 살육했다. 마치 한 무리 소 떼가 죽은 것처럼 피가 샘을 이뤄 흘렀다.[12]

1492년에 콜럼버스가 상륙하기 전까지 히스파니올라에는 약 100만 명이 살고 있었다. 하지만 탐험가들이 미개척지에 몰고 온 새로운 병원균이 전염병을 일으키고 스페인 본국의 억압이 시작되면서 불과 18년이 지난 1510년에 인구수는 4만 6천 명까지 떨어졌다. 인근의 섬나라인 자메이카, 쿠바, 푸에르토리코에는 1509년만 하더라도 60~100만 명에 이르는 주민이 살았으나 1552년에는 거주민이 20만 명이 채 되지 않았다.[13] 멕시코, 베네수엘라, 브라질, 페루 등 신세계 곳곳에서 비슷한 일들이 펼쳐지고 있었다. 파나마에서는 스페인 병사들이 장에 내다 팔 소고기나 양고기를 도축하듯 원주민 사지를 썰어댔다. "그들은 원주민들을 산 채로 불태웠고 손, 코, 혀 같은 신체 부위를 절단했으며 절단한 신체를 개들한테 먹이로 던져 주었고 여성의 가슴을 잘라냈다."[14] 결국 일단의 도미니카 수도사들은 신성로마제국의 황제이자 머지않아 에스파냐의 왕이 될 인물인 카를 5세에게 이렇게 항의했다.

어느 기독교인들이 원주민 여자를 하나 마주쳤는데 품에 아기를 안고 젖을 먹이고 있었습니다. 그런데 스페인 병사들이 자기들이 데리고 다니는 개가 배가 고프다며 아기를 엄마의 품에서 잡아채다가 산

채로 개에게 던져 줬습니다. 개는 곧장 달려가 아기 엄마가 보는 앞에서 아기를 먹어 치웠죠. … 포로 중에 몇몇 여성이 아기를 낳았는데 아기가 계속 울음을 터뜨리면 그들은 아기의 두 다리를 잡아다가 바위에 내팽개치거나 숲속에 내던져서 죽도록 했습니다.[15]

1511년에 바르톨로메는 사제 안토니오 몬테시노스Antonio Montesinos가 스페인 사람들의 잔혹 행위를 겨냥해 설교하는 내용을 들었다. 몬테시노스는 교인들에게 이렇게 말했다. "저는 이 황무지에 울려 퍼지는 목소리, 이 황량한 섬에 울려 퍼지는 그리스도의 목소리를 대변합니다. 주께서는 여러분 모두가 크나큰 죄를 저질렀다고 말씀하십니다. 여러분이 이 무고한 사람들에게 자행한 폭력과 억압 때문이지요. 여러분이 보기에 이 사람들은 인간이 아니란 말입니까? 이성을 지닌 존재가 아니란 말입니까? 제 몸처럼 이들을 사랑해야 할 의무가 있지 않습니까?"[16] 몬테시노스의 설교를 듣고 양심의 가책을 느낀 바르톨로메는 자기 노예를 모두 풀어준 뒤 끊임없이 글을 쓰고 설교를 하고 왕에게 탄원하는 등 아메리카 원주민의 편에 서서 인권을 보장해 주기 위해 힘썼다. 바르톨로메의 노력 덕분에 당대 가장 강력한 권력을 지닌 인물이라 할 수 있는 에스파냐 왕이 바르톨로메 데 라스 카사스와 후안 히네스 데 세풀베다에게 명령을 내려 원주민에게 폭력을 휘두르는 것이 정당한지를 두고 논쟁하도록 했다. 이 논쟁은 1550년 스페인 북부에 있는 도시 바야돌리드에서 펼쳐졌다.

유명한 인문주의자이자 아리스토텔레스 철학 신봉자였던 세풀베다는 아리스토텔레스의 자연적 노예 이론을 기반으로 아메리카 원주민이 "교화되지 않은 야만적이고 비인간적인 존재, 타고난 노예"라고 주장했다. 세풀베다의 접근법은 최소한 1510년부터 이어져 오던 학계 전통을 뒤따른 것이었다. 바로 그 1510년에 스코틀랜드의 철학자이자 신학자 존 메어John Mair는 카리브해 지역의 토착민을 가리켜 짐승처럼 사는 타고난 노예라고 칭한 바 있었다(존 메어의 주장은 스페인에 널리 알려져 있었으며 아메리카 원주민의 인권에 대한 논쟁에서 인용되기도 했다). 하지만 세풀베다는 원주민이 야만적이라는 사상을 그보다 더 강하게 밀어붙였다. 그는 원주민과 스페인 사람 사이의 차이가 원숭이와 인간 사이의 차이만큼이나 크다고 주장했으며 원주민에게서 '인간성의 흔적조차 찾기 힘들 것'이라고 설득했다. 그가 보기에 원주민은 설령 '원숭이나 곰'은 아닐지라도 그들의 정신적 역량은 '벌이나 거미'의 지능과 비슷했다. 왜 그는 하필 벌과 거미를 언급했을까? 아마 아리스토텔레스의《자연학》을 참조한 듯하다. 이 책의 어느 대목에서 아리스토텔레스는 목적이 뚜렷한 동물의 행동에 관해 논의를 전개한다. 인간을 제외한 동물의 경우에는 목적이 뚜렷하지만 그럼에도 이성이 개입되지 않은 행동이 분명히 나타난다. "인간 이외의 동물들은 무언가를 만드는 데 창의력이나 탐구심을 활용하지 않기 때문에 어떤 사람들은 거미와 개미 같은 생물이 이해를 바탕으로 그런 행동을 하는지 아니면 다른 근거로 그렇게 하는지 혼란스러워한다." 아리스토텔레스는 인간만이 사고 활동을 할 수 있다고 믿었다. 따라서 세풀베다가 원주민의 행동을 벌과 거미의 행동에 빗댄 것은 사실상 원주민이 이성적인 존재라는 사실, 즉 인간이라는 사실을 부정한 것이나 다름없다.[17]

또한 세풀베다는 아메리카 원주민을 호문쿨루스homunculus라 불렀다. 호문쿨루스 개념은 중세 시대 상상력의 산물로 인간의 정자에서 비자연적인 방식으로 추출해 낸 유사 인간humanoid을 가리켰다. 호문쿨루스의 생성 과정에 대해서는 두 가지 이론이 존재했다. 일단 연금술사들은 연구실에서 호문쿨루스를 만들어낼 수 있다고 주장했다. 일종의 중세 버전 시험관 아기인 셈이다. 실제로 '가짜 토마스(자신의 글이 토마스 아퀴나스가 쓴 글처럼 보이게 하려고 애썼기 때문에 붙은 이름)'라는 작가는 남성의 정자를 깨끗한 유리병에 채취해 30일 동안 대변의 열기 아래 두는 연금술 실험에 관해 언급한다. 그리고 나면 "거기에 모든 남성 후손을 품은 남성이 생성"된다. 가짜 토마스는 이 생물이 겉으로는 인간과 닮아 보일지라도 인간의 영혼을 지니지는 못한다고 주장했다. 비슷한 맥락에서 스페인 신학자 알론소 토스타도Alonso Tostado 역시 스페인 연금술사 아르날두스 드 빌라노바Arnaldus de VillaNova가 시행한, 인간의 정액을 정체불명의 약제와 함께 용기에 밀봉한 것으로 추정되는 실험 하나를 묘사한다. 아르날두스는 "마침내 며칠이 지난 뒤 용기 내에 온갖 변이가 발생해 인간의 신체가 만들어졌으나 그 구성이 완벽하지는 않았다"라고 전했다. 과연 신께서 자신이 창조한 인공적인 생물에 인간의 영혼을 불어넣어 주실지 확신이 들지 않았던 아르날두스는 호문쿨루스가 자라고 있던 용기를 으깨 없애버렸다.[18]

바야돌리드에서 논쟁이 펼쳐지던 시기에는 2장에서 살펴본 스위스 의학자 파라켈수스만 한 호문쿨루스 권위자가 없었다. 파라켈수스는 실험실에서 호문쿨루스를 창조할 수 있는가에 대해서는 의구심을 가졌으나 호문쿨루스가 실재한다는 사실에는 동의했다. 그는 1530년경에 《호문쿨루스에 관하여De Homunculis》라는 책자를 집필해 이 문제를 자세히 다뤘다. 앞서 지적한 것처럼 파라켈수스는 인간이 동물적 본성과 영적 본성을 둘 다 가진 존재라고 믿었다. 호문쿨루스는 그중 동물적 본성을 물려받은 후손이라 할 수 있다. 윌리엄 뉴먼William R. Newman은 자신의 저서 《프로메테우스적 야망Promethean Ambitions》에서 이렇게 설명한다. "사람의 동물적 신체는 영혼과는 독립적으로 존재하며 오로지 동물적 본성에 사로잡힌 신체는 영혼이 없는 불완전한 정액을 생성한다. 파라켈수스의 주장에 따르면 호문쿨루스 혹은 괴수가 만들어진 것이다. 그러므로 거기에는 영혼이 없다."[19] 호문쿨루스는 부패하는 정액에서 형성된다. 남자가 욕정을 느끼면 동물의 정자가 생성되고, 사출되지 않은 정자는 몸 안에서 부패하거나 호문쿨루스로 자라게 된다. 욕정에 사로잡힌 성교에 의해 사출된 정자는 섹스 상대의 몸 안에서 (구강 성교를 하면 목구멍 안에서, 항문 성교를 하면 창자 속에서) 호문쿨루스로 자라난다.

이처럼 영혼이 결여된 후손을 낳을까 봐 두려워하는 남성을 위해 파라켈수스는 다음과 같은 파격적인 제안을 건넨다.

어느 남성이 오직 자신의 힘에 의존해 강제로 순결을 지키기를 원한다면 그는 거세를 당하거나 스스로 거세를 해야만 한다. 즉, 내가 논하는 그것이 존재하는 샘 자체를 파내는 것이다. 그렇기에 신께서도 그것을 몸의 앞쪽에 만들어두셨다.[20]

세풀베다가 아메리카 원주민을 호문쿨루스라 부른 이유를 정확히 알 수는 없다. 아마도 그는 원주민이 인간의 영혼을 지니지 않았다는 사상을 전달하려 애쓴 듯하다. 이는 세풀베다만의 생각이 아니었다. 그보다 14년 전에 원주민의 인권을 옹호하고자 했던 또 다른 선교사 베르나르디노 데 미나야Bernardino de Minaya는 스페인 사람들이 원주민을 "진정한 인간이 아니라 신께서 인간의 더 나은 복지를 위해 창조하신, 인간과 원숭이 사이에 존재하는 제3의 종"으로 여긴다며 불만을 표했다. 원주민을 '말을 하는 동물'이라거나 '인간의 모습을 한 짐승'이라고 비하하는 사람도 있었다. 당시 학자들이 아메리카 원주민을 가리켜 아담과 이브의 후손이 아니라 대홍수가 휩쓸고 간 잔해에서 형성된 존재라고 주장했듯이 세풀베다 또한 기존의 편견에 학술적인 포장지를 덧씌웠을 뿐이었다. 아메리카 원주민이 아담의 혈통에 속하지 않는다며 그 인간성을 부정했던 학자들 중에는 철학자 조르다노 브루노, 의학자 안드레아 체살피노와 파라켈수스, 수학자 지롤라모 카르다노 등이 있었다.[21]

바르톨로메는 세풀베다의 주장을 조목조목 따지면서 야만인이 타고난 노예라는 아리스토텔레스의 이론을 반박하기보다는 아메리카 원주민이 야만인이라는 주장 자체에 의문을 제기했다. 논쟁은 약 한 달간 지속되었다. 둘이 실제로 마주한 적은 없었다. 각자 왕이 지정한 14인의 배심원에게 자신의 주장을 전달했다. 배심원이 어떤 결론을 내렸는지 기록으로 남아 있지는 않지만 나중에 세풀베다가 기록한 내용에 따르면 그중 단 한 명만 세풀베다의 입장을 지지했다고 한다.

바야돌리드의 논쟁은 굉장히 극적이기는 했으나 논란을 종식할 정도로 결정적이지는 않았으며 당시 스페인의 식민 정책에 뚜렷한 영향을 미치지도 못했다. 하지만 원주민의 인권을 보장하려는 노력과 원주민 역시 똑같은 인간이라는 주장은 결국 결실을 맺었다. 바르톨로메의 노력 덕분에 1537년에 교황 바울 3세는 원주민이 이성을 지닌 인간이며 따라서 노예 취급을 받아서는 안 된다고 공언했다. 또한 바르톨로메는 노예제나 다름없는 엔코미엔다 제도에 대대적인 개혁의 바람을 불러일으키는 데도 기여했다. 이는 적어도 이론적으로는 원주민을 억압과 학대로부터 원주민을 보호받게 해주었다.[22]

버지니아와 매사추세츠, 그리고 그 너머

개를 훈련시켜 곰을 사냥하듯 원주민을 사냥하게 한다면
굉장한 이점이 있음을 이해해야 한다. …
개는 수많은 적을 처형할 수 있을 뿐만 아니라
우리가 잡기에는 너무 발이 빠른 원주민을 포획할 수 있을 것이다.

─솔로몬 스토더드Solomon Stoddard 목사가 조지프 더들리Joseph Dudley 총독에게 보낸 편지[23]

스페인이 카리브 지역에 최초의 영구 정착지를 설립한 지 약 100년
이 지난 후에 북아메리카에서는 오늘날의 미국에 북동쪽 해안을 따라
정착민이 자리를 잡았다.

이 이야기의 시작은 1607년으로 거슬러 올라간다. 영국 사업가들
이 모여 만든 런던컴퍼니는 바로 이 해에 오늘날 버지니아의 식민지를
설립한 뒤 제임스타운이라는 이름을 붙였다.

초창기에 정착민의 삶은 쉽지 않았다. 식량이 부족해 극심한 기근이
닥치다 보니 식인을 해야 할 지경에 이르렀다. 첫해에만 정착민의 3분의
2가 목숨을 잃었다. 하지만 1619년에는 제임스타운이 신흥 담배 산업의
중심지로 자리를 잡으면서 상황이 달라졌다. 이번 기회에 단단히 한몫
을 챙기려는 사업가 지망생들과 새로운 땅에서 새 삶을 시작할 꿈에 부
푼 노동자들이 영국에서 배를 타고 끊임없이 쏟아져 들어왔다. 인구가
급증함에 따라 담배를 얻으려는 유럽인의 욕망을 충족시키기 위해 농장
주들이 열정적으로 땅을 개간하고 경작했다. 정착민이 공간을 점점 많
이 차지하자 원주민과의 마찰도 점점 심화되었다. 결국 1622년에는 포
와탄족 전사들이 제임스강 주변의 정착지를 공격해 남녀노소 할 것 없

이 주민 약 4분의 1을 살육하는 일이 벌어지고 말았다.

1622년의 학살 사건으로 영국인과 아메리카 원주민의 관계는 돌이킬 수 없는 강을 건너고 말았다. 이전에도 정착민이 원주민을 위협하는 경우는 산발적으로 있었지만 1622년 이후로는 그런 공격적인 태도가 하나의 정책으로 자리 잡고 말았다. 바로 이때부터 아메리카 원주민의 비인간화가 실질적으로 진행되었다. 존 스미스John Smith 선장은 원주민을 '짐승보다 부자연스러운 잔혹성'을 지닌 잔인한 야수라고 묘사함으로써 그런 풍조에 일조했다. 영국 본토에서도 유명 여행기 편찬자 새뮤얼 퍼처스Samuel Purchas가 원주민을 인간의 모습을 하고 있을 뿐 인간성을 거의 지니고 있지 않은 생물이라고 소개했다. 퍼처스가 보기에 아메리카 원주민은 그들이 사냥하는 짐승보다도 더 잔혹하고 그들이 헤집고 다니는 야생의 땅보다도 난폭하고 비인간적이었다. 시인 크리스토퍼 브룩Christopher Brooke은 훨씬 더 노골적이었다. 브룩은 버지니아 지역의 원주민을 '인간이라 칭할 수 없는 생물'이라 불렀다. 또한 원주민이 '비인간적인 혈통'을 지닌 쓰레기 같은 존재이며 아담과 이브의 후손이 아니라 "지렁이 같은 해충에게서 튀어나온" 존재라고 주장했다. 아리스토텔레스의 시각 역시 이런 풍조에서 빠질 수 없었다. 식민주의자들은 아리스토텔레스의 표현을 빌려 원주민을 야만적이며 자연적으로 타고난 노예라 불렀다.[24]

한편 매사추세츠 지역에서는 영국 청교도들이 정신없이 새로운 삶을 개척하고 있었다. 그들은 종교적 열정이 들끓던 초창기에는 원주민을 기독교로 개종해야 할 이교도로 바라보았다. 하지만 백인 인구가 증가하고 자원 경쟁이 심화되면서 그런 열정은 인종적 적대심으로 변질되고 말았다. 식민지 정착민과 아메리카 원주민이 벌인 최초의 전면전

(필립 왕 전쟁)은 정착민이 코네티컷의 피쿼트족 영토를 침범하면서 발발했다. 전쟁 막바지에는 영국인들이 내러갠싯족과 모히건족과 함께 미스틱 근방의 피쿼트족 마을을 포위한 채 마을에 불을 지르기까지 했다. 800~900명에 이르는 주민들이 몰살당했으며 그중 대다수는 산 채로 불에 타 죽었다. 승기를 잡은 영국인들은 남은 피쿼트족을 처형하거나 노예로 팔았다. 승리에 도취한 그 지역 정착촌 사령관 윌리엄 브래드퍼드 William Bradford는 불타는 시체와 피 웅덩이를 바라보며 이렇게 기록했다.

> 실로 달콤한 희생이 아닌가. 그들은 적들을 손에 내어주시고 빠르고도 영광스러운 승리를 가져다주심으로써 자신들을 크게 도와주신 하느님께 찬양을 드렸다.[25]

이로 인해 원주민의 비인간화는 더욱 심각한 수준에 이르렀다. 당시 영국인의 인식은 웨이트 윈스럽 Wait Winthrop이 1675년에 아메리카 원주민의 말살을 염원하며 내놓은 시에 노골적으로 드러난다. 식민지 군대가 그레이트스왐프 전투에서 내러갠싯족에게 패배한 것을 보고 충격을 받은 윈스럽은 이 시에서 원주민을 파리, 쥐, 들쥐, 이 등으로 다양하게 묘사하면서 그들이 완전히 멸종하게 될 행복한 때를 고대하라고 촉구한다.[26] 이후 여러 세기에 걸쳐 수많은 사람이 윈스럽의 열망을 공유했다. 미국 혁명이 벌어질 즈음에는 정착민들이 (영국 편에 선) 원주민들을 구리색을 띤 벌레라고 비하했으며 그들이 "더 이상 지상에 번식할 수 없도록 한 쌍도 남지 않을 때까지 학살"해야 한다고 외쳤다. 그로부터 10년 뒤 새롭게 수립된 미 공화국을 방문한 어느 영국인은 미국의 백인들에 관해 이렇게 말했다. "그들은 원주민이라는 종족 자체에 극심한 앙심을 품고 있다. 그들 입에서는 원주민을 남녀노소 가리지 않고 지상에서 완전히 축출해야 한다는 이야기가 습관처럼 나온다."[27]

아메리카 원주민은 해충, 오물, 맹수로 묘사되었다. 그러한 꼬리표가 전부 동시에 붙는 경우도 있었다. 제임스타운이라는 이름의 주인이기도 한 영국의 왕 제임스 1세는 원주민을 가리켜 스페인 사람이 부리는 야만적인 노예이자 세상의 찌꺼기라 불렀다. 코튼 매더Cotton Mather 목사 역시 원주민을 '피에 굶주린 늑대'라 칭하면서 일단 그들을 발견하면 "용맹하게 그들을 쫓아 완전히 몰살시킬 때까지 돌아오지 말라"고 조언했다.[28]

청교도들은 처음 아메리카에 도착했을 때만 해도 원주민을 악마의 손아귀에 붙잡힌 타락한 인간이라 생각했다. 하지만 얼마 지나지 않아 악의 화신 그 자체로 인식했다. 그들이 보기에 이 '붉은 악마들'은 길들여지지 않았고 잔인하고 피에 굶주렸다는 점에서 포식자적인 특성을 명확히 드러냈다(독립선언서에서도 원주민을 가리켜 '무자비한 야만인'으로 지칭한다). 원주민과 늑대가 겉모습은 다를지라도 둘 다 먹잇감을 노리는 '맹수'라는 조지 워싱턴의 말에도 코튼 매더가 사용한 비유의 흔적이 남아 있다.[29]

19세기에 들어설 즈음에는 원주민을 맹수처럼 인식하는 풍조가 이미 널리 퍼져 있었다. 1832년도 블랙 호크 전쟁의 역사를 기록한 미군 병사 존 웨이크필드John Wakefield는 당시 인식을 이와 같이 간단명료하게 드러낸다. "원주민은 인간이라기보다는 야생의 짐승에 훨씬 가깝다." 마찬가지로 펜실베이니아 최고법원 판사 휴 헨리 브래컨리지Hugh Henry Brackenridge는 '인디언이라 천하게 불리는 동물'이라는 표현을 사용했다. 이처럼 아메리카 원주민을 비인간화하는 풍조는 원주민 학살을 더욱 용인 가능한 일로 여기게 만들었다. 실제로 19세기의 대표적인 미국 역사가 프랜시스 파크먼Francis Parkman은 1847년도 저서 《오리건의 오솔길The Oregon Trail》에서 이렇게 지적한다.

> 대부분의 백인 문명인은 자신의 본성과 원주민의 본성 사이에 공통점을 거의 찾지 못한다. 오히려 자신들과는 너무 이질적으로 느껴지기 때문에 그들은 원주민을 문제가 많고 위험한 야생의 짐승처럼 내려다본다. 따라서 그들은 기회만 주어지면 원주민을 총으로 쏴 죽이고도 죄책감을 거의 느끼지 못한다.[30]

19세기 중반에는 애리조나 지역에 정착한 미국인들이 아파치Apache(백인들이 해당 지역의 원주민을 싸잡아 경멸적으로 이르던 표현) 원주민을 상대로 말살 전쟁을 벌이고 있었다. 정착민들은 원주민을 단지 동물 정도로 취급하지 않았다. 짐승 중에서도 가장 사나운 맹수라며 마구 사냥했다. 판사 조지프 프랫 앨런Joseph Pratt Allen은 당시 상황을 이렇게 기록했다. "원주민을 죽이는 데 혈안이 된 무리에 가담하기 위해 사람들이 끊임없이 몰려들었다." 인간 이하의 존재로 여겨졌던 만큼 원주민의 시신은 사냥감처럼 여겨졌다. 어느 사냥 원정에 참여한 사람의 증언에 따르면 정착민들은 아파치 원주민 다섯 명을 죽인 뒤 그 두개골을 가져다가 사슴 가죽을 다듬는 데 사용하기도 했다(그는 "내 인생 최고의 사슴 가죽은 인디언 두개골로 무두질한 가죽"이라고 기록했다). 민간인 사냥꾼이든 미국 군인이든 정착민들은 100년 전 조지 워싱턴 시대 사람들이 그랬던 것처럼 원주민을 주로 늑대로 묘사했다.[31]

군인들은 군사 원정을 사냥으로 여겼다. 그때마다 아파치는 늑대 취급을 받았다. 예컨대 1867년에 미 육군 장관이 제출한 보고서를 보면 미군이 아파치와 벌인 전투는 통상적인 전투라기보다는 야생동물을 사냥하는 행위에 가까우며 아파치 원주민은 늑대처럼 여기저기 어슬렁거리는 존재로 묘사된다. 그로부터 10년 뒤 애리조나로 파견된 미 육군 장교 데이비스 브리튼Davis Britton 역시 이렇게 기록했다. "우리는 늑대를 사냥하고 살육하듯 그들을 사냥하고 살육했다."[32]

인간의 정의

유럽 정착민과 아메리카 원주민의 관계가 변화해 온 역사를 보면 비인간화가 얼마나 위험한 사고방식인지 이해할 수 있다. 정착민들이 원주민에게 폭력을 가할 수 있었던 것, 또 그러한 폭력이 유발하는 고통에 무감각할 수 있었던 것은 그들이 원주민을 인간 이하의 존재로 여겼기 때문이다.

오늘날 기본적인 교육을 받은 사람이라면 우리 모두가 호모사피엔스임을, 즉 같은 종의 구성원임을 알고 있다. 인간 집단 간의 생물학적 차이는 있다고 한들 지극히 사소한 수준이다. 하지만 타인을 비인간화하려는 충동은 감정적 차원에서 발생하며 이는 지적 확신을 가볍게 넘어설 수 있다. 비인간화가 이처럼 강력한 힘을 발휘하는 이유를 이해하려면 근원적인 의문 하나를 해결해야 한다. 타인을 비인간화할 때 우리의 머릿속에 정확히 무슨 일이 벌어지는 것일까?

그 답을 찾으려면 일단 심리학자들의 글을 살펴보아야 할 것이다. 비인간화의 심리학을 이해하는 사람이 있다면 그것은 분명 심리학자일 테니까 말이다. 하지만 최근 멜버른대학교 심리학자 닉 하슬람Nick Haslam이 지적했듯이 연구자들은 그처럼 근원적인 질문을 외면해 왔다. 하슬람은 이렇게 말한다. "비인간화를 이해하려면 일단 비인간화를 당하는 사람이 빼앗기는 것, 다시 말해 인간성이 무엇인지 명확히 파악해야 한다. 하지만 비인간화에 관한 글을 쓴 사람 중 인간성이 무엇인지 밝힌 사람은 거의 없었다."[33]

인간성을 설명하기 위해 자연과학으로 눈을 돌릴 수는 없을까? 예컨대 생물학자라면 인간이 된다는 것이 무엇인지 정확히 설명해 주지 않을까? 그럴 수 없다. 많은 사람이 간과하지만 인간은 생물학적 차원에서 고정된 의미를 지니고 있지 않기 때문이다. 일부 학자들은 현대 인류와 네안데르탈인을 전부 동등한 인간으로 보지만 또 어떤 학자들은 인간과 네안데르탈인을 뚜렷이 구분한다(후자의 경우 인간은 호모사피엔스 사피엔스를 가리킨다). 호모 속genus의 하위 구성원을 전부 묶어서 인간으로 보는 학자가 있는가 하면 인간과 침팬지의 공통 조상으로부터 갈라져 나온 모든 종을 인간으로 분류하는 학자도 있다.[34] 요컨대, 생물학자들이 인간이라는 용어를 사용하는 방식은 중구난방이다. 그 이유는 간단하다. 인간이 현대 생물학 분류 체계에 속하는 개념이라기보다는 존재의 대사슬 이론이 통념으로 자리 잡고 있던 다윈 이전 시대의 민속적 분류 체계에 속하는 개념이기 때문이다. 이 개념을 오늘날의 이론적 틀에 끼워 넣기란 불가능하다.

이것이 얼마나 심각한 문제인지 이해하기 위해 간단한 사고실험을 하나 해보자. 일단 우주 저 멀리 지구와 굉장히 유사한 행성, '짝퉁 지구'

가 있다. 짝퉁 지구에는 호모사피엔스와 구조적으로나 생리적으로나 행동적으로나 전혀 구별이 되지 않는 생물이 진화했다. 모든 지구인에 대응하는 짝퉁 지구인이 있다고 상상할 수도 있다. 그러나 지구인에게는 짝퉁 지구인과 전혀 다른 진화의 역사가 있다. 생명은 두 행성에서 독자적으로 출현했지만, 그 뒤로는 같은 해부학적 구조와 (철학자 대니얼 데닛Daniel Dennett이 '멋진 속임수'라 부른) 생리학적 기제에 이르는 진화의 경로를 밟아왔다.[35] 따라서 만약 우리가 영화 〈스타트렉〉에서처럼 짝퉁 지구로 텔레포트를 한다면 지구랑 똑같다는 느낌을 받을 것이다.

이런 경우에는 지구인과 짝퉁 지구인은 공통 조상을 가질 수 없다. 양자를 구별할 방법은 없지만, 지구인과 짝퉁 지구인은 서로 간에 관련성이 전혀 없을 것이다.

그렇다면 지구인과 짝퉁 지구인의 관계를 정확히 뭐라고 규정할 수 있을까? 만약 지구인이 인간이고 짝퉁 지구인을 지구인과 구별할 수 없다면 짝퉁 지구인도 결국 인간이 아닐까? 우리와 완전히 똑같은 존재인데 단지 태어난 곳이 다르다는 이유만으로 인간임을 부정하는 것은 지나치게 인색한 판단이다. 짝퉁 지구인이 호모사피엔스일까? 물론 그것은 아니다. 생물학자라면 누구든 같은 생물학적 혈통을 공유해야만 (즉 조상이 동일해야만) 같은 종에 속한다고 말할 것이다. 그렇다면 짝퉁 지구인은 인간이지만 호모사피엔스에 속하지는 않는다고 결론 내리는 것이 합리적이다. 결국 모든 인간이 호모사피엔스는 아니라는 뜻이다.

하버드대학교 심리학자 허버트 켈만Herbert C. Kelman은 학문적인 맥락에서 처음으로 비인간화라는 용어를 사용한 심리학자 중 한 명이다. 1973년에 발표한 기념비적인 논문에서 켈만은 비인간화를 이해하려면 우선 다른 사람을 인간으로 인식한다는 것이 무엇인지 알아야 한다고 지적했다.[36] 현명하게도 그는 인간이 된다는 것이 무엇인지 이론적으로 추측하기보다는 인간이라는 일상적인 개념의 의미를 명확히 밝히고자 했다.

> 다른 사람을 인간으로 인식하려면 그에게 정체성을 부여하고 그가 공동체의 구성원임을 인정해야 한다. 누군가에게 정체성을 부여한다는 것은 그가 다른 사람과 구별되는 독립적인 개인으로서 스스로 선택을 내리고 자기 목표에 따라 삶을 살아갈 수 있음을 인식하는 것이다. 누군가가 공동체의 구성원임을 인정한다는 것은 서로에게 관심을 가지고 서로의 독자성을 알아보며 서로의 권리를 존중하는 개인들로 이루어진 네트워크 안에 그 역시 속해 있음을 인식하는 것이다. 바로 이 두 인식이 개인의 가치를 형성하는 기초가 된다.[37]

켈만은 자신의 분석에 담긴 함의를 계속해서 이렇게 설명한다.

> 다른 사람을 온전히 인간으로서 인식한다는 것은 상대방이 어떤 인종이나 집단에 속하든, 어떤 배경을 가지든, 우리와 개인적인 친분이 있든 말든 그의 죽음을 슬퍼한다는 뜻이다. 우리가 정체성을 부여한 사람이라면 그의 죽음 역시 개별 사건으로 여겨야 하며, 공동체의 구성원임을 인정하는 사람이라면 우리의 상실로 느껴야 한다.[38]

물론 캘리포니아대학교 사회학자 레오 쿠퍼Leo Kuper가 지적하듯이 켈만은 다른 사람을 '온전히 인간으로서' 인식한다는 것이 무엇인지 지극히 이상적인 관점에서 정의하고 있다.[39] 매일 수도 없이 많은 사람이 끔찍한 환경 속에서 죽어나가지만 그렇다고 밤잠을 설치는 사람은 거의 없다. 우리는 그들의 죽음을 개인적인 상실로 느끼지 못하지만 그렇다고 그들을 인간 이하의 존재로 여기지는 않는다. 하지만 이처럼 과하게 이상적이라는 점만 **빼놓고** 보면 인간성을 정의하려는 켈만의 시도는 분명 일리가 있다.

켈만이 말하는 공동체 개념에 주목해 보자. 비인간화된 사람은 사실 사회적으로 배척당한 사람이기도 하다. 즉 비인간화된 사람은 '우리' 중 하나가 아니다. 공동체 구성원 대다수와는 구별되는 그 사람만의 특징이 부각되었을 때, 특히 피부색처럼 명확한 차이가 두드러지는 경우 배척은 더 쉽게 이루어진다. 1장에서 살펴본 것처럼 대다수가 백인으로 구성된 연합국 군인들은 독일인보다 일본인을 인간 이하의 존재로 여기는 경향이 더 강했다. 마찬가지로 미국 사회의 다수를 차지하는 백인과 신체적 특징이 뚜렷이 구별되는 아메리카 원주민, 아프리카계 미국인, 중국인 이민자가 비인간화의 표적이 될 확률이 더 높았다.

때로는 차이가 명확하지 않은 때도 있다. 이런 경우에는 비인간화된 집단을 소외하려는 사회적 관행이 자리를 잡는다. 북아프리카와 중동 지역에서 무슬림과 유대인이 어떤 역사적 관계를 맺어왔는지 생각해 보면 이를 확인할 수 있다. 여러 세기 동안 유대인 공동체는 무슬림의 땅에서 아무 문제 없이 번영해 왔다. 유대인과 무슬림 모두 셈족이었기 때문이다. 그래서 무슬림 지배층은 유대인을 구별하기 위해 사회적 의식과 상징을 이용했다.

유대인은 딤미dhimmi(이슬람 정부에 복종하는 것을 전제로 무슬림의 땅에 거주하도록 허가를 받은 사람들)라는 지위를 부여받았다. 《코란》의 규정에 따르면 딤미는 종교의 자유를 비롯한 기초적인 자유를 보장받지만 지즈야라는 특별한 세금을 납부해야 하며 무슬림의 주권에 '자발적 복종'을 해야 한다.**40** '자발적 복종'이 무엇인지 처음에는 정확히 규정된 바가 없었다. 하지만 시간이 지남에 따라 갖가지 사회 제약과 불이익이 더해졌다. 11세기 페르시아 신학자 아부 하미드 알가잘리Abu Hamid al-Ghazali는 딤미에게 부여된 일부 규정을 다음과 같이 제시했다.

딤미는 지즈야를 납부해야 한다. 지즈야를 납부할 때에 딤미는 고개를 숙이고 있어야 하고 관리는 딤미의 턱수염을 잡은 채 귀 아래 볼록 튀어나온 뼈를 두드린다. … 무슬림의 집이 아무리 낮다 한들 딤미의 집은 무슬림의 집보다 높아서는 안 된다. 딤미는 고급스러운 말이나 노새를 타서는 안 된다. 나무로 된 안장을 올린 당나귀만 탈 수 있다. 길을 걸을 때도 도로의 좋은 쪽으로 다녀서는 안 된다. 딤미는 식별표를 덧댄 옷을 입고 다녀야 한다.**41**

몇 세기 후에는 유대인이 특별한 복장을 입고 다녀야 한다는 관습을 기독교가 지배하는 유럽 전역에서 찾아볼 수 있었다(1215년에 교황 인노첸시오 3세는 이를 의무로 지정했다). 유대인은 원뿔 모양 모자를 쓰고 노란색 다윗의 별을 달고 다녀야 했다(다윗의 별이 노란색이었던 이유는 유다가 황금을 받고 예수를 배반한 일을 상징하기 위해서였으나 사실 유다는 은화 30냥에 예수를 배반했다).**42** 1939년에는 폴란드를 침공한 나치가 같은 관행을 부활시켜 "유대인"이라고 새겨진 노란색 다윗의 별을 옷에 붙이고 다니도록 유대인에게 강요했다. 이는 관습적인 물건이 어떻게 사회적 배척 수단이 될 수 있는지 극명하게 보여준다. 듀크대학교 역사학자 클라우디아 쿤츠Claudia Koonz는《나치의 양심The Nazi Conscience》에서 이렇게 지적한다.

> 나치즘은 독일 민족에게 강력한 상징과 집단적인 의식을 통해 사상적 토대를 제공했다. 나치즘은 독일인에게 아군과 적군을 구분하는 법, 진정한 신자와 이단을 구분하는 법, 유대인과 비유대인을 구분하는 법을 가르쳤다. 나치즘을 신봉하는 자들에게 성스러운 삶을 사는 특권을 주었다는 점에서 나치즘은 하나의 종교와 같았다. 실제로 나치즘은 이기심을 정죄하고 극기를 강조한다는 점에서 여타 도덕 원리와 공통점이 많았다. 하지만 모두에게 보편적인 인권을 보장하겠다는 당시 세계의 희망적인 약속과는 달리 나치 문화는 "인간의 탈을 쓰고 있다고 해서 전부 인간은 아니다"라는 좌우명을 중심으로 돌아갔다.[43]

비인간화된 인간이 개체성을 잃어버린다는 켈만의 주장 역시 사실로 보인다. 비인간화된 인간은 대개 얼마든지 대체 가능한 존재, 뭉뚱그려진 집단의 일원으로 여겨진다. 이처럼 섬뜩한 이미지는 수많은 선동에 활용되었다. 가장 악명 높은 예시를 꼽자면 독일 영화 〈영원한 유대인The Eternal Jew〉이 떠오른다. 이 영화에서 유대인은 우글거리는 쥐 떼로 묘사된다. 미국을 비롯한 다른 국가들 역시 비슷한 심상을 활용해 선동을 자행했다. 일례로 여러 유명 영화를 연출한 프랭크 캐프라Frank Capra는 1945년 작 〈일본 견문록Japan: Know Your Enemy〉에서 일본인을 '같은 원판으로 찍어낸 복제 사진'처럼 서로 구별이 되지 않는 존재로 표현해 냈다. 조지 오웰 역시 비슷한 사상을 훨씬 노골적으로 드러냈다. 그는 모로코의 마라케시에서 지내던 시절을 이렇게 기록했다. "당신이 인간들 사이를 거닐고 있는 게 맞는지 믿기가 늘 쉽지 않다. … 그들은 정말 당신과 같은 존재일까? 이름은 가지고 있을까? 아니면 그들은 그저 벌이나 산호처럼 서로 구별되지 않는 갈색 덩어리에 불과한 존재일까?" 오웰이 모로코 사람들을 서로 구별되지 않는 갈색 덩어리, 즉 오물로 묘사한 것은 현대 미국인들이 라틴아메리카에서 넘어온 불법 이민자들을 떠올리는 방식과도 유사하다. 그들은 미국이 '갈색 물결'처럼 밀려드는 멕시코 이민자들 속에 잠겼다고 주장했다(거의 100년 전에 반이민주의자 로스롭 스토더드Lothrop Stoddard는 백인 중심의 미국이 머지않아 '유색 인종의 물결'에 뒤덮일 것이라고 경고한 바 있다). '갈색 물결'이라는 표현이 어떤 의미를 담고 있는지 잘 모르는 독자들을 위해 첨언하자면, 이는 멕시코만의 해수를 갈색으로 물들이는 해조류 번식 현상을 가리킨다.**44**

좀 더 최근에는 베네수엘라 대통령 우고 차베스의 고문으로 일했던 노베르토 세레솔레Norberto Ceresole가 비슷한 사상을 노골적으로 표현했다. 세레솔레는 1994년 부에노스아이레스에서 유대인협회 폭탄 테러로 75명이 사망하고 300명이 부상을 입은 참사를 두고 그 배후에 유대인이 있었다고 주장하면서 이렇게 말했다. "유대인들은 내가 여태까지 생각한 것과는 달리 서로 구별되는 개인이 아니라 개체성을 지닐 수 없는 부분적인 요소로서 존재한다." 물론 이슬람 무장 단체 헤즈볼라가 테러 의혹을 받았을 뿐, 이 사건의 확실한 판결은 나오지 않았다.**45**

학계의 연구 결과 역시 앞서 소개한 사례들을 뒷받침한다. 사회심리학자들이 밝혀낸 바에 따르면 인간은 자기 공동체에 속하지 않는 사람들은 서로 비슷하다고 인식하는 경향이 있다. 자기 집단에 속하는 사람들은 별개의 개인으로 구별하는 반면 다른 집단에 속하는 사람들은 동질적인 존재로 뭉뚱그려 이해하는 셈이다(심리학자들은 이런 현상을 가리켜 외집단 동질성 편향outgroup homogeneity bias이라 부른다). 외집단 동질성 편향이 2장에서 소개한 외집단 편향과 합쳐지면 그 결과는 상당히 위험하다. 집단 밖의 사람들을 폄하하는 것은 물론 정형화까지 하기 때문이다. 다시 말해 '우리'는 칭찬받아 마땅한 훌륭한 개인들로 이루어진 다채로운 공동체인 반면 '그들'은 하나같이 부정직하고 폭력적이고 추잡하고 어리석고 광신적인 집단이다.[46]

켈만이 분석한 인간 개념은 여러 장점이 있지만 커다란 한계 역시 존재한다. 그 한계가 무엇인지 알아보기 전에 우선 어떤 개념을 제대로 분석하는 데 무엇이 요구되는지 생각해 보자. 특정 개념에 관한 분석은 충분히 포괄적인 동시에 배타적이야 한다. 철학자들은 이를 필요조건과 충분조건 개념으로 설명한다. 필요조건이란 특정 개념에 해당되려면 반드시 참이어야만 하는 조건을 가리킨다. 당신이 '호저'라는 개념을 분석하기를 원한다고 가정해 보자. 처음에는 "모든 호저는 이러저러하다"라는 식의 진술을 내놓을지 모른다. 예를 들자면 "모든 호저는 동물이다"라고 제시하는 식이다. 이는 틀린 진술은 아니지만 딱히 유용한 정보라고 보기는 어렵다. '동물'이 너무 많은 대상을 포함하기 때문이다. 분명 호저는 동물이지만 고래, 비글, 나비 역시 동물이다. 제대로 된 분석이라면 호저 이외의 생명체를 배제할 수 있어야 한다. 바로 여기서 충분조건 개념이 등장한다. 충분조건이란 참이기만 하면 특정 개념에 해당될 수밖에 없는 조건을 가리킨다. 호저에 해당되기 위한 충분조건을 명시하려면 "이러저러한 것은 모두 호저이다"라는 식의 진술이 필요하다. 예컨대 "북아메리카 토종 생물 중 가시가 있는 포유류는 모두 호저이다" 같은 식이다. 호저는 북아메리카 토종 생물 중 가시가 있는 유일한 포유류임으로 이는 분명 참이다. 하지만 이는 지나치게 제한적이기도 하다.

북아메리카 이외의 지역에서 나고 자라는 호저를 배제하기 때문이다.

정말 좋은 분석은 필요충분조건을 제시함으로써 정확히 어떤 존재가 해당 개념에 속하는지 딱 집어낸다. 하지만 현실에서 필요충분조건은 많은 사람이 얻으려 애쓰지만 결국 얻을 수 없는 성배와 같다. 수학적 개념이나 논리적 개념처럼 간결하고 정확한 개념을 상대로만 이런 식의 분석이 가능하다. 그에 비하면 우리가 평소에 사용하는 일상적인 개념이나 학술적인 개념은 지나치게 모호하다. 이것이 얼마나 까다로운 일인지 확인하고 싶다면 아름다움이라는 개념의 필요충분조건을 고민해 보라. 어떤 대상이 아름다우려면 정확히 어때야 하는 것일까? 일몰, 얼굴, 음악은 물론 방정식마저도 '아름답다'고 묘사될 수 있다. 하지만 그런 대상들이(그리고 오직 그런 대상들만이) 지닌 공통점은 무엇일까? 어떤 사람은 "우리의 감각을 즐겁게 한다"와 같은 조건을 떠올리겠지만 만족스러운 분석은 아니다. 필요충분조건은커녕 필요조건이나 충분조건조차 되지 못한다. 예컨대 머릿속의 생각은 아름다울 수 있지만, 우리의 감각기관으로는 인식할 수 없다. 게다가 꼭 누가 눈으로 보아야만 아름다울 수 있는 것도 아니다. 예를 들어 난초는 오늘날에만 아름다운 것이 아니라 그 화려한 자태를 보고 감탄할 존재가 없었던 5천만 년 전에도 아름다웠다. 반대로 초콜릿은 또 어떤가? 초콜릿은 후각과 미각에 즐거움을 주지만 그렇다고 아름답다고 말하기에는 살짝 망설여진다.

이렇듯 일상적인 개념을 정의하는 필요충분조건을 찾아내는 것은 사실상 불가능에 가깝지만 그럼에도 여전히 추구할 만한 가치가 있는 이상이다. 그 이상에 가까워질수록 우리의 이해 역시 좀 더 정확하고 정교해지기 때문이다.

이 점을 염두에 둔 채 켈만의 비인간화 개념 분석을 차근차근 뜯어

보자. 먼저 앞서 다룬 외집단 편향과 외집단 동질성 편향이 비인간화에만 특수하게 나타나는 것이 아니라는 점을 유념해야 한다. 물론 이런 편향성이 비인간화에 기여하는 것은 사실이나 다른 경멸적인 태도에도 얼마든지 영향을 미칠 수 있다. 예컨대 어떤 사람은 특정 민족의 구성원이 전부 바람직하지 않은 특성을 공유한다고 생각할 수 있다. 말하자면 아랍인이 전부 폭력적인 광신도라고 생각하는 것이다. 유감스러운 생각임에는 분명하나 그렇다고 그 사람이 아랍인을 비인간화한다기에는 아직 부족하다. 꼭 인간성을 부정하지 않더라도 얼마든지 다른 사람을 비하할 수 있기 때문이다. 따라서 외집단 편향과 외집단 동질성 편향이 비인간화의 필요조건일 수는 있지만 충분조건은 아니다. 켈만의 주장에서 주목해야 할 또 다른 점은 상대에게 이성이 있음을 부정하지 않더라도 상대를 비인간화하는 사례가 굉장히 많이 존재한다는 것이다. 비인간화가 이루어지는 과정이 역사상 가장 철저히 기록된 사건이라 할 수 있는 홀로코스트를 생각해 보자. 나치는 유대인에게 이성이 있음을 부정하지 않았다. 오히려 그들은 유대인이 타락한 가치관에 따라 작당모의를 해서 파멸적인 목표를 세웠다며 위협을 느꼈다. 히틀러가 유대인 말살 정책을 내놓은 것 역시 세계가 유대인의 강력한 음모에 휘말려 있다고 확신했기 때문이다. 그는 유대인이 아리안의 정신적, 물질적 번영을 위협하는 것은 물론 아리안을 파멸시키기 위해 계략을 세우고 있다고 생각했다. 유대인의 세계 정복 계획을 막으려면 집단 처형 말고는 방법이 없어 보였다.

다음으로 대체 가능성 원리를 살펴보자. 나치는 유대인이 독일을 상대로 계략을 꾸미고 있다고 믿는 동시에 그 과정에 전 유대인이 참여한다고 생각하기도 했다. 다시 말해 나치는 각각의 유대인을 개인으로서 이해하지 않았다는 뜻이다(〈영원한 유대인〉에 나오는 쥐 떼를 떠올려보자). 하지만 이 역시 비인간화에만 적용되는 원리는 아니다. 유럽에서 유대인을 쓸어버리려고 한 독일인들은 자신들의 개별성 역시 나치에 헌납했다. 독일인이 하나의 연합체로서 움직여야 한다는 사상은 나치 철학자 마르틴 하이데거가 1933년 히틀러의 취임식을 위해 준비한 연설에도 또렷이 드러난다. "총통께서는 전 국민의 의지를 일깨우시고 그것을 하나의 단일한 의지로 합치셨도다. 하일 히틀러!" 나치는 이러한 동질화 과정을 지칭하기 위해 용어도 따로 만들었다. '획일화' 정도로 번역할 수 있는 글라이히샬퉁Gleichschaltung이다. 한 독일 시민의 설명에 따르면 글라이히샬퉁은 "독일 민족이라는 정치적 통일체 사이로 하나의 물줄기가 흐르는 것"을 의미했다.[47] 켈만의 추리대로라면 나치는 자기 자신을 비인간화한 것이기도 하다. 하지만 실상은 그렇지 않았다. 오히려 나치는 자신들이 가장 순수하고도 고상한 인간성을 품고 있다고 생각했다.

앞서 소개한 심리학자 닉 하슬람은 다른 사람을 비인간화할 때 그에게서 무엇을 빼앗는지 밝히기 위해 켈만과는 살짝 다른 방식으로 문제에 접근한다. 하슬람은 우리가 생각하는 인간성이 두 종류의 개념으로 존재한다고 주장한다. 하나는 인간성이 오직 인간만이 지닌 특성들로 구성된다는 개념이다. 일례로 언어를 생각해 보자. 단어를 결합해 문장을 만들고, 문장으로 정보를 전달하는 종은 인간밖에 없다. 즉 언어 능력이 인간 고유의 능력이라는 뜻이다(삼바를 추는 능력이나 오페라 대본을 외우는 능력도 마찬가지이다). 다른 하나는 인간의 전형적, 근본적인 특성들로 인간성이 구성된다는 개념이다. 다소 이해하기 어려운 개념이다. 어떤 특성이 전형적으로, 근본적으로 인간적이라는 말이 정확히 무슨 뜻인지 불분명하기 때문이다(인간을 '근본적으로 인간인 존재'라고 정의하는 것은 무의미한 일처럼 보인다). 하지만 일단 이 문제는 제쳐놓고 하슬람이 이런 주장을 한 의도부터 이해해 보자. 추측컨대 하슬람은 우리 머릿속에 인간의 전형적인 이미지, 일종의 인간 표본이나 원형이 존재한다는 사상을 전달하고자 한 것 같다. 예를 들어 이족 보행이라는 특성을 보자. 전형적인 인간의 모습이라고 하면 우리는 두 발로 곧게 선 사람을 떠올린다. 물론 현실에서는 갓난아기나 특정 장애를 지닌 사람 등 두 발로 곧게 서지 못하는 사람도 수없이 많다. 반대로 인간이 아닌 동물 중에 두 발로 설 수 있는 동물도 존재한다(플라톤이 인간을 날개 없이 두 발로 다니는 짐승이라고 정의하자 고대 철학계의 코미디언이라 할 수 있는 디오게네스는 강의 중에 털을 뽑은 닭을 가져다가 "여기 플라톤이 말하는 인간이 있네!"라고 외쳤다). 그럼에도 우리 머릿속에서는 인간과 이족 보행 사이에 밀접한 연관성이 있다.[48]

그래서 이런 인간성 개념이 비인간화와 어떤 관련이 있다는 말일까? 하슬람의 주장에 따르면 인간의 전형적인 특성을 상실한 사람은 차갑고 무력해 보인다. 온기, 개성, 의지가 결여된 사물로 여겨진다는 뜻이다. 반면 인간의 고유한 특성을 상실한 사람은 언어를 사용할 줄 모르고 생각과 감정의 깊이가 부족하며 상상력과 지능이 결여되어 있고 예절과 근면과 자제를 발휘할 줄 모르는 인간 이하의 생물로 여겨진다.

실제로 사람들은 때때로 다른 사람을 생명이 없는 사물처럼 대한다. 하지만 이런 종류의 비인간화는 이 책에서 다루는 비인간화와는 관련이 없다. 이렇게 말하는 데에는 몇 가지 이유가 있다. 일단 다른 사람을 사물 취급하면 그 사람과 거리감이 생길 수는 있으나 그런 거리감이 대규모 폭력 사태로 이어지지는 않는다. 예컨대 나치 관료들은 수용소의 죄수들뿐만 아니라 사실상 모두를 숫자 취급했다. 상대가 유대인이라서가 아니라 관료의 사고방식이 원래 그런 것이다. 실제 잔혹 행위를 저지른 사람과 잔혹 행위를 저지르도록 명령한 사람이 그런 행동을 취할 수 있었던 것은 유대인을 아무 감정 없이 숫자로 인식했기 때문이 아니다. 오히려 숫자를 죽일 수는 없다. 그렇기에 이스라엘 출신 인류학자 에얄 벤아리Eyal Ben-Ari는 대상화와 비인간화를 별개의 개념으로 구분하는데, 이는 각각 하슬람이 말한 두 종류의 비인간화에 대응한다. 벤아리의 설명에 따르면 적어도 군사적인 맥락에서 대상화는 '우리'와 '그들' 양쪽 모두를 사물로 인식하게 만들지만 비인간화는 '우리'와 '그들' 사이의 차이점을 과장해서 받아들이게 만든다. 대상화와 비인간화가 분명히 구별되는 것을 보면 각 현상을 유발하는 원동력 역시 서로 다를 것이라 짐작할 수 있다.[49]

집단 폭력을 이해하는 데에는 인간 고유의 특성이 상실되는 비인간화가 훨씬 더 밀접한 관련이 있다. 앞서 살펴본 것처럼 잔혹 행위를 저지르는 사람은 대개 공격 대상을 인간보다 열등한 생명체로 인식하기 때문이다. 하지만 그 이유에 대한 하슬람의 설명에는 틀린 지점이 있다. 신생아를 떠올려보자. 신생아 역시 인간이라는 사실을 부정하는 사람은 없을 것이다. 하지만 하슬람의 분석에 따르면 그리 명확한 문제가 아니다. 아기는 하슬람이 열거한 인간 고유의 특성이 부족하기 때문이다. 예컨대 신생아는 말할 수 없으며 고등한 생각에 몰두할 수도 없다. 감정도 지극히 날것 그대로 표출한다. 신생아는 근면하지 않고 상상력이 부족하며 교양도 없다. '인간 고유'의 특성이 결여되어 있는데도 신생아를 인간으로 보는 것이 가능하다면 그런 특성이 없는 사람을 인간 이하의 존재로 인식하는 것 역시 말이 되지 않는다. 조금 더 뒷받침하자면 셰익스피어가《햄릿》을 집필한 일은 인간 고유의 성취라 볼 수 있다. 어떤

　　　　　　　　　　　　　　　　3장 칼리반의 후손들

동물도(심지어 타자기를 끊임없이 두드릴 수 있는 원숭이라 할지라도) 그런 업적을 이룰 수는 없다. 하지만 《햄릿》을 집필하는 것이 인간 고유의 활동이라 한들 결국 그 활동을 해낸 사람은 윌리엄 셰익스피어밖에 없었다. 《햄릿》을 집필한 자라면 누구든 인간이라는 진술은 참이지만, 인간인 자는 누구든 《햄릿》을 집필했다는 진술은 거짓이다. 이 책을 쓰는 것은 인간성의 충분조건이지만 필요조건은 아닌 셈이다. 다른 인간 고유의 특성들 역시 마찬가지이다.

모조 인간

하슬람과 켈만을 비롯한 심리학자들은 비인간화 이론을 구축하는 과정에서 한 가지 잘못된 전제를 깔고 있었다. 그들은 사물의 특성이 곧 사물의 본질이라고 가정했다. 예를 들어 하슬람은 고등한 사고, 언어 구사력, 정제된 감정 등 다양한 특성을 나열한 뒤 우리가 그런 특성들을 바탕으로 인간성을 인식한다고 추정했다. 하지만 과연 우리가 인간성을 인간에게서 관찰할 수 있는 특성들의 합으로 이해할까? 겉으로 관측하기에는 너무 깊숙이 숨겨진 무언가로 이해하고 있지는 않을까?

의문에 답을 제시하기 전에 이번 논의의 핵심이 되는 개념 하나를 소개하겠다. 바로 자연종natural kinds이라는 개념이다. 자연종 개념(그리고 이와 밀접한 관련이 있는 본질 개념)은 내가 제시할 비인간화 이론에서도 중심을 차지한다. 따라서 6장에서 더 광범위한 논의를 펼치기 전에 미리 기초를 쌓을 겸 자연종 개념을 잠깐 설명하도록 하겠다.

당신 앞에 있는 탁자에 보석 수십 개가 놓여 있다고 상상해 보자.

그중에는 반지도 있고 브로치, 펜던트, 팔찌, 귀걸이도 있다. 일부는 은으로 만들어졌고 일부는 금으로 만들어졌다. 이제 당신은 보석의 종류에 따라 그룹을 지어 보석을 배열해야 한다. 방법은 다양할 것이다. 한쪽에 귀걸이를, 그 옆에 팔찌를, 또 그 옆에 브로치를 모으는 식으로 배열할 수도 있고, 아니면 한쪽에 금으로 만든 보석을, 다른 한쪽에 은으로 만든 보석을 모아둘 수도 있다.

어떤 방법을 택할지는 당신이 어떤 분류 체계를 가장 매력적으로 느끼는가에 달려 있다. 절대 옳고 그름의 문제는 아니다. 어떤 방식을 선호하는가의 문제이다. 당신이 첫 번째 방식을 골랐다고 해보자. 즉 보석을 용도에 따라 분류하는 것이다. 철학자들은 이를 인공종artificial kinds이라 부른다. 외부 자연 세계에 존재하는 실재적인 차이가 아니라 인간의 선호와 관행에 기반을 둔 분류이기 때문이다. 하지만 두 번째 방식을 고른다면, 즉 보석을 금제와 은제로 나눈다면 당신은 사물을 자연종으로 분류하는 것이다. 다시 말해 인간과는 별개로 자연에 객관적으로 존재하는 분류 체계를 따르는 것이다.

좀 더 깊이 들어가 보자.

이번에는 귀걸이가 하나가 백금으로 만들어졌는데 겉으로는 은제처럼 보여서 그 귀걸이를 다른 은제 보석과 함께 묶어두었다고 가정해 보자. 무언가가 금인지 은인지는 외관으로 결정되는 것이 아니기 때문에 사실상 실수를 저지른 셈이다. 어떤 사물이 '금' 범주에 속하려면 79번 원자Au로 만들어져야 하고 '은' 범주에 속하려면 47번 원자Ag로 만들어져야 한다. 무언가가 금인지 은인지는 원자번호로 결정된다.

여기에는 꽤 충격적인 사실이 숨어 있다. 몇 세기 전, 현대 화학이 출현하기 전에는 금과 은이 무엇인지 아는 사람이 아무도 없었다는 사실이다. 물론 우리 선조들도 금으로 된 물건과 은으로 된 물건을 구별할 줄 알았으며 대부분 경우에는 그들의 판단이 맞았다. 하지만 그들은 어떤 점이 해당 사물을 금이나 은으로 만드는지는 정확히 알지 못했다. 그래도 어느 정도 눈치는 있었다. 아주 오래전에도 사람들은 특정한 사물을 금이나 은이나 그 밖의 물질로 만드는 숨겨진 무언가가 있다고 추측했다. 중세 시대의 연금술사들(현대 화학자들의 지적 선배들)은 금속에 '영혼'이 있다고까지 말했다. 금속의 '몸', 즉 외관과는 뚜렷이 구별되는 금속의 영혼, 즉 본질이 존재한다고 생각한 것이다. 흥미롭게도 연금술사들은 이런 생각을 확장해 인간에게도 영혼, 즉 본질이 있다고 보았다. 폴란드 연금술사 미카엘 센디보기우스Michael Sendivogius는 이런 생각을 분명히 밝힌다.

> 사물의 외적 본성은 겉에 씌우는 가리개와 같다. 열두 살 소년과 소녀를 완전히 똑같은 차림으로 입혀놓으면 어느 쪽이 남자아이이고 어느 쪽이 여자아이인지 구분되지 않아 혼란스러울 것이다. 하지만 옷을 벗고 보면 쉽게 구분이 될 것이다. 마찬가지로 우리의 이해는 인간 본성 위에 그림자를 드리운다. 옷에 몸이 가려지듯 우리의 몸에 인간성이 가려져 있기 때문이다.[50]

금(혹은 그 밖의 자연종)의 영혼이라는 개념은 바로 그 미지의 무언가가 밝혀지기 전까지 빈자리를 채우는 역할을 했다. 센디보기우스의 글은 제임스타운이 설립된 지 불과 1년 뒤에 기록되었지만 그럼에도 고대에서 기원해 17~18세기 지적 혁명으로 추진력을 얻은 생각을 잘 드러내고 있다.

17세기 후반에 영국 철학자 존 로크는 자연종과 자연종의 본질에 관해 굉장히 영향력 있는 글을 하나 남겼다(엄밀히 말하자면 로크는 자연종이라는 용어를 사용하지 않았다. 용어 자체는 100여 년 뒤에 존 스튜어트 밀이 처음으로 사용했다). 로크의 기념비적인 저서 《인간오성론》에 따르면 자연종의 구성원은 겉으로 관찰 불가능한 '진정한 본질'을 지니며 그렇기 때문에 관찰 가능한 특성 역시 따라 나온다. 로크는 금반지를 예로 들어 설명을 뒷받침한다. "대부분의 사람은 내 손가락의 반지를 만든 특정한 물질이 진정한 본질을 지니고, 그렇기에 금이 된다고 생각한다."

일상적으로는 우리는 그 사물의 색깔, 무게, 경도, 용융성, 수은을 약간 묻혔을 때의 색 변화 등 때문에 무언가를 금이라고 말한다. 로크는 이런 개념이 수많은 구성 요소를 한 줄의 설명으로 묶은 결과라는 점에서 '복합적 개념'이라 부른다. 하지만 금의 진정한 본질은 이런 특성을 모두 아우르는 무언가여야 한다. 로크는 바로 그 무언가가 금의 미세 구조에 존재하리라 추측했다.

이 모든 특성을 내보내는 본질이 무엇인지 고민하고 탐구했지만 도저히 발견할 수 없었다. 그나마 내가 도달할 수 있는 결론은 그 본질이 절대 몸체는 아니라는 추측뿐이다. 진정한 본질, 즉 내부 구조는 형태나 크기나 접합부와는 상관없다. 그런 요소들로는 어떤 뚜렷한 인식도 떠올릴 수 없으며 본질과 관련된 관념도 찾아볼 수 없기 때문이다.[51]

오늘날 우리에게는 로크의 선견지명이 그저 놀라울 뿐이다. 로크는 자신의 반지를 구성하는 물질이 79번 원소라는 사실은 몰랐지만 어쨌든 미세 구조 속에 금을 금으로 만드는 무언가가 존재한다고 확신했다.

과거 연금술사들과 마찬가지로 로크 역시 자신의 추리를 인간에게까지 확장했다. 이를 설명하기 위해 로크는 우선 어린아이가 인간이라는 개념을 떠올리는 상황을 상상해 볼 것을 권한다. "아이가 떠올린 개념은 화가가 눈에 보이는 부분들을 합쳐 그린 그림과 닮았을 것이다." 다시 말해 아이는 자신이 관찰한 인간의 특징들을 기초로 삼아 인간에 관한 복합적 개념을 형성한다. 이제 로크는 그 아이가 영국인이고 '흰색 혹은 살구색'인 사람만 본 적이 있다고 가정한다. 그런 아이는 흑인이 인간이 아니라고 말한다. "아이가 떠올린 복합적 개념의 인간 가운데에는 흰 피부가 포함되어 있으므로 아이는 흑인이 인간이 아니라고 주장할 수 있는 것이다." 로크는 계속해서 이렇게 덧붙인다. "이 아이를 비롯해 그와 비슷한 생각을 지닌 사람들은 절대 인간이 영혼을 가지고 있다고 생각하지 못한다. 인간이라는 사상에 그런 개념이 포함되어 있지 않기 때문이다."[52] 로크의 생각에 따르면 우리는 진정한 본질을 관찰할 수 없음에도 본질의 존재를 전제한다.

> 우리는 어떤 종을 바로 그 종으로 만드는 진정한 본질이 있다고 전제해 흔히 질료의 이름을 사용해 대상을 나타낸다. … 자기 자신을 인간이라 부를 수 있는지 의심해야 한다면 자신이 인간의 진정한 본질을 지니고 있음을 아는 것 외에 의심을 해결할 방법이 있을까? 하지만 만약 당신이 인간의 진정한 본질이 무엇인지 알고자 해도 그것을 알지 못하는 것이 당연하다. … 우리는 진정한 본질에 관해 아는 것이 전혀 없음에도 늘 사물의 종류마다 그런 본질을 부여한다.[53]

이와 같은 본질주의적 사고방식은 우리를 혼란에 빠뜨릴 수 있다. 금과 은 같은 화학 원소에는 잘 맞아떨어지는 생각일지 모르나 생물학적 종에는 적용하기가 쉽지 않기 때문이다. 생물학적 종은 최소한 전통적인 관점에서는 본질을 가지지 못한다.[54] 북아메리카 호저든 호모사피엔스든 각 생물종만의 숨겨진 본질을 찾을 수 없기 때문이다. 하지만 본질주의가 우리에게 자연스럽게 다가온다는 로크의 추측은 옳았다.

로크가 말하는 진정한 본질 개념은 프린스턴대학교 철학자 솔 크립키Saul Kripke에 의해 확장되었다. 학계 밖에서는 그리 잘 알려진 인물이 아니지만 크립키는 현대 철학계에서 가장 영향력 있는 인물 중 하나이다. 크립키가 철학에 기여한 가장 큰 공로는 우리가 자연종에 관해 이야기할 때 본질이 어떤 역할을 하는지 명확히 밝혔다는 점이다. 크립키는 로크의 금 예시를 사용해 자신의 생각을 전개한다.

> 금이 원자번호 79번을 가졌다고 전제할 때 원자번호 79번을 가지지 않은 다른 무언가가 금이 될 수 있을까? … 금이 이러한 원소라고 했을 때 금 이외의 다른 물질은 설령 모양이 금과 똑같고 순금이 발견되는 곳에 있을지라도 금이 아닐 것이다. 그것은 금의 모조품인 물질일 뿐이다.[55]

여기에 담긴 생각은 굉장히 단순하다. 금이라는 표현은 원자번호가 79번인 물질을 가리키는 데만 사용된다는 것이다. 모양과 성질이 금과 똑같을지라도 원자번호 79번이 아니라면, 그 물질은 금이 아니다. 〈모나리자〉를 베낀 그림이 결코 〈모나리자〉가 아닌 것과 마찬가지이다. 둘 다 실제 대상의 모방품일 뿐이다.

로크는 우리가 인간을 본질로서 이해하는 자연적인 경향이 있다고 생각하는 듯하다. 우리가 인간을, 즉 우리를 인간 본질을 지닌 자연종의 구성원으로서 인식한다는 것이다. 그의 생각은 옳았다. 인간이 타고난 본질주의자임을 증명하는 심리학 연구가 방대하게 존재하기 때문이다 (그중 일부 연구를 6장에서 다룰 것이다). 우리는 타고난 경향에 따라 세계를 자연종으로 분류하며 각각의 자연종마다 그 본질을 부여한다. 그렇게 함으로써 우리는 우리가 속하는 자연종, 즉 인간종이 존재한다고 인식한다. 인간이라는 단어(혹은 그에 준하는 용어)가 인간의 본질을 지닌 존재에게만 사용되는 것 역시 우리의 타고난 심리적 본성을 반영한다.

이러한 심리적 본성 덕분에 인간처럼 보이는 누군가가 실제로는 인간이 아닐 가능성이 열린다. 우리는 어떤 존재가 인간처럼 보이지만 사실 인간이 아닌 상황을 얼마든지 상상할 수 있다. 악귀가 빙의한다는 생각이 이를 잘 드러낸다. 악령이 씐다는 생각의 밑바탕에는 인간 이외의 정신이 인간의 몸에 머무를 수 있으며 따라서 누군가 겉으로는 인간처럼 보일지라도 속은 악마일 수 있다는 믿음이 깔려 있다. 물론 이는 원시적인 미신에 불과하다. 하지만 굉장히 설득력 있는 미신이기도 하다. 그렇기에 〈엑소시스트〉 같은 공포 영화가 성공을 거두는 것이다. 중요한 사실은 우리가 누군가에게 악령이 씐다고 인식하는 데 아무런 어려움이 없다는 점이다. 오히려 이런 인식은 과거부터 지금까지 세계 곳곳에 널리 퍼져 있다. 분명 인간 심리와 맞닿는 지점이 있기 때문일 것이다.

좀비 역시 마찬가지이다. 좀비는 인간의 몸을 하고 움직이지만 그 속에 영혼은 없다. 공상과학 작품에 자주 등장하는 인간형 로봇처럼 껍데기만 인간일 뿐 속은 비어 있는 셈이다. 터미네이터는 인간으로 오해하기 쉽지만 겉으로만 인간일 뿐 속은 인간이 아니다. 호주 출신 철학자

154

데이비드 차머스David Chalmers 역시 우리가 물리적으로는 머리부터 발끝까지 완전히 인간과 똑같고 완벽히 인간처럼 행동하지만 의식은 전혀 없는 존재를 떠올릴 수 있다고 주장한다. 물론 이 가상의 '철학적 좀비'는 공포 영화에 등장하는 좀비와는 차이가 있다. 하지만 어쨌든 차머스의 논변이 철학계의 신용을 받는 현실을 고려해 보면 고등교육을 받은 사람일지라도 비인간화의 심리학 밑바탕을 이루는 형이상학적 전제를 당연한 사실로 받아들이기 쉽다는 점을 확인할 수 있다.[56]

요점을 정리하자면 우리는 다른 사람들을 비인간화할 때 그들을 모조 인간counterfeit human beings, 즉 인간처럼 보이지만 인간 본성을 지니지 않은 생물로 인식한다. 이는 우리가 본질을 바탕으로 자연종을 구분하는 경향을 타고났기 때문에 가능하다. 이런 사고방식은 우리 '외부'에서 학습한 것이 아니다. 문화적으로 배운 것도 관찰을 통해 밝혀낸 것도 아니다. 그보다는 인간의 정신이 진화함에 따라 자연스럽게 형성된 인식 구조를 반영하는 듯하다.

어떤 존재가 인간처럼 보이지만 인간이 아닐 수 있다는 개념은 모조금과도 비슷하다. 정말 그런지 알아보기 위해 크립키의 글을 다시 읽어보자. 다만 이번에는 금이 언급된 자리에 인간이라는 표현을, 원자번호 79번이 언급된 자리에 인간 본질이라는 표현을 대입해 보자.

인간이 인간 본질을 가졌다고 전제할 때 인간 본질을 가지지 않은 다른 무언가가 인간이 될 수 있을까? … 인간이 이러한 존재라고 했을 때 인간 이외의 다른 존재는 설령 모양이 인간과 똑같고 인간이 발견되는 곳에 있을지라도 인간이 아닐 것이다. 그것은 모조 인간일 뿐이다.

이는 우리가 다른 사람들을 인간 이하의 존재로 바라볼 때 우리 머릿속에 무슨 일이 벌어지는지 정확히 포착해 낸다. 이어지는 장들에서는 이와 같은 대략적인 뼈대 위에 구체적인 살을 덧붙일 것이다. 또한 이러한 심리적 본성에 어떤 시사점이 담겨 있는지 밝힐 것이다.

"
우리 모두가 비인간화의
표적이 될 수 있는 것은 물론
비인간화의 주체가 될 수 있다.
"

4장

적개심의
수사학

사회적 죽음이라는
족쇄

적개심을 부추기는 미사여구의 선전은
사람들이 다른 사람들을 죽이도록 설득하는 것이 목표이므로,
다른 사람들은 우리가 공통의 인간성을 공유한다는 사실을
부정하면서 악마화되어야 한다.
─니콜라스 잭슨 오쇼네시, 《정치와 프로파간다》[1]

우리는 우리가 누구인지, 우리의 기원과 운명은 무엇인지를 설명하기 위한 이야기를 꾸며내는 신화 제작자이다. 기이한 힘을 가진 준인간적quasihuman 괴물과 악마의 이야기는 다른 어떤 이야기보다도 우리를 사로잡는다. 이런 이야기들은 과학과 종교, 문화와 철학의 전문 용어로 우아하게 포장되지만, 결국 합리성이 미미한 인간 상상력의 산물일 뿐이다.

유대계 독일 철학자 에른스트 카시러는 이 점을 잘 이해했다. 제2차 세계대전의 여파 속에서, 자신의 동포를 사로잡았던 광기의 뿌리를 받아들이려는 필사적인 노력으로 쓴 글에서 카시러는 다음과 같이 경고했다.

인간 사회생활의 모든 중요한 순간에, 오래된 신화적 관념에 저항하는 이성적 힘은 더 이상 자신을 확신하지 못한다. 그런 순간에 신화의 시간이 다시 찾아온다. 신화가 실제로 정복된 것은 아니기 때문이다. 신화는 항상 어둠 속에 숨어 시간과 기회를 기다린다. 신화의 시간은 인간 사회의 다른 구속력이 힘을 잃고 더 이상 악마적인 신화의 힘과 싸울 수 없게 되는 즉시 찾아온다.[2]

나치 현상에 대해 카시러가 내린 정의는 악의 평범성에 관해 한나 아렌트가 반복한 언급보다 훨씬 더 진실에 가깝다. 아렌트는 전형적인 나치 관료로 자신이 지목한 '최종 해결책'의 책임자 아돌프 아이히만을 묘사하기 위해 악의 평범성이라는 표현을 사용했다. 하지만 "나는 유대인 500만 명을 죽였다는 생각 때문에 웃으면서 무덤으로 뛰어들 것이다. 그 일은 나에게 큰 만족감과 즐거움을 주었다"라고 말한 열렬한 반유대주의자 아이히만에게는 적용될 수 없는 것이었다.[3] 아이히만과 동료들은 모호한 추상화에 흔들리지 않았다. 대중적 신화와는 달리 집단 학살은 절대로 인간이 숫자, 추상화, 또는 공산품이라는 생각에서 일어나지 않는다. 나치 프로젝트의 핵심에 있는 서사적 이미지에는 평범함이 없었다. 그것은 극적이고, 생생하고, 종말론적인 서사였다. 구원과 파괴의 이야기, 피를 빼는 유대인이 더러움과 부패로 아리안의 순결을 더럽히는 이야기였다. 좀 더 구체적으로 말해서 쥐와 이, 그들의 피로 인한 감염과 질병, 그리고 부패의 이야기였다. 이는 곧 설명하게 될 이유로, 인간의 정신에 깊은 화음으로 다가오는 이미지들이다.

존재의 대사슬에 얽매여

우리가 종종 인류 역사의 시작이라 부르는 것은
속박의 시작이기도 하다.

—케빈 베일즈Kevin Bales, 《일회용 인간: 글로벌 경제의 새로운 노예제도
Disposable People: New Slavery In The Global Economy》[4]

1862년 뉴욕 센트럴파크를 비롯해 미국의 여러 명소를 설계한 프레더릭 로 옴스테드Frederick Law Olmstead는 남북전쟁 직전 10년 동안 남부의 주를 여행한 이야기를 쓴 《면화 왕국The Cotton Kingdom》을 출간했다. 책의 한 대목에서 옴스테드는 노예에게 강제로 일을 시키는 농장 감독과의 대화를 소개한다. 옴스테드는 그에게 노예를 채찍질하는 일이 "불편한지"를 물었다. "전혀 개의치 않습니다." 남자는 느릿느릿 대답했다. "선생님. 깜둥이를 죽이는 것은 개를 죽이는 것만큼이나 꺼려지지 않습니다."[5]

잠시 후 함께 말을 타고 농장을 가로지르던 중에, 감독은 덤불 속에 숨어 있던 십 대 흑인 소녀를 발견했다. 몇 가지 질문을 한 후에 소녀가 일을 피하려 한다는 결론을 내렸다. 말에서 내린 감독은 소녀에게 무릎을 꿇으라고 명령했다.

옴스테드가 지켜보는 가운데, 소녀는 땅바닥에 무릎을 꿇었다. 말에서 내려 왼손으로 말고삐를 잡은 그는 거칠고 유연한 생가죽 채찍을 소녀의 어깨에 삼사십 차례 휘둘렀다. 소녀는 채찍을 맞을 때마다 움찔하면서 "네, 선생님!" 또는 "아, 선생님!" 아니면 "제발, 선생

님!"이라고 소리쳤다. 신음하거나 비명을 지르지는 않았다.

잠시 채찍질을 멈춘 감독은 소녀에게 사실대로 말할 것을 명령했다. "너는 아직 충분히 맞지 않았어. 옷을 추켜올리고 누워." 소녀는 입은 옷을 모두 어깨까지 끌어올리고 땅바닥에 누워서 그를 쳐다보았다. 감독은 전과 같은 힘으로 소녀의 벌거벗은 허리와 허벅지, 사타구니에 채찍질을 계속했다. 이제 그에게서 멀어지려고 몸을 웅크린 소녀는, 일어서지는 않았지만 몸부림치고 굽실거리면서 비명을 질렀다. "오, 하지 마세요, 선생님! 제발, 그만하세요 주인님! 제발, 선생님! 제발, 선생님! 이제 충분해요, 주인님! 오, 하느님! 오, 주인님, 주인님! 오, 하느님, 주인님, 그만하세요! 오, 하느님, 주인님!"

옴스테드는 혼자 말을 몰아 그 자리를 떠났다. 언덕 꼭대기에 도달했을 때 비명과 채찍 소리가 멈췄다. 옴스테드는 기록했다. "숨을 헐떡이는 흐느낌과 발작적인 신음 소리만 들렸다." 곧 그를 따라잡은 농장 감독은 웃으며 말했다. "그년은 나를 속여서 하루 일을 피해보려다가 하루치 일을 톡톡히 했지요."[6]

노예제도는 문명만큼이나 오래되었고 전 세계적으로 시행되었다. 고대에는 어디서나 노예를 볼 수 있었고, 구약과 신약성서(종이 두려워하고 떨면서 주인에게 순종하듯이 그리스도에게 순종하라고 명한 사도 바울의 말을 기억할 것이다)와 《코란》에서도 당연하게 여겨졌다.[7] 심지어 오늘날에도 수백만 명의 남성, 여성, 그리고 어린아이 노예가 있을 정도로 대단히 견고하고 제도에 대한 탄압에도 굴하지 않는다. 전 세계의 노예 수는 1천 200만 명에서 3천만 명 사이로 추정된다.

노예제도는 약 1만 년 전 농업의 등장으로 유목민 부족들이 정착해 땅을 갈면서 시작된 것으로 보인다. 처음으로 부와 재산이 사회생활의 중요한 것이 되었고, 수렵 채집 사회의 평등주의가 경직되고 억압적인 사회 계층화 시스템에 자리를 내주었다. 경작과 수확, 정착촌 건설과 유지, 그리고 외부 약탈자에 대비하는 요새를 만드는 데 많은 노동력이 요구되었고 따라서 인구가 불어났다. 문명의 건설에는 헤아릴 수 없이 많은 사람과 동물의 근력이 필요했다. 농업이 시작되기 약 2천 년 전에 유목민 부족들은 사냥을 돕는 개에서 시작해 냉장고가 없는 시절에 걸어 다니는 식품 저장실 역할을 한 양과 염소 같은 동물까지 길들였다. 농업의 등장에 따라 가축화된 동물은 최초의 농기계가 되었다. 소와 당나귀들이 땅에 기반을 둔 새로운 경제에서 요구되는 인간의 노동을 보충했다.

인간이 정복 전쟁을 벌인 것도 바로 이 시기였다. 지상의 화신으로 여겨진 왕과 황제들에게는 다른 사람들의 노동에 따른 열매를 강탈하기 위한 군대가 있었다. 인간을 죽이기 위해 특별히 고안된 무기에 힘입은 피비린내 나는 착취는 노동력을 보충하고 확대하는 새로운 방법을 낳았다. 모든 적을 학살하는 대신 그중 일부를 끌고 와서 노예로 삼은 것이다. 이들은 소나 당나귀와 함께 일했으며, 수많은 여성 포로들은 승자들의 성적 욕구를 푸는 데 동원되었다. 전쟁에서 노예제도의 기원은 '살려 둠'을 뜻하는 라틴어 servare에서 유래한, 하인servant이라는 단어의 어원에 남아 있다. 하인은 강제 노동을 위해 즉결 처형되는 대신에 살려둔 사람이었다.[8]

노예와 길들인 동물의 처우 사이에는 명백한 유사점이 있다. 브라운대학교 역사학자 카를 저코비Karl Jacoby는 가축을 통제하기 위한 채찍질, 사슬에 묶기, 낙인 찍기, 거세 등과 같은 거의 모든 관행이 노예를 통제하는 데도 사용되었다고 지적한다.

중세 유럽에서는 새로운 노예가 주인의 팔 아래 머리를 숙이고 양이나 소처럼 목 주위에 띠를 둘렀고, 18세기 영국의 금 세공인은 흑인과 개를 위한 은 자물쇠를 만들어 광고했다.

그러나 노예제도는 노예 소유주들에게 도덕적 문제를 제기했다. 노예의 명백한 인간성이 어떻게 가축의 지위와 같을 수 있을까? 저코비는 말한다. "노예제도는 인간을 가축처럼 취급하는 제도였다. 그렇지만 인간과 가축은 분명히 같지 않다. 그렇지 않은가? 가장 손쉬운 해결책은 짐승과 거의 다를 바 없다고 여겨지는 인간 이하의 범주를 만들어내는 것이었다." 이에 비춰 고대의 노예가 (전쟁 포로도 마찬가지로) 종종 양, 소, 기타의 가축과 함께 신에게 바치는 제물로 희생되었다는 것은 놀라운 일이 아니다.[9]

노예는 전쟁의 전리품이었으므로 대개 주인과는 다른 언어를 사용했다. 저코비는 이것이 그들의 비인간화에 기여했다고 주장한다. "말을 통해 의사소통하는 능력은 인간과 동물을 구별하는 가장 일반적인 특성 중 하나이므로, 알아들을 수 있는 말을 하지 못하는 포로는 필시 완전한 인간보다 열등한 존재로 보였을 것이다."[10]

저코비의 추측에는 고대의 족보가 있다. 나는 2장에서 고대 그리스인들이 사람을 자신과 야만인의 두 범주로 나누었다고 언급했다. 2천여 년 전의 그리스 지리학자 스트라보는 야만인barbarian이라는 단어가 말 그대로 알아들을 수 있는 말 대신 "바, 바" 소리를 내는 바 바 사람들the bar bar people을 의미한다고 말했다. 현대 미국인이었다면 블라 블라 사람들the blah, blah people이라고 말했을지도 모른다.[11] 이에 근거해 고전학자 존 히스John Heath는 다음과 같이 주장한다.

야만적인 타자에게 부족한 것은 주로 언어였다. 언어 능력과 이성의 긴밀한 연관성에 따라 노예(그리고 동물)와 마찬가지로 야만인은 둘 다 부족하다고 쉽게 추측되었다. 언어 능력과 이성의 상실과 함께 외국인은 모든 인간성을 잃을 위험에 처했다.[12]

흥미롭기는 하지만 믿을 수 없는 이론이다. 고대 세계는 언어적 다양성의 바다였다. 따라서 그리스인 같은 해양무역인들이 외국어를 말하는 사람들에게 언어가 전혀 없다고 믿었다는 것은 터무니없다. 그들의 자민족 중심적 편견을 고려하면, 그리스인이 단순히 외국인이 말하는 언어를 깔보고 조롱했을 가능성이 훨씬 더 크다. 야만인에게 언어가 없다는 것은 문제가 아니었다. 그들의 언어가 열등하다는 것이 문제였다. 멸시받는 집단의 언어를 조롱했다는 언급은 사실상 그들을 비인간화하는 원인이라기보다는 비인간화의 결과이고, 고대 그리스인에게만 국한되지도 않는다. 외국인 혐오자들은 흔히 '하등' 인종은 천성적으로 '상급' 언어를 익힐 능력이 없다고 말한다. 예를 들어 독일의 민족주의자들은 유대인이 독일어를 익힐 능력이 없어서 이디시어라는 잡종 언어에 의존한다고 주장했다. 1940년대 미국에서 출간된 극우 성향의 글에서 유대인은 인간의 방식으로 소통하기보다는 동물의 소리, 이상한 소리로 울부짖고 끽끽거리는 소음을 내는 것으로 묘사된다.[13]

고대 세계에 만연한 외국인 혐오증에 대해서는 충분한 증거가 있다. 고대 이집트인들은 극심한 자민족 중심주의적으로 자신들을 '인간remtu'이라 부름으로써, 다른 모든 사람이 인간이 아님을 암시했다. 이는 기원전 1200년경에 쓰인, 외국인에게 이집트어를 가르치는 일의 어려움을 인간이 아닌 동물의 훈련과 비교한 《아니의 지침서The Instruction of

Ani》와 같은 글에서도 명백하게 드러난다.

> 사나운 사자는 분노를 버리고 소심한 당나귀를 닮아간다. 말은 고분
> 고분하게 마구를 걸치고 밖으로 나간다. 말 잘 듣는 개는 주인의 뒤
> 를 따른다. … 우리는 누비아인에게 이집트어를 가르친다. 시리아인
> 과 다른 외국인도 마찬가지이다.[14]

기원전 1985년부터 1956년까지 이집트를 통치한 파라오 아메넴헤
트 1세의 군사적 위업에 대한 웅장한 묘사에서 이집트의 적들은 인간이
아닌 포식자로 표현된다. "나는 사자를 굴복시키고 악어를 잡았다. 나는
와와트인을 억압하고, 메드제이인을 사로잡고, 아시아인에게 개 산책을
시켰다."[15]

메소포타미아인도 이웃들의 인간성을 부정했다. 〈아가데의 저주〉
라는 제목의 3천 년 된 바빌로니아 문헌(시)에는 구티인을 개의 지능과
원숭이의 특징을 가진 사람들로 표현했고, 다른 곳에서는 산의 뱀과 개
로 묘사했다. 아모리인은 개나 늑대와 같은 본능이 있고, 다른 집단은 자
고새의 몸과 까마귀의 얼굴을 가졌다고 했다. 고고학자들은 기원전 4천
년 대의 원기둥 인장에 장식된, 야수를 굴복시키는 전사의 모습이 이웃
을 진압하는 메소포타미아 군대를 묘사한 것으로 여겼다.[16]

더 동쪽으로 가서, 중국인은 변경의 부족에게 비인간적 의미를 함축
한 꼬리표를 붙임으로써 자신들과 구별했다. 동쪽에 사는 야만족은 개를
의미하는 한자가 포함된 이름 '이티敵'라 불렸고, 북쪽의 야만족은 곤충
을 의미하는 '이만戎'이라 불렸다. 기원전 4세기 고대 중국의 지리학 서
적 《산해경Shanhaijing》에서는 중국인만이 인간人으로 언급된다. 저명한

중국학자 에드윈 풀리블랭크Edwin. G. Pulleyblank는 기원전 8세기 중반까지 이들 야만족이 "완전한 인간으로 여겨지지 않았다"고 지적했다.[17]

이러한 사실은 외국인이 노예가 되기 전에 비인간화되었고, 노예제도는 단지 그들의 인간 이하의 지위를 강화했을 뿐임을 시사한다. 이를 더 깊이 이해하려면 노예제도가 정확히 무엇인지를 고려하는 것이 필수적이다. 우리는 노예를 사고팔고 소유할 수 있는 사람들로 생각하는 경향이 있다. 그러나 오늘날의 세계를 떠올려보자. 프로 운동선수들이 일상적으로 사고팔리지만, 그들은 노예가 아니다. 하버드대학교 사회학자 올랜도 패터슨Orlando Patterson은 자신의 고전 《노예제와 사회적 죽음Slavery and Social Death》에서 말한다. "거래 조건은 다르지만, 유명 축구선수가 다른 곳에 팔리는 것과 노예가 다른 소유주에게 팔리는 것 사이에는 실질적인 차이가 없다."[18] 확신이 서지 않는가? 소유주가 당사자의 의사에 반해 선수를 사고팔 수 있게 하는 프로스포츠 계약의 유보 조항은 어떤가? 앨릭스 벤 블록Alex Ben Block은 이러한 유보 조항을 노예제도와 직접 비교한다. "남북전쟁이 노예 문제를 해결한 이후로, 구단을 소유하는 것이 노예 농장을 소유하는 것과 가장 가까운 일이 되었다." 영국 축구의 이적 시스템도 노예제도와 종종 비교된다.[19]

패터슨은 노예제도를 정의하는 것은 소유권이 아니라 사회적 죽음이라고 주장한다. 노예는 사람이 아니다. 예를 들어 체로키 부족 사회에서는 다음과 같다.

노예가 획득하는 문화적 중요성은 네발 달린 짐승임에도 뒷다리로 일어서고 앞발로 물체를 움켜쥐는, 인간적 습관이 있는 곰과 같다. 마찬가지로 노예는 대단히 이례적인 존재이다. 인간의 형상을 하지

만, 그들에게는 인간적 본질이 전혀 없다.[20]

그리스인과 로마인은 자신들의 노예를 가축으로 여겼다. 노터데임 대학교 고전학자 키스 브래들리Keith Bradley에 따르면 이렇다.

노예와 동물을 쉽게 연관시키는 것은 고대인의 사고방식의 중요한 측면이었고, 아주 이른 시기로 거슬러 올라간다. '노예'의 그리스어 안드라포돈andrapodon은 가축을 통칭하는 용어, 즉 '네발 달린 짐승'이라는 의미의 테트라포돈tetrapodon에서 유래했다.[21]

로마인은 노예와 가축을 동일시하는 원칙을 법으로 규정했다. 기원전 3세기의 아킬리아법에 따르면, "누구든지 다른 사람의 남자 노예나 여자 노예, 또는 네 발 달린 동물을 불법적으로 죽였다면 그해의 최고 가격이 얼마이든 간에 주인에게 그만한 돈을 주어야 한다." 몇 세기후에 법학자 가이우스는 아킬리아법에 따라 노예가 법적으로 가축과 동등하다고 했고, 기원전 30년대 말에 철학자 바로는 사람들이 땅을 경작하는 수단이 두 가지, 즉 '사람과 사람을 돕는 필수적인 것들'로 구분된다고 말했다. 후자의 범주에는 "말하는, 말하지 못하는, 그리고 소리가 없는 수단이 포함된다. 말하는 것은 노예로, 말하지 못하는 것은 가축으로, 소리가 없는 것은 운송 수단으로 구성된다."[22] 그 후 이슬람 제국의 초기 몇 세기 동안에는 노예가 '머릿수(소의 머릿수처럼)'로 총칭되었고 노예 상인을 소 상인이라고 불렀다.[23]

미국 노예해방론자 프레더릭 더글러스가 열한 살 때 자신을 비롯한 노예들이 병든 주인의 영지에서 어떻게 가축처럼 취급받았는지에 대한 증언에서 알 수 있듯이 천 년이 지나도 달라진 것은 별로 없었다.

나는 바로 다른 재산과 함께 평가받도록 보내졌다. 거기서 다시 노예제도에 대한 혐오감이 치솟았다. 이제 나는 굴욕을 당하는 처지에 대한 새로운 개념을 갖게 되었다. 우리 모두는 가치에 따른 순위가 매겨졌다. 남자와 여자, 노인과 젊은이, 기혼자와 독신자가 말, 양, 돼지와 함께 분류되었다. 말과 남자, 소와 여자, 돼지와 아이들 모두가 존재의 척도에서 같은 순위를 받고 면밀한 검사를 받아야 했다. 백발의 노인과 활기 넘치는 젊은이, 처녀와 유부녀 모두 똑같이 무례한 검사 과정을 거쳐야 했다.[24]

흑과 백의 비인간화

> 비천하게 태어난 이 남자, 노예제도가 우리에게 데려온 이방인은
> 인간성의 공통적 특질을 공유하는 것으로 인식되지 못한다.
> 그의 얼굴은 흉측하고, 지능은 제한적이며, 취향은 천박하다.
> 우리는 그를 거의 인간과 짐승 사이의 중간쯤 되는 존재로 여긴다.
> — 알렉시 드 토크빌, 《미국의 민주주의》[25]

인종차별은 때때로 몇 세기 이상 지나지 않은 근대 유럽의 발명품이고, 전근대와 비서구적 형태의 노예제도에서는 아무런 역할도 하지 않았다고 주장되기도 한다. 이러한 견해는 모두 옳지 않다. 전근대인과 비서구인이 오늘날의 우리를 계속해서 괴롭히는 것과 같은 인종 개념

을 채택하지는 않았다. 인종차별의 본질은 아주 오랫동안 인류 문화의 일부였다. 이는 야만인에 대한 그리스인의 사고방식과 자신들을 둘러싼 변경 부족에 대한 고대 중국인의 사고방식이 그 예를 보여준다. 고대 이집트인은 리비아인, 누비아인, 이집트인, 그리고 팔레스타인과 시리아의 셈족 거주민(후자는 특히 멸시를 받았고 종종 '비천한 아시아인'으로 폄하되었다)을 분명히 구분했다. 부분적으로 피부색에 따라 이들 집단을 구별하기도 했다. 흑인은 뇌에 결함이 있어서 지능이 떨어진다는, 로마의 유명한 의학자 갈레노스의 구체적인 주장은 10세기의 유명한 무슬림 작가 마수디에 의해 되풀이되었다.[26]

인종차별과 노예제도는 종종 서로 교차하기는 하지만 분명히 다르다. 노예를 소유하는 사회 대부분에서 주인과 노예가 같은 민족 집단에 속하지만, 약 20퍼센트의 사회에서는 주인과 노예가 인종이나 민족에 따라 나누어진다. 패터슨은 이러한 사실을 고려할 때, 미국의 노예제도가 독특하게 인종차별적이었다는 주장은 "노예 사회의 비교 데이터에 대한 엄청난 무지를 드러낸다"고 말한다. 또한 그리스-로마 세계에서는 흑인에 대한 편견이 없었다는 프랭크 스노든Frank Snowden의 주장을 문제 삼는다.[27]

흑인에 대한 차별과 억압은, 이와 관련해 대서양 횡단 노예무역을 생각하는 것이 보통인 서구의 독자들에게 가장 친숙한 형태의 인종차별이다. 그러나 사하라 사막 이남의 아프리카인에 대한 인종차별과 그들의 비인간화에는 훨씬 더 오랜 역사가 있다. 흑인에 대한 편견은 이슬람 세계의 초기까지 거슬러 올라가는 것으로 보인다. 무함마드는 마지막 설교에서 "어떤 아랍인도 비아랍인에 대한 우선권이 없고, 어떤 백인도 의로움을 제외하고는 흑인에 대한 우선권이 없다"고 되풀이해 강조했지만 얼마 지나지 않아서 660년에 사망한 흑인 노예 시인 수브하임Subhaym은 "주께서 나를 흑인으로 더럽혔다"고 불평했다. 중세에 이르러서는 경멸적인 사고방식이 비인간화로 바뀌었다는 명백한 증거가 있다. 11세기의 유명한 아랍 작가이며 판사인 사아디 알 안달루시Sa'adi al-Andalusi는 사하라 이남의 아프리카인인 "부자Bujja의 무리, 가나의 야만인, 잔즈의 쓰레기는 인간의 질서에서 벗어났다"고 주장했다. 3세기 뒤에 튀니지의 위대한 학자 이븐 할둔Ibn Khaldun은 독자들에게 "깜둥이 국가에는 멍청한 동물과 매우 비슷한 속성이 있다"고 말했다.[28]

아랍인은 흑인뿐만 아니라 백인도 노예로 삼았지만(slave라는 단어는 Slav에서 유래했다. 많은 아랍 노예가 슬라브인이었기 때문이다), 수 세기 후 미국의 흑인과 관련한 고정관념은 이미 중세 이슬람 문화에 널리 퍼졌다. 사하라 이남의 아프리카인은 어리석고, 성욕이 지나치고, 게으르고, 부도덕하고, 거칠고, 더러운 사람으로 여겨졌다. 잠재적 노예 구매자를 대신해 노예의 숨겨진 신체적 결함을 찾아내는 일을 전문으로 했던 11세기 시리아의 기독교도 의사 이븐 부틀란Ibn Butlan은 노예 구매자를 위한 핸드북에서 동아프리카 여성을 다음과 같이 설명했다. "피부가 검을수록 얼굴이 추하다. 겨드랑이 냄새와 거친 몸매 때문에 그들에게서는 아무런 즐거움도 얻지 못할 것이다." 여기에서 남쪽의 이웃에 대한 아랍인의 경멸이 항상 그들의 피부색 때문이었음은 아니라는 사실에 주목할 필요가 있다. 부유한 아랍인은 아비시니아와 누비아의 소녀 노예를 매우 귀중하게 여겼다.[29]

이러한 사고방식이 널리 퍼진 것은 놀라운 일이 아니다. 아랍 세계에서 시행된 노예제도의 형태는 전반적으로 후일 미국의 노예제도보다 덜 잔혹하고 모멸적이긴 했다. 하지만 사하라 사막을 가로질러 남성과

4장 적개심의 수사학

여성 포로를 북쪽으로 끌고 간 캐러밴caravan이 아프리카인을 가득 싣고 대서양 항로를 통해서 미국으로 향한 선단보다도 치명적이었다는 사실 (패터슨은 캐러밴에서의 사망률이 대서양 횡단 노예무역의 사망률보다 3~7퍼센트 높았다고 지적한다)이 보여주듯이 잔인하고 굴욕적이었다. 인간성을 인정하면서 사람들을 그토록 비인간적으로 다루기는 어렵다.[30]

이제 미국의 경험을 생각해 보자. 대서양 횡단 노예무역은 15세기에 포르투갈과 스페인에 의해 개척되었고, 급성장하는 식민지에 노동력을 공급해야 하는 영국을 비롯한 국가에서 점진적으로 채택되었다. 노예무역을 가능하게 한 인종적 편견은 존재의 대사슬에서 아프리카인의 지위에 관한 학문적 추정으로 뒷받침되었다. 의사 리처드 블랙모어 Richard Blackmore 경처럼 문필가들은 아프리카 흑인이 인간과 침팬지 사이의 잃어버린 연결고리를 보여준다는 주장을 뒷받침하기 위해 학문적 권위를 총동원했다.

천계의 영혼 중 최하급에 가장 가까이 다가서는 인간처럼 인간과 가장 비슷한 유인원과 원숭이는 인간 아래에 있는 다음 순서의 동물이다. 유인원과 원숭이와 우리 종의 가장 비천한 개인의 차이는 그렇게 크지 않다. 유인원과 원숭이에게 말하는 능력이 부여되었다면, 야만적인 호텐토트나 영화 〈노바 젬블라〉에 나오는 어리석은 원주민처럼 인간종의 지위와 존엄성을 주장할지도 모른다.[31]

블랙모어는 아프리카인을 인간이 아닌 동물로 묘사하기 직전에 멈췄지만, 다른 사람들은 더욱 거침이 없었다. 노예 소유주와 상인들에게는 아프리카인의 인간 이하 지위에 대한 기득권이 있었다. 아프리카인이

하등동물이라면 그들을 그렇게 대우하는 것이 옳고 적절했기 때문이다.

선교사 모건 고드윈Morgan Godwyn의 글을 통해 우리는 북아메리카 식민지에서 일어난 노예의 비인간화에 대해 많이 알 수 있다. 1640년에 영국에서 태어난 고드윈은 아버지의 발자취를 따라 성공회 목사가 되었다. 1666년에 버지니아 지역으로 간 그는 다시 바베이도스 섬나라로 가서 모두가 백인인 교구민들을 위한 성직자로 봉직했다. 당시에 영국령 카리브해와 북아메리카 식민지 농장주들은 노예가 세례와 종교적 가르침을 받는 것을 허용하지 않았다. 바베이도스에서는 소수의 퀘이커 교도만이 노예의 영적 복지에 관심을 가졌다. 고드윈은 퀘이커의 교리에 강하게 반대했지만 사회 정의에 대한 퀘이커 교도의 헌신에 깊은 감명을 받았고, 이후 그의 신앙생활과 문학 활동에도 영향을 끼치게 된다.

고드윈은 신세계의 억압받는 사람들에게 복음을 전하기로 한다. 여러 해 동안 바베이도스의 농장주들과 갈등을 겪은 후에 잠시 영국으로 돌아갔던 그는 다시 버지니아로 향하는 배에 올라 문학 캠페인을 끊임없이 벌인다. 그의 중심적 주장은 노예 소유주들이 아프리카인은 영혼이 없으므로 인간이 아니라는 이유로 노예의 대우를 정당화했다는 것이다. 식민지 개척자들은 "검둥이들은 비록 사람과 닮은 면이 있지만 실제로는 인간이 아니다"라는 입장을 견지하고 "검둥이들은 영혼이 없는 존재이며 짐승들 사이에서 서열이 매겨지고 그에 따라 대우받아야 한다"는 주장을 옹호했다.[32]

고드윈이 한 말은 과장이 아니었다. 1727년에 식민지 주민에게 1만 부(당시로는 엄청난 숫자)가 배포된 연설문에서 런던의 주교는 아프리카인을 "단지 짐승과 다를 바 없는 노예가 아니라 여러분과 같은 체격과 능력, 행복해질 수 있는 영혼, 그것을 위한 가르침을 받을 이성과 이해력을 갖춘 남자 노예와 여자 노예"로 여길 것을 간청했다. 1730년에 미국 로드아일랜드주를 방문한 아일랜드의 철학자이자 성직자 조지 버클리George Berkeley는 식민지 개척자와 아메리카 원주민을 위한 대학교를 버뮤다에 세우려는 시도가 실패로 돌아간 뒤에, 뉴잉글랜드 선교협회 회원들에게 "우리의 식민지 농장주들은, 흑인들은 인간과 다른 종의 피조물이며 성찬식에 참여할 권리가 없다는 비이성적 경멸감을 갖고 있다"고 불평했다. 10여 년 뒤인 1741년에 뉴욕에서 노예 봉기를 모의한 혐의로 기소된 흑인의 재판에서 검찰 측은 흑인 대부분이 인간종의 존엄성 아래로 타락한 짐승 같은 사람들이라고 주장했다. 한 검찰관은 방청객에게 검둥이들은 인간의 모습을 한 동물 중 가장 어리석은 야수 종족이라 단언하고, "첫째 검둥이, 둘째 오랑우탄, 셋째 유인원, 넷째 개코원숭이, 다섯째 원숭이"로 구성되는 다섯 가지 유형의 아프리카인 분류법을 제안했다.[33]

교육을 받고 교양을 갖춘 사람들이 백인과 달리 흑인에게는 영혼이 없다는 것을 말 그대로 받아들였다는 사실은 믿기 힘든 일로 보인다. 미국 초기의 노예제도에 관한 저명한 권위자 윈스럽 조던Winthrop Jordan 조차도 그러한 의구심을 나타냈다. "미국의 식민지 개척자들은 흑인들이 짐승이라고 생각하지 않았다. 정말로 그렇게 생각했다면 백인과 흑인의 성교로 인한 혼혈 출산을 엄중하게 처벌했을 것이다. 그렇지만 백인이 흑인을 짐승처럼 취급했다는 비난은 말 그대로 받아들이지 않더라도 전적으로 정당하다."[34]

조던의 논평은 비인간화의 심리학에 대해 지나치게 단순한 견해를 반영한다. 식민지 주민들은 정말로 흑인이 인간 이하의 존재라고 믿었을까? 모든 것은 '믿음'이 무슨 뜻인지에 달려 있다. 믿음이라는 말은 광범위한 영역을 포괄한다. 때로 우리는 자신과 다른 사람들에게 말하는 것을 언급하기 위해 그것을 사용하지만, 우리가 삶을 사는 방식에는 영향을 미치지 않는다. 신에 대한 믿음이 종종 이 범주에 속한다. 기독교 (또는 유대교, 무슬림 등)의 신을 믿는다고 주장하지만, 자신이 고백한 신념의 영향을 받지 않는 행동을 하는 사람이 있다(그들은 비신자와 구별할 수 없는 방식으로 살아간다). 그런 경우에는 그들이 실제로 신을 믿지 않는다고 말하는 것이 타당하다. 진정한 믿음은 행동의 지침이 되기 때문이다. 우리는 그런 사람들이 정말로 신을 믿지는 않지만, 자신이 신을 믿는다고 믿고 있다고 말할 수 있다. 마찬가지로 물질세계가 환상에 불과함을 믿는다고 공언하는 사람들이 있다. 하지만 그런 사람의 무릎에 뜨거운 커피 한 잔을 쏟겠다고 위협하면, 그 역시 다른 사람과 마찬가지로 방어적인 행동을 취할 것이다. 이런 사람들은 물질세계가 완벽하게 실재한다고 믿지만, 자신이 그렇게 믿지 않는다는 잘못된 믿음을 가지고 있다.[35]

이 점을 염두에 두면, 아프리카인에 대한 노예 소유주의 말을 액면 그대로 믿는 것은 잘못된 일일 것이다. 말보다 행동이 중요하고, 행동이 뒷받침되지 않는 말을 신뢰해서는 안 된다. 사람들이 무엇을 믿는지를 알고 싶다면 그들의 행동을 보아야 한다.

식민지 개척자들은 노예를 인간 이하의 존재로 취급했고 아프리카인은 영혼이 없는 동물이라고 명시적으로 말했다. 그들은 종교적 근거로 자신의 입장을 정당화했다. 흑인은 아담과 이브의 후손이 아니고 최초의 인간보다 먼저 창조되었거나 대홍수가 남긴 잔해물로 형성된 피조물의 후손이라고 (아메리카 원주민의 인간성에 의문을 제기하는 데 사용된 것과 같은 논리) 단언한 사람들도 있었다. 또 한 가지 대단히 영향력 있는 성서 해석은 창세기 9장에서 설명되는 함의 자손에 대한 노아의 저주 이야기와 관련된다. 포도원을 가꿔서 빚은 포도주에 너무 취한 노아는 장막 안에서 정신을 잃었다. 장막으로 들어와 벌거벗은 채로 뻗은 모습을 본 노아의 아들 함은 두 형제 셈과 야벳에게 알렸고, 뒷걸음질로 (아버지의 벌거벗은 모습을 보지 않으려고) 장막에 들어간 그들은 아버지의 몸에 옷가지를 덮었다. 성서에서는 술이 깬 노아가 작은아들이 자기에게 행한 일을 알고 함의 아들 가나안을 저주했다고 기록한다. "형제의 종들의 종이 될 것이다."[36] 그렇게 사소한 잘못에 대한 처벌이 상당히 가혹하다고 생각된다면 노아가 "작은아들이 자기에게 행한 일을 알고"라는 기묘한 표현에 주목하라. 함은 정확히 무슨 일을 했을까? 몇몇 랍비 주석가에 따르면, 함이 자기 아버지를 "보았다"는 말은 그를 강간하거나 거세했다는 말의 완곡한 표현으로, 노아가 왜 그렇게 화가 났는지를 설명한다. 설명이 어떻든지 간에 여러 세기 동안의 유대교, 기독교, 그리고 무슬림 학자들은 함이라는 이름이 '검은'과 '뜨거운'을 의미하는 히브리어에서 유래한다고 주장했다. 이것이 함의 후손이 더운 지역(사하라 이남의 아프리카)에서 온 흑인임을 뜻하고, 따라서 (빈약한 추론이 이어진다) 아프리카 흑인은 노예가 될 운명인 것으로 받아들여졌다(실제로 함의 어원은 여전히 수수께끼로 남아 있지만, 히브리어에서 유래하지 않은 것은 거의 확실하다). 이와 같은 고대 해석의 전통은 백인이 흑인의 머리에 야구공을 던지는 즐거움을 위해 돈을 치르는 카니발의 인기 게임 '함의 아들 쇼'에 깊이 남아 있다.[37]

미국 식민지 개척자들은 '함의 아들' 이론에 새로운 주름을 더했다. 그들은 노아의 저주가 함의 후손을 인간 이하의 존재로 단죄했다고 주장했다. 고드윈은 "그들은 흑인이기 때문에 함의 씨앗이고 이런 이유로 저주를 받았으며, 따라서 더 이상 인간이 아니라 일종의 짐승이다"[38]라고 썼다. 고드윈은 이러한 성서적 정당화를 터무니없는 것으로 일축하고, 아프리카인을 완전한 인간 이하의 존재로 생각할 이유가 없다고 주장했다. 컬럼비아대학교 역사학자 앨든 본Alden T. Vaughan은 말한다. "고드윈의 증명은 대체로 상식적이었다. 그는 아프리카인이 분명한 인간의 형태와 외모를 갖고 있다고 지적했다. 비록 그들의 피부색이 영국인을 비롯한 유럽인 대부분보다 어둡지만, 세계 인구의 6분의 5도 마찬가지이다."

고드윈은 설령 피부가 검다는 것이 기형임을 인정하더라도(그는 인정하지 않았지만) 일반적인 정신적, 신체적 이상을 넘어서는 야수성의 징후는 아니라고 주장했다. 피부색이 검은 사람도 아이를 낳고, 실제로 종종 백인과의 관계로 아이를 갖는다는 것은 그들의 인간성에 관한 확실한 징후이다. 피부색 선호에 관한 고드윈의 생각은 17세기 영국인으로서는 신선할 정도로 공정했다. 고드윈은 독자들에게 보편적인 미의 기준이 존재하지 않는다는 것을 상기시켰다. 백인과 마찬가지로 흑인도 자신의 피부색을 선호한다. 피부색에 대한 주관적 반감에 따라 사람들을 짐승의 범주에 몰아넣는 것이 허용된다면, 피부가 흰 유럽인도 언젠가는 그런 꼬리표가 붙을지도 모른다. 고드윈은 이렇게 말했다. "더운 기후에서 몇 세대가 지나면 영국인조차도 아주 까맣게 되고 적어도 갈색 피부를 갖게 된다." 그들도 인간이 아닌 짐승으로 여겨야 할까?[39]

고드윈은 노예 소유자들의 관행이 흑인의 인간적 위상을 암묵적으

4장 적개심의 수사학

로 인정한다는 주장으로 자신의 논지를 강화했다. 그는 일부 노예가 상당한 책임이 있는 위치(예컨대 다른 노예들의 감독자)에 배치되는 것에 대해 "사업을 위해서 가축을 고용하고 그들을 장교, 감독관, 총독으로 임명하는 것은 분명히 우스꽝스러운 일이 될 것"이라 말했다. 또한 백인 남성이 자신의 성적 만족을 위해 여성 노예를 이용한다는 사실에 주목해 노예가 정말로 가축에 불과하다면 그들이 수간을 저지르는 것이라고 지적했다.

아프리카계 미국인의 비인간화는 1776년의 새로운 국가의 탄생이나 1865년의 노예제 폐지로 끝나지 않았다. 19세기 후반과 20세기 초에 출간된 책과 팸플릿은 계속해서 그들이 짐승이라고 주장했다. 19세기에는 인류학의 새로운 분야가 이러한 인종차별적 이념에 과학적 신빙성이라는 겉치장을 덧입게 된다. 영국의 외과 의사 윌리엄 로런스William Lawrence, 하버드대학교 지질학자 루이스 아가시Louis Agassi, 그리고 필라델피아 지역의 내과 의사 새뮤얼 조지 모턴Samuel George Morton은 다선진화론자polygenecists로 모든 인종이 다른 인종과 서로 독립적으로 진화했다고 믿는 사람들이었다. 따라서 그들에게 흑인은 별개의 인종이었다. "흑인이 유럽인보다 원숭이에 더 가깝다는 것은 일반적인 관찰에 따라 부정할 수 없는 사실이다"라고 로런스는 말했다. 독일의 인류학자 테오도어 바이츠Theodor Waitz는 다선진화론적 사고방식과 박멸주의exterminationist 정책의 결합을 생생하게 묘사했다. 이른바 '하등' 인종을 인간 이하의 존재로 간주하는 사람들에 대해 1863년에 쓴 글에서 그는 다음과 같이 말했다.

다양한 종의 인간이 존재한다면 그중에는 타고난 귀족, 즉 인류의 귀족을 섬길 운명을 타고나서 가축처럼 길들여지고 사용되거나 상황에 따라서 아무런 죄책감 없이 살찌워지고 생리학적 실험에 이용될 수 있는, 하등 인종과 반대되는 지배적인 백인 종이 있어야 한다. 하등 인종을 더 높은 도덕성으로 인도하려는 노력은 라임나무를 키워서 복숭아가 열리기를 기대하거나 훈련을 통해 원숭이가 말하기를 기대하는 만큼이나 어리석은 일일 것이다. 그렇다면 하등 인종이 백인에게 방해가 될 때마다 필요한 모든 박멸 전쟁은 용납될 뿐만 아니라 완전히 정당화될 수 있다. 더 높은 도덕적 발달의 여지가 전혀 없고, 고등한 유기체에게 공간을 내주기 위해 멸종의 운명을 맞아도 무방한, 물리적 존재만이 파괴되기 때문이다.[40]

바이츠는 계속해서 흥미로운 반어법으로 덧붙였다.

그러한 이론에는 많은 장점이 있다. 도덕적, 지적 능력의 탁월성이 우리의 자긍심을 높여 주고, 문명에 존재하는 차이의 원인을 묻는 수고를 덜어준다. 따라서 이러한 이론은 많은 지지자를 얻었지만, 이것이 백인 인종의 정신적 자질이 특별히 뛰어나다는 가정을 의심스럽게 만드는 이유의 하나라고 생각하는 사람도 있다.[41]

다선진화론은 때로 "아메리칸 스쿨"이라 불렸다. 미국에서 특히 노예제도를 옹호하는 사람들에게 인기를 얻었기 때문이다. 많은 미국인이 자신의 인종적 신념을 뒷받침하기 위해 17세기와 18세기 사람들보다 더 기이한 방식으로 성서와 생물학을 융합했다. 일부 종교적 다선진화론자는 아프리카인이 노아의 혈통이 아니라 노아가 방주에 태운 동물의 후손이라고 생각했다. 또 다른 사람들은 흑인이 악마의 자손이거나 신이 아담을 창조하기 전에 만든 인간 이하 종족의 후손이라고 믿었다. 20세기 초에 출간된《검둥이 짐승The Negro a Beast》은 성서 해석과 생물학적 판타지가 기괴하게 융합된다. 이 책을 쓴 익명의 저자는 독자들에게 에덴의 뱀이 사실은 유인원에서 진화한 검은 사람(분명히 사람이라는 단어를 다소 약하게 사용해)인 반면에, 아담과 이브는 신의 형상대로 창조된 백인이었다고 말했다.[42]

바이츠는 인간이 공통의 기원을 가진 단일 종이라고 생각하는 단일진화론자monogenecist이었다. 단일진화론자들은 다선진화론자보다 더 자주 노예제도에 반대했다(찰스 다윈은 저명한 단일진화론자였을 뿐만 아니라 열렬한 노예제 폐지론자였다). 그러나 인간 기원에 대한 견해와 노예 제도에 관한 견해 사이를 지나치게 긴밀한 관계로 가정하는 것은 잘못이다. 다선진화론적 견해를 이단으로 간주하고 유서 깊은 '노아의 저주' 이론을 고수한 종교적 단일진화론자도 많았다.[43]

이와 같은 믿음은 남북전쟁 이후 약 1세기 동안에 아프리카계 미국인에게 일상적으로 가해진 지속적인 폭력에 기름을 부었다. 바트와(피그미) 부족민 오타 벵가의 이야기는 이 기간에 벌어진 아프리카인의 비인간화에 대한 가슴 아픈 실례를 보여준다. 오타 벵가는 당시에 "콩고 자유국"이라 불렸던 중앙아프리카의 광대한 지역에 있는 마을에서 아내와 아이들과 함께 살았다. 벨기에 국왕 레오폴트 2세는 명목상으로는 그곳에 사는 사람들을 돕기 위해 콩고 자유국을 설립했다. 그러나 콩고 자유국에는 자유가 없었다. 레오폴트는 땅과 사람들을 무자비하게 착취하고 고무, 구리, 상아 같은 자원을 고갈시켰다. 그 과정에서 약 800만 명의 사람을 학살했다. 공포 통치의 주체는 아프리카 용병으로 구성된 군대였다. 그들은 불필요하게 잔인한 방식으로 임무를 수행했는데, 할당량을 채우지 못한 남자와 여자, 그리고 아이들은 하마 가죽으로 채찍질을 당하거나 큰 칼로 손이 잘렸다. 잘린 손들은 바구니에 담겨서 식민지 관리에게 제출되었다. 한 목격자는 말했다. "그들은 고무를 갖다 바치기를 거부한 마을을 '깨끗하게 청소'했다. 나는 보예카 마을을 지키던 군인들이 체포된 주민 열 명을 그물에 집어넣고, 큰 돌을 그물에 매달아 강물에 던져 넣는 것을 보았다. 군인들은 젊은이들에게 자기 어머니와 누이를 강간하거나 죽이도록 강요했다."[44]

오타 벵가가 살던 마을은 공화국군이 깨끗하게 청소한 마을 중 하나였다. 군인들은 그의 아내와 아이들을 죽이고 그를 아프리카 노예 상인에게 팔았다.

이 시점에서 새뮤얼 필립스 베르너가 등장한다. 선교사이자 사업가인 베르너가 아프리카에 온 목적은 종교가 아니었다. 그는 1904년 세계 박람회의 '인간 동물원'을 위해 이국적인 인간 표본을 세인트루이스 도시로 가져오는 계약에 서명했다. 인간 동물원은 거대한 민족지학적ethnographic 전시로서 관람객에게 세계 방방곡곡에서 데려온 부족민을 구경할 기회를 줄 것이었다. 심지어 늙은 아파치 전사 제로니모(고야슬레이)까지 전시될 예정이었다. 베르너는 바트와 부족민을 쇼핑하고 있었다. 오타 벵가를 발견한 그는 노예 상인에게 값을 치르고 함께하기로 동의한 일곱 명의 바트와 부족민과 그를 미국으로 데려갔다.

박람회가 끝나자 베르너는 그들을 모두 고국으로 돌려보내고 1년 반 동안 아프리카에 남아서 역사적 유물과 동물 표본을 수집했다. 그동안에 그와 오타 벵가는 친구가 되었다. 벵가는 베르너의 수집 모험에 동행했고, 결국 그와 함께 미국으로 돌아가기를 청했다. 베르너도 동의했

4장 적개심의 수사학

다. 뉴욕의 자연사박물관에 잠시 머물렀던 오타 벵가는 새로 개장한 브롱크스 동물원에 자리를 얻었고, 곧 오랑우탄과 우리를 공유하는 전시물이 되었다. 다음 날《뉴욕타임스》는 "원숭이들과 함께 우리에 갇힌 인간의 모습에 이의를 제기한 사람은 거의 없었다"고 보도했다. 그리고 사람들 대부분에게 인간과 원숭이의 합동 전시가 브롱크스 공원에서 가장 흥미로운 광경이었다는 것에는 의심의 여지가 없었다.[45]

아프리카계 미국인 공동체의 대변인들은 이 전시에 항의했다. 제임스 고든James H. Gordon 목사는 "우리 인종은 우리 중 하나가 유인원과 함께 전시되지 않더라도 충분히 우울하다고 생각한다. 우리는 영혼이 있는 인간으로 여겨질 자격이 있다"고 호소했다. 맥아더R. S. MacArthur 목사가 이끈 흑인 성직자 대표단도 뉴욕 시장에게 보낸 편지에서 이 문제를 거론했다. "이 전시를 책임지는 사람은 아프리카인을 비하하는 것만큼이나 자신을 비하하고 있다. 이 작은 친구를 동물로 만드는 대신에, 신이 그에게 부여한 능력을 개발하도록 학교로 보내야 한다. 우리는 사람들을 기독교인으로 만들기 위해 선교사를 아프리카로 보내면서, 한 사람을 잔인하게 다루려고 여기로 데려온다."[46] 이러한 항의는 인종을 비하하는 전시의 특성에 전적으로 초점을 맞추지는 않았다. 그들은 또한 전시가 지금과 마찬가지로 당시에도 많은 기독교인이 혐오한 다원주의를 지지하는 것을 우려했다. 논란의 압력에 굴복한 동물원 당국이 오타 벵가를 우리에서 풀어주고 동물원 안에서 자유롭게 돌아다니도록 했지만 그의 뒤에는 조롱하는 군중이 따랐다.《타임스》는 이렇게 보도했다.

일요일에 공원을 찾은 4만 명의 방문객 중 거의 모든 남자, 여자, 아이들이 공원의 최고 인기스타인 아프리카에서 온 야만인을 보려고 원숭이 우리를 찾았다. 그들은 울부짖고, 조롱하고, 고함치면서 하루 종일 그의 뒤를 쫓았다. 갈비뼈를 찌르거나 넘어뜨리는 사람도 있었다. 모두가 그를 비웃었다.[47]

그다음에 일어난 일은 확실하지는 않다. 어느 무더운 여름날 벵가는 옷을 벗기로 했다. 관리인들이 강제로 다시 옷을 입히려 했던 것 같다. 그 때문에 칼로 위협하면서 저항했던 그는 즉시 유색인종 고아 보호소로 옮겨졌다. 오타 벵가는 그를 아프리카로 돌려보내겠다는 베르너의 제안을 거절했다. 뉴욕에서의 경험이 고국에서 벌어지고 있는 공포만큼 나쁘지는 않았기 때문이다. 십 대 소녀와 관련된 성 추문이 있은 뒤에, 그는 롱아일랜드를 거쳐서 결국 버지니아주의 린치버그 도시로 옮겨갔다. 그곳에서 신학교를 다니고 담배 공장에서 일했다. 미국에 도착한 지 10년 만에 고국으로 돌아가고 싶었으나 증기선 배표를 살 여유가 없었던 오타 벵가가 스스로를 향해 쏜 총알은 심장을 관통했다.

도덕적 이탈

이것이 어젯밤의 바비큐 사진입니다.
저는 왼쪽의 십자가 밑에 있습니다.
당신의 아들, 조
—1916년, 텍사스주 와코에서 린치당한 흑인 농장 노동자 제시 워싱턴의
검게 그을린 유해를 묘사한 엽서에 적힌 글[48]

이제 이 장의 앞부분에서 제기된 질문으로 돌아가자. 농장 감독은

'검둥이'를 죽이는 것을 왜 개를 죽이는 것만큼이나 대수롭지 않게 생각했을까?

18세기 위대한 경제학자이자 철학자 애덤 스미스는 동향인 친구 데이비드 흄에게서 힌트를 얻어 도덕성이 인간 본성에 내재한다고 주장했다. 도덕성은 우리의 자연스러운 타인과의 정서적 공명에서 흘러나온다. 스미스는 1759년에 출간한 《도덕감정론》의 서두에서 이렇게 말한다. "아무리 이기적인 사람이라도 다른 사람들의 운명에 관심을 가지고 그들의 행복을 그에게 필요한 것으로 만드는 어떤 원리가 그의 본성에 있음이 분명하다. 보는 즐거움 외에는 아무것도 얻지 못하더라도 말이다."

> 그중에는 우리가 다른 사람의 불행을 보거나 아주 생동감 있게 상상할 때 느끼는 감정으로 동정심이나 연민이 있다. 우리가 종종 타인의 슬픔에서 같은 감정을 느낀다는 것은, 입증을 위한 사례를 요구할 필요가 없을 정도로 너무도 명백한 사실이다. 이러한 감정은 다른 모든 인간 본성의 원초적 감정들과 마찬가지로, 고결하고 인도적인 사람들이 가장 탁월하게 느끼겠지만 결코 그들에게만 국한되지 않기 때문이다. 무도한 폭력배, 뻔뻔스럽게 사회적 규범을 위반하는 범죄자에게도 그런 감정이 전혀 없는 것은 아니다.[49]

스미스의 요점은 도덕성의 핵심이 규범과 계율보다는 직감의 문제라는 것이다. 우리는 자연스럽게 주변 사람들의 감정에 공명한다. 그러나 우리가 단지 감정의 동물만이 아님을 유념하는 것이 중요하다. 우리는 인상적인 일련의 개념을 이용하기 때문이다.

개념은 우리의 인식을 분류하는 상자와 같다. 주변을 둘러볼 때 우리는 특징이 없는 모양이나 색채 조각을 보지 않는다. 오히려 다양한 시각적 인상을 사물로 분류한다. 지금 오른쪽을 응시하는 나는 시야에 들어오는 선명하고 붉은 모양을 탐지한다. 나는 이것이 이상한 모양의 색채 구성이 아니라 책상 모서리에 놓인 한 잔의 와인임을 안다. 이러한 인식을 위해서는 나의 이전 경험이 개념의 프리즘을 통해 굴절되어야 한다. 다른 많은 개념의 이해를 전제하는 와인, 술, 그리고 잔 같은 개념이 있어야 한다. 이 모든 것 없이는 무언가가 있다는 것은 알겠지만, 그것이 무엇인지는 알지 못할 것이다. 개념은 우리의 경험에 형태와 의미를 부여한다.

사회에서도 같은 원리가 적용된다. 당신이 누군가를 사람으로 인식하려면 인간이라는 개념이 있어야 한다. 그리고 누군가를 인간으로 분류하면, 당신이 그에게 대응하는 방식에 영향을 미치게 된다. 물론 다른 동물도 자기가 속한 종의 구성원을 식별할 수 있다. 그렇지 않다면 짝을 찾을 수 없을 것이다. 그러나 인간이 아닌 동물 대다수가 '우리'와 '그들'의 개념을 갖고 있다고 생각할 이유는 없다. 그들은 다른 유기체를 그렇게 생각하지 않고 '타자'로 반응한다. (7장에서 설명하겠지만 침팬지는 예외인 듯하다.)

개념적 사고 능력은 우리 종에게 엄청난 행동의 유연성을 주었다. 우리는 다른 동물처럼 융통성 없는 본능적 패턴에 얽매이지 않는다. 세상을 이해하기 위해 사용하는 틀을 설계하고 수정함으로써 우리의 삶을 조각할 수 있기 때문이다. 우리는 상당한 수준으로 자신의 운명을 만들어가는 사람들이다.

그렇다고 인간의 유연성이 무한하다는 말은 결코 아니다. 다른 동물과 마찬가지로 진화는 우리 종에게 특정한 성향, 선호도, 그리고 인지 능력을 부여했다. 우리는 자연스럽게 특정한 취향만을 즐기고, 큰 소리에 깜짝 놀라고, 지배적 위계질서가 있는 집단을 형성하고, 상황에 따라 기쁨과 분노, 그리고 혐오를 느낀다. 그러나 자연선택이 우리에게 부여한 강력한 지성은 우리의 조상들이 자신의 행동을 조작할 수 있다는 중대한 발견을 하도록 해주었다. 이를 위해 그들이 발명한 장치는 이른바 문화, 즉 우리의 삶을 구성하고 규제하는 생각, 상징, 관행의 복합적 시스템이었다.

　문화를 통해서 우리는 자연을 거스른다. 몸은 역겨운 맛이 나는 약을 삼키지 않으려고 저항한다. 하지만 우리는 독성 물질을 삼키지 않게 하려고 우리의 포유류 조상에서부터 내재된 반사적인 구역질 반응을 달래면서 억지로 약을 삼킨다. 다른 동물은, 심지어 영리한 침팬지까지도 혐오하는 물질을 삼키지 못한다. 그러나 우리 호모 사피엔스는 생물학적 충동을 극복하기 위해 의학의 개념을 사용할 수 있다(의사가 우리의 혈관에서 피를 뽑거나 살을 자르는 것을 허용할 때처럼). 문화의 강력한 힘 덕분에 우리는 표면적으로는 자신의 생물학적 이익과 관련이 없거나 반대되는 행동을 할 수 있다. 우리는 독신 생활을 받아들이고, 육욕을 억제하고, 기념비를 세우고 의식을 수행하며, 종교적 교리와 정치적 이념을 만들어내고, 다른 사람의 생명을 희생시키고, 타인을 위해 자신의 생명을 희생한다. 이는 모두 우리의 탁월한 자기 공학self-engineering의 결과이다.

　인간은 천성적으로 공감하는 동물이라는 애덤 스미스의 말이 옳았다. 하지만 그는 또한 도덕적 감정이 결코 단순하거나 직설적이 아니라는 것도 알았다. 우리는 단순하게 고통받는 사람에게 공감하고, 불필요한 고통을 가하는 사람에게 분노하는 것이 아니다. 감정은 무슨 일이 일어나는지에 대한 우리의 해석에 달려 있다. 감정에 관한 한, 개념이 결정권을 쥐고 있는 것이다.

공감의 본성 때문에 우리 대부분은 다른 사람에게 폭력을 행사하는 것을 어려워한다. 이러한 억제는 인간의 공동체를 통합하는 강력한 사회적 유대와 우리 종의 놀라운 '성공 스토리'를 설명한다. 그러나 여기에는 수수께끼가 따른다. 태곳적부터 사람들은 이웃 사람들을 죽이거나 노예로 삼고, 여자들을 강간하고, 그들의 사냥터를 빼앗고, 그들의 비옥한 땅에서 농사를 짓기 위해 함께 뭉쳤다. 영국의 철학자 그레일링A. C. Grayling은 이를 전쟁·평화 역설이라 부른다. "다른 행성에서 온 인류학자는 현대의 도시를 보고 그곳의 거주민들이 놀랍도록 합리적인 방식으로 공동의 선을 위해서 함께 일하는, 이성적이고 평화로운 사람들이라고 추론할 것이다"라고 그레일링은 말한다.

그러나 외계인 인류학자의 추론은 절반의 진실일 것이다. 우주선이 다른 날 다른 지역, 즉 전쟁이 터진 지역에 착륙했다면 인류가 파괴적이고 위험하고 미치광이라는 추론이 나올 것이다. 그렇다면 이것은 역설이다. 평화롭고 번영하는 도시의 바깥에는 군인들이 훈련하는 막사와 총이 만들어지는 공장이 있다. 저 멀리 지평선 너머에서는 지난 100년 동안에만 거의 2억 명에 달하는 이들을 죽음에 이르게 한, 끔찍한 방법으로 사람들이 서로를 죽이고 있다.[50]

우리 종의 고도로 발달한 사회적, 협력적 본성을 고려할 때 어떻게 우리가 이런 잔학 행위를 벌일 수 있을까? 그 답의 중요한 부분은 분명하다. 특정한 민족 집단을 인간이 아닌 동물로 그리기 위해 우리의 개념

4장 적개심의 수사학

적 상상력의 힘을 동원하는 것이다. 이렇게 함으로써 우리는 동료 의식에 따라 억제되는 파괴적인 힘을 내보낼 수 있다.

이는 독창적인 통찰이 아니다. 많은 학자가 도덕적 이탈을 조장하는 비인간화의 힘을 언급했다. 그중에 처음은 3장에서 간략하게 설명된 허버트 켈만이었다. 홀로코스트의 생존자인 켈만은 쓰라린 경험을 통해 폭력에 대한 억제가 풀릴 때 무슨 일이 일어나는지를 알았고, 그런 일이 발생하도록 하는 심리적, 사회적 메커니즘을 이해하고 싶었다.

켈만은 세 가지 중요한 요소가 작용한다는 결론을 내렸다. 하나는 권한의 부여이다. 권위 있는 곳에 선 사람들이 폭력 행위를 승인할 때, 가해자는 개인적 책임을 덜 느낀다. 따라서 폭력을 행하는 데 죄책감을 덜 가진다.

켈만의 가설은 1961년에 스탠리 밀그램Stanley Milgram이 수행한 유명한 복종 실험을 통해서 극적으로 뒷받침되었다. 유대인인 밀그램은 수백만 명의 유대인을 죽음의 수용소로 몰아넣은 책임자 아돌프 아이히만의 재판 기록에 깊은 인상을 받았다. 전쟁이 끝난 뒤에 체포를 피한 아이히만은 가톨릭 성직자 네트워크의 도움을 받아 1950년에 이탈리아를 거쳐서 아르헨티나로 탈출했다. 그는 1960년에 이스라엘 보안 요원들에게 체포되어, 재판을 받기 위해 예루살렘으로 끌려갔다. 재판이 진행되는 동안에 아이히만은 15년 전의 뉘른베르크 전범 재판에서 나치 동료들이 주장했던 것과 마찬가지로 단지 명령에 복종했을 뿐이라는 말을 되풀이함으로써 자신의 행동을 정당화했다.[51] 밀그램은 흥미를 느꼈다. 복종은 어디까지 갈 수 있을까? 이 질문에 답하기 위해 피실험자들이 점점 강도가 올라간다고 믿도록 한 전기 충격을 옆방에 있는 사람(실험자의 공모자)에게 가하라는 지시를 받는, 일련의 실험을 설계하고 실행했다. 전압이 상승하면서 희생자가 벽을 두드리고 고통에 찬 비명을 지를 때, 계속하기를 주저하는 기미를 보이는 피실험자는 처음에 "계속하시오"라는 지시를 듣게 된다. 그래도 여전히 주저한다면 "실험을 계속해야 합니다. 당신이 계속하는 것이 절대적으로 필요합니다"라는 말을 마지막으로는 "당신에게는 선택의 여지가 없습니다. 계속해야 합니다"라는 지시를 받는다. 밀그램은 피실험자의 65퍼센트가 무고하고 고통받는 사람에게 최대 전압을 가하도록 유도할 수 있음을 알아내고 다음과 같은 결론을 내렸다.

> 단지 자기 일을 할 뿐이고 대상에 대한 특별한 적대감이 전혀 없는 평범한 사람들이 끔찍하고 파괴적인 과정의 대리인이 될 수 있다. 더욱이 자신이 하는 일의 파괴적인 효과가 명확해지는 상황에서조차도, 도덕성의 기본 원칙에 어긋나는 행동을 하라는 지시를 받는 사람 중에 비교적 소수만이 권위에 저항할 능력이 있다.[52]

8년 후 미국 언론의 헤드라인은 미라이 학살의 뉴스로 도배되었다. 미 육군의 병사들이 500명이 넘는 베트남 민간인(주로 노인과 여자, 그리고 어린아이)을 살육한 사건이었다. 《타임》지는 대학살의 가해자 중 한 사람인 찰스 후토Charles Hutto 병장이 군 조사관에게 "그것은 살인이었다. 어쨌든 나는 그 모든 사람을 쏘는 일을 즐기지 않았다. 그 같은 살인에 동의하지는 않았지만 우리는 명령을 받았기 때문에 그런 일을 했다"고 말했다고 보도했다.[53] 이 사건을 계기로 켈만은 일반 미국인들에게 노인, 여성, 어린아이를 포함해 마을의 모든 주민을 쏘아 죽이라는 명령을 받는다면 어떻게 할 것인지를 묻는 설문 조사를 했다. 놀랍게도 응답

4장 적개심의 수사학

자의 51퍼센트가 명령에 따르겠다고 답했고, 따르지 않겠다고 한 사람은 33퍼센트에 불과했다.[54]

무조건적 순종은 살인과 고문이 일상적인 활동이 되고 단순한 업무가 되는 일상화의 길을 열어준다. 이는 두 가지 방식으로 도덕적 억제를 극복하는 데 도움이 된다. 첫째로, 경직된 절차를 따르면 결정을 내릴 필요가 없으므로 거북한 도덕적 의문이 해결된다. 둘째로, 작업의 계획적인 세부 사항에 집중하면 가해자가 자신이 하는 행동의 의미를 피해서 숨기가 쉬워진다.

켈만은 권한의 부여와 일상화가 중요하기는 하지만, 냉혹한 폭력에 대한 거부감을 극복하기에는 충분하지 않다고 생각했다. 이를 위해서는 비인간화가 필요하다. 그는 "희생자들이 비인간화되는 정도에 따라 도덕성의 원칙이 그들에게 적용되지 않고, 도덕적 억제가 더 쉽게 극복된다"라고 기록했다. 다른 사람들이 정말로 인간이 아니라면 우리는 도덕적 유보의 방해를 받지 않고, 그들을 마음대로 또는 지시받은 대로 다룰 수 있다.[55]

비인간화가 도덕적 이탈을 초래한다는 생각은 몇 년 뒤 켈만의 가설을 실증적 실험에 적용한 스탠퍼드대학교 심리학자 앨버트 밴듀라 Albert Bandura의 연구에서 다시 나타났다. 밴듀라의 연구 팀은 실험에 참여할 대학생을 모집했다. 실험의 무대는 세 개의 작은 방으로 구성되었고, 각 방에는 한 번에 학생 세 명씩 들어갔다. 방에는 공격 장치, 10단계의 강도로 전기 충격을 주는 장치가 설치되었다. 방에 들어간 학생들은 옆방에서 누군가가 한 무리의 사람들에게 집단적 의사 결정에 대한 처벌의 효과를 연구하는 실험에 그들이 참여하고 있다고 설명하는 것을 우연히 듣게 된다. 그리고 다양한 사회적 배경의 참여자들이 모집되었으며, 각 의사 결정 그룹은 비슷한 속성을 가진 세 사람으로 구성되었다는 것도 알게 된다. 이는 물론 진짜 피실험자인, 옆방의 이야기를 엿듣고 있는 학생들을 위해 마련된 정교한 속임수였다.

그다음에 각 학생은 자신이 세 명의 의사 결정자로, 구성된 그룹을 감독할 것이라는 말을 들었다. 자신이 맡은 그룹의 구성원이 효과적인 결정을 제안한다면 방에 있는 호박색 표시등이 깜빡이고, 학생은 아무런 행동도 할 필요가 없을 것이다. 그러나 비효과적인 결정이 제안될 때는 빨간색 표시등이 깜빡이고, 학생은 그룹 참여자들에게 전기 충격을 가해야 한다. 그들은 강도가 미미한 1에서 고통스러운 10단계까지 마음대로 선택해 충격을 가할 수 있었다. 물론 실제로는 아무런 충격도 가해지지 않았다.

그 후에 학생들은 자신이 인터콤 시스템으로 전달되는 실험자와 조수의 대화를 엿듣고 있다고 믿도록 유도되었다. 마이크 스위치가 켜진 후에 실험자는 실험이 곧 시작된다고 알리지만, 조수가 점수표를 어디에 두었느냐며 말을 끊는다. '의도치 않게' 마이크가 켜진 상태로 이어진 대화에서 실험자는 조수에게 의사 결정 그룹의 세 가지 유형을 설명한다. 그들은 인간화된(지각력, 이해력 등등이 있는), 비인간화된(동물 같고 형편없는), 또는 중립적인 그룹 중 하나로 설명된다. 이 대화는 마이크가 켜져 있음을 발견한 실험자가 황급히 마이크를 끄는 것으로 마무리된다.

밴듀라는 비인간화의 설명이 학생들의 징벌적 행동에 영향을 미치는지를 알아내기 위해 이런 실험을 고안했다. 결과는 정확히 예상할 수 있는 것이었다.

193

비인간화된 사람들은 인간적 특질이 부여된 사람들보다 두 배 이상 가혹하게, 그리고 중립적인 그룹보다도 상당히 가혹하게 다뤄졌다. 학생들은 비인간화된 그룹과 중립적인 그룹에 대해 서서히 처벌의 강도를 높였다. 약한 충격으로도 효과적인 개선이 이루어진다는 증거가 있어 공격성을 강화할 정당성이 없음에도 말이다. 반면에 인간화된 그룹에 대해서는 일관되게 가벼운 처벌을 고수했다.[56]

충격을 통해 개선된 결과를 얻지 못했을 때, 학생들의 행동은 더욱 우려스러웠다. 밴듀라는 이렇게 말했다. "역기능적 피드백을 받은 피실험자들은 갑자기 최대 강도에 가까울 정도로 처벌을 강화했다."[57]

《도덕의 원리에 관한 질문An Enquiry Concerning the Principles of Morals》에서 흄의 간략한 언급으로 시작해 비인간화가 도덕적 이탈을 부추긴다는 생각은 광범위한 지지를 얻었다. 한 집단의 사람들이 비인간화될 때 그들은 단지 상황에 따라 관리되고 착취되고 처분되는 동물로 다뤄진다. 역사를 통해 선전 선동가들은 자신의 정치적 목적을 위해 비인간화를 이용했다. 전쟁을 홍보하는 데 적을 자기방어를 위해서 죽여야 하는 피에 굶주린 짐승으로 묘사하는 것보다 더 좋은 방법은 없다. 집단 학살의 열의를 부추기는 데 의도된 희생자들을 위생을 위해 박멸해야 하는 해충, 기생충, 또는 질병을 옮기는 유기체로 표현하는 것보다 더 좋은 방법은 없다.

마음의 구조는 우리를 이런 형태의 설득에 취약하게 만든다. 이런 이미지들은 우리의 내면 깊은 곳에 있는 무언가에 호소한다. 아직도 당신은 예외이고 이런 힘에 면역이 있다고 믿는다면, 이 책이 끝날 때는 악에 대처하는 당신의 능력에 대한 더 현실적인 평가를 수용하기 바란다.

"
도덕성에 어긋나는
행동을 하라는
지시를 받은 사람 중에
소수만이 권위에
저항할 능력이 있다.
"

집단 학살에서
얻은 교훈

가해자의 만족감은
어디에서 오는가

나는 당신의 교구에 받아들여지지 않는 사람이고,
블라이슈타인이 나의 친척이며, 슈튀르메르의 사환인 샤일록과 원생동물의 점액을
공유한다. 그리고 도시 아래에는 쥐보다 약간 낮은 숙소가 있다.
하수구에 피가 흐르고 비스와강에 우리의 살이 오물과 함께 떠다닌다.
― 에마누엘 리트비노프Emanuel Litvinoff, 〈T. S. 엘리엇에게To T. S. Eliot〉[1]

집단 학살에 참여하는 것이 어떤 느낌일지 궁금했던 적이 있는가? 당신이 사람들을 가스실로 몰아넣는 아우슈비츠의 경비원이라고 상상해 보았는가? 또는 남자, 여자, 아이들을 큰 칼로 토막 내어 죽이는 르완다의 후투족이라고 상상해 보았는가? 생생하게 사실적으로 한번 해보라. 어려운가? 이번에는 정치학자 대니얼 골드하겐Daniel Goldhagen의 도움을 받아 다시 시도해 본다.

당신은 그를 자른다. 그리고 다시 자른다. 다시, 또다시. 당신이 죽이려는 여자가 살려달라고 자비를 구하면서 울부짖는 소리를 듣는

다고 생각해 보라. 당신이 여자를 토막 내거나 자르고 다시, 다시, 또다시 자를 때나 여덟 살 소년의 몸을 토막 낼 때 비명을 듣는다고 생각해 보라.

아마 당신의 상상력은 움츠러들고 말 것이다. 그런 일을 그려보는 당신은 구토를 느낀다. 그러나 이렇게 안심이 되는 자연스러운 반응은, 집단 학살이 실제로 일어나기 때문에 난제일 수밖에 없다. 골드하겐이 계속해서 말하듯이 "집단 학살의 가해자들은 그런 일을 하고, 그런 소리를 듣는다. 그들은 열성, 민첩성, 자기만족, 심지어 즐겁게 그런 일을 한다."[2]

괴물이나 미치광이가 아니다

어떤 종류의 사람들이 우리가 상상하기조차 힘든 행위를 기꺼이 할까? 자연스럽게 나오는 대답은 그들이 괴물이라는 것이다. 히틀러는 괴물이 아니었을까? 스탈린, 마오쩌둥, 또는 사담 후세인은 어떤가? 그들은 모두 확실하게도 괴물이었다. 그렇다면 괴물이란 무엇일까?

괴물은 항상 인간의 상상 속 어두운 곳을 맴돌았다. 스페인과 프랑스 남부의 동굴에는 익명의 석기시대 예술가들이 그린 섬뜩한 괴물의 묘사가 남아 있다. 홍적세 동물군의 이미지가 흩어져 있는 사이에, 분명한 인간도 아니고 확실하게 인간이 아닌 것도 아닌 이상한 모습들이 있다. 그중 일부는 인간의 몸과 동물의 머리를 가졌다. 동물처럼 이상한 주둥이를 가진 일그러진 얼굴을 보여주는 그림도 있고, 머리에 뱀 같은 부속물이 달린 또 다른 인간처럼 보이는 그림도 있다. 선사 시대의 괴물 그림 중에 가장 유명한 것은 프랑스 남서부의 동굴에서 발견된 무시무시하게 노려보는 눈, 인간처럼 생긴 튼튼해 보이는 다리, 그리고 뿔이 달린 이상한 머리를 가진 일종의 반인반수의 모습이다. (고고학자들은 동굴 벽화의 괴물 그림을, 동물 가죽을 입고 사냥의 마법 의식을 거행하는 주술사라는 가정하에 '마법사'라 불렀다.)[3]

괴물은 우리가 위험하고 두렵게 생각하고 거리를 두고 싶어 하는 모든 것을 구현한다. 그런 이유로 괴물은 고대 중동 문명의 종교적 신화에서 중요한 역할을 했다. 이집트의 대표적인 괴물 아펩은 질서 있는 세계를 혼돈과 혼란의 끓어오르는 심연으로 끌어들이려고 끊임없이 위협하는 거대한 뱀이었다. 메소포타미아의 문헌에는 똬리의 크기가 12만 제곱미터에 이르는 괴물 티아마트(성서에 나오는 괴물 리바이어던의 원형)가 묘사되어 있다.

이와 같은 거대한 동물은 거칠고 통제할 수 없는 자연의 파괴적인 힘을 나타낸 반면, 더 작고 의인화된 괴물은 다른 동물, 특히 인간이 가하는 포식적 위험을 구현했다. 인류학자 데이비드 길모어David Gilmore는 "과거의 이름 있는 괴물과 마찬가지로 더 작은 짐승은 사람들을 찢어서 잡아먹곤 했다"고 말했다. 사람들은 흉포한 요괴들에게 끊임없이 스토킹을 당한다고 믿었다. 흡혈귀 같은 악령의 무리가 사람들의 목을 찢고, 피를 마시고, 살을 먹었다. 그들의 들쭉날쭉한 입은 치명적인 독을 뿜었고, 날카로운 발톱은 더럽고 치명적이었다.[4]

괴물에 대한 관심은 고대 전반에 걸쳐 계속되었다. 그리스-로마의 괴물은 일반적으로 "인간과 동물의 특성이 충격적이고 무시무시한 방식으로 결합되었다."[5] 로마의 작가 플리니우스의 자연사 백과사전에는 인도의 깊은 산속에 산다는 인간의 몸과 개의 머리를 가진 괴물과 빗 같

　　　　　　　　　　5장 집단 학살에서 얻은 교훈

은 삼중 이빨, 사람의 얼굴과 귀, 회색 눈, 피처럼 붉은 피부와 사자의 몸에 전갈 같은 꼬리를 가진 맨티코어라는 동물을 비롯해 다양한 괴물에 관한 상세한 정보들이 수록되었다.[6] 아우구스티누스가 사람을 인간으로 만드는 것이 육체의 껍질보다는 내면적인 것(이성적 영혼의 소유)이라고 강조하게 한 것은 '괴물 종족'에 대한 플리니우스의 끔찍한 설명이었다.

괴물에 대한 우려는 중세까지 계속되었다. 이 시기에 괴물에 관한 정보의 가장 중요한 출처는 9세기와 11세기 사이의 언젠가 쓰인 《다양한 종류의 괴물 책The Book of Monsters of Various Kinds》이었다. 이 책은 인간, 하등동물, 그리고 괴물로 구성된 분류법을 제시하고 괴물을 인간과 짐승 사이에 낀, 인간보다 열등하나 동물보다 우월한 범주로 설명했다. 괴물에 기괴한 특성을 부여한 것은 이러한 인간과 동물 특성의 조합이었다. 괴물 부모에게서 태어나는 괴물도 있고, 인간으로 삶을 시작했지만 사악함의 결과로 타락해 괴물이 되기도 했다. 그러나 족보가 어떻든지 괴물은 인간에 대한 악의를 품고 신의 질서를 증오하는 변함없이 사악한 존재이다.[7] 그들의 입속에 있는 비스듬한 이빨은 비인간적인 포식자의 특성을 강조하는 치명적인 무기이다. 책은 결론을 내린다. "그들이 만들어진 대로 창조의 질서는 그들을 바깥에 두어야 한다."[8]

히틀러, 스탈린, 기타 사악한 행위를 저지른 사람들은 괴물이 아니었다. 괴물은 존재하지 않는다. 좋든 싫든 이들은 역사상의 모든 집단 학살자와 마찬가지로 인간이었다. 그렇다면 우리는 왜 그들을 괴물이라 부를까?

크로아티아의 저널리스트이자 작가인 슬라벤카 드라쿨리치Slavenka Drakulić가 답을 제시한다. 드라쿨리치는 헤이그에서 열린 발칸 전쟁의 전범 재판을 묘사하면서, 스레브레니차에서 9천 명의 보스니아 무슬림을 학살한 라트코 믈라디치와 악명 높은 슬로보단 밀로셰비치 같은 사람들을 지켜본 경험을 이렇게 말한다.

당신은 날마다 법정에 앉아 피고인을 지켜보면서 처음에는, 프리모 레비가 말했듯이 "이것이 인간인가?" 생각한다. 아니, 이것은 인간이 아니라고 대답하기가 너무 쉽지만, 날이 갈수록 범죄자가 점점 더 인간이 되어간다고 생각하게 된다. 당신은 추하든 잘생겼든 그들의 얼굴, 하품하는 방식, 머리를 긁거나 손톱을 매만지는 모습을 지켜보면서 자문해야 한다. 이것이 인간이라면? 그들을 더 잘 알게 될수록 전쟁 범죄자도 평범한 사람일 수 있음을 깨닫고, 점점 더 두려워진다. 왜?
이는 그들이 괴물인 것보다 더 심각한 결과를 낳기 때문이다. 평범한 사람들이 전쟁 범죄를 저질렀다는 것은 우리 중 누구라도 그런 짓을 저지를 수 있음을 의미한다. 이제 당신은 전쟁 범죄자들이 괴물임을 인정하는 것이 그토록 쉽고 편안한 이유를 이해한다.[9]

이런 사람들을 괴물이라 부르는 것은 단지 비인간화를 저지른 사람을 비인간화하는 것이므로, 진단하려는 질병의 증상이 되고 만다. 사람을 괴물이라 부르는 것은 묘지를 지나치면서 휘파람을 부는 것이고, 그들이 우리와 매우 다르다는 것을 스스로 확인하는 방법이다. 그들을 바깥에 두는 것은 '창조의 질서'가 아니라 당신과 나이다.

또 다른 거리 두기 전략은 이런 사람들이 '병들었다'고, 즉 정신병자라고 말하는 것이다. 확실히 누구라도 그처럼 끔찍하고 잔인한 행동을 하거나 그런 명령을 내리는 사람은 심각한 정신장애가 있다고 말할

5장 집단 학살에서 얻은 교훈

수 있다. 히틀러, 스탈린, 폴 포트, 심지어 오사마 빈 라덴까지 '미치광이', '정신병자' 또는 '사이코패스'로 묘사되는 말을 얼마나 많이 들었는가? 정신 질환이 기괴하고 때로는 폭력적인 인간의 행동을 설명할 수 있는 것은 사실이다. 그러나 이러한 정신의학적 외도는 대개 잘못된 생각이다. 집단 학살의 살인자들에게 돌려지는 유형의 '질환'은 중추 신경계의 기능장애와 아무런 관련이 없고, 세속적인 완곡어법으로 의학의 옷을 걸친 도덕적 진단에 불과하기 때문이다. 히틀러 정권의 고위 관리들은 종종 집단 학살을 저지른 미치광이의 전형적인 보기로 매도된다. 하지만 그에 대한 무슨 증거가 있는가? 그런 증거를 알 수 있는 위치에 있었던 사람이 있다면 그 누구보다도, 1946년 뉘른베르크 전범 재판에서 나치 전범들을 돌보는 일을 맡았던 미국의 정신과 의사 레온 골든손Leon Goldensohn일 것이다. 그러나 골든손은 대중적인 편견을 확인해 주지 않았다. 대신에 "루돌프 헤스와 한스 프랑크를 제외하면 뉘른베르크 재판의 피고인들은 정신병자와는 거리가 멀었다. 그들 대부분은 너무도 평범했다"라고 말했다.[10] 나치의 문제는 유대인을 말살하려는 욕구가 아니었다. 그들의 해결책이 문제였다. 현대의 도덕적 광기의 전형으로 여겨지는 무슬림 테러리스트도 마찬가지이다. 정신과 의사 마크 사게만Mark Sageman은 거의 200명에 달하는 지하드 전사들을 인터뷰한 결과, 명백한 정신 건강 문제를 찾아내지 못했다고 보고했다.[11] 대량 살상을 계획하고 실행하는 사람들이 미국의 대로를 활보하는 행인 중에서 무작위로 선택된 사람들보다 정신 질환에 걸리기 쉽다는 증거는 없다.

그래서 우리는 다시 처음 질문으로 돌아오게 된다. 사람들이 집단 학살에 가담할 수 있게 하는 것은 무엇일까? 이 질문에 답하려면 집단 학살의 사고방식을 이해하기 위한 발판이 필요하다. 다른 면에서는 당신이나 나와 같은 평범한 사람들이 상상하기도 힘든 잔혹 행위를 저지르도록 하는 것이 어떤 종류의 관심사인지에 대한 감을 잡아야 한다.

우치의 괴벨스

어느 날 아침 어지러운 꿈에서 깨어난 그레고르 잠자는
자신이 거대한 벌레로 변해버린 것을 발견했다.
— 프란츠 카프카, 《변신》[12]

독일이 폴란드를 정복한 직후인 1939년 가을, 영화제작진이 폴란드의 도시 우치에 도착했다. 다큐멘터리 영화 〈끈질긴 유대인The Eternal Jew〉을 찍는 임무를 맡은 제작 팀은 히틀러의 선전장관 요제프 괴벨스의 감독하에 작업을 진행했다. 괴벨스는 독일의 유대교 회당이 불타고, 유대인 기업이 파괴되고, 수만 명의 남자, 여자, 어린아이가 강제수용소로 이송된 대학살 '수정의 밤Kristallnacht'에 책임이 있는 열렬한 반유대주의자였다. 이제 그는 '유대인 영화'를 만들기 위해 우치에 왔다. 홀로코스트를 연구한 역사학자 스티그 혼쇠즈묄레르Stig Hornshøj-Møller에 따르면 히틀러에게 유대인을 말살할 필요성을 확신시킬지도 모르는 영화를 말이다.

괴벨스가 무고한 사람들을 지구상에서 쓸어버리려는 냉혹한 음모를 꾸민 뒤틀리고 사악한 괴물에 불과하다고 상상하기 쉽다. 그러나 이는 그의 복잡성과 인간성을 과소평가하는 일이 될 것이다. 괴벨스는 유대인이 인간 이하의 위험한 동물이라고 진심으로 믿었다. 그의 마음에

5장 집단 학살에서 얻은 교훈

유대인을 죽이는 것은 잔인한 행위가 아니라 도덕적 의무였다.

영화 촬영을 감독하기 위해 베를린에서 우치로 날아가기 전에 괴벨스는 프리츠 히플러Fritz Hippler 감독에게 코셔kosher 도살 의식을 포함한 '유대인 게토지구 생활의 모든 것'을 포착하는 사전 촬영을 지시했다. 10월 16일 히플러는 촬영한 필름을 괴벨스에게 보여주었다.

> 괴벨스는 유대인 문제에 대해 적절한 사고방식을 갖춘 사람들이 어떻게 반응할지를 나에게 보여주려 했다. 거의 모든 근접 촬영 장면에 혐오와 증오의 외침이 따랐다. 유대인이 가축을 도살하는 장면에서 그는 두 손으로 얼굴을 가렸다.[13]

이는 그저 과장된 태도가 아니었다. 괴벨스는 10월 17일 일기에 히플러가 보여준 장면들이 "피가 얼어붙을 정도로 끔찍하고 잔인했다. 그러한 잔인성은 우리를 공포에 빠뜨린다. 이 유대인들은 말살되어야 한다"고 기록했다.[14]

이는 괴벨스가 11월 2일에 영화제작진에 합류하고, 촬영 팀과 함께 어둠의 중심부로 들어간 뒤에 쓴 일기에서도 계속된다. "이들은 더 이상 인간이 아니고 동물이다. 따라서 이것은 인도주의적 과업이 아니라 외과 의사의 임무이다. 여기에서, 그것도 가장 근본적으로 잘라내야 한다. 그렇지 않으면 유대인이라는 질병으로 인해 언젠가는 유럽이 사라질 것이다." 그다음 날 그는 히틀러와 이 문제에 관한 이야기를 나누었고 "유대인은 쓰레기이다. 이는 사회적이기보다는 임상적인 문제이다"라고 일기에 기록했다. 기묘하게도 나치는 인간이 아닌 진짜 동물에 대해서는 사뭇 다른 태도를 보였다. 〈끈질긴 유대인〉에서 가축의 도살 의식을 묘사한 길고 끔찍한 장면은 열렬한 채식주의자로 동물의 생체 해부를 반대하고 동물 복지를 옹호했던 히틀러를 분노하게 했을 것이다.[15]

다른 독일인들도 유대인 게토를 방문했다. 국가의 후원을 받은 레저 조직기관 '크라프트 더치 프로이데KdF(즐거움을 통한 힘이라는 뜻이다)'는 군인들이 근거리에서 인간 이하의 모습을 관찰할 수 있는 버스 여행을 마련했다. 폴란드 망명정부가 작성한 보고서는 이 기괴한 도시 '사파리'를 다음과 같이 설명한다.

> 매일같이 대형 버스가 게토로 왔다. 그들은 마치 동물원에 온 것처럼 군인들을 데리고 다녔다. 야생동물을 자극하려는 행동이었다. 군인들은 종종 버스 옆으로 지나가는 행인을 긴 채찍으로 공격했다. 묘지에 가서는 사진을 찍었다. 죽은 사람의 가족과 랍비에게 장례식을 멈추기를 강요하고 렌즈 앞에서 자세를 취하도록 했다. 그들이 연출한 것은 장르 사진(어린 소녀의 시체 위에 있는 늙은 유대인)이었다.[16]

괴벨스가 방문했을 때 우치에 거주하는 유대인의 미래는 암울했다. 그들은 괴롭힘과 학대에 시달렸고, 사업이 폐쇄되고 재산이 몰수되었으며 도시에 있는 네 곳의 큰 회당이 불태워졌다. 머지않아 대부분이 강제수용소에서 사망하거나 굶주림으로 죽게 될 것이었다. 그러나 괴벨스가 볼 수 있었던 것은 근절되지 않는다면 세계를 집어삼킬, '유대인 질병'을 옮기는 해충뿐이었다. 이 영화의 가장 악명 높은 장면에서는 화면에 쥐 떼가 나타난 후에 하수구와 곡물 자루에 쥐들이 들끓는 모습을 보여주고 나서, 내레이터의 설명과 함께 우치의 거리 생활 모습이 이어진다.

쥐는 나타나는 곳마다 인간의 상품과 식료품을 파괴함으로써 파멸을 부른다. 그들은 이런 식으로 질병, 전염병, 나병, 장티푸스, 콜레라 등을 퍼뜨린다. 그들은 교활하고, 비겁하고, 잔인하며, 대부분 큰 무리를 짓는다. 쥐는 인간 중의 유대인처럼, 가장 교활하고 음험한 파괴를 대표하는 하등동물이다.[17]

〈끈질긴 유대인〉은 문화생활의 모든 부문에서 유대인과 오물, 부패, 그리고 질병 사이의 연결을 강조한다. 예를 들어 내레이터는 이 '기생충 인종'에게 독일 예술 사상의 '순수함과 깨끗함'에 대한 정서가 전혀 없다고 진지하게 말한다. 유대인의 예술에는 부자연스럽고, 기괴하고, 비정상적이거나 병적인 더러움과 질병의 냄새가 진동한다. 그리하여 영웅적인 국가사회주의 운동은 단호하게 이러한 역병을 퇴치하기로 했다. 1939년 9월에 독일군이 도시로 진입했을 때 우치에 거주하는 유대인은 약 23만 명이었다. 그러나 6년 뒤에 러시아군에 의해 우치가 해방되었을 때 살아남은 유대인은 900명이 되지 못했다.

모순처럼 보일 수도 있지만 '최종 해결책'의 설계자들은 자신들의 과업을 주로 도덕적인 작업으로 여겼다. 그들은 물리적 더러움과 질병의 이미지를 도덕적 불결의 개념에 매끄럽게 연결했다. 독일 문명이 도덕적 순수성을 구현한 것처럼 유대인은 악을 구현했다. 나치의 세계관은 오늘의 미국인이 이슬람 근본주의 탈레반을 바라보는 이미지와 마찬가지로, 물리적 위험과 도덕적 위험의 요소를 결합했다(히틀러는 종종 유대인에게 "매우 급진적이고 테러리스트 같은 성향이 있다"고 말했다).[18] 이러한 종말론적 관점은 제이 고넨Jay Gonen의 《나치 심리학의 뿌리The Roots of Nazi Psychology》에 잘 요약되어 있다. 고넨에 말에 따르면, 나치는 자신들이 어떤 것도 안전하지 않은 양극화되고 가장 위험한 세계에 살고 있다고 믿었다.

> 양극화된 세계에 만연한 위험이 떠돌고 있다. 이제 모든 것이 교활하고 부패한 질병의 대리인에게 노출된 것 같다. 삶은 치명적인 질병에서 보호될 필요성에 지배된다. … 히틀러의 인식은 분명하고도 불길했다. 잘 이해되지 않은 모든 악이 승리를 거두기 직전이다. 그렇지만 아직 맞서 싸울 수 있다. 완전한 교육이 질병에 대한 이해를 낳고, 완전한 열광만이 경로를 설정하고 심지어 질병을 최종적으로 근절할 전면전을 지속할 수 있다.[19]

이보다 더 중요한 일은 있을 수 없었다. 세계 운명이 총통의 메시지를 이해하는 현명함과 인류에 대한 자신의 의무를 받아들이는 용기를 갖춘 남성과 여성의 어깨에 달려 있었다. 1943년 10월 4일에 나치의 비밀경찰 책임자 하인리히 힘러Heinlich Himmler는 폴란드 도시 포즈난에서 친위대 장교들에게 한 연설을 통해 이렇게 기이한 도덕적 감성을 잘 드러낸다.

> 나는 유대인의 말살을 이야기하고 있다. 제군들 대부분이 100구, 500구 혹은 1천 구의 시체가 나란히 누워 있는 광경을 보는 것이 어떤 일인지를 안다. 이를 위해 굳건히 서서 품위를 잃지 않았고, 그것이 우리를 힘들게 했다….

> 그는 계속해서 살해된 유대인에게서 몰수된 모든 재산이 제국에

넘겨졌고, 친위대는 자신을 위한 전리품을 취하지 않았다고 주장했다. 몰수된 물품을 훔치는 것은 부도덕하고, 그런 유혹에 굴복한 소수는 처형될 것이라고 말이다.

> 우리에게는 도덕적 권리, 우리 국민을 위해 이 사람들을 말살할 의무가 있었다. 우리는 세균을 박살냈기 때문에 결국 감염되어 죽는 것을 원하지 않는다. 나는 아주 작은 썩은 부위가 생겨나거나 자리를 잡는 것도 옆에 서서 지켜보지 않을 것이다. 무엇이 형성되든 우리가 함께 불태워 버릴 것이다. 우리는 대체로 이 가장 어려운 과업을 국민을 위하는 정신으로 수행했다고 말할 수 있다. 그리고 우리의 내면, 영혼, 인간성에 아무런 피해도 입지 않았다.[20]

이는 당시 고위층뿐만 아니라 애국적인 독일인들의 편지와 회고록에서도 반복된다. 그들은 자신이 인간 이하성에 맞선 인간성, 야만에 맞선 문명, 도덕적 타락에 맞선 미덕을 방어하기 위한 투쟁을 벌인다고 생각했다. 러시아인이 파리처럼 죽어가고, 기동 부대가 유대인을 대량 학살하던 1941년의 동부전선에서 편지를 쓴 병사는 자신이 "진정한 인간을 위한 투쟁과 영혼의 영원한 대의"로 동기를 부여받는다고 했다. 또 다른 병사는 집으로 보낸 편지에서 이 전쟁이 "고통과 절제로 정화되는 인간의 존엄성을 보존하는 것… 유령 같은 물질주의의 발현과 싸우는 일"이라고 말했다. 한 중대장은 병사들에게 그들이 "오물층 밑에 묻힌 고대의 미덕을 되살리기 위해" 싸우고 있다고 했다. 군대에 배포된 전단지는 병사들에게 "우리가 이 유대인을 짐승으로 묘사한다면, 동물을 모욕하는 일이 될 것이다. 그들은 고귀한 인류 전체에 맞서는 광적인 증오의 화신

이며 고귀한 피에 맞서는 인간 이하 존재의 반란"이라고 단언했다.[21]

지성을 갖춘 사람들이 그토록 왜곡된 방식으로 세상을 바라보고, 자신들의 마니교적 비전을 무고한 사람들을 대상으로 집단 학살 전쟁을 벌이는 정책으로 돌렸다는 것은 이해하기 힘든 일처럼 보일 수 있다. 나치를 비난하는 데는 별다른 노력이 필요 없다. 도덕적 분노는 값싸게 일어난다. 그러한 비극을 촉발한 인간 조건의 특성을 검토하는 것이 더 어렵고 분명히 더 가치 있는 일이다.

집단 학살

… 예술의 모범,
그것은 모든 형태의 삶과 감정을 죽인다.
순수하고 살아남을 것을 제외하고.
—로이 캠벨Roy Campbell, 〈가을Autumn〉[22]

집단 학살을 연구하는 대부분의 사람이 특정한 인구 집단 전체를 말살하려는 시도가 거의 항상 말살당하는 사람들이 진짜 인간이 아니라는 생각을 동반한다는 데 동의한다. 대니얼 골드하겐이 지적하듯이 "비인간화라는 용어는 집단 학살에 관한 논의의 적절한 출발점이다. 비인간화는 실제 또는 의도된 희생자들에 대한 살인자, 살인자가 되려는 사람, 그리고 더 큰 집단의 사고방식을 설명하는 주요 범주로 사용된다."[23]

인권 단체 제노사이드 워치의 설립자이자 회장인 그레고리 스탠턴 Gregory H. Stanton은 비인간화가 집단 학살의 일반적인 특성이라고 설명한다. "한 집단이 다른 집단의 인간성을 부정한다. 그 집단의 구성원은 동물, 해충, 곤충, 또는 질병과 동일시된다. 비인간화는 살인에 대한 인간의 정상적인 혐오감을 극복한다. 이 단계에서 선전이 피해자 집단을 비방하는 데 사용된다." 마찬가지로 네브래스카대학교 심리학자 데이비드 모스만David Moshman은 피해자 집단의 구성원들이 "인간 이하, 비인간, 또는 반인간 집단의 요소로 이해된다"고 지적한다. 심리학자 클라크 맥콜리Clark McCauley와 사회학자 대니얼 치로Daniel Chirot도 비슷한 견해를 내놓는다. "대부분의 집단 학살 사례에서 가해자들은 종종 희생자를 병들거나 예외적으로 더러운 동물… 특히 돼지, 쥐, 구더기, 바퀴벌레, 기타 해충(또는 괴물 같은 존재)으로 지칭함으로써 그들의 인간성을 깎아내린다."[24]

이러한 관찰을 염두에 두고, 지난 100년 동안에 발생한 최악의 집단 학살 사례에서 비인간화가 수행한 역할을 간략히 살펴보자.

19세기 말과 20세기 초에 '어두운 대륙' 아프리카를 조각내고 있던 유럽 강대국들은 원주민을 짐 나르는 짐승이나, 때로는 위험한 동물로 취급했다. "흑인은 엄청난 골칫거리를 안겨준다." 벨기에 국왕 레오폴드 2세의 대리인이자 탐험가 헨리 모턴 스탠리Henry Morton Stanley는 불평했다. "진흙과 습기가 게으름뱅이들의 육체적 에너지를 고갈시킬 때는 채찍이 활력을 다시 일으킨다."[25]

벨기에인이 콩고의 풍부한 자연 자원을 착취할 때, 오늘날의 나미비아를 약탈하느라 바빴던 독일의 식민지 개척자들은 그곳에서 20세기 최초의 본격적인 집단 학살을 자행했다. 독일과 네덜란드의 식민지 개척자들은 원주민 나마족과 헤레로족을 멸시했고, 그런 태도를 숨기려 하지 않았다. 이 지역의 백인 농부들이 베를린의 식민지 부서로 보낸 탄원서에는 "그들을 인간으로 간주하는 것이 불가능하다"라고 명시되어 있다.[26] 당시의 선교사가 쓴 보고서는 다음과 같았다.

평균적인 독일인은 원주민을 개코원숭이(그들이 원주민을 묘사하는 데 가장 선호하는 말)와 거의 비슷한 수준의 동물로 여긴다. 결과적으로 백인들은 그들의 말과 소를 원주민보다 더 높이 평가한다. 그런 사고방식은 가혹함, 속임수, 착취, 불의, 강간, 그리고 드물지 않게 살인을 낳는다.[27]

학대는 반란을 촉발했고, 반란은 모국에서 데려온 1만 4천 병력의 지원을 받은 로타르 폰 트로타Lothar von Trothar 장군에 의해 무자비하게 진압되었다. 폰 트로타는 자신의 군사전략을 사회적으로 인식된 반란군의 지위에 맞추었다. "비인간에게는 인도적인 전쟁을 수행할 수 없다." 많은 사람이 즉석에서 총살되었고 다른 사람들은 병사들이 샘물에 독을 풀어놓았던 칼라하리 사막으로 쫓겨났다. 한 군 장교가 말했다. "적은 상처 입은 짐승처럼 한 샘물에서 다른 샘물로 추적되었다. 마침내 자신이 처한 환경의 희생물이 될 때까지." 일부는 산채로 불태워졌다. 25명의 남성과 여성, 그리고 아이들이 불태워지는 것을 본 목격자는 말했다. "독일인들은 이 모든 개와 개코원숭이들을 이런 식으로 불태워야 한다고 했다." 생존자는 강제수용소에 수용되었다. 약 6만 명의 헤레로족(인구의 약 75퍼센트)과 1만 명의 나마족(인구의 절반), 그리고 25만 명에 달하는 남자, 여자, 아이들이 사망했다.[28]

10년 뒤에는 터키에서 집단 학살이 일어났다. 1915부터 1916년까지의 유혈 사태 이전에도, 무슬림 터키인들은 주기적으로 이슬람의 기준에 따른 굴욕적 지위를 강요받았던 기독교 소수 민족의 구성원(주로 아르메니아인이지만 그리스인과 시리아인도 포함된다)을 학살했다. 영국의 민족학자 윌리엄 램지William M. Ramsey는 "터키의 통치는 말로 표현할 수 없는 경멸을 의미했다"고 말했다.

아르메니아인(그리고 그리스인)은 개와 돼지였다. 그들의 그림자가 터키인을 가리면 화를 내면서 침을 뱉었고, 그의 발에 묻은 진흙을 닦는 깔판이 되어야 했다. 여러 세기에 걸쳐서 모욕과 조롱을 받고 재산, 삶, 자신, 가족 등 아르메니아인에게 속한 모든 것이 변덕스럽고 이유가 없는 폭력으로부터 보호되지 않았다. 그에 대한 저항은 죽음을 의미했던 노예제도의 필연적 결과를 생각해 보라![29]

1895년에 영국의 요원들이 가로챈, 터키군 장교가 부모와 형제들에게 보낸 편지는 이러한 집단 학살의 정신과 범위를 명백하게 보여준다. 편지는 이렇게 시작한다. "형제여 이곳의 소식을 듣고 싶다면, 우리는 아르메니아인 1천 200명을 죽여서 모두 개 먹이로…." 1894년과 1896년 사이에 10만 명에 달하는 아르메니아인이 정부군과 무슬림 민병대와의 충돌 과정에서 살해되었다. 이후 10년 동안에 부활한 터키 민족주의는 비이슬람 소수 민족에게 더 큰 압박을 가했다. 아르메니아 언론에 보내진 협박 편지 중에는 "우리에게 결핵균이 된 아르메니아 이교도를 깨끗하게 청소할 것"을 다짐하는 내용도 있었다.[30]

그 약속은 1915년 봄에 실현되었다. 집단 학살의 계획이 확정된 정부의 비밀회의에서 관리들은 정부에 대항한 적이 있는 모든 아르메니아인을 체포해 살해하고 그들의 단체를 폐쇄했다. 그리고 조직적인 학살을 부추기기 위해 무슬림의 반아르메니아 정서를 불러일으키는 것을 포함한 열 가지 전략을 논의했다. 곧 터키군에 있는 모든 아르메니아인이 무장 해제되어 살해되었고, 감옥에서 풀려난 수천 명의 죄수가 기동 살인부대가 되었다. 희생자들은 그 자리에서 즉시 살해되거나 식량과 물, 보호도 없이 시리아 사막으로 가는 죽음의 행진에 참여하도록 강요되었다. 도로에는 수척한 시체가 널려 있었다. 대부분은 가는 도중에 굶주림으로 사망하거나 살해되었고, 나머지는 목적지에 도착한 후에 몰살당했다. 집단 학살에서 흔히 그렇듯이 여성과 어린 소녀들의 강간은 일상이었다.

터키 당국은 자신들의 희생자를 야생동물로 규정하지 않았다. 그들은 나중에 나치가 유대인을 생각한 것과 거의 같은 방식으로 희생자를 바라보고 '아르메니아 기생충'을 박멸할 필요성을 천명했다. 집단 학살의 주역인 이스탄불 의과대학 법의학 교수 메흐메드 레시드Mehmed Resid는 아르메니아인을 '위험한 세균'으로 묘사하고 "이런 세균을 파괴하는 것이 의사의 의무가 아닌가?"라는 냉혹한 수사적 질문을 던졌다. 아르메니아인을 비롯한 비무슬림 소수 민족은 또한 쥐, 개, 돼지 같은 전통적으로 불결한 동물로 식별되었다. 150만 명에 달하는 남자, 여자, 어린아이가 굶주리고 칼에 찔리고 매를 맞고 질식되어 죽었다. 또는 불태워지거나 물에 빠뜨려져서 목숨을 잃었다. 총살당하는 경우는 드물었다. 인간 이하의 동물을 죽이는 데 총알은 너무 아깝다고 여겼기 때문이다.[31]

이 책을 읽는 독자들에게 집단 학살이라는 말은 아마도 아우슈비츠와 동의어일 것이다. 홀로코스트는 20세기의 대표적인 집단 학살이었고, 가장 철저하게 기록된 사건이기도 하다. 제3제국의 독일인들이 유대인, 슬라브인, 집시를 인간 이하의 존재로 생각하고 유인원, 돼지, 쥐, 벌레, 세균, 기타 인간이 아닌 생물로 묘사한 것에 대한 방대한 문헌이 있다. 그리고 이러한 증거는 나치가 인간 이하라는 용어를 은유적으로 사용한 것이 아님을 분명히 보여준다. 한 친위대의 전문가는 냉혹하게 집단 학살을 언급했다. "우리는 권총으로 쥐를 사냥하지 않는다. 독과 가스로 사냥한다."[32]

아마도 히틀러가 1925년에 쓴 자서전이자 이념적 강령인《나의 투쟁》에서 비인간화의 역할을 살펴보는 것이 나치 프로젝트에서 비인간화의 중요성을 이해하는 가장 좋은 방법일 것이다. 독일의 학자 안드레아스 무솔프Andreas Musolff는《나의 투쟁》의 비유적 언어 패턴을 면밀하게 살펴본 후에 다음과 같은 결론을 내렸다.

> 히틀러의 정치 세계관의 원천적 이미지는 독일이라는 (원리적으로는 모든) 국가를 질병에서 보호받아야 하는 (발병 시에는 치료받아야 하는) 인간의 몸으로 보도록 구성되었다. '유대인'이라는 상위 범주로 압축된 개념의 유대계 사람들은 질병을 퍼뜨리는 기생충으로 여겨졌다. 기꺼이 질병에 맞서 싸울 의지가 있는 유능한 치료사 히틀러와 그의 정당만이 이런 위협으로부터 국가의 생명을 구할 수 있었다.[33]

히틀러는 유대인을 되풀이해 세균, 세균 운반체, 질병의 매개체, 부패하는 물질, 곰팡이, 또는 구더기라 부른다. 세균 매개체로서 유대인은 해충, 더 구체적으로 쥐와 동일시되고 매독에 필적하는 전염병 또는 역병의 근원으로 여겨진다. 유대인 질병은 일종의 혈액 중독으로 나타난다. 무솔프는 말한다. "히틀러는 유대인을 살무사 같은 독사에 비유했다. … 그들에게 물리면 희생자의 혈류에 독이 직접 주입된다." 히틀러는 또한 혈액을 중독시키는 능력에 대해 유대인을 거머리와 유독한 기생충으로 지칭한다(히틀러와 괴벨스는 유대인을 '부패의 발효물'로 규정하기도 했는데, 이는 노벨 문학상 수상자 테오도어 몸젠이 유럽 문명에 대한 유대인의 기여를 언급하기 위해 사용한 용어를 악용한 것이었다).[34] 19세기의 다선진화론자들과 마찬가지로 국가사회주의자들은 인종이 별개의 종이라는 생각을 고수했다. 히틀러는《나의 투쟁》에서 아이들에게 새와 꿀벌의 이야기를 들려주는 것처럼 이 주제를 소개한다. "모든 동물은 같은 종의 구성원과만 짝을 짓는다. 박새는 박새를, 되새는 되새를, 황새는 황새를, 들쥐는 들쥐를, 집쥐는 집쥐를 찾는다."

이것이 어디로 향하는지 알겠는가? 히틀러는 계속해서 말한다.

자연에서 일반적으로 타당한, 이러한 인종적 순결성의 결과는 인종 간의 명확한 구분뿐만 아니라 그들의 획일적인 특징이기도 하다. 여우는 항상 여우이고, 거위는 거위이며, 호랑이는 호랑이다.[35]

두 인종은 돌이킬 수 없을 정도로 구별된다. 그들의 혼합은 자연에 대한 모욕이며 느리지만 확실하게 진행되는 질병을 일으키고 '인간과 유인원의 중간에 있는 괴물'을 낳는다. 이는 과학적 관점에서 헛소리에 불과하다. 인종은 종이 아니고, 위반할 수 없는 서술적 생물학 법칙은 위반할 수 있는 규범인 사회적 규제와는 전혀 다르다. 이들 범주를 융합하면서 히틀러는 유대인과 아리안족이 근본적으로 다른 종류의 존재임을 입증하려 애썼고, 자신의 집단 학살 정책을 자연만이 아니고 자연의 법칙을 창조한 신에게도 지지받으려고 했다. 그는 인종의 혼합이 "영원한 창조주의 의지에 반하는 죄악"이라고 주장했다.[36]

5장 집단 학살에서 얻은 교훈

국가사회주의가 추진력을 얻은 것과 같은 시기에 소비에트 국가에 서는 자국민에 대한 집단 학살이 벌어지고 있었다. 표적은 쿨라크Kulaks, 즉 소비에트 정권에 의해 공산국가 인민의 적으로 간주된 비교적 부유 한 자작농이었다. 이때 최소한 900만 명이 사망했다. 소비에트의 선전 기계는 그들을 뱀, 거미, 해충과 같은 생물로 표현한 정치 포스터를 쏟 아냈다.[37]

러시아의 반체제 언론인 바실리 그로스만Vasily Grossman은 자신의 소설《영원한 흐름Forever Flowing》에서 쿨라크의 운명을 묘사했다. 소설에 서 전직 국가 고용 살인자인 안나 세르게예브나는 다음과 같이 말한다.

그들은 주문에라도 걸린 것처럼 어린아이들을 "쿨라크 새끼들"이라 부르고, "흡혈귀들!"이라 고함치면서 총으로 사람들을 위협하곤 했 다. 쿨라크가 불가촉천민이고 해충이라는 생각을 받아들였다. 또한 '기생충의 식탁'에 앉지 않았다. 쿨라크의 아이는 혐오스럽고 어린 소녀는 벼룩보다 열등한 존재였다. 그들은 쿨라크 사람들을 소와 돼 지 같은 혐오스럽고 역겨운 존재로 보았다. 그들은 영혼이 없고 악 취를 풍겼다. 그들 모두가 성병을 앓고 있었다. … 그들은 인간이 아 니었다.[38]

또 다른 스탈린 정권의 살인자는 다음과 같이 회상한다.

당시에 나는 "그들은 인간이 아니다. 쿨라크다"라고 자신에게 말했 다. 그들을 학살하기 위해서는 쿨라크가 인간이 아니라고 선언해야 만 했다. 독일인이 유대인은 인간이 아니라고 선포한 것처럼, 레닌

과 스탈린은 쿨라크가 인간이 아니라고 선포했다.[39]

다음은 폴 포트가 이끈 좌익 무장 단체 크메르루주가 계획하고 실행한 1970년대 캄보디아의 집단 학살이다. 크메르루주는 5년 동안의 피비린내 나는 내전이 끝난 1975년 봄에 정권을 장악했다. 권력을 획득한 그들은 캄보디아 인구의 약 5분의 1을 말살한 인종 청소 프로그램을 실행했다.

크메르루주는 마오쩌둥의 '대약진 운동'을 모델 삼아 대대적인 개혁을 추진했다. 그들이 추진한 캄보디아의 '정화'도 마오의 '문화혁명'과 공명했다.[40] 대약진 운동은 중국의 농업과 산업을 집단화와 현대화하려는 재앙적인 시도였고, 결과적으로 4천 300만 명에 달하는 사람이 굶주림으로 인한 죽음을 당했다. 대약진 운동의 실패는 마오가 중화인민공화국의 주석에서 물러나고 중국 공산당이 우경화하는 결과로 이어졌다. 그리고 1966년부터 마오는 대중을 동원해 문화 혁명이라 불린, 공산당의 부르주아적 요소를 척결하기 위한 대대적인 운동을 추진했다. 인민 계급의 적으로 의심되는 사람들은 소와 뱀의 유령(중국 민속에서 인간의 모습으로 변장한 사악하고 초자연적인 존재), 괴물과 악마, 그리고 해충으로 묘사되었다. 홍위병(마오의 사회 개혁 프로그램을 실행한 학생 민병대)은 자신들이 박해한 남성과 여성에게 돼지, 개, 흡혈귀 같은 경멸적인 꼬리표를 붙이고, 그들을 외양간이라 불린 구금 시설에 가두었다.[41]

많은 당 관리들이 '자본주의 개'라는 꼬리표와 함께 해임되었다. 정치잡지인 《적기Red Flag》는 "모든 기생충을 청소하라"는 제목의 기사를 게재했다. 머지않아 "괴물과 악마를 타도하라", "모든 괴물과 악마를 쓸어버리자" 같은 슬로건이 벽에 붙인 포스터, 신문, 홍위병의 전단지, 집회 구호 등 모든 곳에 나타났다.[42]

이 시기에 성장한 화학 교수 리펑뤄Li-Ping Luo는 비인간화의 언어가 폭력 행위와 어떻게 얽혀 있었는지를 다음과 같이 설명한다.

늦은 8월이었던 어느 날, 스패니시하우스Spanish House의 문이 활짝 열리고 나이 많고 결혼하지 않은 두 여자가 그 앞에 무릎이 꿇려졌다. 휠체어에서 끌려 나온 늙은 어머니도 강제로 그들과 합류했지만, 너무 약했던 어머니는 테라스로 쓰러졌다. 폭도들은 손 닿는 것은 무엇이든 주먹으로 두들기면서 소리를 질렀다. 그 나이 든 여자들은 피를 빠는 거머리, 구더기 그리고 장 기생충이라 불렸다.[43]

마오의 문화혁명가들과 마찬가지로 크메르루주는 내부의 적으로 간주된 사람들을 새로운 정치 질서를 감염시키는 벌레, 세균, 흰개미, 그리고 바구미로 불렀다. 폴 포트는 자신의 군대에 "마음대로 적을 죽이고, 가증스러운 베트남인들의 원숭이 같은 비명이 숲 전체에 울려 퍼지는 것을 즐겨라"고 부추기면서 캄보디아 내 베트남 민족을 청소하라고 명령했다. 캄보디아는 모든 외국의 영향력이 제거된 크메르(캄보디아의 다수 민족 집단)의 나라가 되어야 했다. 종교, 공공 서비스, 산업, 은행, 심지어 화폐까지 폐지된 거대하고 비극적인 사회공학 실험이 그렇게 시작되었다. 사유 재산은 인정되지 않았고, 이전에 도시에 거주하던 사람들은 강제로 농업 노동자가 되었다.[44]

캄보디아 집단 학살에 관한 전문가인 예일대학교 역사학자 벤 키

어넌Ben Kiernan은 당의 목표에 동조하지 않는 것으로 의심받은 크메르인은 "크메르인의 몸과 베트남인의 정신"을 가졌다는 비난을 받았다고 설명한다.[45] 아르메니아인의 집단 학살과 홀로코스트와 마찬가지로 캄보디아의 집단 학살은 병든 요소의 정화, 치명적 감염의 근절("감염된 부위는 잘라내야 한다"가 인기 있는 당 슬로건이었다), 그리고 세균 운반체의 제거로 여겨졌다. 폴 포트가 "당에 질병이 있다. 더 기다리면 세균이 실제적 피해를 입힌다"고 말한대로 남자와 여자들이 '친베트남 바이러스'에 감염되었다는 이유로 처형되었다.[46] 키어넌은 다음과 같이 덧붙인다.

> 유전적 인종주의나 '과학적' 정확성을 주장하지는 않았지만, 캄보디아 공산당 지도부는 오염의 위협을 시사하는 생물학적 은유를 채택했다. 나치가 유대인을 해충과 이라 불렀던 것처럼 그들은 적을 병든 요소, 세균, 해충, 그리고 '구멍을 뚫는' 반역자라 불렀다. 폴 포트는 캄보디아 공산당의 혁명이 나치가 유대인의 영역을 정화했던 것처럼 역사상 유일하게 '깨끗한' 혁명이라고 생각했고, 마찬가지로 순수함에 사로잡힌 그의 정권은 가장 광범위한 학살을 시작했다. "인민 대중을 정화하기 위해."

25만 명에 달하는 크메르인이 학살된 동부 지역의 유혈 사태 후에 폴 포트는 선언했다. "당은 깨끗하다. 군인들도 깨끗하다. 청결은 기본이다."[47]

죽음을 면한 사람들은 가혹한 대우를 받았다. 한 생존자가 말했다. "우리는 가축보다 못한 존재로 취급되었다. 체계적이고 제도화된 경멸의 희생자… 더 이상 인간이 아니었다." 다른 사람은 최근에 사망한 자신의 어머니가 소보다 못한 대우를 받았다는 말을 들었다고 했다. "소는 사람에게 많은 도움을 주고, 밥도 먹지 않는다. 너희들보다 훨씬 낫다."[48] 캄보디아 프놈펜의 투올슬랭 감옥에서 약 1만 7천 명의 수감자를 고문하고 살해한 폴 포트 사회주의 낙원의 요원들은 희생자들을 인간이 아닌, 한 생존자의 말에 따르면 '쓰레기보다 못한 존재'로 여겼다. 이에 관한 글을 쓴 역사학자 데이비드 챈들러David Chandler는 "피해자를 비인간화하면 그들을 죽이는 일이 쉬워진다"고 지적했다.[49] 그들은 심지어 잡아먹힐 수도 있다. 한 증인은 자신이 어렸을 때, 가해자들이 한 남자를 도끼로 살해한 후에 그의 가슴을 열고 간을 꺼내는 광경을 목격한 이야기를 들려주었다.

> 한 남자가 외쳤다. "한 사람의 간은 다른 사람의 음식이다." 그러자 다른 사람이 재빨리 간을 고목의 그루터기에 올려놓고 가로로 썬 다음 팬에 넣어 돼지기름으로 튀겼다. 간이 요리되자 가해자들의 우두머리가 증류주 두 병을 꺼냈고, 그들은 즐겁게 술을 마셨다.[50]

그로부터 거의 20년 후인 1994년에, 20세기 후반의 가장 악명 높은 집단 학살이 르완다에서 폭발했다. 그것은 투치족과 후투족이라는 르완다에서 가장 큰 두 민족 집단 사이에 계속된 오랜 긴장의 절정이었다. 전통적으로 목축민인 투치족이 지배계급을 구성했고, 농업에 기반을 둔 후투족은 사회적으로 낮은 위치에 있었다. 19세기 후반에 르완다를 식민지화한 벨기에인들은 투치족을 후투족 농부들보다 우월하게 여기고 더 많은 사회적, 경제적 기회를 부여함으로써 기존의 사회계층 구조를 강화했다. 1959년의 후투족 봉기로 투치족 군주제가 전복된 후에도 민족적 적대감은 남아 있었다. 1963년부터 1964년 동안 후투족은 약 1만 명의 투치족을 죽였고, 1965년과 1991년 사이에 투치족은 브룬디에서 발생한 일련의 사건을 통해 약 15만 명의 후투족을 학살했다. 1990년대 초반에는 긴장이 비등점에 접근하고 있었다. 르완다의 모든 투치족을 말살하려는 계획이 세워진 것도 이때였다.

집단 학살은 대중 매체, 특히 《캉가라》지를 통해서 예고되었다. 집단 학살이 발발하기 1년 전에 이 매체는 투치족을 비열한 인간 이하의 존재로 묘사하는 기사를 게재했다.

우리는 바퀴벌레가 나비를 낳을 수 없다는 말로 시작했다. 그것은 사실이다. 바퀴벌레는 다른 바퀴벌레를 낳는다. … 르완다의 역사는 투치족이 항상 똑같았음을, 절대로 변하지 않았음을 보여준다. 그들의 악의와 사악함은 우리나라의 역사를 통해 우리가 아는 그대로이다. 바퀴벌레가 다른 바퀴벌레를 낳는다는 우리의 말은 틀리지 않는다. 1990년 10월에 우리를 공격한 바퀴벌레와 1960년대 바퀴벌레의 차이를 누가 말할 수 있을 것인가? 그들은 모두 연결되어 있고 똑같이 사악하다. 오늘의 바퀴벌레들이 저지르는 형언할 수 없는 범죄는 그들의 조상을 상기시킨다. 살인, 약탈, 강간 등등.[51]

그리고 1994년 4월에 쥐베날 하브자리마나 Juvénal Habyarimana 후투족 대통령이 탑승한 비행기가 격추되었을 때 (급진파 후투족의 소행으로 보였지만, 투치족 암살자의 탓으로 돌려진) 상황은 순식간에 아수라장으로 변했다. 투치족을 말살하라는 요구가 비등했고, 정부의 지원을 받은 후투족 민병대가 이른바 '대청소'를 시작했다.[52] 석 달 동안에 약 8만 명의 투치족과 온건파 후투족이 사냥감을 찾아 돌아다니는 폭도에 의해 총에 맞고, 불태워지고, 칼에 찔리고, 곤봉에 맞아 살해되었다.

비인간화는 이러한 사건에서 분명한 역할을 했다. 《캉가라》에서 인용된 구절이 가리키듯이 투치족은 국가의 지원을 받은 선전물에서 바퀴벌레라 불렸다. 그들은 인간이 아니었다. "걱정하지 마라. 당신과 같은 인간을 죽이는 것이 아니다. 발로 밟아야 할 해충을 죽이는 것이다. 바퀴벌레를 죽이는 것이다." 투치족에 대한 비밀 군사작전에 "살충제 작전"이라는 암호명이 붙은 것은 그 때문이었다.[53] 또한 투치족은 쥐, 해충, 질병, 뱀, 그리고 때로는 잡초로 불렸다. 투치족도 원숭이와 고릴라, 사람을 잡아먹는 사악한 괴물, 그리고 하이에나 떼로 후투족을 묘사함으로써 비인간화했다(르완다에서 하이에나는 매우 위험할 뿐만 아니라 극도로 불결하고 역겨운 동물로 여긴다).[54]

여성과 어린아이의 살해를 정당화하기 위해 "문제를 일으키는 투치족을 알과 함께 죽여야 한다", "이를 잡으려면 이의 알을 죽여야 한다", 그리고 "쥐를 죽이려면 새끼를 밴 쥐를 죽여야 한다" 같은 슬로건이 제기되었다.[55] 집단 학살이 진행될 때 강간을 당한 후 몸을 피해서 목숨을 건졌던 (그리고 가족 모두가 토막 살해되었던) 한 여성은 이 점을 아주 분명하게 설명한다. 여성은 대니얼 골드하겐에게 말했다. "내가 보기에 후투족은 투치족을 동물로 여겼다. 투치족에게는 인간의 가치가 없었다. 당신이 사람들을 지나칠 때, 그들은 당신에게 소리친다, '저 바퀴벌레 좀 봐', '저 뱀 좀 봐'."[56] 살인자들도 이것이 사실임을 보여준다. 집단 학살에 동참했던 어느 가담자는 골드하겐에게 자신의 동료들이 "투치족이 인간이라는 것을 알지 못했다. 그렇게 생각했다면 그들을 죽이지 않았을 것이기 때문이다. 나 또한 그들이 인간이라는 생각을 받아들

이지 않았다"라고 말했다.[57]

마지막으로 21세기의 첫 10년을 지배한, 수단의 다르푸르 지역에서 발생한 집단 학살에서의 비인간화 역할을 다루려 한다. 다르푸르 집단 학살의 역사적 배경은 대단히 복잡하다. 그것은 강력한 아랍 소수 민족(아랍인이 지배하는 카르툼의 정부를 포함해)과 주루그zurug(어둠 또는 검음)로 통칭되는 다른 민족 집단 사이의 민족적 갈등의 결과였다. 이들은 피부색보다는 입술과 코의 모양 같은 얼굴 특징과 그보다 더욱 중요한 인종적 배경에 의해 아랍인과 구별되었다.[58]

다르푸르에는 인종 갈등의 오랜 역사가 있다. 19세기 말까지도 이곳은 아랍인의 노예무역을 위한 인간 상품을 제공하는 원천이었다. 더 근래에는 사하라 사막 이남의 아프리카 전역에 '아랍 벨트'를 조성하려는 희망을 품은 리비아의 무아마르 카다피가 아랍인이 지배하는 수단 정부를 지원했다. 1986년에 수단의 총리 선출을 위한 성공적인 선거운동을 벌인 집단인 아랍 이슬람 연합은 주루그를 아랍인의 통치에 복속시키는 명백한 의제를 제시하고 '아랍 인종'이 그 지역에 문명을 도입했다고 주장했다. 솟아오르는 아랍 우월주의 물결은 2003년의 다르푸르 반란으로 이어졌고, 수단 정부는 잔자위드 민병대의 도움을 얻어 반란을 진압하려 했다. 무차별적으로 잔혹하게 민간인을 죽이고 불구로 만들고 강간한 민병대의 만행으로 40만 명에 달하는 사람이 사망하고 수백만 명의 난민이 발생했다.[59]

다르푸르의 아수라장에는 글로 쓰이거나 시각적인 선전이 수반되지 않았다. 〈끈질긴 유대인〉 같은 영화나 《캉가라》 같은 잡지도 없었다. 그러나 비인간화의 영향력은 공격 중에 잔자위드 민병대가 한 말에 대한 피해자의 증언으로 입증된다.

"개, 개새끼들. 우리는 너희와 너희 새끼들을 죽이러 왔다."

"검은 당나귀를 죽여라! 검은 개를 죽여라! 검은 원숭이를 죽여라!"

"너희 검둥이들은 인간이 아니다. 우리는 마음대로 너희에게 무슨 일이든 할 수 있다."

"우리 암소가 검은 새끼를 낳는다면 암소를 죽일 것이다. 너희도 마찬가지다."

"너희는 이 지역을 더럽혔다. 청소하러 우리가 왔다."

"너희 검둥이들은 원숭이와 마찬가지이다. 인간이 아니다."[60]

그런 식이었다. 내가 이 글을 쓰는 동안에 다르푸르에는 깨지기 쉬운, 언제든지 새로운 폭력에 자리를 내줄 평화가 유지되고 있다. 설사 그런 평화가 계속되더라도 우리는 21세기의 첫 번째 대규모 집단 학살이 마지막 집단 학살은 아니라는 것을 확신할 수 있다.

하위인간

그대는 인간인가? 그대의 모습은 그대를 외친다…
그대의 거친 행동은 짐승의 비이성적 분노를 나타낸다.
— 윌리엄 셰익스피어, 《로미오와 줄리엣》[61]

지금까지 이 책에서 나는 이론을 최소한으로 제한했다. 나의 목적은 비인간화가 실제적이고 중요한 현상이며 진지하게 받아들일 가치가 있음을 독자에게 납득시키는 것이었다. 이 작업에 성공했기를 바라면서 이제 기어를 바꿀 때가 되었다. 책의 나머지 부분에서도 계속해서 비인간화의 사례를 제시하겠지만, 비인간화의 기저를 이루는 과정에 대한 검토와 밀접하게 연관시켜 설명할 것이다. 약간 덜 서술적이고 훨씬 더 많은 분석이 있을 것이다.

나는 이례적으로 명백한 사례로 시작하려 한다. 1942년에 삽화가 풍부한 잡지가 독일의 가판대를 강타했다. 힘러가 편집인이고 친위대의 승인하에 발행된 《하위인간》이라는 잡지의 목적은 '인간 형태의 짐승'인 유대인, 물라토(백인과 흑인의 혼혈─옮긴이)와 아시아 핀족의 야만인, 집시와 흑인이 가하는 두려운 위협에 대해 독일의 대중을 교육하는 것이었다.

본문은 힘러가 1935년에 한 발언의 인용으로 시작하고, 그것이 이어지는 글의 논조를 결정한다. "지구상에 인간이 존재하는 한 인간과 인간 이하의 투쟁은 역사의 법칙이 될 것이다. 유대인이 주도해 인류에 맞서는 투쟁은 우리 행성에서 자연스러운 삶의 과정이다. 우리는 삶과 죽음의 문제인 이 투쟁이, 건강한 신체를 부패시키려는 감염원의 투쟁만큼이나 자연의 법칙이라는 것을 충분히 확신할 수 있다."[62] 본문은 계속해서 다음과 같이 이야기한다.

> 낮이 지나가면 밤이 오는 것처럼, 빛과 어두움의 충돌은 영원하다. 지구상의 주도적 종인 인류의 가장 큰 적인 하위인간도 마찬가지이다. 자연이 만들어낸 생물학적 피조물인 하위인간에게는 손, 발, 눈, 입 심지어 뇌 비슷한 것까지 있다. 그렇지만 이 끔찍한 생물은 부분적인 인간일 뿐이다. … 인간처럼 보이는 모든 존재가 인간은 아니다.

> 인간과 유사한 특징이 있지만, 하위인간은 영적, 심리적 척도에서

그 어떤 동물보다도 열등하다. 이 생물의 내면에는 거칠고 억제되지 않은 감정들, 즉 파괴에 대한 끊임없는 욕구, 가장 원초적인 욕망, 혼돈과 극악무도함이 가득하다.

이런 내용은 사악하게 보이는 유대인과 러시아인, 더러운 오두막, 신성모독을 당한 교회, 시체 더미(대규모 잔혹 행위를 저지르는 유대인의 성향을 보여주기 위한)의 사진과 함께 50페이지 넘게 이어진다. 유대인의 타락에 대한 삽화는 나란히 배치된 건강한 아리안의 삽화와 대조된다. 유대인의 삽화에는 "하위인간의 무리", "하위인간 우두머리로서의 유대인", "하위인간의 진흙 오두막" 같은 설명이 붙어 있다.

이는 모두 익숙하게 들리는 이야기일 것이다. 이 책에서 제시된 비인간화의 사례, 이 장에서 설명한 집단 학살과 사하라 사막 이남의 아프리카인에 대한 억압과 노예화, 신세계 원주민의 말살 등을 돌이켜 보면 비인간화의 상상이 문화와 시대에 따라 세부적으로는 다를지라도 유사한 결과를 낳는다는 것을 알 수 있다. 비인간화된 사람들의 이미지가 놀라울 정도로 서로 닮았을 뿐만 아니라 비인간화의 일반적 형태 또한 매우 유사하다. 이러한 다양성의 통일은 이 모든 사례에 공통적인 무언가, 즉 문화와 역사적 다양성을 아우르는 무언가가 있음을 시사한다. 나는 그 '무언가'가 우리 인간 정신의 기계와 우리 종이 진화해 온 궤적의 심리적 유산과 관련이 있다고 생각한다.

다음 몇 장에서 나는 이러한 문제를 자세히 검토할 것이다. 지금은 비인간화의 모든 사례가 공유하는 기본적 특징을 요약하고 각각의 특징을 나치 시대의 예들, 특히 하위인간의 예를 들어 설명한다. 때로는 다른 사회적, 역사적 맥락에서도 살펴볼 것이다.

준인간 종

비인간화는 특정한 개인이 아닌 전체 집단에 적용된다. 모든 야만인, 모든 아메리카 원주민, 모든 아르메니아인, 모든 흑인, 모든 투치족. 《하위인간》에서 이들 집단은 물라토, 편족 아시아인(슬라브인), 집시, 흑인, 그리고 무엇보다도 유대인으로 나열된다. 비인간화의 집단적 특성은 힘러의 포즈난 연설의 일부 발언으로 예시된다. 힘러는 모든 유대인이 말살되어야 한다는 정책에 예외를 두기를 원하는 당원들을 조롱했다.

> 이는 하기 쉬운 말 중 하나이다. "유대인은 말살될 것이다." 모든 당원이 말한다. 그런데 8천만 명의 훌륭한 독일인 개인에게는 괜찮은 유대인이 한 사람씩 있다. 물론 다른 유대인은 돼지지만, 그 사람은 일급 유대인이다.[63]

연설의 녹음을 들어보면 마지막 문장 뒤에 청중의 웃음소리를 들을 수 있다. 힘러에게 '일급 유대인'의 예를 거론하는 사람은 나치 인종정책의 요점을 놓치고 있는 사람이었다. 유대인은 유대인이기 때문에 말살되어야 했다. 유대인의 개인적 특성은 아무리 바람직하더라도, 말살 프로젝트와 전혀 무관했다. 유대인은 인간적 종의 존재가 아니고 다른 종의 존재였다. 비인간화된 모든 인구 집단과 마찬가지로 그들은 준인간quasi-human 종류, 즉 피상적으로는 인간 속성을 갖춘 일종의 비인간적 생물로, 인간적 외모와 비인간적 내면이 혼합된 괴물로 그려졌다.

5장 집단 학살에서 얻은 교훈

외양과 실체

피상적으로는 인간의 특징을 갖췄으나 내면적으로는 인간 이하인 존재가 있을 수 있다는 생각은 그보다 앞선 외양과 실체의 구별에 의존한다. 우리가 사물의 겉모습과 실체를 구별하지 못한다면 비인간화는 불가능할 것이다. 비인간화의 담론은 일반적으로 특정한 인구 집단이 그들의 겉모습과 다른 존재라는 생각을 포함한다. 이런 생각은 암묵적인 것이 보통이지만 때로는 상당히 명시적으로 드러난다. 《하위인간》에서 유대인은 "인간과 비슷한 특징이 있음에도 불구하고 인간 형태의 짐승"으로 묘사된다. 그들은 인간처럼 보이고 인간처럼 행동할 수 있지만, 내면으로는 전혀 인간이 아니다. 한 집단의 사람들이 다른 집단을 비인간화할 때, 그들은 후자가 인간처럼 보일지라도 인간만이 소유한 내면의 불꽃 또는 영혼이 없다고 상상한다. 《하위인간》은 "인간처럼 보이는 모든 것이 실제로 인간은 아니며, 그것을 잊는 자에게는 화가 있을 것이다"라고 경고한다.

하위인간이 진정한 인간이 아니라면 대체 무엇일까? 이 질문에 답하려면 그들이 존재의 대사슬에서 낮은 위치에 있음을 가리키는 '하위'에 주목해야 한다. 그들은 열등한 생물학적 존재이다. 《하위인간》에서 유대인은 처음에 감염의 매개체로 묘사된다. 나치의 비난은 계속해서 유대인을 악취가 진동하는 환경에서 사는 야행성 동물로 묘사한다.

하위인간은 동료들과 결합한다. 평화나 고요함을 결코 알지 못하는, 짐승들 속의 짐승처럼. 하위인간은 혼돈과 어두움 속에서 번성하고 빛을 두려워한다. 태양의 빛보다 지상의 지옥을 선호하는 이들 인간

이하의 생물은 오수 구덩이와 습지에 서식한다. 그리고 습지와 오수 구덩이에서 우두머리, 끈질긴 유대인을 찾아냈다.

또한 그들의 거칠고 억제되지 않은 열정과 끊임없는 파괴의 욕구를 가리키면서 약탈적 특성을 암시한다.[64]

비인간화가 항상 방금 설명된 패턴을 따르는 것은 아니다. 때로 비인간화된 사람들은 잔자위드 민병대가 다르푸르의 흑인들을 당나귀라 부른 것처럼 가축으로 묘사되거나, 독일과 네덜란드의 식민지 개척자들이 헤레로족과 나마족을 묘사했던 것처럼 원숭이, 개코원숭이, 또는 유인원으로 지칭된다. 더 드물게는 비인간화된 인구 집단이 먹이, 즐거움을 위해 사냥당하는 동물로 여겨진다. 아주 가끔은 급속히 퍼지거나 바람직하지 않은 식물로 묘사되기도 한다(예컨대 후투족은 투치족을 잡초라 불렀다).

특정 인구 집단을 인간 이하의 지위로 강등하는 것은 그들을 도덕적 의무의 경험 세계에서 배제시키는 것이다. 우리가 인간이 아닌 동물에 대해 무슨 책임이 있든 간에, 우리 종의 구성원에 대한 책임과는 같지 않다. 따라서 인간처럼 보이는 생물이 실제로는 사람이 아니라면 그들을 사람으로 취급할 필요가 없다. 그들은 인간적 가치를 전혀 고려하지 않고 도구로 이용될 수 있다. 죽이고, 고문하고, 강간하고, 실험 대상으로 삼고, 심지어 잡아먹을 수도 있다.

5장 집단 학살에서 얻은 교훈

피의 신화: 불변성과 유전

아이들은 적이 아니다… 적은 그들의 피이다.

－친위대 장교 오스카르 그뢰닝Oskar Gröning,
아우슈비츠에서 유대인 아이들이 살해된 이유를 물었을 때[65]

인간 이하성은 일반적으로 영구적인 조건으로 여겨진다. 개구리가 왕자가 될 수 없는 것처럼, 하위인간은 인간이 될 수 없다.《하위인간》에서 말하듯 "하위인간은 항상 하위인간일 것이다."

그러나 이 원칙에는 중요한 예외가 있다. 일부 종교, 특히 기독교는 로마 가톨릭의 미사에서 제병과 포도주가 기적적으로 그리스도의 몸과 피로 바뀌는 것처럼 하위인간을 인간으로 바꿀 수 있다고 주장한다. 그러나 이 경우에는 종종 신의 은총을 통한 구원의 종교적 개념과 인간 이하성이 변하지 않는다는 더 기본적인 확신 사이에 갈등이 존재한다. 15세기와 16세기에 스페인에 거주하는 유대인이 기독교로 개종하지 않으면 추방이나 처형을 각오해야 했을 때, 적어도 명목상으로는 기독교를 받아들이기로 한 사람들조차도 완전한 평등을 부여받지 못했다. 이른바 '새로운 기독교인'은 피의 순결 법령이라는 차별적인 법의 제약을 받았다. 기독교로 개종한 유대인과 유대인 조상을 둔 기독교인까지도 마라노 marrano(돼지)로 남았다.

인간 이하적 조건의 불변성에 대한 믿음은 또 다른 가정과 관련이 있다. 인간 이하성은 부모로부터 자손에게 전해지는 것으로 여겨진다. 심지어 무해한 유아에게도 위험한 하위인간의 본질이 있다고 믿는다. 일반적으로 하위인간의 본질은 (인간의 본질도) 핏속에 있다고 상상된다.

이러한 틀에서는 인간의 피가 하위인간의 피로 오염되지 않도록 하는 것이 중요하다. 독일의 나치는 (15세기의 스페인 사람, 북아메리카의 인종 차별주의자도) 강박관념이 될 정도로 유전과 피의 순수성에 사로잡혔다. 어린아이조차도 나치의 인종 정책 부서 책임자 발터 그로스Walter Gross가 좋아했던 다음의 노래 같은, 피의 순수성을 찬양하는 시를 외워야 했다.

당신의 피를 순수하게 유지하라,
피는 당신만의 것이 아니다,
피는 먼 곳에서 온다,
수많은 조상을 거쳐서 흘러오고
전체 미래를 담고 있다!
피는 당신의 영원한 생명이다.[66]

피를 매개체로 하는 인간 이하성의 개념은 다른 인종 사이의 출산을 금지하는 법의 기초였다(히틀러는 인종 간 결혼을 유인원과 인간의 결합에 비유했다).[67] 인종의 혼합은 하위인간의 오염물질로 인간의 핏속 순수성을 더럽힌다.

피의 순수성 개념은 나치의 인종 청소 프로그램이 직면한 근본적인 문제와 밀접한 관련이 있었다. 문제는 유대인이 종종 아리안처럼 보인다는 것이었다. 따라서 나치에게는 하위인간과 인간을 확실하게 구별하는 방법을 알아내는 것이 대단히 중요한 일이었다. 듀크대학교 역사학자 클로디아 쿤즈Claudia Koonz는 1930년대 초에 독일의 생물학자들이 유대인 피의 독특한 특성을 찾아내기 위한 연구 프로그램을 어떻게 시작했는지를 설명한다.

1934년에 그로스의 인종 정책 부서에서 발간된 대중잡지에 기고한 글에서 한 생물학자는 의기양양하게 말했다. "우리가 비아리안을 시험관 안에서 식별할 수 있다는 것이 무슨 의미일지를 생각해 보라. 그렇게 된다면 속임수, 세례, 이름 바꾸기, 시민권, 심지어 코 수술조차도 도움이 되지 않는다! 사람의 피를 바꿀 수는 없다." 막대한 연구비와 상당한 홍보에도 불구하고 연구 프로그램은 성공을 거두지 못했다. 심지어 나치 의료 협회도 실패를 인정했다. 혈액형, 냄새, 발가락 또는 손가락의 지문 패턴, 두개골 크기, 귓불과 코의 모양 등 유대인을 가리키는 어떤 생리학적 표지도 정밀한 조사를 통과하지 못했다.[68]

유대인을 유대인으로 만드는 것이 무엇인지를 정확히 규명하려는 과학적 노력이 참담한 실패로 돌아감에 따라, 히틀러는 인종 정책의 방향을 수정할 수밖에 없었다. 쿤즈는 말한다. "그때부터 입증의 책임은 자연과학에서 사회과학과 인문학으로 옮겨갔다."[69] 새로운 인종 전문가는 의사와 생물학자가 아니라 문학과 법률학자, 언어학자, 역사학자, 지리학자, 그리고 인류학자였다.

히틀러는 인종이 생물학적으로 정의될 수 있다는 것을 명시적으로 부인했다. 그는 1945년 2월에 자신의 개인 비서에게 구술한 편지에서 이 점을 분명히 밝혔다.

우리는 단지 언어적 편의성 때문에 유대 인종이라는 용어를 사용한다. 단어의 진정한 의미에서, 그리고 유전적 관점에서 유대 인종이란 존재하지 않기 때문이다. 오늘의 상황은 우리에게 여권에 적힌

국적과 관계없이 세계의 모든 유대 민족이 신의를 고언하는, 공통적 인종과 지성의 집단을 정의할 것을 요구한다. 우리는 이런 집단을 유대 인종이라 부른다. … 유대 인종은 무엇보다도 정신적 공동체이다. … 정신적 인종은 자연적 인종보다 더 견고하고 내구성이 강하다. 어디를 가든, 유대인은 유대인으로 남는다. 육체보다 '정신'의 우월성에 대한 애석한 증거를 제시하면서.[70]

생물학을 포기한 히틀러는 모호하고 비생물학적인 유전의 개념을 받아들였다. 그러나 잠시 생각해 보면 이런 전략이 문제를 전혀 해결하지 못함을 알 수 있다. 대신에 철학자들이 '무한 후퇴infinite regress'라 부르는 문제를 만들어낸다. 누구든지 유대인 부모를 둔 사람은 유대인이라고 가정해 보자. 그러면 그 사람의 부모가 유대인인지를 어떻게 확인할 것인지의 문제에 봉착하게 된다. 이를 위해서 부모의 부모가 유대인인지를 알아내야 하고, 이는 같은 식으로 끝없이 계속된다. 설상가상으로 많은 독일인이 유대계 조상을 두었기 때문에, 나치는 어느 정도의 유대인 혈통이면 유대인이 되는지를 정량화할 필요가 있었다. 이 문제에 관해 만족스러운 생물학적 해결책이 존재하지 않는다는 사실에 동의한 히틀러는 서너 명의 유대인 조부모가 있는 사람은 모두 '유대인'으로 정의하기로 했다. 이는 실용적이긴 하나 명백히 임의적인 해결책이었다. 히틀러는 말했다. "지금 우리는 유토피아를 논의하는 것이 아니다. 일상의 현실과 정치적 상황을 목격하고 있다."[71]

지금까지 우리는 비인간화의 몇 가지 주요한 특징을 확인했다. 그리고 마침내 비인간화가 인간의 정신에 그토록 강한 영향력을 미치는 이유를 탐구할 수 있게 되었다. 다음 장에서 나는 이렇게 끔찍하고, 파괴적이고, 비극적인 인간 존재의 차원이 완벽하게 평범한 심리적 과정과 성향에서 생겨났음을 보여줄 것이다. 아이러니하게도 우리 종의 구성원들을 비인간화하는 능력은 독특한 인간 심리에 뿌리를 둔 것으로 밝혀졌다.

"
비인간화된 사람들을
바깥에 두는 것은
'창조의 질서'가 아니라
당신과 나이다.
"

인종

**흑인은 영원히
백인이 될 수 없다**

들고 있노라면… 서서히 밀려드는 두려움으로 목에 피가 마르는 나는 생각한다.
그는 듣는 사람들을 신경 쓰지 않고 이런 말을 하고 있다.
마치 그들은 인간도 아니라는 듯이! 그리고 치열한 독백이 이어진다.
그들이? 물론 그들은 인간이다! 나와 똑같다. 하지만 확실한가? 물론이다.
그렇다면 그들은 왜 우리 교회에 올 수 없을까? 왜 우리 학교에 오지 못할까?
왜 우리와 같이 놀 수 없을까? 대체 무엇이 잘못되었을까?

— 릴리언 스미스Lillian Smith, 《꿈의 살해자들Killers of the Dream》[1]

시민권 운동가이자 사회 비평가인 릴리언 스미스는 20세기 초 미국 조지아주의 작은 마을에 모인 군중 속에서 인종차별주의자인 정치인이 청중에게 늘어놓은 장광설을 이렇게 묘사한다. "피부색에 대한 거짓말… 그들 자신의 환상과 은밀한 일탈로 이루어진 거짓말을 하고, 젊은 이들의 마음에 자신의 타락한 견해를 강요해 그곳에서 곪아 터지게 내버려 둔다."[2]

스미스가 한 이야기는 비인간화가 때로 인종차별과 공공연하게 얽혀 있다는 점을 강조한다. 이 장에서 나는 비인간화가 겉보기와는 다르게 항상 인종차별과 연관된다고 주장할 것이다. 실제로 인종 개념은 비인간화의 심리적, 문화적, 그리고 궁극적으로 생물학적 차원이 모두 수렴하는 곳이다. 인종에 주의를 기울이는 것은 비인간화란 무엇인가에 대해 개념을 더욱 명확히 할 뿐만 아니라 인종과 인종차별의 개념을 새롭게 조명한다.

인종의 수수께끼

우리에게 인종의 현실은 의심의 여지가 없을 정도로 자명해 보인다. 사실 인종에 대한 생각은 매일 강화된다. 영국의 인구조사 양식을 보면 인종을 표시하도록 강요하는 네모 칸이 있다. 대학들은 흑인 연구에 대한 강좌를 연다. 차별 금지법은 고용주가 인종을 이유로 구직자를 배제하는 것을 금지한다. 우리는 인종의 현실을 '전제한' 관행, 사고방식, 제도에 둘러싸여 있다.

사람들에게 인종 개념에 대해 의문을 던지는 것은 "지구는 태양 주위를 돈다"라는 주장에 의문을 제기하는 것만큼이나 미친 소리로 들릴 것이다. 주위를 둘러봐도 인종이 존재한다는 것은 자명한 사실로 보인다. 하지만 과학자들은 인간 다양성에 대해 매우 다른 의견을 제시한다. 두드러진 신체적 유사성을 가진 사람들이 있기는 하지만, 비과학적 담론에서 그토록 중요하게 여겨지는 전통적 인종 분류의 범주(예로, 인구조사 양식과 취업 지원서의 확인 칸으로 대표되는 종류의 범주)에는 과학적 근거가 없다. 이는 일찍이 1935년에 생물학자 줄리언 헉슬리Julian Huxley, 인류학자 알프레드 코트 해던Alfred Court Haddon, 그리고 동물학자이자 사회학자 알렉산더 카손더스Alexander Carr-Saunders가 유럽에서 부상하는 파시즘에 대응해 쓴 책《우리 유럽인we Europeans》에서 지적한 사실이다. 이 저자들은 대부분 사람이 당연하게 여기는 인종 분류가 생물학적 관점에서 요정이나 괴물과 마찬가지로 순전히 허구임을 분명히 밝혔다. 1935년 이후의 생물학 연구, 특히 분자생물학의 발전으로 그들의 평가는 충분히 확인되었다.

　표준적 인종 분류 범주에 생물학적 의미가 있으려면 인종의 경계가 유전적 공통성에 따라 구분되어야 한다. 다시 말해 같은 인종인 두 구성원에게는 서로 다른 인종에 속하는 두 사람보다 더 많은 유전적 공통점이 있어야 한다. 하지만 실상은 그렇지 않다. 밝은 피부와 푸른 눈을 가진 내가 피부와 눈의 색깔이 나와 더 비슷한 사람보다 어두운 색조의 피부와 갈색 눈을 가진 내 아내와 유전적으로 더 가까울 가능성은 얼마든지 있다. 헉슬리와 공저자들은 70년 전에 이러한 요점을 밝혔다. "우리와 같이 다양한 유형의 교배가 만연한 종에서는 상황의 다양성을 대변하는 단순한 분류 시스템이 고안될 수 없다." 생물학자들은 때로 지역적으로 번식하는 개체군을 인종으로 말할 수 있고 실제로 그렇게 말하지만, 이는 대중문화에 만연한 유형학 개념과는 아무런 관련이 없다.[3]

　그렇지만 인종 개념은 의미가 있는 것처럼 보일 뿐만 아니라 매우 설득력이 있다. 어쨌든 사람들은 여러 가지 명백한 측면에서 신체적으로 서로 다르고, 그러한 차이점에 따라 유사성에 기초한 범주의 집단으로 분류될 수 있다. 이는 생물학적으로 부모에서 자녀로 이어지는 신체적 차이점이며 언어와 종교, 그리고 의복 형태처럼 문화에 따른 후천적 차이점과는 구별된다. 이러한 차이가 인종적 구성원 자격의 근거가 아닐까? 사람들은 서로 닮았기 때문에 같은 인종에 속한다. 이보다 더 명백한 사실이 있을까?

그러나 더 자세히 들여다보면 명백한 유사성이 인종 개념의 근거라는, 상식적으로 보이는 생각이 터무니없음이 드러난다. 잠시 유사성에 대하여 생각해 보라. 예를 들어 어떤 두 사람이 있다고 하자. 몇몇 면에서는 비슷하고 다른 면에서는 그렇지 않으며, 유사성과 비유사성의 많은 부분이 부모에게 물려받은 것이다. 이는 피부색과 머리칼의 질감 같은 전통적 인종 표지에 광범위하게 적용되는 사실이다. 그러나 인종 분류의 근거로 일부 특징만을 골라내고 다른 특징은 왜 무시할까? 피부와 머리칼 대신에 눈 색깔로, 즉 푸른 눈, 갈색 눈, 그리고 녹색 눈으로 '인종'을 분류할 수는 없을까? 신장이나 귓불의 크기, 또는 모든 특징의 조합은 어떨까? 왜 흑인과 백인을 구별할 때는 눈 모양보다 코 모양을, 백인과 동아시아인을 구별할 때는 코 모양보다 눈 모양을 우선시할까? 선택할 수 있는 유사점과 차이점이 그토록 많은데 인간 세계를 단순히 이러한 방식으로 나누는 이유는 무엇일까?

무엇이 제니를 흑인으로 만들었나

인종이 단지 외모의 문제만은 아니라는 사실은 실제로 꽤 흔한 생각이다. 미국 역사의 상당 부분에서 인종에 관한 전통적인 생각이 비극적이고 터무니없는 결과를 낳았다. 릴리언 스미스는 조지아에서 자라난 시절에 대해 쓴 회고록《꿈의 살해자들》에서 잊을 수 없었던 에피소드를 이야기한다. "우리 마을의 유색인종 거주 지역 내 허물어져 가는 판잣집에서 '깜둥이' 가족과 함께 사는 어린 백인 소녀가 발견되었다." 스미스는 회상했다. 백인 여성 클럽의 회원들은 (매우 하얘서 백인으로 보이는) 그 아이가 납치되었음이 분명하다는 결론을 내리고 지역의 보안관을 설득해 강제 구인토록 했다. 제니라는 이름의 어린 소녀는 스미스 가족과 함께 살게 되고, 곧 스미스와 가까운 친구가 되었다. 그런데 흑인 아이들을 보호하는 고아원에서 걸려온 놀라운 전화 한 통으로 제니가 흑인이었음이 드러났다. 전화 한 통이 모든 것을 바꿔놓았다. 순식간에 흑인 아이로 변모한 제니는 가족의 울타리에서 밀려나야 했다.

여동생과 나를 침실로 부른 어머니는 제니가 다음 날 아침에 흑인 마을로 돌아갈 것이라고 했다. 그래서 나는 말했다.

"왜 제니가 떠나요? 우리를 좋아하고, 그 사람들은 거의 알지도 못하는데. 그들과는 한 달 동안만 함께 지냈다고 했어요."

어머니가 부드럽게 말했다.

"제니가 흑인 소녀이기 때문이야."

"제니는 백인이에요!"

"우리가 잘못 알았어. 제니는 흑인이야."

"하지만 제니의 외모는…"

"제니는 유색인종이야. 제발 우기지 말아라!"

"그게 무슨 뜻이에요?" 나는 속삭였다.

"제니가 흑인 마을에서 흑인들과 함께 살아야 한다는 뜻이야."

제니와 친구가 됨으로써 스미스는 철통 같은 사회적 금기를 어겼다. 결과적으로 그러한 절대적 금기의 모순에 따른 죄책감에 시달렸다.

나는 백인이었고 제니는 유색인이었다. 우리는 함께 있을 수 없었

6장 인종

다. 함께하는 것은 나쁜 일이었다. 어렸을 때 유색인 유모와 함께 밥을 먹었더라도. 그 후에는 어떤 유색인이든 함께 식사하는 것은 나쁜 일이었다. 어머니가 말해준 다른 나쁜 일들과 마찬가지로 나쁜 일이었다. 그날 밤 제니가 나와 같은 방에서 잔 것도 나쁜 일이었다….[4]

대체 무엇이 제니를 흑인으로 만들었을까?

여기에는 두 가지 대안이 있다. 하나는 제니가 흑인도, 백인도, 그 밖의 아무 인종도 아니라고 말하는 것이다. 이런 회의적 접근법에 따르면 인종의 범주는 거짓이고 위험하며 우리의 어휘에서 삭제되어야 한다. 다른 선택지는 제니가 정말로 흑인이었지만, 흑인이라는 것이 생물학적 사실이기보다는 사회적 사실이었다고 말하는 것이다. 사회 구성주의에 따르면 제니는 단지 흑인으로 분류되었기 때문에 흑인이었다. 오늘날 사회 구성주의는 인종의 연구에서 지배적인 정설이다.[5]

비록 회의론자와 구성론자가 인종 개념에 관해 근본적으로 대립하고 있지만, 이것이 그들이 많은 공통점을 공유하기도 한다는 사실을 모호하게 해서는 안 된다. 그들은 모두 인종 분류가 실제적이고 강력한 힘이라는 데 동의하고 인종의 범주가 느닷없이 나타난 것이 아니라 특정한 문화적, 역사적 상황에 의존하는 이념적 구성임을 인정한다. 양자의 견해 차이는 인종의 범주에 어떤 신빙성을 부여해야 하는지에 대한 질문으로 이어진다.[6]

인종 분류가 이념적이라는 사실은 그러한 분류가 시간이 지나면서 변화하는 방식과 이유를 설명한다. 미국의 인종 분류 역사가 몇 가지 명백한 예를 보여준다. 오늘날에는 공식적으로 인정된 여섯 가지 인종이 있다. 백인, 아메리카 인디언과 알래스카 원주민, 아시아인, 흑인 또는 아프리카계 미국인, 하와이 원주민, 그리고 다른 태평양 섬들의 주민(정부 문서에서 라틴 아메리카계는 인종이 아닌 '민족'으로 간주되지만, 차이가 없는 구별임을 곧 알게 될 것이다). 20세기 초의 인종 스펙트럼은 매우 달랐다. 당시에는 유대인, 아일랜드인, 슬라브족, 이탈리아인, 기타 다양한 사람이 별개의 인종으로 간주되었고, 이들 인종이 백인의 패권에 심각한 위협을 제기하는 것으로 여겨졌다. MIT 총장 프랜시스 워커Francis A. Walker는 1896년에 쓴 글에서 이들 집단을 "생존을 위한 투쟁에서 최악의 실패를 대표하는 패배한 인종"으로 묘사하고, 그들에게 자기 관리와 자치정부의 문제를 손쉽게 다루기에 적합한 생각과 소양이 전혀 없다고 강조했다. 워커의 말은 단지 인종적으로 열등한 집단이 나라를 지배하게 될 것을 우려해 유럽인 이민의 제한을 요구한, 두려움에 사로잡힌 토착민의 목소리 중 하나에 불과했다.[7]

지난 100년 남짓한 기간에 인종에 관한 우리의 개념이 왜 그렇게 극적으로 변했을까? 어떤 집단이 실제 인종이고 어떤 집단이 그렇지 않은지에 대한 새로운 생물학적 사실이 발견되었기 때문은 아니다. 흰 가운을 걸치고 실험실에서 나온 유전학자가 과학적 권위에 기초해 이탈리아인은 백인이고 나이지리아인은 흑인이라고 선언하지도 않았다. 그동안에 일어난 일은 사회 정치적 변화로 인한 개념적 변화였다.

16세기와 19세기 사이의 아메리카 원주민에 대한 인종 분류의 변화는 인종의 이념적 기능에 대해 설득력 있는 예시를 보여준다. 16세기와 17세기 초에 영국 정착민들은 비교적 사이가 좋았던 아메리카 원주민을 백인으로 묘사했다(그들의 '올리브색' 또는 '황갈색' 외모는 햇빛 노출이나 몸에 바르는 연고 탓으로 돌려졌다). 그러나 긴장이 고조되고 폭력 사태가 빈번하게 일어남에 따라 정착민들은 인디언을 흰 피부보다는 '구 릿빛' 또는 '빨간색'으로 묘사하기 시작했다. 그와 동시에 식민지 개척자 들은 다른 방식으로 아메리카 원주민을 점점 더 타자화했다. 인디언을 흑인이나 물라토와 같은 범주, 즉 근본적으로 '다른' 범주에 넣는 새로운 법률이 제정되고 정착민과 아메리카 원주민의 결혼이 다른 인종 간의 혼혈로 정의되어 금지되었다. 18세기 초반까지 인디언은 놀라운 변모를 겪었다. 그들은 더 이상 백인이 아니고 황인종이었다. 역사학자 올던 본 Alden T. Vaughan에 따르면, 19세기 초반까지 정형화된 피부색은 인디언이 영미 공동체에 완전히 동화되는 것을 막는 동시에 그들이 별개의 동등 한 사람들로 인정하지 못하게 하는 불리한 의미를 많이 담고 있다.

비록 소수의 반대자가 널리 퍼진 색 분류 체계와 그에 따른 인종 정 책에 저항하기는 했지만, 전해지는 문헌은 사실이든 허구이든 인디 언을 더는 같은 인종의 구성원으로 여기지 않았음을 보여준다. 그들 은 영원히 독특한 색깔과 특징으로 남았다. 비교적 호의적이던 사람 들까지도 이제 인디언이 영구적으로 자신들과 다르다고 믿었다.[8]

이념을 넘어서

나는 그것이 당신에게 너무도 잘 증명된 진실이라고 생각합니다. …
오랫동안 인간이라기보다 야수에 가깝고 정신적 자질이 부족하다고 여겨진 우리가
존재의 종족race of beings이라는 증거가 필요하다는 것.
— 벤저민 베네커Benjamin Banneker가 토머스 제퍼슨에게, 1791년 8월 19일[9]

사회 구성주의는 인종에 관한 믿음의 유동성과 역사적 특이성을 설명한다. 그러나 한계도 있다. 포괄적 인종 이론으로서 사회 구성주의의 가장 큰 결점은 그것이 다루지 않는 것에 있다. 구성주의는 인종적 사고thinking의 '내용'은 잘 설명하지만, 그 독특한 '형태'를 설명할 자료가 부족하다. 즉 사회 구성주의는 우리가 특정한 집단을 인종으로 분류하는 이유를 설명하지만, 인종이라는 개념이 왜 그렇게 널리 퍼져 있고 역사적으로 지속되었는지에 대해서는 아무것도 말해주지 않는다. 그리고 문화적, 역사적으로 다양한 사회에서 채택된 인종 개념에 그렇게 많은 공통점이 있는 이유가 무엇인지도 다루지 않는다.[10]

일부 사회 구성론자는 인종이라는 개념 자체가 특정한 역사적 시대에 연결된 이념적 '발명'이라고 주장한다. 어떤 사람들은 15세기 스페인에서 유대인과 무슬림을 추방하고 피의 순수성을 주장하면서 인종 개념이 시작되었다고 말한다. 또 다른 사람들은 16세기 유럽 식민주의의 산물에서 시작되었다고 믿는다. 17세기 유럽 계층 관계의 강화와 대서양 횡단 노예무역의 확장에서 기원을 찾는 사람도 있고, 19세기 생물학과 인류학에서 유래했다고 주장하는 사람도 있다.[11] 이 모든 이론가들은 인종이 '구성'되기 전에는 인종차별이 존재하지 않았다는 데 동의한다. 하지만 인종 개념이 구성되었다고 여겨지는 역사적 시대에 수렴되지 못하는 것은 그들이 잘못 생각하는 게 아닐까 하는 의구심이 들게 한다. 나는 노예제도에 관한 논의에서 이미 극단적인 구성주의 입장에 반하는 증거를 제시했으므로 여기서 되풀이하지는 않겠다. 이러한 사회 구성주의는 역사적으로 특정한 인종차별의 발현과 그것들이 모두 발현되는 더 깊은 현상과 혼동한다고 말해두는 것으로 충분하다. 사회적으로 구성된 수많은 인종 개념이 있다는 것은 분명히 맞지만, 그것은 모두 근본적인 주제의 변형이다. 인종의 사회적 구성은 인종적 사고의 심리에 따른 제약을 받는다. 인종 개념이 무로부터 나온 것은 아니니까 말이다. 이 점을 이해하지 못하면 인종 개념과 인종차별적 신념의 만연을 이해할 수 없다.

지난 20여 년 동안 인종 연구에 새로운 인지진화적cognitive-evolutionary 접근법이 등장했다.[12] 이 이론가들은 인종의 범주에 과학적 근거가 없음을 받아들이고, 사회적 힘이 인종적 범주의 내용을 채우도록 허용한다. 하지만 그들은 사회 구성주의자들을 넘어서서, 인종 개념이 거의 보편적이라는 사실이 인종 개념에 인간 정신의 작동 방식과 관련한 무언가가 반영되어 있음을 시사한다고 주장한다. 이 주장이 맞다면, 심각한 사회적 영향을 미칠 것이다. 인종 심리학을 선도하는 연구자이자 인류학자 로런스 허슈펠드Lawrence A. Hirschfeld가 그 이유를 말해준다. "거의 15년 동안 인종의 정신적 표현에 관해 연구한 끝에 내가 내린 결론은 여러 면에서 불안하다."

인종은 단순히 안 좋은 개념이 아니다. 뿌리 깊게 나쁜 개념이다. 이는 매력적인 개념이 아니다. 인종이 오늘날의 정치에서와 마찬가지로 우리 마음속에 확고하게 자리 잡았을 수 있음을 의미한다. 사람들은 인종이 우리가 세상을 범주화한 과정의 우연적 산물이라고 믿기를 원한다. 나는 이런 선호만으로도 그토록 많은 사람이 인종이 나쁜 개념일 뿐만 아니라 피상적인 개념이라고 믿게 된 이유를 설명한다고 생각한다. 즉 우리가 어린 시절에 받아들인 잘못된 정보를 수정하고, 우리의 다양한 세계의 선을 찬양함으로써 바로잡을 수 있는 것이다.

그러나 이는 사실이 아니다. 실제로 아이들의 인종 개념에 초점을 맞춘 허슈펠드의 연구는 "아이들이 다양성을 잘 알고 있고, 그것을 밝히려는 내적 호기심에 이끌린다"라는 것을 보여준다.

아이들은 인종이 세상의 피상적인 특질이라고 믿지 않는다. 다문화적 교육과정을 제쳐두더라도, 인종이 단지 피부의 문제라고 믿는 사람은 거의 없다. 그렇게 믿는 세 살배기 아이가 거의 없을 것은 확실하다. 그들은 인종이 고유하고 불변이며 사람의 정체성에서 본질적인 측면이라고 믿는다. 더욱이 독자적으로 이런 결론을 내린 것 같다. 그들은 인종이 심오한 특질임을 배울 필요가 없고 이미 스스로 알고 있다.[13]

이는 인종 개념이 선천적이거나 불가피하다는 의미는 아니다. 우리는 인종차별주의자가 되도록 운명지어진 것이 아니다. 그러나 허슈펠드가 적절하게 지적하듯이 우리 모두가 인종차별에 취약하다는 것을 시사한다. 질병에 대한 비유는 상당한 설득력이 있다. 우리는 생물학적 설계 때문에 특정한 질병에 취약하다. 이는 우리가 특정한 종류의 미생물에 노출되면 그들이 몸 안에 기생할 수 있다는 것이다. 같은 맥락에서 우리의 마음 설계는 우리를 특정한 문화에 노출되면서 얻은 인종차별적 믿음에 취약하게 만든다.

6장 인종

플라톤의 관절

성 패트릭이 모든 유독한 해충을
아일랜드에서 몰아낸 것은 당연한 일이다.
그곳의 두 발로 걷는 포유류는 기어 다니면서 흙을 먹고
모든 공동체를 독살하는 생물체의
전체 평균 몫을 공급한다.

—조지 템플턴 스트롱George Templeton Strong, 《남북전쟁 일기Diary of the Civil War》[14]

인종에 관한 믿음은 매우 다양할 수 있지만 그 모든 것에 공통적인 특성이 있다. 이를 인종에 관한 우리의 신념 형태를 결정하는 구성 요소로 생각해 보라.

첫 번째 요소는 너무 명백해서 당연하게 받아들이기 쉽다. 인종은 인간의 종류(비인간화되었을 때는 준인간의 종류)로 간주된다. 그러나 모든 종류의 인간이 인종으로 생각되는 것은 아니고, 특별한 종류의 인간이 존재한다. 소방관은 인간의 종류이다. 프로 야구팀을 응원하는 사람이나 두 명 이상의 자녀를 둔 사람도 그렇다. 하지만 이런 집단을 인종으로 생각하는 사람은 없다. 따라서 인간의 종류는 인종이 되기 위한 필요조건이지만 충분조건은 아니다.

우리는 인종을 자연적인 인간종natural human kinds으로 생각한다. 나는 이미 3장에서 자연종의 개념을 살펴보았다. 이 주제에 관해서는 광범위하고 종종 고도로 기술적인 철학 문헌이 있다. 그런 문헌 대부분은 과학자와 철학자들이 자연종을 어떻게 생각해야 하는지에 관한 문제와 관련이 있다. 이 책에서 나는 그런 문제에 관심이 없다. 나는 자연종이 우리의 일상적, 전이론적pretheoretical 사고에서 실제로 하는 역할에 초점

을 맞추기를 원한다. 비인간화를 이해하기 위해 우리는 과학이나 철학적 관행이 아닌 심리적 현상으로서의 자연종 측면에서 생각하는 데 초점을 맞출 필요가 있다.

이를 염두에 두고 자연종의 개념을 다시 생각해 보자.

우리는 세상을 사물의 유형으로 나누어 생각하고 그 유형에 이름을 붙인다. 플라톤의 유명한 말처럼 이러한 개념적 구분 중 일부는 자연을 관절에 새기는carving nature at its joints 세계 구조에 해당하는 것으로 생각된다. 반면에 다른 것들은 우리의 필요에 맞추어 꾸며낸 인공의 산물이다. 전자는 자연종이고 후자는 인공적 종artificial kinds이다.[15] 사과나무가 자연종이라는 것은 아마도 당연하게 여기겠지만, 개당 1달러인 사과는 그렇지 않다. 왜 그럴까? 두 범주 사이의 한 가지 두드러진 차이점은 철학자들이 말하는 추론적 잠재력inferential potentials과 관련이 있다. 사과나무임을 아는 것은 그에 관한 많은 정보를 준다. 어떤 대상이 사과나무라는 것을 안다면 타원형 잎사귀가 교대로 배열되고, 봄에는 분홍빛이 도는 흰색 꽃을 피우고, 가을에는 특정한 모양과 맛을 가진 열매를 맺고, 높이 12미터 이상으로 자랄 가능성은 거의 없다는 것 등을 추론할 수 있다. 반면에 무언가가 개당 1달러임을 아는 것은 가격 말고는 아무것도 알려주지 않는다. 마찬가지로 동물을 고슴도치로 분별하는 것은 해부학, 생리학, 짝짓기 행동, 생활 주기, 식습관에 관한 풍부한 정보를 준다. 반지를 금으로 정확하게 분류하면 그것이 왕수aqua regia와 반응해 염화금산을 형성하리라는 것, 화씨 1947.52도까지 가열하면 녹을 것, 인장강도가 120메가파스칼megapascal(제곱미터당 100만 뉴턴의 힘에 해당하는 압력 단위─옮긴이)일 것 등을 예측할 수 있지만, 반지로 정확하게 분류하면 그것에 관해 거의 아무것도 알려주지 않는다. 물론 내가 설명한 유형의 추론을 하려면 사과나무, 고슴도치, 그리고 금에 대한 전문 지식이 필요하다. 그러나 요점은 그런 지식이 있다면 당신은 추론을 할 수 있다는 것이다. 실제로는 할 수 없을지라도 원리적으로는 할 수 있다. 이를 개당 1달러인 물건과 반지인 물건을 비교해 보라. 이것들에는 누구라도 충분히 추론하도록 하는 정보가 전혀 충분하지 않다.

이러한 추론을 가능하게 하는 것은 무엇일까? 우리는 자연종의 심리학에 초점을 맞추고 있다. 따라서 과학자와 철학자들이 이 문제에 관해서 말하는 것보다는 사람들이 자연종을 어떻게 상상함으로써 그토록 강력한 추론이 가능하게 되는지에 관심이 있음을 기억하라. 공교롭게도 지난 몇십 년 동안 이 문제에 관한 연구가 꽤 많이 진행되었고, 대부분 이러한 결론에 수렴했다. 우리는 자연종에 숨겨진 본질essence이 있다고 상상하는 경향이 강하고, 그 본질이 같은 종류의 모든 구성원 사이에 존재하는 관찰 가능한 유사성을 설명해야 한다고 생각한다. 자연종과 본질의 관계는 반대 방향으로도 성립한다. 무언가에 본질이 있다고 믿는다면, 그것이 자연종의 구성원이라고 생각하는 것이다. 따라서 사람들은 본질의 존재가 자연종의 구성원이 되기 위한 필요충분조건이라고 가정하는 경향이 있다.[16]

이 개념을 사용해 인종 문제를 살펴보자. 첫 번째 근사치(비슷한 것)로 인종 개념은 인간의 자연종에 관한 개념이다. 같은 인종의 구성원에게는 공통된 인종적 본질, 즉 그들을 해당 인종의 구성원으로 만드는 고유한 본질이 있다는 것이다. 노스웨스턴대학교 철학자 찰스 밀스Charles W. Mills는 자신이 고안한 사고실험으로 이러한 일반적인 생각을 찾아낸다. 밀스의 사고실험에 등장하는 오레오는 명백한 아프리카인의 이목구비와 검은 피부, 그리고 흑인 혈통으로 알려졌기에 '백인으로' 생각할 엄두도 낼 수 없는 남자이다. 그러나 오레오는 "나에게 지정된 인종에 불만족스러워 공문서 양식에 '백인'으로 기입함으로써 나를 백인으로 밝히고, 흑인 문화를 거부한다"라고 말했다.[17]

오레오의 사고방식과 행동이 그를 백인으로 만들까?

내가 보기에, 오레오가 실제로 흑인이라고 대부분 사람이 말할 것이라는 밀스의 지적은 정확하다. 그는 단지 백인인 척하거나, 백인이라는 잘못된 믿음을 갖고 있거나, 자신의 인종에 대해 혼란스러워하지만 실제로 흑인이다. 비과학적인 실험으로 나는 학생들에게 여러 차례 이 시나리오를 제시했다. 그때마다 학생들은 만장일치로 오레오가 자신에 대해 무슨 말을 하거나 어떤 믿음을 갖고 있더라도 그는 흑인이라고 주장했다. 이러한 직관에 공감한다면, 당신은 무엇이 인종을 구성하는가에 대한 특정한 견해에 동의하는 것이다. 오레오가 흑인이라고 믿는다면, 인종이 개인의 주관적인 '정체성'의 문제라는 생각을 거부하고 특정한 인종의 구성원이라는 것이 개인에 관한 사실임을 믿어야 한다. 생물학적이든 사회적이든, 이는 사실이다.

다음으로 밀스는 스카일러Schuyler 기계를 도입해 실험을 한 단계 더 나아간다. 스카일러 기계는 흑인의 외모를 백인과 구별할 수 없도록 외형을 바꾸는 허구 장치이다. 이 기계로 시술을 받은 오레오가 창백한 피부, 곧은 금발 머리, 검푸른 눈, 얇은 입술, 매부리코, 좁은 콧구멍 등 정형화된 백인의 외모로 나타났다고 가정해 보자.

그는 백인이 되었을까? 우리가 오레오에 관한 사실을 찾고 있는 것이 아님을 유념하라. 이 이야기는 단지 우리의 직관에 접근하는 수단일 뿐이다. 아마도 당신에게는 시술 후의 오레오가 흑인인지 백인인지 중에서 끌리는 믿음이 있을 것이다.

어느 쪽인가? 시술을 받은 후에도 오레오가 여전히 흑인이라는 느낌을 떨치기는 쉽지 않다. 이미 살펴본 대로 이러한 결론은 주관적으로 느끼는 정체성(그가 자신을 흑인으로 여기지 않는다는 것을 기억하라)과는 아무런 상관이 없다. 시술을 받은 후의 오레오가 단지 백인처럼 '보일' 뿐이고 실제로 백인이 된 것이 아니라는 것은 자연스러운 생각인 듯하다. 처음에는 이런 결론이 당혹스러울 수 있다. 그는 이제 백인과 구별이 되지 않는다. 다른 맥락에서 우리는 무언가가 오리처럼 걷고 오리처럼 꽥꽥댄다면 그것이 오리라는 말을 기꺼이 따른다. 그런데 인종에 관해서는 왜 그럴 수 없을까?

질문의 타당성을 주기 위해 밀스는 우리에게 "체격과 힘이라는 다른 신체적 변환을 비교해 볼 것"을 권한다. 여기서 슈워제네거Schwarzenegger 기계가 등장한다.

> 특별한 식이요법이나 근력 운동 없이 몸무게 44킬로그램의 약골을 근육이 우람한 슈퍼맨으로 변화시킬 수 있는 슈워제네거 기계가 발명된다면, 우리는 그 사람이 단지 강하게 보일 뿐이며 실제로 강해진 것은 아니라고 말할까? 당연히 아니다. 그의 새로운 체격과 힘은 진짜이다.[18]

사람들 대부분은 스카일러 기계에서 나오는 남자가 실제로는 여전히 흑인이라고 단언하겠지만, 슈워제네거 기계에서 나오는 근육질의 남자가 실제로는 여전히 약골임은 부인할 것이다. 이런 차이는 설명이 필요하다. 나는 우리가 자신도 모르게 흑인은 자연종을 구성하는 반면에, 약골인 사람은 그렇지 않다고 생각하는 경향에 답이 있다고 생각한다.

우리는 인종에 관해서 직관적인 본질주의자이지만 근육에 관해서는 그렇지 않다. 이 특질에 대해 관습적으로 이야기하는 방식이 그러한 이분법을 시사한다. 우리는 어떤 사람이 우람한 근육을 가지고 '있다'고 말하고, 사람들이 특정한 인종에 '속한다'고 말한다.[19] 사람은 근육을 키우거나 잃어도 같은 사람으로 남을 수 있다. 그러나 우리는 인종이 바뀐다면 완전히 다른 사람이 된다고 생각하는 경향이 있다.

본질적 차이

밀스의 사고실험은 우리가 직관적으로 개인의 인종이 정체성에 필요한 것으로 이해하는 반면에 체격은 우연적인 특질, 단지 외모의 문제로 생각하는 경향이 있음을 시사한다. 철학자들은 종종 가능세계possible worlds라는 전문용어를 사용해 이 차이를 설명한다. 가능세계라는 말은 처음에 이상하게 들릴 수 있지만, 일단 익숙해지면 이른바 양상 직관modal intuitions, 즉 무엇이 가능하고, 불가능하고, 필요하고, 우연적인지에 대한 생각을 포착하는 데 매우 유용한 도구가 된다.

가능세계의 작동 방식은 다음과 같다. 실제 세계에서 가능한 모든 일이 일어나는 세계가 존재한다고 상상해 보자. 다시 말해 "이런저런 일이 가능하다"라고 말하는 대신에 "이런저런 일이 일어나는 세계가 있다"라고 말하는 것이다. 예를 들어, 흰 가시를 가진 고슴도치 대신에 분홍색 가시를 단 고슴도치가 있을 수 있다. 이는 가능세계의 전문용어로 다음과 같이 설명된다. "고슴도치 가시가 분홍색인 세계가 있다." 이제 "모든 원은 둥글다"라는 문장을 생각해 보자. 이는 철학자들이 진실이어야 한다는 의미로 말하는 필요한 진실에 해당한다. 원이 둥근 모양 말고 사각형이나 육각형, 아니면 다른 어떤 모양이든 될 수는 없다. 둥글다는 것이 원이 되기 위한 조건에 포함되기 때문이다. 우리는 가능세계의 전문용어를 사용해 다음과 같이 설명할 수 있다. "원은 모든 세계에서 둥글다." 원이 동그랗지 않은 세계를 상상할 수는 없다.

이제 이런 사고방식을 인종의 개념에 적용해 보자. 사람의 인종이 본질의 일부라면(같은 사람으로 남아 있으면서 다른 인종이 될 수는 없다면) 사람의 인종은 그들이 존재하는 모든 세계에서 동일하게 유지된다는 말로 표현될 수 있다. 밀스는 다음과 같이 말함으로써 이러한 공식화formulation에 접근했다. "인종적 현실주의자들에게, 독특한 역사를 가진 우리 세계의 표현형(관찰할 수 있는 생명체의 특징적인 모습이나 성질)에 의해 특정한 '인종'에 속하는 것으로 특징 지어진 사람들은 근본적으로 다른 역사를 가진 다른 세계에서도 계속 같은 '인종의' 지적과 기질적 특질을 가질 것이다."[20] 그러나 밀스의 공식화에는 심각한 결함이 있다. 우리는 오레오의 허구 사례와 제니의 실제 사례에서 표현형적 특성이 단지 우연적으로만 인종과 관련됨을 살펴보았다. 검은 피부를 갖지 않아도 '흑인'이 될 수 있다. 피부색은 '흑인임'의 본질적 특성이 아니기 때문이다(가능세계로 말하자면, 흑인이 창백한 피부를 갖는 세계가 적어도 하나 존재한다). 사람의 인종은 그들이 존재하는 모든 세계에서 동일하게 유지되지만, 피부색이나 다른 표현형 특성은 그렇지 않다. 흑인이 백인으로 여겨진, 심지어 태어났을 때는 '흑인'으로 분류되었다가 사망했을 때는 '백인'으로 바뀐 수많은 사례가 있다. 로런스 허슈펠드는 "역사적, 실험적 연구는 외모에서 보이는 차이가 인종적 범주와 잘 맞지 않는다는 사실을 밝혔다"라고 설명한다.

같은 사람의 인종이라도 태어난 나라가 브라질, 미국, 또는 남아프리카인지, 아니면 미국이라도 2001년에 태어났는지 1901년에 태어났는지에 따라 상당히 달라진다. 단일한 분류 시스템 안에서도 인종에는 투과성이 있다. 역사학자 린다 고든Linda Gordon은 20세기 초반에 뉴욕을 떠날 때는 백인이 아니었지만 일주일 후에 애리조나주에 도착했을 때는 백인이 된 어린아이들의 인종적 변화에 관한 흥미로운 사례를 기록했다. 한Hahn, 멀리네어Mulinare, 그리고 토이치Teutsch는 1983년과 1985년 사이에 도시 세인트 루이스에서 첫 번째 생일을 맞기 전에 사망한 유아들의 인종 식별 기록을 조사했다. 그들은 같은 유아임에도 불구하고 태어났을 때보다 상당히 많은 수가 흑인으로 사망했다는 사실을 발견했다.

어떻게 이런 일이 가능할까? 추정된 본질과 실제 모습 사이의 대비가 그럴듯한 대답이 될 수 있다.

한과 동료들은 그러한 불일치가 태어날 때와 죽을 때 인종이 결정되는 방식의 차이 때문이라고 했다. 출생 시에는 부모에 의해, 사망 시에는 의사에 의해 인종이 식별된다. 자기 식별은 족보에 근거하는 반면에, 타자 식별은 외모에 기반을 둔다.[21]

우리는 이미 자연종의 범주가 추론적 수단을 제공해야 한다는 것을 보았다. 어떤 것이 특정한 자연종의 구성원임을 아는 것만으로도 그에 대한 여러 가지 다른 사실을 추론할 수 있는 열쇠가 주어진다. 이것은 분명히 인종에 관한 일반적인 믿음에 해당하는 이야기이다. 사람들은 누군가가 특정한 인종에 속한다는 것을 알면 그에 관해 훨씬 더 많은 정보를 얻을 수 있다고 생각하는 경향이 있다. 인종 정보 수집의 뿌리에는 이러한 가정이 있다.

인종적 범주화가 어떤 추론을 낳는지를 보여주는 다음과 같은 사례가 있다. 중세 후기에 유럽의 많은 기독교인은 유대인 남자들이 월경을 한다고 믿었다. 예를 들어 13세기의 작가 자크 드 비트리Jacques de Vitry는 자신의 책《예루살렘의 역사History of Jerusalem》에서 유대인이 "여자들처럼 싸우기를 싫어하고 달마다 피를 흘린다"라고 했다. 그리스도를 살해한 벌로 "신께서 그들의 뒷부분을 쳐 영원한 치욕을 주셨기 때문"이라고 말했다.[22] 이러한 유대인 남자들은 도살된 기독교도 어린아이의 피를 마셔야만 해소되는 극심한 생리통을 겪는다. 유대인 남성 월경의 신화는 기독교 세계에 널리 퍼진 또 다른 믿음, 즉 유대인이 기독교도 어린아이를 고문한 다음에 죽이고 그 피를 사용해 유월절 식사를 위한 무교병을 만든다는 '피의 비방blood libel'과 밀접한 관련이 있다.

이러한 남성 월경의 주제는 1913년 우크라이나계 유대인 메나헴 멘델 베일리스Menachem Mendel Beilis가 인신 공양의 혐의로 체포되어 재판을 받은 사건에 기초한 버나드 맬러머드의 1966년도 소설《수리공》에 등장한다. 주인공인 야코프 보크라는 유대인 잡역부는 의식을 위해 기독교도 아이를 학살한 혐의로 체포된다. 박해자들은 보크가 투옥되어 재판을 기다리는 동안에 월경이 있을 것으로 예상한다. 우리는 이런 허구적 이야기를 통해 사람의 인종을 알면 그에 관한 추가 정보를 얻을 수 있다는 믿음을 탐구할 수 있다. 맬러머드는 말한다.

여러 날이 지나면서 러시아 관리들은 월경이 시작되기를 초조하게 기다리고 있었다. 그루베쇼프와 육군의 장군은 종종 달력을 참조했다. 그들은 월경이 곧 시작되지 않는다면, 기계를 이용해 그의 성기에서 피를 뽑아내겠다고 위협했다. 기계는 뽑아낸 피의 양을 알려주는 빨간 표시기가 있는, 철로 만든 펌프였다. 그것은 항상 제대로 작동하지 않고 때로는 몸에 있는 마지막 피 한 방울까지 뽑아낸다는 위험성이 있었다. 이 기계는 유대인에게만 사용되었다. 유대인의 성기만이 기계에 들어맞았다.[23]

당국자들이 펌프를 설치해 보크의 성기에 출혈을 일으켰다고 가정하자. 그랬더라도 유대인 남성에 관한 자신들의 독특한 가정에 모순되는 그 어떤 증거에도 직면하지 않았을 것이다. 그러나 그들이 펌프를 사용하지 않고 보크를 주의 깊게 관찰해 그가 월경을 하지 않는 것을 보았다고 가정해 보자. 그런 관찰이 유대인 남성이 월경을 한다는 믿음을 버리도록 할까?

본질은 관찰할 수 없다는 것은 본질이 다른 속성을 설명하는 역할의 논리적 결과이다(본질은 관찰 가능한 속성의 '배후에' 있어야 한다). 본질은 사물이 나타내는 관찰 가능한 속성, 적어도 해당 유형의 전형적인 속성에 책임이 있어야 한다. 예를 들어 사과나무의 전형적인 속성으로 크기, 모양, 잎사귀의 형태, 열매를 맺는 능력 등 관찰할 수 있는 모든 속성은 우리가 볼 수 없는 본질의 결과로 상상된다.

이런 모든 특성을 갖춘 사과나무는 진정한 종류의 사과나무에 해당한다. 그러나 비전형적인 사과나무는 어떨까? 햇빛, 물, 그리고 영양분이 부족한 사과나무 묘목은 완전한 크기에 도달하지 못할 수도 있다. 이런 일이 일어나면 나무가 본질적 속성을 실현하는 데 실패했다고 생각하는 것이 당연하다. 성장이 저해된 식물이 사과나무이기를 멈춘 것은 아니지만, 정상적이거나 정형화된 사과나무가 아니라 변칙적이거나 기형적인 표본이 된다. 이는 민속생물학folk biology의 전형적인 사고 패턴이다. 댄 스퍼버Dan Sperber가 지적하듯이 우리는 가구와 같은 제작된 물건을 추론하는 것과 완전히 다른 방식으로 동물을 추론한다. 특정한 종류의 전형적인 특질이 나타나지 않더라도 어떻게든 해당 종류의 구성원 내부에 포함된다고 상상하는 경향이 있다. "동물이 실제로 정의에 따른 특질을 지니지 않았다면 외모가 아닌 본질에서, 가상적으로 소유한다"라고 스퍼버는 말한다.

파리 국립과학연구센터의 인류학자 스콧 아트란Scott Atran은 다음과 같이 덧붙인다.

우리는 다리가 없이 태어난 호랑이에 대해 다리를 얻지 못했다고 말할 수 있지만, 빈백 의자에 대해서는 다리를 얻지 못했다는 말을 할수 없다. 스퍼버는 더 나아가, 예컨대 깃털이 뽑힌 새도 솔방울이 없는 소나무에 '가상적인' 솔방울이 있는 것처럼, '가상적인' 깃털이 있다고 생각된다는 것을 암시한다.[24]

인종적 사고도 거의 같은 경로를 따른다. 보크가 월경을 하지 않는다는 사실이 유대인 남성이 월경을 한다는 믿음과 전혀 관련이 없는 것은 그 때문이다. 인종의 독특한 논리에 따르면, 보크는 월경을 하지 않는 유대인이라는 이례적이거나 결함이 있는 표본일 수 있지만 월경의 요소는 '그의 내부'에 있다.

내가 남성 월경의 예를 선택한 것은 명백히 터무니없는 이야기이기 때문이다. 그러나 우리는 종종 인종에 대해 이상한 생각이라는 것을 깨닫지 못한 채로, 거의 같은 방식으로 생각한다. 우리는 전형적인 흑인, 전형적인 유대인, 전형적인 아시아인 등등이 있다고 생각한다. 고정된 유형에서 벗어난 사람들은 해당 인종의 이례적인 표본으로 간주된다. 유대인 농부는 (유럽과 미국에서는) 유대인 회계사보다 '덜 유대인적'으로 보이고, 아프리카계 미국인 철학자는 아프리카계 미국인 운동선수보다 '덜 흑인적'으로 여겨진다.

우리의 심리적 성향 때문에, 인종적 종류를 포함해 모든 추정되는 자연종에 대해 관찰 가능한 특성, 전형적으로 여겨지는 본질이 나타나 퍼지는 것으로 가정한다. 비전형적인 특성은 본질이 완전한 형태로 표현되는 것을 방해한다고 상상하기가 너무도 쉽다.

이 모든 것이 어떻게 움직이는지 알면 제니가 백인처럼 보임에도 흑인으로 여겨지고, 시술을 받은 오레오가 여전히 흑인으로 간주되는 이유가 명확해진다. 우리는 이러한 경우에 인종적 본질이 존재했지만 나타나지 않았다고 생각한다. 오레오는 오해할 만한 외모를 갖춤으로써 자신의 본질을 숨겼고 제니는 흑인이라는 자신의 본질이 제대로 보인 적이 없지만, 표면 아래에서는 둘 다 실제로 흑인이고 그것이 영구적인 상태라고 가정되었다.

인종적 본질이 어떻게 부모로부터 자손에게 전달되는지에 관한 민속이론도 있다. 사람들은 때로 인종적 전달에 관한 이런저런 이론을 확신하지는 않지만 "세부 사항이 아직 드러나지 않았더라도 본질이 존재한다는 직관적인 믿음"을 갖는다.[25] 그러나 항상, 또는 대부분 사람이 그런 것은 결코 아니다. 예일대학교 심리학자 조지 뉴먼George E. Newman과 프랭크 케일Frank G. Keil은 아이들이 어린 시절에는 사물의 본질이 그 중심에 있다고 가정한다는 사실을 발견했다. 나중에는 보통 열 살쯤 되면 몸 전체에 퍼져 있다는 관점으로 바뀐다. 뉴먼과 케일은 다음의 사실을 알려준다.

> 여섯 살 이하의 아이들도 본질의 물리적 성질에 대해 불가지론자가 아닌 것 같다. 그러나 성인과는 달리 이 아이들은 본질이 대상의 중심에 (동물뿐만 아니라 광물도 마찬가지로) 국한된다는 견해를 선호한다. 초등학교 2학년쯤 된 아이들은 이러한 지역주의 관점에서 멀어지기 시작하고, 최소한 광물에서는 본질적 특질이 전체적으로 분포한다는 것을 인식한다. 4학년이 된 아이들은 성인과 마찬가지로 광물과 동물 모두에 본질적 특질이 전체적으로 분포되어 있음을 인식한다. 그들은 이러한 견해를 자연종에 적용하지만 인공물에는 적용하지 않는다.[26]

열 살쯤 된 어린이와 성인은 생물학적 본질이 동물의 몸 전체에 분포한다는 민속이론을 수용하지만, 지역주의 이론의 잔재도 여전히 받아들인다. 사물의 개별적 본질(인류의 구성원이기보다는 당신을 개인으로 만드는 것)은 일반적으로 몸 안, 대체로 눈 바로 뒤의 머리 아니면 심장에 위치한 '영혼'으로 묘사된다.

본질이 몸 전체에 퍼져 있다는 생각은 체액이 본질을 운반한다는 거의 보편적인 견해로 자연스럽게 연결된다. 5장에서 간략하게 논의한 대로 이런 유형의 가장 널리 수용되는 믿음은 본질이 사람의 혈액으로 운반되고 '혈통'으로 전달된다는 것이다. 이렇게 인종적 본질이 핏속에 포함된다는 이론은 15세기 스페인에서 '피의 순수성' 주장과 제3제국의 독일인들에 의해 제기되었고, 또한 다양한 전통적 신념 체계의 특성이기도 하다. 예컨대 에콰도르의 안데스 산록에서 사는 지바로 부족은 살아 있는 사람의 영혼이 핏속에 있으므로 출혈은 영혼의 상실이라고 믿는다. 심지어 오늘날의 선진국에서도 교육받은 사람들이 자신에게 아프리카 혈통 또는 아메리카 원주민 혈통이 있다거나, 자신이 어떤 인종이나 민족의 '완전한 혈통'을 가진 구성원이라거나, 특정한 특질이 자신의 핏속에 있다고 주장하는 것은 유별난 일이 아니다.[27]

어떻게든 핏속에 인종이 있다는 개념은 혼혈금지miscegenation 법의 맥락에서만이 아닌, 피의 혼합에 대한 불안으로 이어졌다. 제2차 세계대전 중에 처음으로 수혈이 가능해졌을 때는 '흑인의 피'가 백인 병사에게 수혈되는 일이 절대로 일어나지 않도록 하려는 노력이 이루어졌다.

처음에 적십자는 흑인의 헌혈을 배제하는 정책을 1941년 1월에 발표했지만, 격렬한 항의가 이어진 뒤 백인의 피와 분리되어야 한다는 조건으로 흑인의 피도 받기로 타협했다. 과학자들은 그럴 필요가 없음을 확실히 알았지만, 육군과 해군의 의무감과 적십자 관계자들은 다른 방식으로는 이 프로그램이 제대로 되지 않을 것으로 판단했다. 피부색과 '인종적 특성'이 피를 통해서 전달된다고 믿는 백인 병사가 너무 많았다.[28]

버트런드 러셀에 따르면 나치 병사들은 유대인의 피를 수혈받을 가능성을 두려워했고, 그런 일이 발생하지 않도록 세심한 조치를 했다고 한다.[29]

이론의 또 다른 변종은 인종적 본질이 모유 속에 분포한다는 것이

265

다. 수많은 문화권에서 모유는 여성의 혈액에서 형성된다고 믿어진다. 따라서 모유를 먹는 것은 여성의 피를 나누고 '수평적인' 친족 관계를 맺는 것과 같다. 이슬람권에서는 인류학자 아파르나 라오Aparna Rao는 말한다. "혈액과 마찬가지로 모유의 친족 관계가 특정한 사람들 사이의 결혼을 제한한다. 같은 맥락에서 모유의 친족 관계에서는 모유는 개인과 집단 사이의 유대를 강화하고 모두를 하나의 대가족으로 끌어들이는 기능이 있다."[30] 럿거스대학교 의학 역사학자 재닛 린 골든Janet Lynne Golden은 19세기 미국의 상황을 다음과 같이 설명한다.

어떤 사람들은 아이들이 말 그대로 유모의 도덕적, 신체적 결함을 들이마신다고 믿었다. 작가 메리 터훈Mary Terhune은 "거친 피부, 뚱뚱한 체구, 탁한 목소리, 큰 웃음소리"와 함께 "담배와 술을 좋아하고, 야비한 농담을 즐기고, 질 나쁜 친구와 어울리는" 천박한 특성으로 가족의 다른 구성원들과는 "놀라울 정도로 다르다"라는 소녀의 이야기를 했다. 친척과 지인들은 어린 시절의 그가 "뚱뚱한 아일랜드 여성 유모에게 맡겨졌다"라고 속삭였다. 의사 조지프 윈터스Joseph E. Winters는 한 젊은이의 '비밀스러운 기질'을 이탈리아인 유모와 관련 지어 설명했다. 또한 한 의대생은 자신의 형제 중 유모가 아일랜드 여성이었던 사람이 '모든 친구와 가족이 알아차릴 만큼 매우 뚜렷한 아일랜드인의 특질'을 보였다고 이야기했다.[31]

더 과학적으로 들리는 견해는 (의심의 여지 없이 인종적 본질이 정액으로 전달된다는 민속이론의 도움을 받은 개념인) 본질이 사람의 DNA에 있다는 것이다. 과학적으로 존중받을 만한 겉치레를 갖추고는 있지만,

이런 DNA 이론도 근거가 없다는 점에서는 피와 모유에 관한 이론보다 별로 나을 것이 없다. 앞서 살펴보았듯이 전통적인 인종적 범주는 과학적이라기보다 민속적인 분류이고, 유전적 타당성이 전혀 없기 때문이다.

　　마지막으로 비물리적 요소인 사람의 '정신'이나 '영혼'의 측면에서 인종적 본질에 대한 더 신비로운 설명이 있다. 나는 5장에서 히틀러가 인종이 생물학적 집단이기보다는 영적 집단이라고 믿었음을 언급했다. 그러나 피, 유전자, 또는 어떤 유령 같은 물질에 의해 전달된다고 상상하든 관계없이 인종은 부모로부터 자녀에게 전해지는 것으로 추정된다. 유대인과 아리안을 구별하는 확실한 방법을 찾을 수 없었던 나치가 직면했던 문제를 생각해 보라. 단지 외모를 관찰하거나 얼굴의 특성을 측정하거나, 아니면 피를 화학적으로 분석하는 방법으로는 유대인과 독일인을 구별하기가 불가능했다. 따라서 인종적 순수성의 수호자들은 혈통으로 인종을 결정하기로 했다. 미국 남부의 백인들은 누가 흑인인지를 결정하기 위해 비슷하면서도 더욱 극단적인 기준을 사용했다. 한 방울 원칙one-drop rule에 따르면 피부가 희고 눈이 푸른 금발의 사람이라도 혈통을 통해서 결정된 대로 혈관 속에 검은 피가 한 '방울'이라도 흐른다면 흑인으로 간주할 수 있다.[32] 브라질에서는 한 방울 규칙이 반대로 적용된다. 검은 피부를 가진 사람이라도, 유럽계 조상이 있다면 백인으로 여겨진다. 인종이 혼합된 혈통은 문제를 일으킨다. '모 아니면 도'라는 것이 본질 논리의 일부이기 때문이다. 본질에는 정도가 없다. 어떤 물체가 어느 정도만 금일 수는 없다. 금이거나 금이 아니거나, 아니면 다른 물질과 결합한 금이어야 한다. 같은 맥락에서 인종적 본질주의자의 틀에서는 종종 인종이 혼합된 부모의 자손이 부모 인종의 화합물compound이 아니라 혼합물mixture로 여겨진다(이 점에서 우리가 섞인blended 인종보다는 혼합된mixed 인종이라는 용어를 사용한다는 것은 꽤 시사적이다). 바로 흑인이 백인을 이기는 (미국에서는 오늘날에도 부모 중 한 명이 흑인인 사람이 종종 흑인으로 묘사된다) 한 방울 원칙의 원리였다. 그 대신에 두 가지 본질이 한 사람 안에서 서로 경쟁해 비극적으로 분열되거나 퇴보한 존재를 낳는다고 상상할 수도 있다.[33]

인종은 유전적인 본질을 공유함에 따라 자연적인 인간의 종류로 여겨지는 사람들의 모든 집단인 것 같다. 이는 피부색, 머리칼의 질감, 기타 나타나는 특성이 인종을 구별하는 데 필요하지도 충분하지도 않고, 이탈리아인과 아일랜드인 같은 집단이 한때는 인종으로 여겨졌던 (현대 미국에서는 히스패닉계가 인종이다) 이유를 설명한다. 내가 옳다면 인간적 인지와 담론에서 실제로 기능하는 인종의 개념은 때로 민족, 국적, 심지어 종교와 정치적 소속과도 구별되지 않는다. 인구 집단은 종종 인종으로 분류되지는 않지만 인종으로 간주된다. 인종은 주로 사람들이 어떻게 불리는지가 아니라 어떻게 생각되는지(물론 스스로 어떻게 생각하는지를 포함해)의 문제이기 때문이다. 혼동을 피하기 위해 나는 대부분 경우에 민족인종ethnoraces이라는 용어를 사용할 것이다.[34]

심리학자 마리스 라우드세프Maaris Raudsepp와 볼프강 바그너Wolfgang Wagner는 전통적 인종 영역의 밖에서 인종과 비인간화 사이의 연결을 보여주는 민족인종적 사고의 흥미로운 사례를 제시한다. 발트해의 소국 에스토니아는 1918년부터 소련이 해체된 1991년까지 소비에트 연방에 속했다. 독립한 이후로 에스토니아 민족주의자들은 에스토니아에 거주하는 러시아 민족을 깎아내리려고 했다. 민족주의자들은 열등한 이방인 러시아인이 공유하지 못하는 에스토니아인의 본질에 관한 견해를 분명히 했다. 라우드세프와 바그너는 토착 에스토니아인과 러시아계 에스토니아인 모두가 "집단 내 본질적 속성과 양립할 수 없는 외적 특성에 대한 문제를 제기한다"라는 사실을 발견했다.

> 자신을 토착 에스토니아인으로 여기는 많은 사람은 "원하는 만큼 얼마든지 늑대(러시아인을 폄하하는 말)에게 먹이를 줄 수는 있지만, 늑대는 여전히 숲 쪽을 바라볼 것이다"라는 에스토니아 속담의 표현대로, 러시아인의 아시아적 야만성과 공산주의 사고방식이 포함된 집단 외적 특성을 언급한다. 반면에 러시아인 집단의 구성원들은 에스토니아인을 농민의 야만성과 파시스트적 사고방식으로 특징지어진다고 정의한다.

사실 두 집단의 이념가들은 에스토니아인과 러시아인을 별개의 민족인종으로 여긴다. 예상대로 어떤 사람에게 러시아인의 본질이 있는지 에스토니아인의 본질이 있는지를 결정하는 것은 혈통이다. 라우드세프와 바그너는 말한다. "60년 전에 에스토니아 시민이었던 부모나 조부모를 둔 사람들만이 새로운 국가의 적법한 시민으로 간주된다. … 시민권은 혈통의 증거로 정의된다." 결과적으로 에스토니아 민족주의자들은 인간 이하의 포식자로 표현되는 러시아인의 대규모 추방을 요구하고("인간과 야수의 오랜 동거는 불가능하다. 그리고 야수를 자연적 환경으로 돌려보내지 않은 것은 범죄다"), 러시아인의 DNA, 즉 강도질하고 살인하고 노동을 혐오하는 몽골의 유전자를 물려받은 러시아인 특성을 시사하는 담론을 펼쳤다.[35]

이 사례는 비인간화에 대해 중요한 것을 보여준다. 비인간화가 일어나기 위해서는 먼저 표적 집단이 본질화되어야 한다. 그들 타자는 전혀 다른, 피상적으로만이 아니라 근본적으로 다른 부류로 보여야 한다. 이러한 패턴은 이 책에서 지금까지 살펴본 비인간화의 모든 사례에서 입증된다. 5장에서 설명된 집단 학살을 돌이켜 보라. 노예무역, 아메리카 대륙의 정복, 제2차 세계대전의 공포를 생각해 보라. 모든 경우에 집단 학살을 저지른 사람들은 비인간화의 대상이 된 사람들이 민족인종적으로 자신들과 다르다고 믿었다.

표적이 된 인구 집단을 이질적인 자연적 인간종으로 정의한 후에, 대규모 폭력으로 가는 길의 두 번째 단계는 그들에게 인간 이하의 본질을 부여하는 것이다. 적은 더 이상 다른 종류kind의 인간이 아니다. 양의 탈을 쓴 늑대처럼 인간의 가면 뒤에 숨어 있는 다른 종species이다. 이들은 오레오가 겉보기로만 백인이었던 것과 같은 이유로 겉보기로만 인간이며, 오레오가 실제로는 흑인이었던 것과 같은 이유로 인간 이하의 존재로 인식된다.

인종에서 종으로

내가 방금 요약한 심리적 전환은 의문을 더 제기한다. 어떻게, 왜, 그리고 어떤 상황에서 한 집단에 민족인종적 본질이 있다는 믿음이 인간 이하의 본질에 관한 믿음으로 변형될까? 그런 변화를 설명하려면 민족인종적 믿음의 배후에 있는 심리적 메커니즘을 더 자세히 들여다봐야 한다.

자연종에 대한 수많은 연구는 식물과 동물에 관한 일상적 직관인 민속 생물학적 개념의 연구에서 비롯되었다. 인류학자와 심리학자들은 연구된 모든 문화권에서 생물이 거의 같은 방식으로 분류된다는 사실을 발견했다. 인류학자 스콧 아트란에 따르면 모든 인간 사회에서 사람들은 식물과 동물에 관해 같은 특별한 방식으로 생각한다. 상대적으로 민속 생물학적 믿음이 심층적으로 연구된 문화가 비교적 적기 때문에 이런 주장은 듣기보다 덜 인상적이다. 아트란은 "모든 문화권의 사람들은 식물과 동물을 생물학자들이 일반적으로 생태학적 틈새에 적응한 개체들의 이종교배 집단으로 인식하는 종과 비슷한 집단으로 분류한다"라고 지적한다. 이들 집단은 일반 종generic species이라 불린다. 연구된 모든 문화권에서 일반 종은 더 광범위한 분류 체계, 현대 생물학자들이 사용하는 린네 시스템Linnaean system과 매우 유사한 범주의 계층 구조 중 일부로 간주된다. 그리고 일반 종의 수준이 특히 중요하게 여겨진다. 아트란은 말한다.

> 모든 일반 종에는 전형적인 외모, 행동, 그리고 생태학적 선호도를 독특하게 결정하는 근본적인 인과성, 또는 본질이 존재한다는 상식적인 가정이 있다. 다양한 문화의 사람들은 유기체의 정체성을 담당하는 이 본질은 명료하지 않더라도 동적 내부 과정에 의해 지배되는 복잡하고 자기 보존적인 실체로 생각한다. 이 본질은 유기체가 성장하고, 형태를 바꾸고, 번식하는 동안에도 유기체의 무결성integrity을 유지한다. 예를 들어 올챙이와 개구리는 외모와 행동이 매우 다르고 서로 다른 곳에서 서식하지만 결정적인 의미에서 같은 동물이다.

마지막으로 종 분류는 자연계에 대한 결론을 도출하는 데 사용된다. 민속 분류학은 생물에 관해 생각하는 귀납적 틀을 세운다.[36] 예를 들어 우리는 고슴도치 한 마리가 소나무 껍질을 먹는 것을 관찰하면 모든 고슴도치가 소나무 껍질을 먹는다고 가정하고, 방울뱀 한 마리에 독이 있는 것을 관찰하면 모든 방울뱀에 독이 있다고 가정한다. 이러한 상식적 가정은 생물학자들이 항상 수행하는 유형의 귀납적 추론과 놀라울 정도로 비슷하다. 아마도 과학적 생물학은 뿌리 깊은 민속 생물학의 토대 위에 세워졌기 때문일 것이다.

세계에 관한 이러한 사고방식의 중심에 생물학적 본질주의가 있지만 과학적으로는 타당하지 않다. 유전적인 수준에서도 특정한 종의 구성원만이 공유해야 하는 명확한 특성도 없다.[37] 따라서 자연계를 본질화하려는 우리의 성향은 관찰에 기초한 것일 수 없다. 우리는 유기체들 사이의 명백한 유사성을 관찰할 수 있지만, 그러한 유사성을 설명하는 것으로 추정되는 본질은 관찰할 수 없다. 민속 본질주의folk-essentialism는 이론적 구성이고 우리가 세계로부터 '추출'하기보다는 세계에 '부여'하는 설명 수단이다. 물론 민속 본질주의는 우리가 교과서나 다른 형태의 교훈적인 가르침에서 도출하는 형식 이론이 아니다. 오히려 인간의 인지적 구조에 힘입어 나타나는 민속 이론이다.

아트란처럼 사람들은 민속 생물학적 사고가 영역 보편적domain-general이기보다는 영역 특수적domain-specific 능력이라고 믿는다. 영역 보편적 능력은 전반적으로 적용되는 사고 패턴이다. 우리는 무엇이든 원하는 주제에 관해 영역 보편적 능력을 사용할 수 있다. 추상적 추론 능력이 좋은 예이다. 논리의 기본 원리를 이해하는 사람은 무엇이든 자신이 선택한 대상에 관한 추론에 그 원리를 활용할 수 있다. 논리는 양배추와 왕에 대해 생각할 때와 마찬가지로 배, 달팽이, 밀랍에 관한 생각에도 적용할 수 있다. 수학적 사고에도 이런 논리를 적용할 수 있다. 우리가 계산할 때, 계산의 대상이 어떤 유형인지는 중요하지 않다. 호랑이 두 마리에 호랑이 세 마리를 더하면, 화산 두 개에 화산 세 개를 더해서 다섯 개가 되는 것과 마찬가지로 다섯 마리가 되는 것은 확실하다. 대조적으로 영역 특수적 인지는 특정한 영역으로 제한되고, 빠르고 쉽게 배울 수 있으며 차단하기가 어렵다. 인지 신경과학자들은 영역 특수적 사고가 우리의 선사 시대 조상들이 직면한 중요하고 반복적인 문제들을 다루기 위해 진화 과정에서 뇌에 자리를 잡은 특수 목적 기능 체계의 작용에서 비롯된다고 믿는다.[38]

　　얼굴을 인식하고 기억하는 우리의 놀라운 능력은 영역 특수적 능력에 적합하다. 누군가를 만났을 때 이전에도 만난 적이 있음을 알지만 그들의 이름을 기억할 수 없었던 적이 몇 번이나 되는가? 연구 결과는 인간의 뇌에 사람 얼굴에 관한 정보를 처리하는 특별한 재주가 있음을 시사한다. 인간은 고도로 사회화된 동물이고, 공동체 구성원에 관한 정보를 기억하는 능력은 항상 우리의 안녕을 위해 대단히 중요했다. 얼굴은 개인을 인식하는 가장 믿을 만한 수단이고 표정은 사람의 감정 상태를 보여주는 가장 좋은 창문이므로, 자연선택의 작용에 따라 선사 시대 조상의 뇌에 고성능의 얼굴 인식 소프트웨어가 설치되었다. 인간의 뇌에 얼굴 인식에 특화된 신경 체계가 있음을 시사하는 증거가 많다. 뇌는 일반적인 물체를 인식하는 것과 다른 방식으로 얼굴 인식을 처리한다. 사람의 얼굴을 바라볼 때 뇌는 개별적 부분보다는 전체적 구성에 더 주의를 기울인다. 그래서 위아래가 뒤집힌 얼굴을 인식하기가 훨씬 더 어렵다. 발달 측면에서 신생아는 다른 물체보다 얼굴(또는 얼굴 같은 물체)을 바라보는 것을 선호하고 아주 일찍부터 개별적 얼굴을 인식하는 법을 배운다. 매우 흥미롭게도 얼굴인식불능증 또는 안면 실인증이라는 신경 장애를 앓는 사람은 평범한 사물을 완벽하게 인식할 수 있으나 얼굴은 인식하지 못한다. 이는 얼굴에 관한 정보를 처리하는 데 사용되는 뇌 체계가 다른 유형의 시각 정보를 처리하는 체계와 다르다는 것을 암시한다.[39]

마찬가지로 유기체에 관한 생각과 관련된 영역 특수적 인지 체계인 민속 생물학적 모듈의 존재를 보여주는 증거가 있다. 앞에서 살펴본 대로 종 본질주의는 다양한 문화권에서 발견되고 어린 시절에 일찍부터 나타난다. 심지어 얼굴인식불능증에 해당하는 민속 생물학적 증상도 있다. 뇌의 왼쪽 측두엽이 손상된 사람은 생물학적 종류의 인식 능력을 잃을 수 있지만, 인공물을 인식하는 데는 영향을 받지 않는다. 이는 민속 생물학적 사고를 위한 인지 모듈이 있음을 의미한다.[40] 아동의 심리적 발달에 관한 연구도 민속 생물학적 사고에 특화된 인지 모듈이 존재한다는 가설을 뒷받침한다. 예일대학교 심리학자 프랭크 케일은 아이들에게 자연종에 대한 그들의 믿음을 알아보기 위한 일련의 질문을 했다. 예를 들어 아이들에게 과학자가 호랑이를 표백해 줄무늬를 없애고 목에 갈기를 부착해 사자처럼 보이도록 한 상황을 상상하게 하고, 그 동물이 호랑이인지 사자인지를 물었다. 일곱 살 미만의 어린아이들은 동물이 사자라고 말하고, 외모에 근거해(호랑이는 목에 갈기가 없다) 자신의 진단을 정당화했다. 하지만 나이가 좀 더 많은 아이들은 사자 같은 외모에도 불구하고 '호랑이에서 만들어진 동물이므로' 호랑이라고 단언했다. 색을 칠해서 스컹크처럼 보이도록 한 너구리의 이야기에도 같은 반응이 따랐다. 일곱 살 미만의 어린아이들은 스컹크라고 생각했고, 그보다 큰 아이들은 스컹크처럼 보이는 너구리라고 생각했다.[41]

이러한 반응으로 어린아이들은 종을 본질화하지 않는다는 결론을 내리는 것은 성급한 일일 것이다. 사자와 호랑이는 꽤 비슷하고, 너구리와 스컹크도 마찬가지이다. 따라서 어린아이가 단지 자연종을 세밀하게 분류하지 않는 것일지도 모른다. 이런 생각은 다른 실험의 결과로 뒷받침되었다. 이번에 케일은 아이들에게 교차 존재론적 범주 변화cross-ontological category shift라 부르는, 선인장과 구별할 수 없도록 변형된 고슴도치의 이야기를 들려주었다. 실험자와 아이들의 다음 대화가 보여주듯이 가장 어린아이까지도 그 동물이 선인장 같은 외모에도 불구하고 여전히 고슴도치라고 확신했다.

> C: 아직도 고슴도치예요.
>
> K: 깨어날 때는 어떨까? 선인장일까 고슴도치일까?
>
> C: 고슴도치.
>
> K: 왜 고슴도치일 거라고 생각하지?
>
> C: 선인장처럼 보이지만, 선인장은 아닐 거예요.
>
> K: 왜 아니지?
>
> C: 고슴도치가 더 살아 있으니까.
>
> K: 선인장도 살아 있나?
>
> C: 네. 그렇지만 고슴도치는 돌아다닐 수 있어요.[42]

어린아이들은 종을 자연종으로 확실하게 구별하지 못할 수도 있지만, 식물과 동물에 서로 다른 본질을 부여하는 것으로 보인다. 이런 형태의 사고가 특별히 생물학적인 것일까? 일반적인 종류에 대한 그들의 견해를 반영할 수도 있지 않을까? 이런 의문을 풀기 위해 케일은 아이들에게 커피포트와 새 모이통 사진을 보여주고 한 이야기를 읽어주었다.

바로 이렇게 생긴 (커피포트 사진을 보여준다) 것들이 있는데, 사람들이 커피를 만들도록 큰 공장에서 만드는 제품이다. 사람들은 여기에 커피 가루를 넣고 물을 부은 후에 난로에서 가열해 커피를 만든다. 얼마 전에 과학자들이 이 물건을 주의 깊게 조사해 다른 커피포트 대부분과 전혀 다르다는 것을 알아냈다. 커피포트를 현미경으로 들여다본 과학자들이 대부분 커피포트와 같은 재료로 만들어지지 않았다는 것을 발견했기 때문이다. 대신에 이 커피포트는 이런 (새 모이통 사진을 가리킨다) 새 모이통을 녹여서 이렇게 (커피포트 사진을 가리킨다) 만들었고, 사람들이 이것으로 (커피포트 사진을 가리킨다) 커피를 다 만들고 나면 다시 녹여서 새 모이통을 만든다. 이 물건은 무엇일까? 새 모이통일까, 커피포트일까?

어린아이와 더 큰 아이들 모두 이구동성으로 그 물건이 커피포트라고 주장했다. 이유를 묻자 다음과 같은 대답이 나왔다.

C: 커피포트요.

K: 왜?

C: 새 모이통처럼 보이지 않으니까요. 나라면 그 속에 새 모이를 넣지는 않을… 커피포트에는 커피를 넣을 거예요.

K: 그래서 이 커피포트가 이렇게 생긴 새 모이통으로 만들어졌고, 녹여서 다시 새 모이통으로 만든다면 이 물건에 가장 적합한 이름이 무엇이라고 생각하니? 새 모이통, 아니면 커피포트?

C: 커피포트.

K: 이유는?

C: 새 모이통처럼 보이지도 않고, 새 모이를 그 안에 넣지도 않을 거
니까요.[43]

생물학적 종류에 관해서는 본질이 외모를 능가하지만, 인공적 종류를 구별할 때는 외모가 우위를 차지한다. 지금쯤이면 종에 관해 생각하는 것과 같은 방식으로 인종을 생각하는 경향이 우리에게 있다는 사실을 명확히 알 수 있다. 인종과 종 모두 부모로부터 자손에게 '혈통'을 따라 전달되는 숨겨진 본질에 의해 정의되는 자연종으로 추정된다. 모두가 과학적으로는 공허하나 직관적으로 설득력이 있는 이야기이다. 종의 본질을 나타내지 못하는 유기체가 있을 수 있는 것과 마찬가지로(정형화된 호랑이는 다리가 네 개이고 줄무늬가 있지만, 다리가 세 개이고 줄무늬가 없는 호랑이도 여전히 호랑이로 간주된다) 인종적 본질을 나타내지 않는 사람(제니와 오레오는 백인으로 보여도 흑인이고, 야코프 보크는 생리를 하지 않더라도 유대인이다)이 있을 수 있다.

민속 생물학적 사고와 인종적 사고의 두드러진 유사성은 인종적 사고가 영역 한정적, 즉 우리에게 인간 종족을 자연종이라고 상상하는, 별개의 하위 집단으로 나누는 성향이 있음을 시사한다. 이러한 성향은 저항하거나 교육을 통해 상쇄될 수 있지만 모든 사람이 (지각이 있는 사람까지도) 빠져들기 쉬운 사고 패턴이다. 이 장의 앞부분에서 소개된 로런스 허슈펠드는 이 가설을 지지하는 사람이다. 그의 연구는 어린아이조차도 인간 세계를 민족인종으로 구분하고 그러한 구분을 자연종으로 취급한다는 사실에 대한 풍부한 증거를 보여준다. 허슈펠드는 어린아이가 주변의 어른들과 같은 인종적 범주를 사용한다고 주장하지 않는다. 어린 시절에 자연스럽게 나타나는 것은 구체적인 내용이라기보다는 민

족인종적 사고의 '형태'이다.

허슈펠드의 연구 팀은 아이들의 민족인종적 믿음을 탐구하기 위해 여러 가지 실험을 설계하고 수행했다. 한 실험에서는 100명이 넘는 세 살, 네 살, 그리고 일곱 살 먹은 아이들에게 한 어른과 두 아이를 묘사한 그림을 보여주었다. 그림의 인물은 피부색, 머리칼, 코와 입술의 모양이 나타내는 것처럼 흑인이나 백인을 나타냈다. 모두가 직업에 따르는 유니폼을 입었고 마르거나 뚱뚱한 체격이었다. 모든 아이에게 그림 세 장을 주었다. 각 그림에서 아이들은 각자 자신의 두 가지 특징을 어른과 공유했지만, 아이들끼리는 서로 한 가지 특징만을 공유했다. 예를 들어, 한 그림은 간호사 복장을 한 뚱뚱한 흑인 여성과 간호사 복장의 날씬한 흑인 소녀와 평범한 옷을 입은 뚱뚱한 흑인 소녀를 나타냈다. 다른 그림은 경찰관 제복을 입은 뚱뚱한 흑인 남성과 경찰관 제복의 뚱뚱한 백인 아이, 그리고 평범한 옷을 입은 뚱뚱한 흑인 아이를 보여주었다.

허슈펠드는 어린 실험 대상자들을 세 그룹으로 나누어 각각 그림의 어른과 두 아이 중 한 명의 짝을 맞추는 과제를 주었다. 첫 번째 그룹에는 어른이 어느 아이의 부모인지를, 두 번째 그룹에는 어느 아이가 어른의 어릴 때 모습인지를, 세 번째 그룹에는 두 아이 중 누가 어른과 가장 닮았는지를 물었다. 그는 과제의 논리는 간단하다고 설명한다.

세 장의 그림 중 각 비교 그림은 질문의 대상이 된 어른의 두 가지 특징을 서로 공유한다. 예를 들면 하나는 인종과 체격을, 다른 하나는 인종과 직업을, 나머지 하나는 직업과 체격을 대조한다. 어느 비교 그림이 어른의 아이 시절 모습인지, 어른의 자녀인지, 또는 어른과 가장 비슷한지 선택하도록 요청받은 아이들은 대조된 특성 중 어느 것이 가장 중요한지를 결정해야 한다. 아이들이 정체성을 판단하는 데 단순히 겉모습에 의존한다면, 다른 형태와 마찬가지로 겉모습의 한 형태에 의존할 가능성이 커야 한다. 따라서 그들은 무작위로 선택할 것이다. 한 가지 관점이 다른 관점보다 정체성에 더 기여한다고 믿는다면, 선택할 때 그 관점에 의존할 것이다.[44]

실험 결과는 인상적이었다. 아이들은 그들의 인종적 특성이 직업이나 체격보다 유전될 가능성이 크고, 평생 일정하게 유지될 것이라고 믿었다. 세 살 먹은 아이까지도 일관성이 없는 대답을 주었지만 인종을 자연종으로 생각하는 성향이 있었다.

이 실험은 또한 아이들이 특별히 비슷하게 관찰되는 사람들을 인종 집단으로 분류하는 것이 아님을 보여준다. 아이들에게 경찰관 제복을 입은 두 사람은 피부색이 같은 두 사람만큼이나 비슷하다. 이는 아이들이 우리가 종에 관해 생각하는 방식과 마찬가지로 인종에 관해 이론적으로 생각하는 경향이 있음을 드러낸다. 아이들은 피부색 같은 관찰 가능한 특성이 하나의 상부 아래 인종 집단 구성원을 묶는 깊은 본질을 가리키는 신호라고 믿는다. 세 살짜리 아이조차도 인종적 속성이 "변하지 않고, 유형적이고, 차별화되고, 가정 환경에서 나오고, 적어도 생물학적 인과관계 원리와 일치한다"고 생각한다.[45]

또한 연구 결과는 아이들에게 인종적 범주의 기반이 되어야 하는 관찰 가능한 특성을 이해하기도 전에, 인종의 개념이 있음을 보여준다. 이는 일상생활에서 인종을 이해하려는 아이들의 노력을 살펴봄으로써 알 수 있다.

램지는 세 살짜리 백인 어린아이가 흑인 아이의 사진을 보고 "치아가 달라요!"라고 말한 사실을 전했다. 그런 후 백인 아이는 어리둥절해하면서 다시 보더니 머뭇거리며 말했다. "아니, 피부가 달라요." 내 딸도 네 살 때 비슷한 관찰을 했다. 딸과 나는 프랑스에서 교통신호가 바뀌기를 기다리면서 멈춰 있었다. 우리 옆의 차에 탄 아시아인 가족을 본 딸은 그들이 친구인 유라시아 혼혈인 알렉상드르 같다고 소리쳤다. 나는 어떤 면에서 그 가족이 알렉상드르와 같다고 생각하는지 물었다. 딸은 신호등이 바뀌기를 기다리는 동안에 그 가족을 주시하면서 곰곰이 생각했다. 마침내 딸은 말했다. "모두 머리 색깔이 같아요."

허슈펠드는 계속해서 말한다.

물론 딸의 말이 옳았다. 알렉상드르와 그 가족은 모두 머리칼이 검었다. 하지만 당시의 나도 마찬가지로 흑발이었다. 더욱이 프랑스인이든 동남아시아인이든 아니면 북아프리카인이든 간에 프랑스 주민의 대다수는 머리칼이 검었다. 두 이야기가 보여주는 요점은 미취학 아동이 서로 다른 인종 집단의 구성원 사이의 지각적 차이와 단서가 인종 집단을 정의하는 역할을 한다는 것을 알지만, 정확하게 어떤 지각적 요인이 중요한지는 숙고하지 않는 것처럼 보인다는 사실이다.[46]

허슈펠드는 우리가 타고난 본질화 성향과 인종적 범주의 사회적 차원 사이에 상호관계가 있다고 믿는다. 아이들은 본질화의 준비가 되어 있기에 성인의 범주를 빠르게 받아들인다. 예를 들어 백인과 흑인이 있다는 인종적 범주에 관한 이야기를 들을 때 아이들은 이 집단의 구성원들이 공통적인 외모를 갖고 있다고 가정하지 않는다. 어린아이들에게 피부색과 머리칼의 질감 같은 요소는 한 사람의 인종을 나타낼 수는 있지만 정의하는 것은 아니다. 그들은 자신의 문화권에서 인종과 관련된 신체적 특징을 서서히 배우고 기존의 틀에 맞춰서 이러한 사회 구성에 통합된다.

아동기 초기부터 이미 인종적 사고에 생물학적 기미가 보인다는 사실은 흥미롭다. 하지만 그런 사실이 정확히 무엇을 의미할까? 인종과 생물학적 종에 관한 우리의 개념이 왜 그토록 기묘하게 유사할까? 한 가지 가능성은 그들이 같은 원천에서 나온 개념이라는 것이다. 허슈펠드는 인간 마음에 인간종 모듈이라 부르는 특수한 인지 모듈이 있으며, 이 모듈은 인류에 관한 추론을 도출하기 위해 민속 생물학적 추론을 담당하는 모듈에서 사용되는 것과 똑같은 일반적 원리가 사용된다고 제안한다. 생물학적 종 모듈이 민속 생물학적 사고를 낳는 것과 마찬가지로, 가상적인 인류 모듈은 다소 보편적인 형태의 민속 생물학적 사고를 낳는다. 두 정신 체계는 서로 독립적으로 작동하고, 모두가 각자의 영역을 본질과 자연종의 관점에서 해석한다.[47]

유사종의 기원

서부 케냐에서는 정적을 '서쪽에서 온 동물'이라 부른다.
—코이기 와 왐웨레Koigi Wa Wamwere, 《부정적 민족성 Negative Ethnicity》[48]

생물학적 본질주의와 사회적 본질주의 사이의 밀접한 관련성은 우리가 무의식적으로 생물학적 세계를 이해하기 위해 진화된 인지 기계를 사용해 사회적 세계를 이해한다는 것을 시사한다. 즉 인간 집단과 대면할 때 우리는 자동으로 생물학적 종을 생각하는 것과 같은 방식으로 생각하는 성향이 있다. 인류학자 프란시스코 길 화이트Francisco Gil-White는 〈인간의 뇌는 민족 집단을 생물학적 '종'으로 간주하는가?〉라는 글에서 이러한 견해를 제시한다.

길 화이트의 가설을 이해하려면 먼저 선사 시대 조상들이 살았던 사회적 세계를 고려해야 한다. 물론 당시 삶의 조건이 어떠했는지 확실히 알 수는 없지만 정보를 통해 충분히 추측할 수 있다. 우리가 아는 한 초기 인류는 작고 단일적인 공동체에서 살았고 자신들과 신체적으로 다른 사람들을 만나는 일이 극히 드물었다. 압도적 다수는 극적으로 대조되는 피부색, 머리칼의 질감 등 오늘날의 우리가 인종에 포함하는 표현형 특성을 가진 사람들을 만나는 일이 없었다. 그러나 그들이 다양한 문화 집단과 상호작용했을 것은 거의 확실하다. 이런 작은 무리는 인류학자들이 민족ethnics 또는 부족tribes이라 부르는, 수백 명으로 구성된 더 큰 공동체의 일부였을 가능성이 매우 크다. 부족 구성원은 문화적으로 전승된 믿음, 선호도, 그리고 행동 규칙(예로 부족의 구성원과만 짝을 지어야 한다는 규칙)을 공유했다. 고고학적 증거는 석기 시대 조상들이 적어도 5만 년 전에, 어쩌면 훨씬 더 이전에 민족으로 조직되었음을 보여준다.[49]

모든 조건이 같은 상황에서는 외부인과의 사회적 교류에 참여하는 것보다 자신이 속한 부족의 구성원, 즉 한 언어로 말하고 같은 규범과 가치관을 고수하면서 삶의 방식에 대해 공통으로 이해하는 사람들을 대하는 것이 훨씬 더 쉽다. 부족의 경계를 넘어서는 사회적 상호작용은 오해, 갈등, 그리고 위험으로 가득한 지뢰밭이다. 이를 고려하면 모든 다른 부족과 구별하게 만드는 언어와 인사 형식greeting rituals, 식사 예절, 종교적 관행뿐만 아니라 의복과 보석, 보디 페인팅 같은 눈에 띄는 장식적 도구를 택하는 것이 부족에게 유리했다. 민족적 표시는 사회적 교류의 흐름을 조절하고, 집단 내부에서 그것을 최대한 유지하기 위한 문화적 신호등 같은 역할을 했다. 민족적 표시의 중요성은 구약성서 사사기에서도 발견되는데, 단어의 발음처럼 사소하게 보이는 문제가 어떻게 친구와 적을 구분하는 데 사용되는지를 강조한다. 기원전 11세기를 배경으로 하는 에브라임Ephraim 지파와 길르앗Gilead 지파 사이의 전쟁에 관한 이야기이다. 전쟁에서 패배한 뒤에, 살아남은 에브라임 사람들은 요단강을 건너서 고국으로 돌아가려 하지만, 이러한 움직임을 예측한 길르앗 사람들은 강을 건너는 여울에 검문소를 설치한다. 덫에 걸린 에브라임 사람들은 길르앗 사람으로 가장해 보초를 속이려 하지만, 그 시도는 간단한 시험으로 좌절된다.

> 도망가는 에브라임 사람이 "청하건대 나를 건너가게 하라" 하면, 길르앗 사람이 그에게 "네가 에브라임 사람이냐?"라고 물었더라. 만일 그가 "아니"라고 하면 "쉽볼렛Shibboleth"라고 말해보라 하고, 그렇게 바로 말하지 못하고 "십볼렛Sibboleth"로 발음하면 그를 잡아 요단강변에서 죽였더라. 그때 죽은 에브라임의 사람이 4만 2천 명이었더라.[50]

길 화이트는 민족 공동체의 고립성 증가와 민족적 표시의 확산으로 인해 민족 사이의 구분이 이루어지고, 민족 정체성이 생물학적으로 유전된다는 환상을 만들어냈다고 추측한다. 당신은 에릭 에릭슨이 문화적 유

6장 인종

사종분화 개념에서 이러한 관점을 포착한 것을 기억할지도 모른다.

가장 온건한 의미에서 유사pseudo는 무언가가 실제와는 다르게 보이게 된 것을 의미한다. 그리고 실제로 인간은 유사 종pseudospecies이라는 이름으로 자신에게 가죽, 깃털, 결국에는 의상과 유니폼을 입힌다. 또한 자신의 경험 세계에는 전설, 신화, 의식과 함께 도구와 무기, 역할과 규칙을 부여한다. 이는 자신이 속한 집단을 단결하고 충성심과 영웅심, 그리고 우아함을 고취하는 초개인적인 독특한 정체성을 부여하는 역할을 한다.[51]

유사종분화에 관한 에릭슨의 언급은 매우 간략했다. 길 화이트는 유사종분화가 어떻게 일어나는지에 대한 그럴듯한 설명으로 나머지 이야기를 채운다. 그의 생각은 민족 집단이 통합된 후의 선사 시대 사람들은 외부집단의 구성원이 별개 종인 것처럼 반응했다는 것이다. 이런 일은 민족 공동체가 인간 뇌에 생물학적 종처럼 '보이기' 시작했기 때문에 일어났다. 생각해 보라. 민족 공동체는 의복과 보디 페인팅처럼 서로 매우 다르게 보이도록 하는 수단을 썼다. 서로 다른 행동 방식, 특히 말과 문화적 의식도 받아들였다. 아마도 가장 중요한 것은 그들이 다른 부족 구성원과의 결혼을 제한함으로써 인종적 구성원이 혈통에 따라 결정되는 결과로 이어졌다는 사실이다. 각 부족 구성원에게는 자연에서 번식을 통해 전달되는 생물학적 표현형과 비슷한, 부모로부터 자손에게 전달되는 '문화적 표현형'에 해당하는 특성이 있었다. 그렇게 민족 집단이 직관적 생물학을 위한 인지 모듈을 실행할 단계가 마련되었다. 따라서 뇌는 민족 집단에 대한 정보를 마치 별개의 생물학적 종인 것처럼 처리하도록 했다.

길 화이트는 "뇌는 민족을 생물체 모듈의 '적절한 영역'의 일부로 만들도록 진화함으로써 굴절적응을 마쳤다."[52] 라고 말했다. 굴절적응은 진화를 통해 적응하지 못한 기능을 수행하는 유기체의 특성을 말하는 생물학 용어이다. 펭귄의 날개가 선택적 진화의 좋은 예이다. 펭귄의 조상들은 날기 위해 날개를 사용했지만, 그들의 후손은 반수생semi-aquatic 생활 방식을 받아들였고 그에 따라 조상에게 물려받은 날개 기능이 지느러미로 바뀌게 되었다. 적응과 굴절적응 사이에 뚜렷한 경계선을 그을 수는 없다. 실제로 굴절적응을 '재적응'이라 불러도 무방하다.

따라서 길 화이트의 가설은 일단 독특한 인간 문화가 등장하면 생물학적 종류 모듈이 완전히 새로운 기능을 수행한다는 것이다. 그의 가설대로라면 모듈의 작동 영역이 인간의 종류를 포함하도록 확장되고, 직관적 민속 생물학이 직관적 민속 사회학을 낳았으며 결과적으로 인간의 뇌에 민족 집단이 생물학적 종처럼 보인다. 길 화이트는 이를 미운 오리 새끼 가설이라 부른다.

> 미운 오리 새끼 가설은 종처럼 보이는 범주(즉, 뇌에서 종의 '입력 기준'을 충족하는가)이다. 특히 혈통에 기초한 구성원 자격의 요구와 범주에 따라 동족 결혼의 성향이 강할 때 본질화되는 경향이 있을 것을 예측한다. 결론적으로 본질적 직관이 동기를 부여하는 비명확한 속성의 귀납적 일반화inductive generalization가 종처럼 보이는 범주에서 더 쉽게 이루어진다.[53]

허슈펠드와 길 화이트는 민속 사회학이 민속 생물학과 매우 비슷

6장 인종

한 이유에 대해 경쟁적으로 설명하지만, 비인간화를 다루기 위해 자신의 이론을 사용하지는 않는다. 그러나 각 이론이 어떻게 비인간화를 설명하는 데 사용될 수 있는지를 고려하는 것은 유용한 일이다. 허슈펠드의 가설은 우리가 민속 사회학과 민속 생물학 사이의 동형성isomorphy 때문에 너무 쉽게 인종차별주의에서 비인간화로 이동한다는 것을 시사한다. 인종적 사고와 생물학적 사고 사이의 심리적 유사성은 우리가 종종 비슷하게 들리는 단어를 혼동하는 것과 마찬가지로 전자와 후자를 혼동하는 이유를 설명할 수 있다. 이제 혼동에 약간의 동기 부여를 추가하자. 민족인종 집단에 관한 생각과 생물학적 종에 관한 생각이 깊이 공명하기 때문에, 전자를 깎아내리려 할 때 사람들의 마음은 자연스럽게 후자에 관한 생각을 향하게 된다. 경멸적인 생각이 원동력이므로, 혐오스럽거나 멸시받는 종이 그들을 대표하도록 무의식적으로 선택된다. 그러나 허슈펠드의 이론은 왜 민속 생물학과 민속 사회학이 같은 패턴을 따르는지를 설명하지 않는다. 길 화이트의 설명은 그 간극을 채우고, 그 과정에서 민속 생물학과 민속 사회학의 유대가 구조적 동형설이 허용하는 것보다 더 긴밀하다는 것을 암시한다. 민속 사회학이 민속 생물학의 토대 위에 세워진다면, 기본적 입장은 민속 생물학이다. 이는 민족인종적 범주가 그토록 쉽게 생물학적 범주로 무너지지만, 그와 반대되는 일은 일어나지 않는 이유를 설명한다.

요약

이 장의 전개가 매우 복잡하고, 조금 혼란스러운 정도를 넘어설 것이기에 주요 요점을 요약하면서 장을 마치는 것이 유용하다고 생각한다.

1. 우리는 직관적으로 인류를 생물학적 종을 모델로 한 자연적 인간종 또는 '민족인종'으로 분할한다. 우리에게는 민속 생물학적 이론과 매우 유사한 민속 사회학적 이론이 있다. 세계에 관한 이런 사고방식은 과학적 사실과 상반됨에도 불구하고 자연스럽고 설득력이 있으며 여러 문화권에 널리 펴져 있다.

2. 민족인종적 사고방식의 형태는 선천적인 반면에, 내용은 문화적 믿음과 이념에 따라 결정된다.

3. 민족인종은 해당 종을 정의하는 본질을 공유한다고 믿어진다. 예를 들면 사람을 아프리카인, 아메리카인, 유대인, 투치족, 또는 아일랜드인이 되게 하는 신비한 '무언가'가 있다는 것이다. 그러한 본질은 특히 피로 운반된다고 생각한다.

4. 민족인종을 알면 그 사람의 명백하지 않은 특성을 추론할 수 있어야 한다.

5. 사람의 인종은 필수적이기에 바꿀 수 없는 특성으로 간주된다. 인종은 그들이 존재하는 모든 세계에서 동일하게 유지된다.

6. 민족인종적 본질은 자연적 인간종의 정형화된 속성을 결정한다고 여겨진다. 그런 속성은 드러날 수도 있고, 그렇지 않을 수도 있다. 속성이 드러나지 않는 경우에는 특정한 종류에 속하는 개인은 그 종류의 구성원이 아닌 것으로 보일 수 있다.

7. 민속 사회학적 사고방식은 분명한 '인간종' 모듈(허슈펠드)이든, '생물종' 모듈의 확장(길 화이트)이든 영역 한정적 인지 모듈의 산물일 수 있다.

8. 민족인종은 비인간화의 대상이다. 먼저 특정한 인구 집단이 공통적 본질을 갖는 자연적 인간종으로 상상되고, 다음에 그들의 공통적 본질이 인간 이하의 본질이라고 상상된다.

여기까지 온 우리는 이제 비인간화의 마지막 퍼즐 조각 몇 개를 채워 넣을 수 있게 되었다. 허슈펠드와 길 화이트 모두 비인간화의 분석을 시도하지 않았지만, 민속 생물학적 사고방식과 민속 사회학적 사고방식의 유사성에 관한 그들의 관찰은 비인간화를 분석하는 데 대단히 중요하다.

"
사람들은
인종이 우리가 세상을
범주화한 과정의
우연적 산물이라고
믿기를 원한다.
"

잔인한 동물

**개미와 침팬지도
전쟁을 일으킨다는 착각**

다윈 이래로 비교인지 심리학의 지배적인 경향은 인간과 동물의
정신 사이의 연속성이 '종이 아니라 정도'의 문제임을 강조하는 것이었다.
—데릭 펜Derek Penn, 키스 홀리옥Keith Holyoak, 《다윈의 실수Darwin's Mistake》[1]

차이점을 가르쳐 줄게.
—윌리엄 셰익스피어, 《리어왕》[2]

여러 세기 동안 철학자와 신학자들은 무엇이 우리를 동물계의 나머지 부분과 차별화하는지를 숙고해 왔다. 아리스토텔레스는 그것이 이성이라고 생각했다. 또 다른 사람들에게는 불멸하는 영혼의 소유나 신의 형상을 따른 창조에 대한 믿음이었다. 인간의 오만함을 깎아내리기를 좋아했던 마크 트웨인에게는 나름의 의견이 있었다. 1896년에 발표한 〈동물의 세계에서 인간의 위치Man's Place in the Animal World〉라는 글에서 그는 인간이 존재의 대사슬의 꼭대기 근처가 아니라 밑바닥에 속한다고 주장했다. 열렬한 다윈주의자였던 트웨인은 인간 본성에 대한 자신의 관찰에 따라 인간이 하등동물로부터 올라왔다는 다윈주의 이론에 대

7장 잔인한 동물

한 자신의 충성심을 포기할 수밖에 없다고 신랄하게 말했다. 우리의 혈통은 생물학적인 동시에 도덕적이다. 트웨인은 우리가 부도덕할 수 있는 유일한 종이라고 믿었다.

> 인간은 잔인한 동물이다. 그 점에서 인간은 전쟁이라는 잔혹한 만행을 저지르는 유일한 동물이다. 주변의 형제들을 모아서 피도 눈물도 없이 같은 종을 말살하는 동물이다. 인간은 더러운 보수를 받고 행군해 자신에게 아무런 해를 끼치지 않고 다툼이 없음에도 자기 종족이 아닌 낯선 사람들을 학살하는 것을 돕는 유일한 동물이다. 그리고 군사작전 중에도 틈틈이 손에 묻은 피를 씻고 입으로는 '인간의 보편적 형제애'를 말한다.[3]

트웨인의 방금 인용된 구절에는 인간의 독특성에 대한 두 가지 중요한 주장이 있다. 첫째는 인간이 유일하게 잔인한 동물이라는 것이다. 이 주장의 요점은 모든 인간이 잔인하다는(즉 잔인하지 않은 사람은 인간이 아니라는) 것이 아니다. 오히려 인간이 잔인성을 내재한 유일한 동물이라는 것이다. 다시 말해 트웨인은 인간 본성이 구성되는 방식에 우리가 잔인해질 수 있는 무언가가 있다는 생각을 암시했다. 첫 번째 주장과 밀접하게 연결되는 두 번째는 인간이 서로 전쟁을 벌이는 유일한 동물이라는 것이다.

트웨인은 인간이 같은 종의 구성원을 죽이거나 대량 학살하는 유일한 동물이라고 말하지 않았다. 하지만 대량 살상이 전쟁이 되는 것은 특정한 조건이 충족될 때뿐임을 암시한 것에 주목하자. 전쟁은 보복을 위한 개인적 욕구의 동기가 부여되지 않는("자신에게 아무런 해를 끼치지

294

않고 다툼이 없음에도 낯선 사람들을 학살하는") 계산된 학살("피도 눈물도 없이")이며, 제삼자의 명령에 따라 개인적인 이익을 위해("더러운 보수를 받고") 수행된다. 이는 오늘날의 대다수 인류학자가 전쟁을 정의하는 방식과 매우 유사하다. 이 장에서 나는 호모 사피엔스가 잔인하고 전쟁을 벌이는 유일한 동물이라는 명제를 변호할 것이다. 이 명제가 어디로 이어지는지를 살펴보고, 비인간화가 도덕적 이탈moral disengagement을 초래하는 이유에 대해 더 상세하게 설명하는 데 이를 사용할 것이다.

인간만이 전쟁을 벌이는가

지적, 과학적 지식을 갖춘 많은 사람이 인간이 전쟁에 나서는 유일한 동물이라는 생각을 거부한다. 사람들은 트웨인의 글에 대해 마크 트웨인이 뛰어난 인물이고 위대한 작가이기는 하지만 필연적으로 그 시대의 포로였고, 다음 한두 세기에 걸쳐 이루어진 동물 행동에 관한 중요한 발견, 즉 그가 틀렸음을 입증하는 발견들을 예상할 수 없었기 때문에 나온 발언이라고 평가할지도 모른다. 우리는 지금부터 개미와 침팬지에 관한 두 가지 사례를 통해 그 '발견'을 살펴볼 것이다.

개미부터 시작해 보자.

개미의 군체는 때로 같은 종의 다른 군체를 공격한다. 이러한 공격은 종종 전쟁으로 묘사된다. 에드워드 윌슨과 베르트 횔도블러의 책 《개미 세계 여행》에 다음과 같이 시작되는 〈전쟁과 대외 정책〉이라는 장 제목이 있는 것은 그 때문이다.

수많은 이탈리아 도시국가가 그랬던 것처럼, 군체 전체가 만성적인 경계 분쟁에 휘말리는 베짜기 개미의 장관은 사회적 곤충의 세계 전반에서 발견되는 상황을 예시한다. 특히 개미는 모든 동물 중에 가장 공격적이고 호전적인 동물이다. 그들은 조직적인 악의에서 인간을 훨씬 능가한다. 개미에 비하면 우리 종은 온화하고 유순하다. 개미의 대외 정책 목표는 다음과 같이 요약할 수 있다. 쉴 새 없는 공격, 영토의 정복, 그리고 가능할 때는 언제나 대량 학살을 통해 이웃 군체를 전멸하는 것. 개미에게 핵무기가 있다면 아마도 일주일 안에 세계를 끝장낼 것이다.[4]

우리는 개미에 관한 세계적인 권위자 윌슨과 휠도블러가 사실을 확실히 안다고 믿을 수 있다. 그러나 그들이 더 넓은 독자층을 확보하기 위해 다채로운 관용구를 사용했음을 유념하는 것이 중요하다. 그들은 개미 '전쟁'이 주로 화학적 신호에 대한 고정된 반응으로 통제되는 본능적 행동이고, 개미에게 실제로 대외 정책이라는 것이 없으며, 대량 학살을 통한 이웃 군체의 말살이 아우슈비츠나 르완다와는 거의 무관하다는 것을 누구보다도 잘 안다. 분명히 개미에게 핵무기가 있다면 일주일 안에 세상을 끝장내기보다는 그 위에서 기어 다닐 것이다. 개미가 벌이는 전쟁은 실제 전쟁이 아니라 은유적 전쟁이다.

침팬지의 사례는 더욱 강력하고 설득력이 있다. 침팬지는 이른바 분열-융합이 일어나는, '무리'라 불리는 공동체에서 산다. 날마다 하위 집단과 외로운 개체들이 과일을 찾거나 작은 동물을 사냥하려고 숲으로 떠나고(분열), 하루가 끝나면 함께 돌아와 집단을 재구성한다(융합). 활동 범위가 넓고 서로 겹치는 그들은 외부자를 극도로 혐오하기 때문에, 먹이를 찾아 나선 침팬지들이 이웃 공동체에 속한 침팬지와 마주칠 가능성이 항상 존재한다. 이런 조우는 적대감을 촉발한다. 두 집단이 만났을 때는 시끄럽게 위협을 표시하는 정도지만, 수컷 무리가 혼자 있는 낯선 침팬지를 만났을 때는 그 침팬지를 죽일 수도 있다.

이런 우연한 만남이 집단 간 폭력의 유일한 형태는 아니다. 때로는 여섯 마리 정도의 수컷이 분명히 죽이겠다는 목적을 갖고 개체를 찾아서 이웃의 영토 깊숙이 침투한다. 그들은 혼자 있는 수컷, 혼자 있는 늙은 암컷, 또는 수컷과 암컷 한 쌍을 발견하면 맹렬히 공격해 죽일 것이다. 이 경우 젊은 암컷은 보통 살려두고 무리에 합류시킨다.

이러한 공격은 급습으로 알려져 있다. 제인 구달의 연구 팀이 처음으로 탄자니아의 곰베 국립공원에 서식하는 침팬지 연구를 시작했을 때 침팬지들은 모두 과학자들이 카세켈라Kasekela라 부른, 단일한 무리의 구성원이었다. 1971년에 과학자들은 다 자란 일곱 마리의 수컷과 세 마리의 암컷, 그리고 그들의 자손이 두 번째 무리를 형성하기 위해 분리되기 시작한 것을 알아차렸다. 1년 후에 그들은 카세켈라 공동체에서 완전히 나와 독자적인 영역의 공동체를 형성했다. 과학자들은 새로운 공동체를 카하마Kahama라 불렀다. 카하마가 카세켈라의 옛 영역 일부를 차지하게 된 것은 두 공동체 사이의 긴장으로 이어졌다. 이후 몇 년 동안 공격적인 대립은 점점 더 빈번해졌다. 그리고 1974년에 여섯 마리의 카세켈라 수컷이 남쪽의 카하마 영역으로 가서 수컷 침팬지 한 마리를 죽였고, 이후 4년 동안에 카하마의 모든 수컷과 다섯 마리의 암컷이 살해되거나 사라졌다. 어린 카하마 암컷들은 카세켈라 공동체에 흡수되었다.

침팬지는 채식주의자가 아니다. 그들은 과일로 이루어진 식단을 다른 포유류의 생살로 보충한다. 침팬지는 특히 붉은 콜로부스원숭이를 좋아한다. 그들은 무리를 지어 원숭이를 사냥하는데, 거의 언제나 수컷이 사냥을 담당한다. 리처드 랭햄Richard Wrangham과 데일 피터슨Dale Peterson은 침팬지들의 원숭이 사냥이 열광적 흥분을 표출하는 행사라고 설명한다.

원숭이들이 울부짖는 소리로 숲이 살아나고, 흥분한 침팬지들이 사방에서 달려든다. 사지가 찢기면서 비명을 지르는 원숭이가 산 채로 먹힐 때도 있다. 지배적인 수컷들이 먹이를 독차지하려고 하면서, 싸움과 분노의 울부짖음이 이어진다. 한두 시간 또는 그 이상의 시간 동안 흥분한 유인원들은 원숭이를 잡아 찢고 먹어치운다. 이는 피를 원하는 욕구의 가장 원시적인 형태이다.[5]

침팬지들이 급습을 시작할 때 하는 행동은 원숭이 사냥과 비슷하다. 그들은 피를 원한다. 하지만 이번에는 자신과 같은 종에 속하는 구성원의 피이다.

침팬지들의 기민하고 열정적인 행동으로 보아, 그들에게 이런 습격은 흥미진진한 사건이다. 다른 공동체를 습격하는 동안에 공격자들은 '사냥감'이 같은 종의 구성원이라는 것을 제외하고는 원숭이를 사냥할 때와 같은 행동을 한다.

콜로부스원숭이를 잡은 침팬지는 즉시 원숭이를 죽이고(보통 나무에 패대기치는 방법으로) 먹는다. 습격에 나선 침팬지는 사냥감을 먹지는 않지만 극도로 흉포하게 공격한다. 단순히 죽이는 것이 아니고 과도하게 죽인다. 랭햄과 피터슨은 "그들의 공격에는 인간 세계라면 평화로운 시기이든 전쟁 중의 잔혹 행위이든 형언할 수 없는 범죄가 될 행동을 연상시키는 불필요한 잔인성이 있다. 예컨대 피부 조각을 뜯어내고 부러질 때까지 팔다리를 비틀거나 희생자의 피를 마신다"라고 보고한다.[6]

이러한 공격은 (유아를 잡아먹는 암컷 침팬지도) 곰베 국립공원에서 제인 구달의 연구 팀에 의해 처음으로 관찰되었다. 자신이 본 광경에 몸서리를 친 구달은 기록했다. "침팬지의 본성에 관한 나의 견해를 영원히 바꿔놓았다."

> 몇 년 동안 나는 이 새로운 지식을 받아들이려 애썼다. 종종 밤에 잠에서 깨면 뜻밖의 끔찍한 광경이 마음속에 떠올랐다. 얼굴의 큰 상처에서 샘솟는 피를 마시려고 스니프의 턱 밑에 손을 모으고 있는 사탄, 똑바로 서서 엎드려 있는 고디에게 무거운 돌을 던지는 로돌프, 데의 허벅지에서 살점을 뜯어내는 조메오, 자신의 어린 시절 영웅이었던 골리앗의 떨리고 고통받는 몸에 끊임없이 돌진하고 때리는 피건, 그리고 무엇보다 아기의 살을 탐하는 길카. 그의 입은 전설에 나오는 기괴한 흡혈귀처럼 피범벅이었다.[7]

곰베 침팬지들의 '전쟁'은 이런 종류의 행동이 처음으로 관찰된 사례였지만 마지막은 아니었다. 적어도 7년 동안 아프리카의 다른 지역에서 관찰된 침팬지 무리 사이의 상호작용은 치명적인 폭력이 기이한 현상이 아니라, 드물기는 하지만 침팬지의 삶에서 정상적인 양상임을 보여주었다.[8]

침팬지에 관한 이런 사실을 인간 사회와 비교해 보자. 다수의 인간 사회도 이웃을 습격한다. 실제로 습격은 부족 집단 간 폭력의 가장 흔한 형태이다. 주로 사회인류학자 나폴리언 섀그넌의 연구를 통해 알려진 브라질 북부와 베네수엘라의 야노마뫼족의 습격은 특히 유명하다. 30년 넘게 야노마뫼족을 연구한 섀그넌에 따르면, 야노마뫼 전사들은 습격을 감행할 때 먼저 공격 계획을 세운다. 다음에는 습격대를 네 명에서 여섯 명의 소그룹으로 나누어 후퇴할 때 서로 엄호하도록 한다. 습격자들은 날이 밝기 전에 마을에 접근해 식수원으로 이어지는 길 근처의 풀숲에 숨는다. 그들의 목표는 한 사람을 기습 공격하고 나서 시체가 발견되기 전에 그 지역을 떠나는 것이다. 그들은 또한 가능한 상황이면 언제나 젊은 여자들을 납치한다. 붙잡힌 여자들의 운명은 아름답지 않다. 그들은 우선 습격대의 모든 남자에게 강간당한다. 그리고 습격대가 마을로 돌아가면 다른 남자들도 그들을 강간한다. 이런 시련이 끝난 여자들은 각자 한 남자에게 아내라는 상으로 주어진다.

야노마뫼족의 습격과 침팬지의 습격 행동 사이에는 몇 가지 두드러진 유사점이 있다. 두 경우 모두 수컷 한 무리가 개인이나 소규모 집단을 기습 공격하기 위해 적의 영토에 은밀하게 진입하고, 가능하다면 가임 암컷을 납치한다. 습격이 끝나면 습격대는 신속하게 본거지로 돌아간다. 이러한 유사성은 인간과 침팬지의 생물학적 관련성을 반영할 수도 있다. 침팬지는 우리와 가장 가까운 친척 격인 동물이다. 6500만 년 전에는 두 종 모두에게 공통 조상이 있었고, 그 이후로 두 혈통이 각자의 길로 분리되었다. 침팬지는 인간보다 더 느리게 진화한 것으로 보이며, 따라서 우리보다 공통 조상과 더 비슷하다. 그래서 우리는 침팬지를 우리의 몇몇 초기 조상의 모델로 삼을 수 있다. 물론 침팬지가 초기 조상과 정확히 같지는 않지만, 우리의 과거에 대한 몇 가지 잠정적인 결론을 내리기에는 충분할 것이다. 확신할 수는 없지만 침팬지의 사회적 행동이 우리 공통 조상의 사회적 행동을 반영한다고 가정할 수 있다. 이는 우리의 조상 유인원들이 분열―융합 구조의, 영역을 주장하고 같은 종의 이웃에게 적대적인 공동체에서 살았음을 시사한다.

침팬지의 습격은 때로 먹이나 짝짓기 기회 같은 즉각적인 보상을 약속하지만 항상 그런 것은 아니다. 침팬지들은 종종 자신들의 영토에 먹이가 풍부하고 주변에 납치할 암컷이 없을 때도 이웃을 공격하는데, 이런 살해가 장기적으로 계획된 전략의 일부라는 것은 터무니없는 생각일 것이다. 따라서 이런 유형의 살해는 본능적임이 틀림없다. 수컷 침팬지에게는 단순히 자신을 위험에 빠뜨리지 않고 그렇게 할 수 있을 때(침팬지는 적어도 3 대 1의 수적 우위가 있을 때만 상대편을 공격한다), 외부자를 근절하려는 충동이 있는 것이 분명하다. 랭햄은 이를 우위 구동 dominance drive 가설이라 부른다. 외부자를 죽이면 자원 경쟁에서 이웃 집단이 불리하게 되므로, 진화 과정에서 수컷 침팬지에게 이러한 구동이 설치되었다는 생각이다. 바로 이런 일이 카세켈라와 카하마 공동체 사이의 충돌에서 일어났다. 카세켈라 무리는 4년에 걸쳐서 구성원을 하나씩 공격하는 방법으로 카하마 무리를 서서히 약화시켰다. 결국, 카하마의 영역이 합병되었으며, 카세켈라의 수컷들은 카하마의 젊은 암컷을 얻게 되었다.

랭햄은 계속해서 전쟁으로 절정에 이르는 인간 공동체 사이의 치명적 폭력의 진화도 같은 접근법으로 설명할 수 있다고 제시한다. 그 주장에는 두 단계가 있다. 첫 번째는 인간 사회에 너무도 명백한 외국인 혐오 성향과 집단 간 적대감을 인간이 아닌 영장류에 만연한 외부자 혐오와 집단 간 적대감에 연결하는 것이다. 우리 호모 사피엔스도 영장류임을 고려할 때 우리의 불유쾌한 성향에 생물학적 뿌리가 있고, 우리가 침팬지와의 공통 조상으로부터 그러한 성향을 물려받았다는 명백한 결론이 나온다. 두 번째는 이웃 공동체의 구성원을 솎아내는 일이 자신의 공동체에 경쟁적 우위를 주기 때문에 진화를 통해 영장류가 이런 방식으로 행동하게 되었다는 주장이다. 이는 다시 남성 정신male psyche을 이해하는 데 중요한 시사점을 제공한다. 남성은 선천적으로 악마적인 면이 있다. 랭햄의 말대로 "특정한 상황에서 이상한 낌새를 못 채는 이웃에 대한 저비용 공격을 수행할 기회를 찾는 남성 정신의 선택이 있었다".

> 그토록 복잡한 기능을 가능하게 하는 심리적 메커니즘이 연구되지는 않았지만, 일부 목록에는 다음이 포함될 수 있다. 승리의 전율을 맛보는 경험, 추적의 즐거움, 쉬운 비인간화 또는 비침팬지화(집단의 외부자를 먹이와 동등하게 취급하는 것), 그리고 탈개체화(자신의 목표를 집단에 종속시키고, 연합을 형성할 준비와 전력의 차이를 정교하게 평가하는 것).⁹

나는 침팬지의 습격과 야노마뫼족의 습격을 나란히 놓고 그들의 유사성을 끌어냈다. 그러나 유사성 때문에 차이를 보지 못하면 안 된다. 그들의 차이점을 생각해 보자.

한 가지 중요한 차이점은 미리 생각하는 것과 관련이 있다. 침팬지의 행동은 그들도 계획을 세운다는 것을 암시하지만, 공격 행동을 상황에 맞게 조정한다는 의미에서만 그렇다. 미리 생각하지 않고 순간순간의 계획으로 행동한다. 반면에 야노마뫼족은 습격을 시작하기 훨씬 전부터 정교하게 준비한다. 이는 또 다른 유형의 차이점과 관련된다. 야노마뫼의 습격은 전통적 규범, 신념, 그리고 관습의 복잡한 네트워크에 포함되어 있다. 럿거스대학교 인류학자 브라이언 퍼거슨R. Brian Ferguson은 다음과 같이 설명한다.

> 야노마뫼족은 사회적, 심리적 거리의 분류와 물리적, 초자연적 공격성에 관한 생각 그리고 상징적, 의식적 교환을 포함하는 복잡한 문화적 구성을 통해 전쟁을 개념화하고 실행한다. 이러한 사회적 관행으로서의 전쟁을 구성하는 본질적 차원을 제외한 분석은 지극히 미흡하고 불완전하다.[10]

침팬지 사회에서는 야노마뫼족의 습격에서 볼 수 있는 여러 문화적 차원을 볼 수 없다. 문화적 차원은 특히 야노마뫼족이 습격을 준비하는 방식에서 분명하게 드러난다. 침팬지의 습격은 순간적인 충동으로 촉발된다. 랭햄과 피터슨은 다음과 같이 말한다.

> 습격은 본거지 깊숙한 곳에서, 공동체의 소규모 집단과 개체들이 서로를 부르는 것으로 시작될 수 있다. 때로는 가장 지배적인 수컷이 흥분한 상태로 나뭇가지를 끌면서 소집단 사이로 돌진한다. 지켜보는 다른 침팬지들도 곧 동조해 몇 분 후에 합류한다. 알파 수컷은 그저 어깨너머로 몇 번 확인만 하면 된다.[11]

반면에 야노마뫼족의 준비는 상당히 정교하다. 섀그넌이 설명한 사례에서는 습격 전날의 의식적인 연회로 축제가 시작된다. 연회가 끝난 뒤에는 적을 나타내는 풀 인형이 마을 중앙에 세워졌다. 남자들은 의식적으로 풀 인형을 공격해 적을 죽였다. 그들은 몸에 검은 칠을 하고 적의 발자취를 찾는 척하면서 마을 주변을 은밀하게 기어 다니고, 일제히 화살을 쏜 뒤에는 함성을 지르면서 마을 밖으로 나왔다. 그런 뒤에 전사들은 해먹으로 물러났고, 어둠이 내린 후에 의식을 재개했다. 그들은 한 사람씩 마을 중앙으로 행진하면서 화살로 활을 치고 짐승 같은 소리를 냈다. 이런 의식이 약 20분 동안 계속되었다. 의식이 끝난 뒤에 50명의 습격대는 마을 중앙에 집결했다.

마지막 사람이 줄을 섰을 때 여자와 아이들의 속삭임이 가라앉고 마을 전체가 다시 조용해졌다. 한 남자가 무거운 음성으로 노래를 시작하면서 침묵이 깨졌다. "나는 고기에 굶주렸다! 나는 고기에 굶주렸다! 썩은 고기를 먹는 독수리처럼 나는 고기에 굶주렸다!" 그가 노래를 마치자 나머지 전사들이 노래를 되풀이하고, 귀를 찢는 높은 음조의 함성으로 마무리했다. 이어서 같은 남자가 이끄는 두 번째 합창이 시작되었다.

몇 차례 더 합창하면서 분노에 휩싸인 전사들은 무기를 치켜들고 밀집 대형으로 움직이기 시작했다.

그들은 세 번을 소리쳤다. 처음에는 낮게 시작하다가 세 번째 외침에서는 음량이 커졌다. "와아, 와아아, 와아아아!" 숲에서 들려오는 마지막 외침의 메아리를 적의 영혼으로 여긴 그들은 메아리가 들려오는 방향에 귀를 기울이고, 쉭쉭대는 신음 소리를 내며 무기를 흔들면서 미친 듯이 뛰어다녔다. 그리고 함성이 세 번 더 반복되었다. 세 번째로 되풀이된 함성의 마지막 외침이 끝난 후에 대형이 무너지고 남자들은 "부부부부부부부부!" 소리치면서 각자의 집으로 달려 갔다. 자신의 해먹에 도착한 그들은 상징적으로 삼켰던 적의 썩은 살을 토해내는 시늉을 했다.

새벽이 되자 여자들이 출발하는 습격대를 위한 음식 꾸러미를 준비했다. 그리고 마을 밖으로 진군해 나가기 전에 마을 중앙에 모여 마지막 의식을 치르기 위해 몸을 검게 칠한 남자들이 나타났다.[12]

인간과 침팬지의 차이에 관해 중요한 점을 보여주는, 또 다른 주목할 만한 차이점이 있다. 두 곰베 침팬지 집단 사이의 '전쟁'을 돌이켜보라. 충돌의 치명적인 양상을 지켜본 리처드 랭햄은 말한다. "이런 사건이 끔찍하기도 하지만, 가장 받아들이기 힘든 부분은 물리적인 불편함이 아니라 공격자들이 희생자를 너무도 잘 안다는 사실이었다. 공동체가 갈라지기 전에 그들은 친밀한 동료였다."

연구자들은 이런 사건들을 우정과 재미를 나누고, 졸린 오후에 서로 기대어 뒹굴고, 유치한 놀이를 하면서 함께 웃고, 다툰 뒤에는 귀중한 고기 한 조각을 내밀고, 오랜 시간 서로 털을 다듬어주고, 아픈 친구 곁에 머물러주는 침팬지 수컷들의 행동과 조화시키기가 어려웠다. 새롭고 상반되는 폭력의 사건은 평소에 숨겨져 있던 거대한 감정과 이례적이고 혐오스러울 정도로 쉽게 바뀔 수 있는 사회적 태도를 보여주었다. 그런 사례가 늘어남에 따라 우리는 모두 놀라고 분노했다. 그들은 어떻게 옛친구들을 그런 식으로 죽일 수 있었을까?[13]

이들 유인원이 오랜 동료들에게 등을 돌렸다는 사실은 침팬지가 우리와 그들의 개념을 이해하고, 양자의 구분이 침팬지들의 마음속에서 확고하게 자리를 잡고 생물학적으로 주도된다는 것을 시사한다. 구달은 다음과 같이 말한다.

> 침팬지들은 집단의 구성원과 그렇지 않은 상대에 대해 차별적인 행동을 보인다. 그들은 강력한 집단적 정체성을 느끼고 누가 집단에 '속하고' 누가 그렇지 않은지를 명확하게 알고 있다. 공동체의 구성원이 아닌 상대는 매우 심하게 공격을 받고 상처 때문에 죽을 수도 있다. 이는 단순한 외부자에 대한 두려움이 아니다. 카하마 공동체의 구성원들은 카세켈라 공격자들을 잘 알고 있었지만 무자비한 공격을 받았다. 마치 그들이 공동체에서 갈라져 나감에 따라 집단의 구성원으로 대우받을 권리를 박탈당한 것 같았다.[14]

이 문제를 조금 더 깊이 살펴보기 위해 침팬지는 잠시 접어두고 다시 개미를 생각해 보자. 개미는 대단히 사회적이고, 외부자 혐오 성향이 극도로 강한 곤충이다. 다른 군집으로 들어간 신참자 개미는 열린 환영을 받지 못한다. 따돌림과 위협을 받거나 신체적 괴롭힘을 받을 수도 있다. 최악의 경우에는 즉시 죽임을 당한다. 왜 그럴까? 개미에게 우리와 그들이라는 개념이 있을까?

그렇지 않다.

개미의 행동은 화학적 신호에 대한 고정된 반응으로 제어된다는 것이 밝혀졌다. 모든 개미 군집에는 독특한 냄새가 있고, 두 마리의 개미가 마주치면 서로의 냄새를 탐색한다. 군집에 속하지 않는 개미의 이상한 냄새가 강하면 공격적인 행동을 촉발하지만, 냄새가 약간 이상할 뿐이라면 생존이 허용된다. 만약 몇 주 동안 돌아다닐 수 있고 군집의 냄새를 충분히 흡수한다면 개미는 동등한 취급을 받을 것이다. 개미의 외부자 혐오는 화학 때문이고 개념과는 전혀 관계가 없다.[15]

개미에게 우리 중 하나가 되는 일은 특정한 화학적 성질을 갖는 것 이상도 이하도 아니다. 침팬지의 경우는 완전히 다르다. 카세켈라에서 분리되었을 때, 카하마 침팬지들이 어떤 식으로든 바뀐 것은 아니었다. 여전히 같은 모습이고 같은 냄새가 났다. 그들의 개성도 전과 같았고, 카세켈라의 옛친구들은 여전히 그들을 개체로 인식할 수 있었다. 하지만 뭔가가 달라졌다. 위치를 바꿈으로써 카하마 침팬지들은 보이지 않는 경계를 넘어섰다. 그것은 단지 지리적 경계만이 아니고 카세켈라 침팬지들의 마음속에 있는 개념적 경계이기도 했다.

침팬지는 무리와 무리를 구성하는 개체를 구별하는 것처럼 보이지만 친구와 적의 차이에 관한 개념에 융통성이 없다. 무리의 구성원과 지역적 번식 집단은 전자의 범주에 속하고 그 밖의 모든 침팬지는 후자에 속한다. 침팬지의 마음에 '우리'는 무리의 구성원을 의미한다. 따라서 무리를 떠난 개체는 우리의 범주를 벗어난 적대 행위의 대상이 된다. 침팬지에게는 전혀 없는 인간의 놀라운 특성 중에는 집단 사이에 동맹을 맺는 능력이 있다. 종종 과거의 적이 새로운 동맹이 될 수 있다는 사실은 더욱 흥미롭다. 인간은 더욱 포괄적인 우리라는 우산 아래 이질적인 집단을 통합하는 독특한 능력이 있다. 동맹과 소외, 포함과 배제의 변화하는 패턴은 모든 곳에서 인간 사회를 특징짓는다. 우리는 일시적이든 지속적이든 적과의 평화를 이룰 수 있다. 하지만 침팬지는 그럴 수 없다. 침팬지 또는 다른 어떤 동물과도 달리 인간은 상상의 공동체imagined communities, 즉 우리의 개념으로 구성되고 경계 지어지는 공동체에서 산다.[16]

종합해 볼 때 나는 야노마뫼족과 침팬지 습격 사이의 차이점이 유사점보다 훨씬 크다고 생각한다. 인간과 침팬지의 폭력 패턴 사이에 존재하는 간극을 고려하면, 후자를 전쟁이라고 부르는 것은 오해의 소지가 있는 것 같다. 그러나 둘 사이에 아무런 관련이 없다는 주장 또한 타당하지 않고, 집단 간 폭력을 자행하는 인간의 성향이 우리 영장류 사촌의 외부자를 혐오하는 행동과 아무런 관련이 없다는 것도 잘못된 주장이다.

가장 균형 잡힌 평가는 우리의 영장류 유산이 인간(특히 인간 남성)에게 외부인에 대한 폭력적 공격성을 남겼고, 그것이 습격과 전쟁, 그리고 기타 잔인하고 치명적인 문화적 관행의 필요조건이지만 충분조건은 아닌 것이다.

잔인성

거대한 두뇌를 가진 인간이 오기 전에, 이곳은 매우 순진한 행성이었다.

—커트 보니것, 《갈라파고스》[17]

가장 낮은 인간의 마음과 가장 높은 동물의 마음의 차이가
거대하다는 데는 의심의 여지가 없다.

—찰스 다윈, 《인간의 유래》[18]

동물의 마음이 그저 우리 마음의 단순한 버전이라는 생각은 유혹적이다. 고양이 베아트릭스는 식당 바닥에서 빵 부스러기를 갉아먹고 있

는 생쥐를 따라다니며 괴롭히느라 바쁘다. 베아트릭스가 몇 걸음마다 우아한 고양이 조각상처럼 멈춰 서고 다시 천천히 앞으로 나아갈 때, 식당 바닥에서 빵 부스러기를 갉아먹고 있는 생쥐가 있으리라고 베아트릭스가 생각한다는 가정은 유혹적이지만 잘못되었다. 베아트릭스가 그런 생각을 가지려면 쥐, 식당, 빵 부스러기, 그리고 바닥의 개념을 이해해야 한다(생쥐가 무엇이고 바닥이 무엇인지를 이해하지 못하면 바닥에 있는 생쥐를 생각할 수 없다). 살금살금 기어가는 베아트릭스에게 식당 바닥에 있는 동물에 관한 생각이 있을 수는 있지만(아마도 있을 것으로 생각된다), 우리가 베아트릭스에게 귀속시키려는 인간의 생각과는 전혀 다를 것이다.

동물의 마음을 의인화하면 동물 행동에 대해 말할 때 많은 혼란을 초래할 수 있으며, 과학자들이 동물 행동을 묘사하기 위해 사용하는 수많은 용어가 일상적 담론에서 다른 의미를 갖는 데 도움이 되지 않는다. 위협 표시threat display라는 개념을 생각해 보자. 일상에서 '위협'이라는 단어는 다른 사람에게 겁을 주기 위한 의도적 행동을 말한다. 당신은 총을 겨누거나, 욕을 퍼붓거나, 또는 해를 끼치겠다고 다짐함으로써 누군가를 위협할 수 있다. 그러나 각각의 경우에 의도가 중요하다. 루마니아를 방문한 당신이 서투른 루마니아어로 커피를 주문하려다가 겁에 질린 웨이터에게 "당신을 물어버릴 거야"라고 말했다고 가정해 보자. 이는 (설사 웨이터가 위협이라 생각하더라도) 위협이 아닐 것이다. 겁을 주려는 의도를 표현한 말이 아니기 때문이다. 동물행동학자들이 사용하는 위협 표시라는 개념은 동물의 의도와 아무런 관련이 없다. 위협 표시는 단지 다른 동물에게 겁을 주어 쫓아버리거나 굴복시키는 기능이 있는 정형화된 행동 패턴일 뿐이다. 하지만 우리는 위협 표시를 의인화해 생각하는 오류에 빠지기 쉽다. 예를 들어 당신은 이웃집 고양이를 만난 베아트릭스가 털을 곤두세우는 것은 자신의 그런 행동을 보고 이웃집 고양이가 겁을 먹고 도망갈 것이라고 믿기 때문이라고 생각할 수도 있다.

심리학 연구에 따르면 인간의 뇌는 흄이 "만물을 자신과 같이 생각하려는 인간의 보편적 성향"이라 부른, 의인화된 사고를 하게 되어 있다.[19] 애리조나대학교 인류학자 스튜어트 거스리Stewart Guthrie는 우리에게 고질적인 의인화 성향이 있음을 확인한다. "얼굴을 비롯한 인간적 형태가 사방에서 튀어나오는 것 같다. 구름, 지형, 잉크 얼룩의 우연적인 이미지가 눈, 옆얼굴, 또는 얼굴 전체를 나타낸다. 바람과 파도 속에는 중얼거리거나 속삭이는 목소리가 있다. 우리는 세상을 살아 있을 뿐만 아니라 인간적인 것으로 본다." 모든 곳에서 인간적 의도를 인식하려는 성향은 인간적 형태의 환상보다 훨씬 더 만연해 있다.

우리에게 다른 인간만큼 중요한 것은 없다. 우리가 서로에게 몰두하고 다른 인간의 존재 가능성에 민감하며 그것을 탐지하는 관대한 기준이 있기 때문이다. 거의 무의식적으로 우리는 세계를 먼저 다양한 인간적 틀에 맞춘다. 인간적 원형에 대한 우리 집착이 일상생활에서의 인식을 인도한다. 우리는 인간적 틀에 맞는 대상에 주의를 기울이고, 그렇지 않은 것은 일시적으로 무시한다.[20]

침팬지는 너무도 명백하게 우리와 비슷하므로 그들의 정신 상태도 우리와 비슷하다고 생각하기 쉽다. 이 장의 앞부분에서 나는 침팬지 습격의 '불필요한 잔인성'에 관한 랭햄과 피터슨의 말을 인용했다. 내 생각이 틀렸는지도 모른다. 하지만 랭햄과 피터슨이 침팬지가 사람이 잔인한 것과 같은 의미에서 잔인하다고 말하려 했는지는 대단히 의심스럽다. 나는 그들이 일반 독자를 대상으로 한 책에서, 침팬지들이 서로를 공격할 때 상대방에게 필요 이상의 고통과 피해를 준다는 의견을 설득력 있게 보이기 위해 이런 표현을 사용했다고 생각한다. 그러나 모호한 표현은 침팬지가 인간이 잔인한 것과 같은 의미에서 잔인하다는 의미로 읽힐 수 있다.

이는 제인 구달도 알고 싶어 했던 문제이다. 구달은 침팬지의 행동에서 어두운 면을 발견하기 전에는 "침팬지들이 우리보다 상당히 착하다고 믿었다"라고 고백했다. 그는 새로운 발견으로 깊은 혼란을 겪었고, 다음과 같은 결론을 내리는 데 상당한 시간이 걸렸다. "침팬지의 기본적 공격 패턴은 놀라울 정도로 우리와 비슷하지만, 그들이 희생자에게 가하는 고통에 대한 이해는 우리와 매우 다르다. 나는 오직 인간에게만 의도적인 잔인성, 즉 고통을 유발하려는 의도가 있는 행동이 가능하다고 믿는다."[21]

구달은 어떻게 이런 결론에 도달했는지를 설명하지 않지만, 나는 그의 결론을 수용할 이유가 충분하고 그런 결론이 비인간화에 대해 중요한 무언가를 드러낸다고 생각한다. 그 이유를 이해하려면 잔인성의 본질을 생각해 봐야 한다.

이 주제를 다룬 여러 다른 작가와 마찬가지로 구달은 잔인성을 의도적으로 고통을 가하는 행동으로 이해한다. 잔인성이 종종 의도적으로 고통을 가하는 행동을 포함하는 것은 사실이지만 항상 그런 것은 아니다. 가까운 거리에서 사람의 머리에 총을 쏘는 것은 즉시 그들을 죽임에 따라 아무런 고통을 초래하지 않더라도 잔인한 행동이다. 영구적 식물인간 상태에 있는 사람의 손가락을 고의로 부러뜨리는 것도 잔인한 행동이다. 누군가에게 그들이 원하는 것을 주는 행동조차도 잔인할 수 있다.

병적으로 비만한 사람에게 계속해서 쿠키를 주는 것은 설령 그에게 즐거움을 주더라도 잔인한 행동이다. 다른 측면에서 누군가를 잔인하게 다루는 것이 아니면서 의도적으로 고통을 가하는 일도 가능하다. 아이에게 주사를 놓는 의사는 고통을 주지만 잔인한 것은 아니다.

잔인한 행동은 고통을 초래할 목적으로 행해진다는 말로 정의를 바꾸는 것도, 사람의 머리에 총을 쏘거나 혼수상태 환자의 손가락을 부러뜨리는 행동이 포함되지 않기 때문에 별로 도움이 되지 않는다. 잔인성의 의미를 밝히려면 다른 곳을 찾아봐야 한다.

의도적으로 해를 끼치는 행동이 잔인하다는 생각이 더 가능성 있어 보인다. 물론 잔인성이 존재하지 않는다는 말을 하려는 것은 아니다. 당신은 누군가에게 고통을 주지 않으면서 해를 끼칠 수 있고, 해를 끼치지 않으면서 고통을 줄 수 있다. 이것을 잔인성의 실용적인 정의로 삼고 그에 따르는 결과를 살펴보자. 누군가에게 의도적으로 해를 분명히 입히려면 당신이 하는 행동, 당신이 해를 끼치기를 원한다는 것, 그리고 당신이 하는 일이나 계획이 해롭다는 것을 의식해야 한다. 간단히 말해서 자신의 행동과 심리 상태에 대해 성찰할 수 있어야 한다. 당신은 또한 관련된 개념, 예컨대 해라는 개념이 있어야 하고 해를 끼칠 수 있는 대상과 그렇지 않은 대상의 차이를 구별할 수 있어야 한다. 침팬지는 매우 똑똑하지만 그런 정도로 똑똑하지는 않다. 그들이 자신의 의도를 성찰하거나 해와 같은 수준 높은 개념을 파악할 수 있다고 생각할 이유는 없다. 따라서 제인 구달이 옳았던 것 같다. 침팬지는 잔인할 수 없다.[22]

해에 관한 이야기는 이것으로 끝이 아니다. 나는 더 나아가, 인간적 잔인성의 본질을 탐구하려 한다. 그 과정에서 우리는 무엇이 인간 본성을 독특하게 만드는지를 부분적으로 이해할 뿐만 아니라 우리의 어떤 특성이 비인간화를 가능하게 하는지를 더 깊이 깨달을 것이다.

인간은 주변 세계를 이해하기 위한 일련의 개념을 사용한다. 그런 개념 없이는 세계가 철학자 윌리엄 제임스의 유명한 말처럼 "짜증 나게 윙윙대는 혼란"일 것이다.[23] 우리의 개념에는 다양한 형태가 있다. 그중 일부는 서술적, 즉 세계의 객관적 특성을 나타낸다고 주장되는 개념이다. 빨강, 큰, 털이 많은, 그리고 액체 같은 개념은 모두 서술적이다. 다른 개념들은 평가적이다. 평가적 개념은 우리가 사물에 부여하는 가치와 관련되고 좋은, 나쁜, 아름다운, 그리고 역겨운 같은 개념을 포함한다. 서술적이면서 평가적인 세 번째 유형의 개념도 있다. 철학자들은 이런 개념을 두꺼운 개념thick concept이라 부른다. 잔인성은 두꺼운 개념이다. 어떤 행동이 잔인하다고 말할 때 당신은 그 행동을 설명함과 아울러 단숨에 비난하는 것이다. 잔인한 행동이 도덕적으로 올바른지 아닌지를 자문할 필요는 없다. 잔인한 행동이라고 결정한 순간에 그런 행동이 올바르지 않다는 견해에 동의했기 때문이다.

평가적 판단과 동기 부여 사이에는 중요한 연관성이 있다. 진심으로 어떤 행동이 도덕적으로 잘못되었다고 판단할 때는 판단자 자신이 그런 행동을 피하기를 원하고 다른 모든 사람도 그런 행동을 삼가야 한다는 믿음이 따른다. 우리는 매우 어설프지만 잘못이라고 판단되는 행동에 '피해야 함to-be-avoided-ness'의 요소가 내재한다고 말할 수 있다. 반대 방향으로 끌어당기는 유혹이 너무 강해서 저항하기 어려울 때도 있다. 하지만 그럴 때도 도덕적으로 잘못된 행동을 피하려는 성향이 존재한다. 그래서 잘못이라고 믿는 행동을 할 때 죄책감과 갈등을 느낀다.

간단히 말해 도덕적 반감은 행동을 억제하는 경향이 있다.

잔인성의 개념에 '그릇됨'이 내재한다는 점을 고려하면, 어떤 행동이 잔인하다고 생각하는 사람에게는 그런 행동을 하지 않을 동기가 부여되어야 한다. 우리 대부분에게는 다른 사람을 잔인하게 대하는 환상이 있다. 누군가가 저지른 잘못에 대해 대가를 치르도록 하는 상상을 해보지 않은 사람이 있을까? 앙갚음을 위해 누군가를 해치려고 생각했던 일을 생각해 보라. 당신은 그 사람에게 해를 끼치고 싶은 마음은 간절하지만, 복수심으로 가득 찬 몽상을 실천하는 것은 옳지 않다고 생각해 실행에 옮기지 않았다. 또는 실행에 옮겼지만, 처음에 상상했던 것보다 덜 화려한 방식(칼로 토막을 내는 대신에 불쾌한 이메일을 보내는)이었을지도 모른다. 잔인한 행위를 고려하는 사람이 경험하는 죄책감의 정도는 그 행위를 잔인하다고 판단하는 정도에 비례한다. 그리고 억제의 정도는 죄책감의 정도에 비례한다. 살인이나 고문을 실행하기가 적어도 정상적인 상황에서는 대단히 어려운 것은 그 때문이다. 이 책에 수록된 공포스러운 내용들을 생각하면 이런 말이 이상하게 들릴 수도 있다. 하지만 사실이다. 그렇다면 사람들이 왜 실제로 엄청나게 잔인한 행동을 하는가라는 수수께끼가 남는다. 5장에서 인용된 대니얼 골드하겐의 지적처럼 "그들은 열성, 민첩성, 자기만족, 심지어 즐겁게 그런 일을 한다."[24] 인간이라는 동물의 어울리지 않는 이런 이미지를 어떻게 조화시킬 수 있을까?

자신의 행동이 잔인하지 않다고 믿는 사람들은 쉽사리 끔찍한 행동에 빠져든다. 이런 일이 일어날 수 있는 몇 가지 방식이 있다. 어떤 사람들은 도덕적 감각이 부족하다(정신의학의 전문용어로는 반사회적 인격장애가 있다). 이런 사람들은 색맹인 사람과 마찬가지로 도덕적 맹목이다. 그래서 잔인성의 개념이 그들에게는 의미가 없다. 그들은 죄책감을 느낄수 없고 양심에 거리낌 없이 무슨 일이든 할 수 있다. 사실 이런 사람들은 드물다. 사람들이 자신의 도덕적 억제를 선택적으로 해제했기 때문에, 극도로 잔인하게 행동하는 경우가 훨씬 더 많다. 여기서 비인간화가 등장한다. 그 방식과 이유를 이해하려면 해의 개념을 검토해야 한다.

해란 무엇일까? 당신이 누군가에게 해를 입히면 그들에게 피해를 주는 것이다. 그것은 분명하다. 그 피해는 물리적이나 정신적, 직접적이나 간접적일 수 있다. 피해의 매체는 말, 침묵, 시선, 또는 부드러운 내장을 칼로 찌르는 것일 수도 있다. 그러나 해와 피해는 같지 않다. 즉 해를 끼치지 않으면서 피해를 주는 일이 가능하다. 해의 개념은 특정한 유형의 대상에만 적용되기 때문이다. 무생물체에 피해를 줄 수는 있지만 해를 끼치는 것은 불가능하다. 자동차 사고가 나면 당신의 차에 피해를 줄 수는 있어도 해를 끼치는 것이 아니고, 차를 정비소로 가져가는 것은 해의 복구가 아니라 손상을 수리하기 위함이다. 그러나 누군가가 사고로 부상을 입는다면 단지 피해만이 아니라 (당신을 상대로 피해 보상을 위한 소송을 제기할 수도 있지만) 해를 입을 것이다. 지금 나는 뉴욕주 이타카 도시의 5층 아파트에서 이 글을 쓰고 있다. 무더위 때문에 모든 창문을 열어두고, 내 의자에서 몇 미터 떨어진 곳에 선풍기를 켜놓았다. 이 장을 쓰면서 집중하려는 나는 선풍기 소음이 신경에 거슬린다. 일어나서 선풍기를 창밖으로 내던진다면 어떻게 될까? 선풍기는 돌이킬 수 없을 정도로 망가지겠지만, 해를 입지는 않을 것이다. 선풍기는 해를 입을 유형의 대상이 아님이 명백하기 때문이다. 이웃 아파트에서 치와와가 짖는 소리에 짜증이 난다. 옆집에 가서 개도 창밖으로 내던지면 어떨까? 그런 행동은 틀림없이 개에게 단지 피해를 주기보다는 해를 입힐 것이다. 선풍기와 달리 개는 해침을 당할 수 있기 때문이다.

해는 두꺼운 개념이며, 도덕적으로 용납될 수 없는 피해로 가장 잘 이해된다. 이러한 정의는 도덕적 지위가 있는 대상에만 해를 끼칠 수 있음을 시사한다. 고통과 괴로움 사이에는 중요한 연관성이 있지만, 구달이 잔인성을 논의할 때 염두에 둔 연관성은 아니다. 고통이 없는 해와 해가 없는 고통이 있을 수 있지만, 해를 입을 수 있는 유형의 존재는 고통을 느낄 수 있다. 고통을 느끼는 것으로 생물체의 도덕적 지위를 진단할 수 있지만 구성할 수는 없다.

어떤 유형의 존재에 도덕적 지위가 있을까? 해를 입을 수 있는 것과 그럴 수 없는 것의 차이점은 무엇일까? 어떤 경우에는 답이 명확하다. 사람에게는 도덕적 지위가 있고 무생물체는 그렇지 않다. 사람은 해를 입을 수 있지만, 무생물체는 손상될 수 있을 뿐이다. 그렇다면 모든 다른 생명체의 위치는 어디일까? 기묘하게도 이에 대한 판단은 우리가 그들을 존재의 대사슬에서 어디에 위치시키는가에 크게 의존한다. 이 오래되고 신빙성이 떨어지는 과학 이전의 모델은 여전히 무의식 속에서 우리의 도덕적 판단을 위한 지침 역할을 한다. 존재의 대사슬이 사물을 서술적 속성과 가치의 측면에서 분류한다는 것을 기억하라. 따라서 사슬은 위로부터 아래까지 두껍다. 무생물은 사슬의 맨 아래에 있고 그 자체로는 아무런 가치가 없다. 미생물과 식물도 별로 나을 것이 없다. 열성적인 완전 채식주의자라도 일말의 죄책감도 없이 정원에서 잡초를 뽑고 수백만 마리의 세균을 소독제로 말살할 수 있는 것은 그 때문이다. 사슬이 위로 올라감에 따라 직관이 모호해진다. 모기를 때려잡는 것은 잔인한 행동일까? 바퀴벌레를 짓밟거나 몸부림치는 벌레를 낚싯바늘에 끼우는 것은? 저녁 식사를 위해 살아 있는 바닷가재를 끓는 물에 집어넣거나 숭어의 배를 가르는 것은? 닭을 죽이거나 양을 도살하는 것은? 낙태는? 범죄자를 처형하는 것은?

정확히 어디에서 이런 일련의 피해가 해로 바뀌고 말살이 잔인해지는지에 대한 정답은 없지만, 그런 판단을 지배하는 원칙은 분명하면서도 당혹스러울 정도로 자기도취적이다. 우리는 생물체가 계층구조에서 우리와 가까울수록 더 쉽게 도덕적 지위를 부여하는 경향이 있다.

　이러한 원칙은 2장에서 간략하게 설명된 데이비드 흄의 도덕 이론과 어느 정도 공명한다. 흄이 도덕성은 공감에서 비롯되고, 우리가 우리와 닮은 범위 안에서만 타자와 공감한다고 생각했음을 기억하라. 얼핏보기에는 사물을 바라보는 이런 방식이 대사슬의 도덕 체계와 아주 잘 맞는다. 인간이 아닌 종에 대한 우리의 태도를 생각해 보라. 우리는 멀리 떨어진 동물보다 사슬에서 우리와 가장 가까운 종류의 동물에 훨씬 더 관심을 가진다(마운틴고릴라를 밀렵꾼으로부터 보호하기를 간절히 원하는 사람들도 고릴라의 털 속에서 기어 다니는 기생충의 운명 때문에 잠을 설치지는 않는다).

　겉보기와는 달리 두 접근법은 양립할 수 없다. 이유는 다음과 같다.

　흄은 경험론자로 불리는 철학자이다. 일상의 언어에서 경험론자는 지식의 원천으로서의 관찰에 전적으로 의존하는 사람이다. 철학자들은 이 말에 기술적 의미를 추가했다. 철학 용어로 경험론은 세계에 관한 우리의 지식이 감각적 인상으로 귀결되고, 전적으로 그런 재료만으로 세계에 관한 우리의 그림이 구성된다는 이론이다. 방을 둘러보라. 창문과 가구 같은 물체가 보인다. 어쩌면 방에 있는 다른 사람들이 보일 수도 있다. 경험론자는 당신이 실제로 보는 모든 것이 시각적 인상, 즉 당신이 방의 그림을 구성하는 데 사용되는 다양한 모양과 크기의 다채로운 조각이라고 주장한다. 경험론은 물체(예컨대 당신이 읽고 있는 책)가 실제로는 감각적 인상의 묶음일 뿐임을 암시한다. 흄보다 나이가 많은 동시대 철학자 조지 버클리는 체리의 예를 들어 경험론의 생각을 설명했다.

나는 이 체리를 보고, 느끼고, 맛을 본다. 따라서 체리는 실재한다. 부드러움, 촉촉함, 빨간색, 시큼한 맛이 없어지면 체리도 사라진다. 나는 체리가 감각과 별개의 존재가 아니므로, 감각적 인상의 덩어리나 다양한 감각을 통해 인식되는 생각에 불과하다고 말한다. 그 생각은 마음에 의해 하나(또는 하나의 이름이 주어진 것)로 통합된다.[25]

흄이 말한 닮음은 외모의 유사성을 의미했다. 경험론자로서 그는 외모가 우리가 알 수 있는 전부라고 생각했기 때문이다. 그러나 우리는 자연종에 관한 직관적 판단에서 외모의 역할이 본질보다 부차적임을 살펴보았고, 존재의 대사슬은 바로 자연종의 계층적 분류라 할 수 있다. 따라서 생물체의 도덕적 지위에 관한 판단이 외모에 기초할 수는 없다. 대신에 그들의 본질, 어떤 종류의 존재인지에 대한 우리의 믿음에 기초해야 한다. 이 책의 앞부분에서 사용된 예로 다시 돌아가자. 드라큘라가 존재한다면, 그가 사람처럼 보일지라도 인간적 종류의 구성원은 아니다. 이 점을 이해하려면 그를 '범죄 혐의로 재판에 회부하는 것이 얼마나 이상한 일인지를 생각해 보라. 우리는 생물체의 본질이 우리 자신과 닮았다고 믿는 만큼의 도덕적 지위를 그들에게 부여한다.

이 원칙은 침팬지가 잔인할 수 없는 또 하나의 이유를 시사한다. 나는 이미 침팬지가 잔인하려면 해의 개념을 이해해야 한다고 주장했다. 이제 해를 이해하려면 자연종의 개념이 있어야 한다는 것이 명확해졌다. 따라서 내가 옳다면 침팬지는 잔인하게 다루는 동물이 자신과 같거나 비슷하다고 생각할 수 있어야만 한다. 침팬지에게 이런 수준의 인지적 정교함을 부여하는 것은 그 한계를 훨씬 넘어서 생각하기 어려운 일일 것이다.

이러한 분석은 비인간화가 어떻게 도덕적 이탈을 유발하는지에 대해 더 많은 것을 설명한다. 사람들을 비인간화하는 것은 그들에게 인간적 본질이 있음을 부정하는 것이다. 그러나 어떤 사람이 인간임을 부정하는 것은 이야기의 절반에 불과하다. 사람이 무엇인가보다는 무엇이 아닌가가 중요한 문제이기 때문이다. 우리는 비인간화를 자행한 사람들이 단지 희생자들의 비인간성뿐만 아니라 인간 이하성을 주장했음을 보았다. 나치에게 유대인은 단지 비인간이 아니고 인간의 모습을 한 쥐였다. 그리고 르완다의 대량 학살자들에게 투치족은 바퀴벌레였다.

비인간화된 사람들이 나비나 새끼고양이 같은 매력적인 동물로 여겨지는 경우는 절대로 없다. 비인간화를 자행하는 사람들이 언제나 희생자들을 폭력을 조장하는 동물로 식별하기 때문이다. 바로 다음과 같은 생각이다.

쥐는 해로운 동물이므로 박멸해야 한다. 유대인은 쥐이다. 쥐를 박멸하는 것은 쥐에게 도덕적 지위가 없으므로 잔인하지 않다. 따라서 유대인을 말살하는 것도 잔인한 일이 아니다. 사실상 쥐를 박멸하는 것은 도덕적으로 올바른 일이다. 쥐는 더러움과 질병을 퍼뜨려 인간에게 해를 끼치기 때문이다. 따라서 유대인을 말살하는 것도 도덕적으로 올바른 일이다.

양면성과 죄

살인에 대한
저항감을 뛰어넘는 동기

이러한 모든 관찰에서 우리가 끌어내야 할 결론은 그들이 적에게 표현하는 충동이
전적으로 적대적은 아니라는 것이다. 후회, 적에 대한 존경심,
그리고 적을 죽인 것에 대한 양심의 가책을 나타내는 징후도 있다.
신이 계명을 내려주기 오래전부터 이들 야만인에게 어기면 처벌을 받게 되는,
"살인하지 말지니라"라는 계명이 있었다는 생각을 떨치기 어렵다.

―지그문트 프로이트, 《토템과 터부》[1]

앞 장에서 나는 호모 사피엔스가 잔인하고 전쟁을 벌이는 유일한 동물이라는 마크 트웨인의 말이 옳다고 주장했다. 이 장에서는 그의 다른 주장 하나를 평가할 것이다. 트웨인은 잔인한 전투 사이에 그(인간)가 "손에 묻은 피를 씻고, 입으로는 '인간의 보편적 형제애'를 말한다"라고 했다. 이 몇 마디 말은 우리가 전쟁에 대한 위선자라는 생각을 너무도 신랄하게 표현한다. 우리는 전쟁에서 동료 인간을 학살하면서 입에 발린 말로 평화의 이상을 말한다.

말보다 행동이 중요하고, 말은 값이 싸다는 것이 민중의 지혜이다. 사람이 말하는 것과 다른 행동을 할 때는 행동이 그들의 진정한 의도를

8장 양면성과 죄

나타내고 말은 은폐 수단일 뿐이라고 생각하는 것이 당연하다. 부족, 민족, 종교, 어쩌면 인류 전체까지에도 같은 추론을 적용하면 어떨까? 그러면 평화에 대한 우리의 자랑스러운 헌신이 가짜, 즉 거대한 자기기만으로 드러날지도 모른다.

이러한 혐의에는 상당한 진실이 있다. 그렇게 생각되는 이유는 현대의 우리가 사람들을 죽이는 일이 전쟁의 실체라는, 단순하고 명백한 사실을 인정하지 않으려고 매우 애를 쓴다는 것이다. 신문에서 정치인들의 연설을 읽어보라. 전쟁에 나서는 젊은 남성과 여성들은 "조국에 봉사하도록 부름"을 받았다. 그들이 목숨을 잃었을 때 우리는 "조국을 위해 목숨을 바쳤다"고 말한다(어리석은 생각이다. 병사의 목숨은 빼앗기는 것이지 바치는 것이 아니다). 미 육군 심리학자 데이비드 그로스먼David Grossman은 전쟁의 담론이 부정으로 가득하다는 점을 강조한다.

> 대부분 병사는 적을 '죽이는' 것이 아니라 쓰러뜨리고, 폐기하고, 기름칠하고, 걸레질한다. 적의 인간성은 부정되고 독일 놈, 왜놈, 미국 놈, 또는 짐승으로 불린다. 개별 병사의 살상 무기는 조각 또는 돼지가 된다. 그리고 총알은 둥근 형태가 된다.

이 모든 부정직함의 이유는 무엇일까? 그로스먼은 인간의 생명을 빼앗는 일에 대한 우리의 본능적인 두려움에 답이 있다고 말한다. 그로스먼은 이어서 말한다. "살인은 전쟁의 전부이다. 그리고 전투 중의 살인은 본질적으로 고통과 죄책감의 깊은 상처를 유발한다. 전쟁에 관한 기만적 언어는 우리가 전쟁의 실체를 부정하는 데 도움을 줌으로써 전쟁에 대한 거부감을 줄인다."[2] 그로스만이 옳다면 트웨인의 냉소적인 평가는 지나치게 가혹하다. 우리가 인간을 도살하면서 살인을 비난하는 것은 두 가지 혼란스러운 사고방식 사이에서 갈팡질팡하기 때문이다. 우리 인간은 죽이기를 좋아한다. 죽이는 일이 즐겁고 흥미진진하고 심지어 중독되기까지 한다. 그러나 우리는 또한 인간의 피가 흐르는 것을 보고 두려움에 사로잡히고 역겨움을 느낀다. 두 가지 태도 모두 진짜이며 인간 본성의 일부이다.

도덕적 상해

> 나는 조국을 위해 죽는 것이 당신에게 일어날 수 있는
> 최악의 일이라고 생각했지만, 이제는 그렇게 생각하지 않는다.
> 조국을 위해서 죽이는 일이 최악이다.
>
> ─밥 케리Bob Kerry 상원 의원[3]

인간 본성의 폭력적, 악마적 측면을 가장 생생하게 보여주는 예로 평범한 사람들이 전투의 열기 속에서 때때로 경험하는 섬뜩한 기쁨이 있다. 전쟁에 관한 문헌에는 이에 대한 수많은 사례가 있다. 맛보기로 몇 가지 예를 인용할 것이다.

이스라엘의 군사 심리학자 벤 샬리트Ben Shalit가 해군에서 복무하는 동안에 관찰한 경험을 설명하는 이야기로 시작해 보자.

그 사수는 더없이 행복한 미소라고 묘사할 수밖에 없는 표정으로 사격하고 있었다. 그는 방아쇠를 당기는 행위, 격발되는 총, 그리고 어

두운 숲으로 돌진하는 예광탄에 취해 있었다. 나는 방아쇠를 당기는, 탄환을 쏟아붓는 일이 그토록 엄청난 즐거움과 만족감을 준다는 데 놀랐다(나중에 그를 비롯한 여러 병사에게 확인했다). 이것이 지적으로 의도된 것이 아니라 원초적 공격성과 오르가슴이 해방되어 분출하는 전투의 희열이다.[4]

그 사수가 경험한 것은 무엇이었을까? 우리는 결코 알지 못할 것이다. 그러나 다른 설명은 더욱 명확하다. 1장에서 소개되었던 철학자 병사 글렌 그레이는 더 나아간다.

포병으로 전투에 임하는 병사를 지켜보거나, 학살을 자행한 베테랑 살인자의 눈을 들여다보거나, 목표물을 때려 부수는 폭격수의 감정을 연구한 적이 있는 사람이라면 누구라도 파괴의 즐거움이 존재한다는 결론을 피하기 어렵다.[5]

제1차 세계대전에서 복무한 경험을 회상하는 독일의 작가 에른스트 윙거Ernst Jünger는 1인칭 관점에서 '전투의 황홀경'을 보여준다.

우리는 피에 대한 굶주림, 분노, 그리고 극심한 흥분 상태가 뒤섞인 감정으로 적진을 향한 둔중하고 거부할 수 없는 발걸음을 옮겼다. 나는 이해할 수 없는 방식으로 모든 병사를 사로잡은, 미칠 듯한 분노로 끓어오르고 있었다. 죽이기를 원하는 압도적 욕망이 내 발에 날개를 달아주었다. 적의 말살을 원하는 무시무시한 열망이 전장을 맴돌고 병사들의 뇌를 붉은색으로 물들였다. 우리는 연결되지 않는 문자의 더듬거림과 흐느낌으로 서로를 불렀다. 중립적인 관찰자라면 아마도 우리가 과도한 행복에 사로잡혔다고 믿었을 것이다.[6]

마지막으로 베트남전쟁 참전 용사 윌리엄 브로일스 주니어William Broyles Jr는 학살의 환희에 대해 소름이 끼치도록 솔직한 생각을 전한다. 〈사람은 왜 전쟁을 사랑하는가〉라는 제목의 글에서 브로일스는 진정한 지식인, 일기를 쓰는 감성적인 남자인 대령을 회상한다. "사람들의 마음을 얻는 일에 훨씬 뛰어남"에도 불구하고, 이 남자에게는 전투를 지휘하는 임무가 주어졌다. 어느 날 밤 북베트남의 공병대가 그의 기지를 공격했다. 전투 병력의 대부분이 기지를 떠났기에 작전 중이었던 대령은 "요리사와 사무원이 뒤섞인 병력"을 동원해야 했다. 하지만 그들이 공격을 물리치고 수십 명을 죽였다.

다음 날 아침 병사들이 어젯밤에 한 일을 살펴보고 북베트남군의 시체를 쓰레기와 다름없이 운반차에 싣고 있을 때, 대령의 얼굴에는 교회에서 말고는 본 적이 없는, 기쁨이 넘치는 만족감을 나타내는 표정이 있었다. 황홀경에 빠져든 사람의 표정이었다. 그리고 나, 이런 야만적인 상황에 직면한 나는 무엇을 했을까? 대령과 마찬가지로 기쁨이 가득한 미소로 화답했다. 그것은 내 인간성의 가장자리에 서서 구덩이를 들여다보고 거기 보이는 것을 사랑했던 시간이었다.[7]

전장 밖에서도 폭력의 즐거움을 간접적으로 맛볼 수 있다. 공개 처형은 언제나 군중을 즐겁게 하는 구경거리였다. 이러한 형태의 오락을 즐길 수 없는 국가에는 권투, 레슬링, 혼합 격투기를 비롯해 전쟁을 모사하는 다양한 스포츠가 있다. 물론 문학, 영화, 컴퓨터 게임도 있다. 그리고 전쟁 포르노가 있다. 2010년에 보도된 《뉴스위크》지의 기사는 아프가니스탄과 이라크 전쟁이 발발했을 때, 군인들이 전투의 영상을 인터넷에 올리기 시작했다고 설명한다.

> 그러나 이런 이미지들이 제공되자마자 민간인과 군인 모두가 음향을 추가하고 영상을 편집하고 전체 웹에 퍼뜨렸다. 오늘날 인터넷에는 수백만 조회 수를 기록한 수천 건의 전쟁 포르노가 있다. 섹스 포르노와 마찬가지로 전쟁 포르노는 로켓탄이 건물을 폭파하는 덜 노골적인 몽타주에서 반군의 머리에 총알을 박아 넣는 끔찍한 영상까지 폭력의 정도가 다양하다. 미국이 두 장기 전쟁의 종말을 향해 행군할 때까지도 이러한 편집은 계속해서 시청자를 끌어들였다. 그들은 비디오 게임 같은 감각으로 첨단 기술 전쟁의 가장 잔인한 양상을 물신화하고 왜곡한다.[8]

이러한 사례로 판단하면 인간의 본성은 극도로 폭력적이다. 이는 바로 우리가 영장류 조상의 지배적 성향을 물려받았다는 리처드 랭햄의 가설이 시사하는 것이다. 그러나 문제는 그렇게 단순하지 않다. 어쩌면 당신이 이런 사례들을 읽을 때 매혹되거나 심지어 흥분을 느낄지도 모른다. 아마 역겨움도 느낄 것이다. 그런 감정은 당신이 인쇄된 말의 간접적 매체가 아니고 학살의 생생한 현장을 접했을 때 더욱 뚜렷할 것이다. 피와 파열된 창자 속 악취를 맡고, 사지가 잘려나가고 내장이 제거된 인간의 시체를 보고, 부상자들의 고통스러운 비명을 듣는 것은 단지 글로 읽는 것과 차원이 다르다.

이제 입장을 바꿔보자. 당신이 관찰자가 아니고 가해자라고 상상하라. 다른 인간을 죽이고 불구로 만들고 토막을 내는 데 직접적인 책임이 있다고 상상해 보라.

기분이 어떤가?

영화에서는 모든 것이 아주 쉽다. 그저 방아쇠를 당겨서 적을 날려보낸다. 죽음도 대체로 깔끔하다. 총알구멍을 거의 알아볼 수 없는 시체가 자신의 피 웅덩이 속에 널브러져 있다. 하지만 현실은 다르다. 죽이는 일은 어렵다.

처음으로 이 문제를 공개적으로 인정한 사람 중에는 마셜S. L. A. Marshall이라는 논란이 많은 미군 역사학자가 있었다. 마셜은 제2차 세계대전 중에 유럽의 전장에서 총격전이 벌어진 직후에 미군 보병 병사들과 대화를 나눔으로써 정보를 얻었다. 그런 대화를 통해 병사의 대다수, 최대 4분의 3까지가 공격을 받는 상황에서도 적군 병사에게 총을 쏘지 않았음이 드러났다고 주장했다. 마셜은 이 문제(그가 '사격 비율'이라 부른)에 관해《사격을 거부하는 남자들Men Against Fire》이라는 책을 썼다. 책에서 그는 군 복무를 시작하는 사람들에게 완전하게 형성된 도덕적 신념이 있고, 그중에 사람의 목숨을 빼앗는 것이 잘못된 일이라는 믿음이 가장 중요하다고 지적했다.

그는 자신의 집, 종교, 학교, 그리고 사회의 도덕률과 이상이 만들어낸 인간이다. 군대는 그를 바꿀 수 없다. 그가 살인과 연결되는 공격성이 금지되고 용납되지 않는 문명 세계 출신임을 고려해야 한다. 그런 문명의 가르침과 이상은 살인으로 이득을 취하는 것에 반대한다. 공격에 대한 두려움은 너무도 강하게 표현되고, 너무도 깊고 철

8장 양면성과 죄

저하게 흡수되어 정상적인 사람의 정서를 구성하는 요소가 된다. 이는 전투에 임하는 병사에게 큰 핸디캡이다. 공격에 대한 두려움이 자신을 구속한다는 사실을 거의 의식하지 못하더라도 방아쇠를 당기려는 그의 손가락에 남아 있다. 지적이 아닌 정서적인 핸디캡이므로 "죽이지 않으면 죽임을 당한다" 같은 지적 추론으로 없앨 수도 없다.

따라서 평균적이고 정상적인 건강한 사람, 즉 전투의 정신적, 육체적 스트레스를 견딜 수 있는 사람이 여전히 의식하지 못하는 내면의 저항이 있어 자발적 의지로 다른 사람을 죽이지 않으리라는 것은 타당한 생각이다. 중요한 순간에 그는 자신도 모르는 사이에 양심적 병역거부자가 된다.[9]

이는 군사적 관점에서 분명히 문제가 된다. 비록 매우 불쾌하게 들리고 마셜이 정확히 그런 식으로 표현하지도 않았지만, 그의 관찰은 군사훈련이 신병의 도덕성을 억제해 명령에 따르는 살인에 대한 양심의 가책을 느끼지 않도록 하는 데 집중해야 한다는 것을 시사한다. 마셜의 말에 따르면 도덕적 유보는 군인의 임무 수행을 방해하는 핸디캡이다.

물론 이러한 전통적 방식은 현대의 군사적 관점에서 매우 부적절하고 비효율적이다. 미군은 마셜이 확인한 문제를 해결하기 위해 군사훈련 체계를 전면적으로 개편했다. 그들은 제2차 세계대전까지 사용되었던 고정된 동심원 표적 대신에 인간 모양의 표적이 눈에 들어오는 즉시 사격하도록 병사들을 훈련시켰다. 결과적으로 한국전쟁에 참전한 미군 병사의 사격 비율이 늘어나고, 베트남전쟁이 발발할 무렵에는 미군이 훨씬 더 효율적인 살인자가 된 것으로 보였다. 그러나 이러한 해결책

330

은 전혀 새로운 문제를 만들어냈다. 군대는 전투에서 더 잘 싸웠고 사격 비율이 치솟았지만, 전투와 관련된 심리적 장애의 발생 사례도 함께 증가했다.[10]

《사격을 거부하는 남자들》에서 마셜은 사람을 죽이는 일에 대한 두려움과 오늘날 외상후 스트레스 장애PTSD라 불리는 증상 사이에 강한 연관성이 있음을 시사했다. 그는 "의무대의 정신과 의사가 전투 피로증 사례를 연구한 결과에 따르면 죽임을 당하는 두려움보다는 살인에 대한 두려움이 전투 실패의 가장 흔한 원인으로 밝혀졌다"라고 말했다.[11]

이는 사람을 죽이는 일이 정신적 외상, 심리적 붕괴를 촉발할 정도의 외상을 초래한다는 것을 보여준다. 개인적 경험을 말하는 병사들의 보고에 따르면 때로 그들은 정서적으로 분리되거나 소외된 상태가 되어 전쟁이 꿈이나 영화처럼 비현실적으로 보이고, 행동의 도덕적 거대함으로부터 격리되는 상황을 묘사한다. 걷잡을 수 없는 떨림, 구토, 방광과 창자의 억제력 상실, 그리고 죄책감에 압도당한 경험을 설명하는 사람들 있다. 역사학자 윌리엄 맨체스터William Manchester가 오키나와에서 일본군 저격수를 죽인 이야기는 사람의 목숨을 빼앗는 경험이 살해자에게 어떤 영향을 미치는지를 말해주는 좋은 예이다. 그 저격수는 맨체스터의 부대를 향해 총을 쏘고 있었다. 맨체스터는 총알이 낚시꾼의 오두막에서 날아오는 것을 보고 그곳에 진입하기로 했다. 그는 발로 걷어차서 문을 열고 오두막으로 들어가 저격수의 허를 찔렀다. 맨체스터의 첫 번째 총알은 표적에서 크게 빗나갔지만, 두 번째 총알은 저격수의 심장을 맞췄다. 겁에 질린 젊은 해병이 쓰러진 저격수에게 총알을 쏟아붓는 동안에 "그는 상처를 눌렀던 힘없는 손으로 뺨을 빨갛게 문질렀다. 거의 동시에 파리 한 마리가 그의 왼쪽 눈에 내려앉았다." 그리고 맨체스터는 사격을 멈추었다.

나는 얼마나 오랫동안 그를 지켜보며 서 있었는지 알지 못한다. 역겨움과 자기 혐오의 느낌이 목구멍에 걸게 응고되어 구역질이 났다. 나는 완전히 장전된 새 탄창을 소총에 밀어 넣었다. 그리고 떨었다. 온 전신이 떨렸다. 나는 흐느끼면서 여전히 겁에 질린 목소리로 말했다. "미안해." 그러고는 구토를 시작했다. 반쯤 소화된 콩이 입에서 쏟아지는 것을 보고, 화약 냄새에 더해진 구토물의 냄새를 맡았다. 그와 동시에 다른 냄새를 알아차렸다. 전투복 속에 오줌을 싼 것이다. 내가 눈물에 젖어 경련하면서 바지를 더럽힌 존재가 되었음을 알았다. 멍한 채로 궁금했던 기억이 난다. 그것이 그들이 말하는 용맹함을 의미하는 것일까?[12]

전투의 죄책감과 심리적 손상의 연관성에 대한 관찰은 오랜 과거로 거슬러 올라간다. 미국의 남북전쟁 참전 용사가 겪은 정신적 외상에 대한 연구에서 에릭 딘Eric T. Dean은 이런 사람들이 때로 자신이 용서받을 수 없는 죄악으로 더럽혀졌다고 느낀다는 것을 지적한다.

예를 들어 한 참전 용사는 자신이 살인 혐의로 고발되었고, 자신의 집에 시체가 숨겨져 있다는 망상에 사로잡혔다. 자신이 젊은 시절에 극악무도한 범죄를 저질렀다고 생각하는 사람도 있었다. 다른 사람들은 범법 행위에 대해 곰곰이 생각하거나 자신은 가망이 없는 죄인이라고 확신했다. "저는 엄청난 범죄를 저지른 죄인이며, 영원히 길을 잃었다는 생각이 듭니다."

이후 제1차 세계대전 중에 노벨상 수상자 제인 애덤스Jane Adams는 말했다. "정신착란을 일으킨 군인들이 되풀이해 똑같은 환각을 보고 자신이 죽인 사람의 몸에서 총검을 빼내는 시늉을 한다는 병원 간호사들의 이야기를 듣는다."[13]

레이철 맥네어Rachel MacNair는 자신의 책《범죄로 유발된 외상성 스트레스Perpetration-Induced Traumatic Stress》에서 흔히 한 조각의 도덕적 감수성도 없는 괴물로 묘사되는 나치의 살인자들조차도 말살 작업을 견디기 어려워했다고 지적한다. 예를 들어 아우슈비츠 수용소의 초대 사령관 루돌프 회스Rudolf Höss는 아돌프 아이히만이 자신에게 "다수의 특수작전 특공대가 피로 물든 작전의 압박감을 견디지 못하고 자살했다. 일부는 미쳐버리기까지 했다. 특공대원 대부분은 자신들의 끔찍한 작전을 수행할 때 알코올에 의존해야 했다"라는 이야기를 들려주었다고 했다.[14]

심리학 연구를 통해 살인과 심리적 피해의 밀접한 관계가 확인되었다. 캘리포니아대학교 심리학자 시라 마겐Shira Maguen의 연구 팀이 거의 3천 명에 달하는 미군 병사를 대상으로 수행한 연구에 따르면, 전투 중에 사람을 죽였다고 보고한 병사의 40퍼센트가 나머지 사람들보다 심리적 문제에 훨씬 더 취약했다. 이런 결과는 전투에 노출된 정도와 무관했다. 2009년도 보고서에서 연구 팀은 전투에서의 살인과 PTSD의 심각성, 해리, 폭력적 행동, 그리고 일반적인 심리적 손상 사이에 '매우 중요한' 상관관계가 있음을 보여주었다. 물론 자살도 있다. 미국에서 재향군인은 자살로 사망할 가능성이 일반인의 두 배이며, 연구 결과는 재향군인의 자살이 종종 그들이 한 일에 대한 지속적인 죄책감과 관련이 있음을 의미한다. 미국 보훈부의 보고서는 말한다. "재향군인의 경우에 자살 시도와 자살에 관한 생각 모두의 가장 강력한 연결고리는 전투와 관련된 죄책감이다. 많은 참전용사가 전쟁 중에 한 행동에 대해 매우 불안한 생각과 극도의 죄책감을 갖는다."[15]

'PTSD'라는 표지는 전투의 심리적 효과를 '장애'로 나타낸다. 하지만 실제로 그럴까? 총상을 입거나 팔다리를 잃는 것이 장애일까? 정신과 의사 조너선 셰이Jonathan Shay는 그렇게 생각하지 않는다. 그는 심리적 피해가 상해라고 주장하고 도덕적 상해moral injury라는 용어를 만들어냈다. 보스턴대학교 정신의학자 브렛 리츠Brett T. Litz는 도덕적 상해를 "확고하게 자리 잡은 도덕적 신념과 기대를 위반하는 행위를 저지르거나 막지 못하거나 목격하거나 알게 되는 것"으로 인한 심리적 손상으로 정의했다.[16]

2009년에 《임상심리학 리뷰Clinical Psychology Review》에 게재된 리츠와 공저자 5인의 논문은 도덕적 상해가 강력하고 부정적인 심리적 결과를 낳는다는 상당한 증거가 있음을 지적한다. 그들은 경각심을 불러일으키는 통계를 제시했다. 2003년에 해병을 비롯한 미군 병사의 32퍼센트가 자신이 적군의 죽음에 책임이 있다고 보고했고, 20퍼센트는 비전투원의 죽음에 책임이 있음을 인정했다. 더욱이 27퍼센트는 어떻게 대응해야 할지 몰랐던 전투에서 윤리적 도전에 직면했다고 보고했다. 흥미롭게도 조사에 참여한 남성과 여성 중에 비전투원을 '존엄과 존중'으로 대우해야 한다고 생각한 사람이 절반에 미치지 못했고, 약 3분의 1은 그들에게 욕을 하거나 모욕한 경험을 인정했다. 미국 전투병의 거의 3분의 1이 복무 중에 심각한 도덕적 갈등을 경험한 것으로 나타났다. 이는 문제의 진정한 규모가 과소 보고된 수치일 가능성이 크다. 그렇다면 이라크와 아프가니스탄에서 복무한 약 170만 명의 군인 중에 30만 명에 달하는 사람이 PTSD로 고통받고 그보다 더 많은 사람이 더욱 진단하기 어려운 심리적 상해를 겪을 수 있다.[17] 리츠와 공저자들은 다음과 같이 설명한다.

> 우리가 확고하게 자리 잡은 도덕적 신념과 기대를 위반하는 행위를 저지르거나 예방하지 못거나 목격함에 따르는 지속적인 심리적, 생물학적, 영적, 행동적, 그리고 사회적 결과, 즉 도덕적 상해를 개념화하고 다루는 데 실패한다면 우리의 군인과 참전 용사들에게 몹쓸 짓을 하는 것이다.[18]

사람을 죽이는 일이 왜 그런 죄책감을 낳을까? 마셜은 죄책감이 사회적 프로그래밍에서 비롯된다고 추론한다. 인간의 생명을 빼앗는 것은 궁극적으로 금지된 행동이다. 너무도 뿌리 깊은 사회적 금기로 저지되어 쉽사리 벗어날 수 없다.

이런 설명이 정확하다면, 피를 흘리는 것에 더 관대한 문화권 출신의 병사들이 더 효과적으로 전투에 임해야 한다. 선진국에서는 오직 국가의 명령에 따라서 살인이 허용되지만 일부 전통적 문화권에서는 개인에게 훨씬 더 큰 자유가 있다. 가족이나 부족 구성원이 죽임을 당했을 때 복수의 방법으로 또 다른 살인을 저지르는 일이 허용되는 사회가 있다. 로스앤젤레스에서 그런 일이 일어난다면 암흑가의 살인으로 여겨질 것이다. 문화적 맥락이 모든 차이를 만들어낸다.

2008년에 《더 뉴요커》지에 게재된 논란의 여지가 있는 글에서 재러드 다이아몬드Jared Diamond는 그런 사회에서 자라나는 아이들이 어린 나이부터 유혈 사태에 노출되고, 이런 초기 조건에 따라 성인이 되었을 때 죄책감 없는 살인자가 된다고 주장했다.

335

전통적인 뉴기니인은 어린 시절부터 싸움에 나서고 싸움에서 돌아오는 전사들을 자주 본다. 그들은 적에게 죽임을 당한 친척의 시신을 보고, 적을 죽인 이야기와 이상적인 싸움의 이야기를 듣고, 살인에 대해 자랑스럽게 말하고 칭찬받는 전사들을 목격한다. 뉴기니인이 적을 죽이는 데 아무런 갈등을 느끼지 않게 되는 것은 생각을 바꿀 반대의 메시지가 아무것도 없었기 때문이다.[19]

다이아몬드는 이렇게 평온한 태도를 전쟁에서 돌아온 후에 자신이 한 일에 대한 갈등을 겪는 수많은 미군 참전 용사의 사례와 대조한다. "적을 죽인 수많은 병사가 외상후 스트레스 장애를 겪는 것은 놀라운 일이 아니다. 집에 돌아온 그들은 니파 부족처럼 살인을 자랑하는 것이 아니라 악몽을 꾸고 다른 참전 용사에게가 아니라면 그에 관한 이야기를 전혀 하지 않는다." 이러한 비교는 두 가지 측면에서 오해의 소지가 있다. 다툼feuding과 전쟁을 부정확하게 동일시하고 전통적 사회에 속한 사람들의 심리에 관한 평면적이고 피상적인 그림을 제시한다. 다툼과 전쟁 모두 살인을 목표로 삼지만 그사이에는 엄청난 차이가 있다. 다툼에서 살인은 개인적이다. 살인자에게는 청산해야 할 빚이 있고, 그것이 복수를 위한 강력한 동기를 제공한다. 반면 전쟁은 개인적인 행위가 아니다. 적대 행위는 특정한 개인이 아니라 '적'이라는 추상적 대상을 겨냥한다. 다툼을 벌이는 사람은 자신이 무언가를 바로잡는다고 생각하지만 군인은 의무를 수행한다고 생각한다.[20]

병사들은 종종 자신이 죽이려는 사람들이 아무런 원한도 없는 동료 인간이라는 사실에 직면할 때 주눅이 든다. 이런 원리는 스페인 내전의 경험을 묘사한 조지 오웰의 유명한 글로 예시된다. 어느 날 아침 오웰과 동료 한 사람은 파시스트를 찾아 나섰다. 적에게 발각되지 않도록 도랑에 숨은 그들은 다음과 같은 상황을 관찰했다.

그 순간 장교에게 보내는 메시지를 가진 것으로 추정되는 남자가 참호에서 뛰어나와 흙벽의 꼭대기를 따라 달려가는 모습이 똑똑히 보였다. 옷을 반쯤 걸친 그는 달리면서 두 손으로 바지를 추켜올리고 있었다. 나는 그에게 총을 쏘는 것을 자제했다. 내 사격술이 형편없고, 90미터 밖에서 달리는 사람을 맞출 가능성이 낮았던 것도 사실이지만 부분적으로는 보여지는 '바지' 때문에 총을 쏘지 않았다. 파시스트를 쏘려고 여기에 왔지만 바지를 추켜든 남자는 '파시스트'가 아니라 나 자신과 비슷한 동료 인간으로 보였다. 그에게 총을 쏘고 싶지 않았다.[21]

제1차 세계대전에 참전한 이탈리아군의 에밀리오 루수Emilio Lussu 중위도 비슷한 이야기를 들려준다. 밤중에 루수는 오스트리아군의 참호가 내려다보이는 위치로 기어갔다. 새벽이 밝아오면서 그는 "그들이 실제로 돌아다니고 이야기하고 커피를 마시는, 우리와 같은 인간이자 병사라는 것"을 분명하게 볼 수 있었다. 루수는 젊은 장교를 발견하고 조준했다. 그 순간 오스트리아인이 담뱃불을 붙였다. "그 담배는 우리 사이에 보이지 않는 연결을 형성했다"라고 그는 기록했다. 루수는 총을 쏘는 것이 자신의 의무임을 알았다.

하지만 그렇게 해서는 안 될 것이라는 생각이 들었다. 나는 이렇게 추론했다. 백 명 또는 천 명에 이르는 병사를 이끌고 또 다른 백 명

또는 천 명을 대적하는 것과 한 사람을 나머지에서 분리해 이를테면, "움직이지 마. 당신을 쏠 거야. 당신을 죽일 거야"라고 말하는 것은 다른 일이다. 싸우는 것과 한 남자를 죽이는 것은 다르다. 이런 식으로 사람을 죽이는 것은 살인이다.[22]

미국 남북전쟁의 북군 참전용사 윌리엄 케첨William D. Ketcham은 남군 장교를 조준하고 방아쇠를 당긴 이야기를 했다. 나중에 그는 "조준기를 올리지 않았다"라고 고백했다. 또 다른 경우에 한 남자를 쏘고 나중에 시체를 조사한 케첨은 시체에 여러 발의 총상이 있는 것을 발견했다. 회고록에서 그는 말했다. "그 조사는 내가 그의 죽음에 책임이 없다는 만족감을 주었다. 그의 피가 내 손에 묻지 않았고 나는 그런 사실을 알게 된 것이 기뻤다."[23] 유혈적 다툼은 감정으로 동기가 부여되기 때문에 살인자가 군인보다 도덕적 양심의 가책을 덜 받으리라는 것을 쉽게 알 수 있다. 당신의 부모나 자녀, 형제자매가 등에 화살이 꽂힌 채로 진흙탕에 엎어져 있는 것을 발견했다고 상상해 보라. 그들의 복수를 위해 무슨 일이든 할 수 있지 않겠는가?

군인은 감정이 아니라 의무로 사람을 죽이기 때문에 전쟁에서는 살인의 동기가 그다지 강력하지 않다. 전쟁에 동기를 부여하기 위한 선전이 필요한 것은 그 때문이다. 그리고 선전에서 가장 인기 있는 주제의 하나는 전쟁을 숙원으로 표현하는 것이다. 잠재적 전투원들에게 그들의 어머니를 죽이고 여동생을 강간하고 아기를 총검으로 찌르는 것밖에 원하지 않는, 적의 위협을 받고 있다고 믿도록 유도함으로써 전쟁을 개인화하는 방법이다.

다툼을 벌이는 부족민에게 부여되는 살인의 동기가 일반적인 군인보다 강하다 할지라도 그들에게 억제가 전혀 없다고 가정하는 것은 잘못된 생각일 것이다. 그런 생각은 피에 굶주린 야만인이라는, 오래되고 민족 중심적인 환상의 현대판이다. 치명적인 폭력에 대한 특정 문화권의 사고방식을 진정으로 이해하려면, 전사들의 피상적인 허풍 너머를 보아야 한다. 2장에서 내가 간략하게 말했던 이레내우스 아이블아이베스펠트는 부족민들에게 전쟁에 대한 전형적인 양면성이 있다고 지적한다. 예컨대 그는 파푸아뉴기니 멜파족의 사망한 전사들을 위한 애도 의식에서 전쟁이 사악함으로 특징지어지고 죄책감과 관련되는 것을 발견했다. 또한 죄책감과 열정이 동시에 활성화될 수 있으므로 그들이 육체적, 정신적 열정을 가지고 전쟁에 참여할 수 있다는 사실과 모순되지 않는다고 언급했다.

> 공격자가 상대방이 적대 행위를 시작했기 때문에 자신을 방어할 수밖에 없었다는 주장을 펴는 것은 아마도 이런 이유에서일 것이다. 이는 정부의 형태와 무관하게 전통적 사회의 구성원과 문명국가의 대표자들이 취하는 공통된 입장이다.[24]

전투가 끝난 뒤 행하는 정화 의식은 살인에 대한 양면성의 또 다른 표현이다. 여러 문화권에서 사람을 죽인 전사들은 사회로 복귀하기 전에 정화 의식을 거쳐야 한다. 《토템과 터부》에서 이 문제를 논의한 프로이트는 정화 의식을 죄책감의 발현으로 해석했다. 인류학자 해리 홀버트 터니하이Harry Holbert Turney-High도 자신의 책《원시 전쟁Primitive War》에서 프로이트의 예를 따랐다.

전쟁과 살인은 사람들을 적어도 일종의 불편한 한계로 몰아넣는다. 피로 오염되는 것에 대한 기본적 두려움, 인간의 살해에 대한 본질적 두려움이 존재하는 것으로 보이기 때문이다. 인간을 죽이는 것이 평범한 일로 여겨진다면 왜 적의 죽음에 대한 공통된 두려움, 우리 집단의 명성 높은 전사까지도 더럽혀진다는 생각이 있었을까? 우리는 좌절감을 적을 향한 증오로 바꾸는 것이 우리 집단의 내부적 조화에 유익하다는 것을 살펴보았지만, 적 또한 인간이다. 인간성은 적에 대한 양면적 태도를 가능하게 한다.[25]

마셜식의 설명에 회의적이어야 하는 또 다른 이유가 있다. 살인을 꺼리는 것이 순전히 사회적 금기에 순응하기를 배운 결과라면, 살인의 금기가 다른 금기보다 그토록 강력한 이유는 무엇일까? 예를 들어 거짓말은 금기지만 우리 대부분은 거짓말을 많이 한다. 도둑질하면 안 되지만 해마다 많은 사람이 소득세 납부를 기피한다. 간통하면 안 되지만 불륜이 너무도 흔하다. 이런 모든 사회 금기는 우리가 강력한 유혹을 받는 행동을 금지하기 때문에, 종종 금기를 준수하는 것보다 깨는 일이 훌륭하게 여겨질 때도 있다. 하지만 살인의 금지는 이런 패턴에 전혀 맞지 않는 것 같다. 다른 사람을 죽이려는 유혹에 저항할 수 없는 사람이 얼마나 될까? 살인율이 높은 국가에서도 살인은 놀라울 정도로 드문 일이다. 세계에서 가장 높은 살인율이 지속적으로 유지되는 콜롬비아와 남아메리카에서도 2000년과 2004년 사이에 인구 10만 명당 평균적으로 불과 62.7명이 살해되었다. 왜 살인은 거짓말, 도둑질, 간통과 그렇게 다를까? 사람들의 학습 역사를 고려하면 그 차이점이 더욱 극명하다. 대부분 사람은 다른 사람을 죽이지 말라는 말을 들어본 적도, 누군가를 죽이

340

거나 죽이겠다고 위협해 처벌받은 일도 없다. 그러나 거짓말과 도둑질 등을 하지 말라는 말은 자주 듣고, 그런 위반에 대한 처벌을 받는다. 살인에 대한 저항이 사회적 학습으로 귀결된다면 거짓말과 도둑질보다 살인이 훨씬 쉬워야 한다고 생각될 것이다. 하지만 현실은 그렇지 않다.

정보 폭발

인간에게는 타자에 대해 우위를 차지하려는 성향이 있을 수 있지만,
누가 타자의 범주에 속하는지에 대한 우리의 견해에는 분명한 유연성이 있다.
— 로버트 새폴스키Robert Sapolsky, 《평화의 자연사A Natural History of Peace》[26]

살인에 대한 우리의 거부감이 전적으로 학습의 결과가 아니라면 부분적으로는 선천적인 것에 기반을 두어야 할 것이다. 인간의 목숨을 빼앗는 일이 그토록 강력하게 억제되는지를 설명하는 특징이 우리의 진화 과정에서 있었음이 분명하다. 유감스럽게도 어떻게 이런 일이 일어났을지에 대한 진화의 시나리오를 꾸며내기는 너무도 쉽다. 우리의 먼 조상들의 사회적 행동에 관한 사실은 근거가 빈약하고, 증거로 뒷받침되지 않는 가설을 쏟아내는 것은 도움이 되지 않는다. 그렇다고 포기하고 수건을 던지는 것도 마찬가지이다. 따라서 나는 조심스럽게 중간 길을 밟아서 비인간화가 어떻게 우리의 심리적 레퍼토리의 일부가 되었는지에 대한 그럴듯한 진화적 가설을 설정할 것이다. 나는 그 가설이 가능한 최선의 설명이라고 주장하지 않는다. 더 나은 설명이 있을 수 있다. 그리고 그 가설이 진실임을 주장하지도 않을 것이다. 그러나 이 가설은

내가 지금까지 생각해 낼 수 있었던 최선의 이야기이며 충분히 고려할 만한 가치가 있다고 믿는다.

시작은 유인원이었다. 앞에서 언급한 대로 약 650만 년 전의 우리 조상은 침팬지와 비슷했다. 그들의 뇌는 침팬지의 뇌와 크기가 비슷했고, 아마 정신력도 대략 비슷했을 것이다. 이 조상 유인원들의 사회적 행동이 침팬지의 행동 즉, 분열-융합 공동체에서 살고 텃세를 부리고 외부자를 혐오하고 이웃 죽이기를 주저하지 않는 행동과 비슷했다는 것은 타당한 생각이다.

이후 400만 년 동안 인류 혈통의 진화가 서서히 진행되었다. 그리고 약 200만 년 전에 호모 에렉투스라 불리는 새로운 영장류 종이 아프리카 대초원에 등장했다. 호모 에렉투스는 이전의 어떤 영장류보다도 훨씬 더 인간처럼 보였지만, 이 새로운 종에서 가장 주목할 만한 것은 이후 100만 년 동안에 부피가 두 배로 늘어난 뇌였다. 이전의 어떤 영장류보다도 훨씬 똑똑해졌다. 그들은 아슐리안형 손도끼 같은 큰 석기를 만들고 모닥불을 피웠다. 또한 협동적으로 사냥함으로써 이전의 영장류보다 더 많은 고기를 먹었을 것이다. 심지어 요리법을 발명했을지도 모른다.[27] 호모 하이델베르겐시스(하이델베르크인)는 약 60만 년 전에 호모 에렉투스에서 진화했고, 호모 사피엔스는 약 20만 년 전에 호모 하이델베르겐시스에서 진화했다. 그리고 얼마 지나지 않아서 해부학적으로는 현대인인 호모 사피엔스 사피엔스가 등장했다. 이들은 신체적으로는 당신이나 나와 거의 같았지만 잠시 후에 명확하게 설명될 정신적인 측면에서는 매우 달랐다.

해부학적으로 현대인과 같은 인류를 심리적으로도 현대인과 같게 변화시킨 것은 주로 문화적 힘이었다. 인류 문화는 두 차례의 격변 속에서 태동했다. 후기 구석기 시대 혁명Upper Paleolithic revolution으로 알려진 첫 번째 격변은 약 40만 년 전에 시작되었다. 선사 시대 인류가 이 시대로 접어들면서 이전보다 엄청나게 정교한 석기들이 만들어졌다. 도구는 더욱 전문화되고 짐승의 뼈와 뿔 같은 새로운 재료가 사용되었다. 처음으로 사람들은 나무 손잡이에 날카로운 돌을 붙여서 창과 작살을 만들고, 투척기를 사용해 힘과 거리를 늘렸다. 곧 남부 유럽의 동굴에서는 예술 작품으로 불릴 만한 아름다운 벽화와 작은 돌과 상아 조각이 나타났다. 그리고 8천 년에서 1만 년 전에 인간 사회가 일련의 단계적 변화를 겪으면서 신석기 시대 혁명이 중동에서 (나중에는 다른 곳에서도) 발발했다. 사람들은 수렵과 채집에 기반을 둔 경제를 포기하고 농업과 축산업으로 눈을 돌렸다. 그들은 야생 식물과 동물을 길들이고 영구적인 정착지에 거주했다. 농업은 자연스럽게 토지의 소유권과 경작, 관개, 곡물을 저장하는 기술로 이어졌다. 정착지가 마을과 도시로 확장되면서 늘어난 인구밀도는 사회계층화, 노동의 분업, 그리고 교역의 증가로 가는 길을 열었다. 새로운 마을과 도시에는 종교 조직과 얽힌 행정 조직이 필요했다.

시간을 여행하는 동안 선사 시대 인류는 오늘날의 우리가 당연하게 여기지만 진화의 초기 단계에서는 없었을 것이 거의 확실한 수준의 정신적 능력을 획득했다. 여기에는 비인간화의 필요조건인 다음과 같은 특성이 포함된다.

1. 생물계를 자연종으로 분석하고 그에 관한 추론을 담당하는 영역 한정적 민속 생물학 모듈.

2. 사회계를 자연종(민족인종)으로 분석하고 그에 관한 추론을 담당

하는 영역 한정적 민속 사회학 모듈.

3. 자신의 정신 상태를 성찰할 수 있게 하는 영역 일반적 2차 사고 second-order thought 능력.

4. 자연종이 존재하는 이유를 설명하는 데 사용되는 직관적 본질 이론.

5. 자연계를 질서화하기 위한 자연적 위계(존재의 대사슬)에 대한 직관적 이론.

침팬지와 우리의 공통 조상에게 이 중 어떤 특성도 없었다는 (또는 기껏해야 첫 번째 특성만 있었다는) 것은 타당한 생각이다. 우리는 오늘날의 인간에게 그 모든 특성이 있음을 안다. 따라서 다섯 가지 심리적 특성 모두가 지난 65만 년 정도에 걸쳐서 나타났음이 분명하다. 다섯 가지 특성 모두가 자리를 잡은 시기를 결정하면 비인간화가 시작된 시점에 대한 하한선을 설정할 수 있을 것이다. 물론 이런 유형의 추론은 사람들이 서로를 비인간화하기 시작한 정확한 시점을 말해주지 않는다. 앞에 나열된 다섯 가지 조건이 개별적으로는 필요하긴 하지만 공동으로는 충분하지 않을 수 있기 때문이다(실제로 그렇다).

증거가 간접적이고 종종 피상적이기 때문에 선사 시대 사람들의 심리에 관한 결론을 도출하기는 어렵다. 하지만 어느 정도 정보에 입각한 추측은 가능하고, 내가 지금 하려는 일이 바로 그러한 추측이다.

우리는 다섯 가지 특성 중 가장 오래되었을 것으로 생각되는 민속 생물학 모듈로 시작할 수 있다. 동물에게 먹이와 포식자를 구별하는 능력은 대단히 유용하고, 그런 능력이 있는 동물은 최소한 다른 생물학적 종류에 대해 다르게 반응하는 기본적인 능력이 있어야 한다. 그러나 개미 '전쟁'의 예시에서 살펴보았듯 동물은 생물학적 종류에 대한 개념이나 그에 관한 추론 능력 없이도 다른 종과 관련해 다르게 행동할 수 있다. 예를 들어 포식자를 탐지하는 버빗원숭이 같은 동물의 능력은 우리가 찾고 있는 것에 더 가깝다. 버빗원숭이는 표범, 비단뱀, 독수리를 구별하고 각각에 대해 독특한 경고음을 내지만 이들 동물에 대한 개념이 있는지는 확실하지 않다.[28] 침팬지에게는 아마도 생물학적 종류에 대한 원시적 개념이 있을 것이고 우리의 공통 조상에게도 그런 개념이 있었을 것이다. 그러나 우리는 선사 시대 조상들이 뛰어난 사냥꾼이 되었을 때 잘 발달한 민속 생물학이 자리를 잡았을 것으로 확신할 수 있다. 식단의 상당 부분을 사냥에 의존하는 사람들은 사냥하는 동물에 관한 상세한 지식이 있어야 한다(이는 또한 더 제한된 범위인 채집에 대한 지적 요구에 관해서도 적용된다). 그들은 다양한 동물이 여러 가지 상황에서 행동하는 방식을 정교하게 이해해야 한다. 동물들이 자신의 환경에 남기는 발굽과 발자국, 다양한 종류의 배설물과 다른 흔적들을 식별하는 능력을 포함한 뛰어난 추적 기술이 필요하다. 그리고 새로운 영역으로 들어갔을 때는 부분적으로 유사성에 기초한 추론을 함으로써 새로 마주친 종의 행동을 빠르게 배울 수 있어야 한다.

고고학적 증거는 호모 에렉투스의 식단에서 고기가(주로 사냥으로 얻은 것인지 아니면 더 큰 포식자가 쓰러뜨린 동물 사체에서 얻은 것인지는 의견이 엇갈리지만) 중요한 구성 요소였음을 시사한다. 호모 에렉투스에 관한 진실이 무엇이든 우리는 선사 시대의 호모 사피엔스가 협동적 사냥에서 그들을 능가했음을 안다. 또한 그들이 아프리카에서 흩어져 나가 다양한 서식지를 개척하고, 거기서 마주친 수많은 낯선 종을 사냥하는 법을 배웠음을 안다. 그들에게 동물 행동을 추론하는 유능함이 없었다면 이 중 어느 것도 가능하지 않았을 것이다. 따라서 아마도 10만 년 전쯤인 구석기 시대 중기에는 직관적 민속 생물학을 위한, 잘 발달한 모듈이 자리 잡았을 가능성이 크다.[29]

다음 퍼즐은 2차 사고에 대한 우리의 능력과 관련된다. 여러 인지과학자는 2차 사고가 언어와 밀접하게 결부된다고 믿는다. 언어를 사용하고 이해하는 능력이 사람에게 자신의 정신 상태를 성찰할 수 있게 해준다는 생각이다. 철학자이자 인지과학자인 앤디 클라크Andy Clark는 2차 사고의 작동 방식을 다음과 같이 설명한다.

> 놀랍게도 우리는 자기 생각의 어떤 측면에 관해서든 생각할 수 있다. 따라서 자신의 심리적 측면을 수정, 변경, 또는 제어하기 위한 인지적 전략을 고안해 낼 수 있는 동물이다. 우리가 생각을 말로 공식화하자마자 그 생각은 우리 자신과 다른 사람 모두를 위한 객체가 된다. 즉 생각할 수 있는 대상으로서의 객체가 되는 것이다. 객체를 생성할 때는 생각에 관해 생각할 필요가 없지만, 일단 객체가 생기면 즉시 그것을 자체적인 대상으로 다루는 기회가 존재한다. 따라서 언어적 공식화의 과정은 후속 사고가 연결되는 안정적 구조를 만들어낸다.[30]

이것이 반드시 입에서 나오는 말일 필요는 없다. 머릿속에서 조용히 '하는' 말일 수도 있다. 요점은 사람이 어떤 매체로든 생각을 문장으로 표현하면, 그 문장에 대해 생각할 수 있다는 것이다. 따라서 이런 일을 할 수 있는 선사 시대 사람들은 자신의 생각에 대해 생각할 수 있는 위치에 서게 되었다. 그 얼마나 놀라운 성취였을까. 터프츠대학교 철학자 대니얼 데닛Daniel Dennet은 고차원적 사고가 두 단계를 거쳐서 나타났

346

다는 가설을 제시한다. 초기 원인hominid의 뇌에는 다양한 영역 한정적 인지 시스템이 있었다. 이 특수 목적의 정신적 기관들은 서로 통합되지 않았고, 그것들 사이에 어떤 정보의 흐름도 없었다. 하지만 독자적으로 작동했음에도 불구하고 이들 영장류가 직면해야 했던 현실적 문제, 식량을 확보하고 포식자를 피하고 짝을 찾는 것 같은 문제를 다루기에는 충분한 인지 시스템이었다. 그리고 언어가 진화했다. 언어적 의사소통은 언어를 사용할 수 있는 사람들에게 엄청난 혜택이었다. 귀중한 정보가 신속하게 입에서 귀로 이동할 수 있음에 따라 높은 충실도로 뇌에서 뇌로 전달되었다. 이는 문화 전달의 속도를 크게 높였다.

언어의 도움 없이는 생각의 확산이 고통스러울 정도로 느리다. 인간이 아닌 영장류 사이의 문화적 전파를 관찰함으로써 그 차이를 확인할 수 있다. 가장 인상적인 사례 중에는 고지마섬에 서식하는 짧은꼬리원숭이의 공동체가 있다. 1953년 이 원숭이들을 연구하던 과학자들은 고구마 조각을 먹이로 주기 시작했다. 고구마는 해변에 놓여 있었다. 입 속에 모래가 가득 차지 않도록 하려면 먹기 전에 고구마에 묻은 모래를 제거해야 했는데, 원숭이들이 할 수 있는 최선의 방법은 손으로 모래를 털어내는 것이었다. 그러던 어느 날 이모라는 이름을 가진 젊은 암컷이 고구마를 강물에 헹굴 수 있다는 것을 발견했다. 머지않아 다른 원숭이들(처음에는 이모의 형제자매와 어미)도 고구마를 물에 헹구기 시작했고 결국 무리 전체로 이 방법이 퍼져나갔다. 50년이 지난 오늘날에도 원래 무리의 후손들은 계속해서 고구마를 (오늘날에는 아마도 맛을 첨가하는 방법으로 바닷물에) 씻는다.[31] 그러나 고구마 씻기가 문화적 관행으로 정착하는 데는 거의 10년이라는 시간이 필요했다.

문화가 확산되는 속도에 기름을 붓기는 했지만 언어의 장점이 생각의 소통만은 아니었다. 언어는 생각하는 데도 유용했다. 언어는 2차 인지second-order cognition를 낳음으로써 인간의 뇌가 정보를 처리하는 방식을 바꿔놓았다. 다음은 그런 일이 어떻게 일어났는지에 대한 데닛의 이야기이다.

어느 좋은 날(합리적으로 재구성된 이야기에서) 이들 원인 중 한 명이 '실수로' 도움을 요청했는데, 듣고 도와줄 사람이 자신 말고는 아무도 없었다! 그가 자기 자신의 요청을 들었을 때, 다른 사람이 도움을 청하는 소리를 들었을 때와 같은 자극이 촉발되었다. 그리고 기쁘게도 그 소리가 자신이 그 문제에 대답하도록 유도한다는 것을 발견했다.[32]

물론 데닛은 우리가 이 꾸며낸 이야기를 말 그대로 받아들이기를 원하는 것이 아니다. 요점은 언어가 일단 확립되면, 사람들은 자신들에게 있음을 인식하지 못했던 정보를 끌어내는 데 언어를 사용할 수 있다는 것이다. 언어는 사람이 다른 사람과 대화하게 해주는 것 이상의 역할을 했다. 언어적 사고라는 매개체를 통해 뇌의 여러 부분이 서로 '대화'할 수 있게 해주었다. 일단 이런 일이 일어나면 마음은 데닛이 조이스 머신Joycean Machine이라 부르는 뇌의 멀리 떨어진 영역에서 정보를 끌어들이는 지속적인 내면의 대화 장소가 된다.

그럴듯한 이야기지만 실제로 그런 일이 일어났다는 증거가 있을까?

오래전에 죽은 사람들의 심리에 관한 증거는 항상 빈약하므로 인간 정신의 진화를 재구성하려는 어떤 시도든 무모한 추측으로 일축되기 쉽다. 하지만 이는 너무 성급한 생각이다. 먼 과거에 대한 우리의 지식은 주로 고고학자들이 찾아낸 증거에서 비롯된다. 오늘날의 고고학에는 선사 시대의 물질적 증거를 사용해 우리 옛 조상의 마음에 관한 가설을 세우고 실험하는 인지고고학cognitive archaeology이라는 분야가 있다. 영국 레딩대학교 인지고고학자 스티븐 미슨Steven Mithen은 고고학적 증거가 데닛의 설명과 매우 유사한 시나리오를 뒷받침한다고 말한다. 미텐은 초기 조상들이 실질적인 위급 상황에 대처하도록 일련의 인지 모듈이 진화되었다고 주장한다. 약 20만 년 전에 호모 사피엔스가 진화하고 언어가 나타났지만 언어가 인간의 삶에 정착되고 확산하기까지는 5만 년 정도가 더 걸렸다. 일단 자리를 잡은 언어의 사용은 분리된 인지 영역의 정보를 통합할 수 있게 했고, 미텐이 말하는 인지 유동성cognitive fluidity을 달성했다. 인지 영역의 이러한 창조적 교차는 후기 구석기 시대의 문화 폭발을 예고했다. 그때부터 문화는 우리 종의 발달에 압도적 영향력을 행사했다.[33]

데닛과 미슨이 옳다면 언어의 진화에는 세 가지 중요한 결과가 있었다. 언어는 의사소통과 그에 따른 문화 확산을 촉진했고, 영역 한정적 모듈들을 통합함으로써 마음을 통일했으며 2차 사고가 가능하게 했다. 그렇다면 흥미로운 질문이 있다. 최초의 2차 사고자들은 무슨 생각을 했을까? 그들을 가장 사로잡은 생각은 무엇이었을까? 이는 보이는 것만큼 당혹스러운 질문이 아니다. 사람들이 예술 작품에 생각의 기록을 남겼기 때문이다. 남부 유럽에 있는 동굴의 벽과 천장을 장식한 장엄한 벽화에는 말, 사슴, 들소, 사자, 새, 곰, 염소, 매머드, 그리고 털북숭이 코뿔소 등 사실적으로 묘사된 동물들이 그려져 있다.

그림을 그리거나 조각을 새기는 것은 여러 면에서 생각을 말로 표현하는 것과 다르지만 두 가지 형태의 표현에는 중요한 공통점이 있다. 생각을 말이나 그림으로 표현할 때 그 생각은 외면화된다. 생각이 생각의 대상이 되는 표현으로 바뀐다. 그러나 일시적인 말과 달리 예술은 기록을 남긴다. 따라서 사람들의 예술 작품을 살펴봄으로써 우리는 그들이 무엇에 대해 성찰했는지에 관한 통찰을 얻을 수 있다.

구석기 시대의 미술은 당시의 사람들이 생물학적 종류에 관한 생각에 깊이 사로잡혀 있었음을 보여준다(강박적이라고까지 말할 수 있다). 그림은 동물에 대한 그들의 생각을 반영하고 그런 생각에 관한 질문을 던진다. 이전에도 선사 시대 사람들에게는 생물학적 개념, 예컨대 고슴도치의 개념이 있었지만 이제 처음으로 그들은 특정한 대상을 고슴도치로 만드는 특성이 무엇인지 궁금해할 수 있었다. 그들이 오늘날의 사람들과 같은 직관적 결론에 이르렀다는 것은 합리적인 생각으로 보인다. 그들은 동물을 특정한 종류의 동물로 만드는 것이 본질이라는 결론을 내렸다. 고슴도치는 고슴도치의 본질이 있으므로 고슴도치이다. 모든 종 구성원의 내부에는 그들을 종의 구성원으로 만드는 무언가가 있다.

구석기 시대 미술에는 인간을 표현한 그림도 있다. 이는 후기 구석기 시대 사람들이 단지 말과 들소만 생각하지 않았음을 보여준다. 그들은 자기 자신에 대해서도 생각했다. 같은 설명 패턴에 따라서 우리는 구석기 시대 사람들이 "우리를 인간으로 만드는 것이 무엇일까?"라고 자문했을 때 "인간의 본질을 갖는 것"이 답이었을 것으로 추정할 수 있다.

실제로 이런 일이 일어났다고 가정해 보자. 인간에게 공유되는 본질이 있다는 생각은 그들의 사회적 상호작용 패턴을 근본적으로 변화시켰을 것이 틀림없다. 그 이유를 설명하기 위해 예를 들어보자. 당신이 흑인을 증오하고 경멸하는 극심한 인종차별주의자와 마주쳤다고 상상해 보라. 이 사람이 더 계몽된 사고방식을 갖도록 설득하려면 어떻게 할 것인가? 당신은 아마도 일반적인 인간성에 호소하리라고 생각된다. 흑인도 그와 마찬가지로 인간이라는 사실에 주의를 환기할 것이다. 엄밀하게 논리적인 관점에서 이런 말은 별 의미가 없다. 공유된 종의 구성원임을 상기시키는 것이 왜 사람의 사고방식에 영향을 미쳐야 하는가? 이 문제를 이해하는 가장 좋은 방법은 당신과 같은 본질을 공유하는 구성원으로 생각하도록 해 자연스럽게 그들과의 일체감을 불러일으키는 것이다. 이런 방식으로 생각함으로써 그들을 당신이 속한 내부 집단의 구성원으로 여기고, 그들을 해치는 것을 억제하는 계기가 된다.

내가 옳다면 이는 후기 구석기 시대 사람들이 본질을 공유함으로써 그들의 외부자 혐오 성향이 상쇄되었음을 시사한다. 그런 생각은 그들이 공동체의 제한된 경계 밖에 있는 사람들과 더 기꺼이 상호작용하도록 했을 것이 분명하다. 이런 일이 실제로 일어났다는 증거도 있다. 교역에 관한 최초의 명백한 증거가 이 시기에 속하는데, 교역은 공동체들이 서로 간에 우호적으로 접촉할 때만 이루어질 수 있다.

지중해에서 온 조개껍데기가 중부 유럽에서 북쪽으로 수백 킬로미터 떨어진 곳에 있는 후기 구석기 시대 유적에 나타난다. 흑해에서 온 화석화된 호박이 중부 러시아(최대 700킬로미터 떨어진)에서 발견된다. 하지만 가장 설득력 있는 예는 도구를 만들기 위한 특별한 종류의 돌이 중북부와 동부 유럽의 후기 구석기 시대 채석장에서 200킬로미터(더 특별한 고품질 부싯돌의 경우는 400킬로미터까지) 떨어진 곳까지 일상적으로 운반되었다는 사실과 관련이 있다. 그리고 순전히 지역적인 상품과 서비스(즉 부패하기 쉬운 식품, 주택, 노동 서비스)의 교역은 이미 상당한 수준에 도달했다고 생각해도 무방할 것이다.[34]

부족 간의 접촉 증가는 사람들이 자신의 민족적 소속을 나타내는 표지를 채택하도록 장려했다. 후기 구석기 시대 이후의 고고학 유적에는 조개껍데기, 상아, 타조 알껍데기로 만든 구슬과 펜던트, 머리 스타일과 몸 장식(아마도 문신)을 보여주는 작은 조각상이 있다.[35] 애리조나대학교 고고학자 스티븐 쿤Steven L. Kuhn과 메리 스타이너Mary C. Stiner는 이것이 "인간의 상호작용 규모가 확대되었음을 암시한다"며 사람들이 "더 복잡한 집단 네트워크를 통해 더 많은 사람에게 자신의 정체성을 알리는 일이 필요하고 유익하다는 것을 알게 되었음을 시사한다"라고 말한다.

늘어나는 인구는 사회의 지평을 바꾸고 거의 모든 사람이 낯선 사람들과 더 자주 접촉하도록 했다. 이렇게 높아진 수준의 상호작용은 영역의 한계를 정하고 방어하는 수단으로서 집단 경계에 대한 감성을 높이는 결과를 낳았다. 그 어느 때보다 복잡한 사회적 지평 속에서 가능한 한 많은 사람에게 자신의 정체성을 효과적으로 전달하는 데는 여러 가지 이점이 있다. 그런 조건은 또한 몸 장식을 포함해 사회적 정보를 전달하는 새로운 방식의 개발을 촉진했다. 그렇게 정보 혁명의 첫 단계가 시작되었다.[36]

6장에서 설명된 프란시스코 길 화이트의 민속 사회학의 기원에 관한 이론을 기억하는가? 길 화이트는 부족 집단들이 민족적 정체성을 통합하고 민족적 표지를 채택함에 따라 그들이 서로를 생각하는 방식에 영향을 미쳤다는 가설을 세웠다. 이제 인간의 뇌에 부족들이 생물종처럼 보였고 사람들은 부족 집단을 본질주의적으로 생각하기 시작했다. 따라서 길 화이트의 이론이 옳다면 직관적 민속 사회학은 후기 구석기 시대의 혁명이 일어나는 동안에 시작되었을 것으로 보인다.

마지막 조각을 추가하기 전에 잠시 이야기를 요약해 보자. 이야기는 650만 년 전에 침팬지 비슷한 조상, 외부자를 극도로 혐오하는 유인원으로 시작되었다. 이 영장류는 자신의 폭력적인 성향을 호모 사피엔스를 포함한 후손에게 물려주었다. 언어의 진화 덕분에 호모 사피엔스는 2차 사고를 할 수 있게 되었고, 처음으로 무엇이 인간을 인간으로 만드는지를 궁금해할 수 있었다. 이는 모든 사람이 인간적 본질을 공유한다는 생각으로 이어졌다. 모든 사람이 본질을 공유한다는 생각은 내부 집단과 외부 집단 사이에 그어진 경계를 완화했다. 사람들은 다른 공동체와의 우호적인 관계를 발전시켰다. 이는 교역의 시작으로 이어졌고, 문화의 확산을 더욱 가속했다. 인구밀도가 증가하고 문화 간 접촉이 점점 더 빈번해짐에 따라 부족들은 민족적 정체성을 나타내기 위한 민족적 표지, 즉 독특한 형태의 의복와 행동, 그리고 장식을 채택했다. 이는 마지막으로 민속 생물학 모듈이 민족 집단을 마치 생물종인 것처럼 반응하면서 민족인종(본질화된 인간 집단)의 개념으로 이어졌다.

이 모든 것은 매우 그럴듯하게 들리지만, 사과 속에 벌레가 숨어 있었다. 우리의 영장류 조상에게서 물려받은 지배를 추구하는 성향은 그냥 사라지지 않았다. 우리의 석기 시대 조상에게는 여전히 외부자를 적대시하고 기회가 되면 죽이려는 성향이 뿌리 깊게 박혀 있었다. 우리는 선사 시대 예술에 나타나는 학살의 이미지를 통해서 이런 사실을 알 수 있다. 고고학자 장 길렌Jean Guilaine과 고생물 병리학자 장 자미트Zean Zammit는 다음과 같이 설명한다.

이탈리아 남동부의 파글리치 동굴에서 발굴된 돌에는 머리부터 골반까지 여러 대의 창을 맞은 인간처럼 보이는 모습이 새겨져 있다. 프랑스 로트에 있는 쿠냐크 동굴의 벽화는 등 뒤에 세 발의 무기를 맞고 목이 잘린 시체와 온몸에 일곱 대의 창을 맞은 사람을 보여준다. 카브레레 지역에는 앞뒤로 온몸에 화살을 맞은 사람의 그림이 있다. 같은 동굴로 연결된 콩벨에서는 뒷모습이 동물 모양인 사람이 여러 곳에 부상을 입고 쓰러지는 모습을 볼 수 있다. 구르동에서 발견된, 사람의 골반과 다리만을 보여주는 뼛조각 그림에는 희생자의 다리와 엉덩이를 관통한 여러 대의 화살이 새겨져 있다. 프랑스 다른 동굴에서 발견된 돌도 흥미롭다. 돌에는 목과 등에 여러 번 무기를 맞고 쓰러진 사람의 모습이 새겨져 있다. 이 사람은 엉덩이와 성기에 화살을 맞은 것으로 보인다.[37]

폭력에 대한 우리의 양면성은 이렇게 시작되었다. 공통적 인간성이라는 감각에서 태어난 새로운 동료 의식이 외부자를 혐오하는 오래된 감성과 함께 자리를 잡았다. 한편으로 우리는 세상을 우리와 그들로 나누고 외부자에게 적대적인 태도를 보이는 성향이 있다. 다른 한편으로는 모든 사람이 인류 공동체의 구성원이라 생각하고 그들에게 해를 끼치는 것에 대해 강한 혐오감을 느낀다. 비인간화는 이러한 구속으로부터의 탈출구를 제공한다. 정신적 '요술'의 위업에 의해 우리는 희생자를 인간 공동체에서 배제함으로써 치명적인 폭력을 반대하는 억제에 대응하는 방법을 발견했다. 하지만 여전히 빠진 요소가 있다. 인간 이하의 존재라는 개념 없이는 비인간화가 이루어질 수 없는데, 구석기 시대 사람들에게 그런 개념이 있었는지는 확실하지 않다.

구석기 시대 미술에서 몇 가지 단서를 찾을 수 있다. 인간이 아닌 동물은 자연주의적으로 대단히 주의를 기울여 세부적으로 그려지거나 새겨지지만, 인간은 일반적으로 고도로 양식화된 방식으로 묘사된다. 이러한 양식적 대조는 후기 구석기 시대 사람들이 인간과 동물을 구별했음을 시사하지만 인간과 인간이 아닌 동물에게 부여한 상대적 가치에 관해서는 아무것도 말해주지 않는다. 아마도 인간과 동물이 대우받는 방식의 차이에 주목하는 것이 더 많은 단서를 줄 것이다. 동물은 일상적으로 사냥당하고 도살되고 잡아먹혔다. 동물의 털가죽은 옷을 만드는 데 사용되거나 무두질로 가죽이 되었고, 뼈와 이빨은 장신구로 사용되었다. 인간은 이런 식의 취급을 받지 않았다. 후기 신석기 시대에 식인 풍습이 있었을지는 몰라도 일상적인 것은 아니었고 인간의 뼈로 만든 인공물도 드물었다. 사람들은 죽은 사람을, 시체가 썩도록 내버려 두기보다는 의례를 갖춰서 매장했다. 이러한 사실은 선사 시대 사람들이 인간이 아닌 동물보다 인간에게 더 큰 도덕적 가치가 있다고 생각했음을 뜻한다.

사람들이 서로를 비인간화하기 시작한 시기는 후기 구석기 시대 또는 그 이후의 어느 시점인 것 같다. 가장 오래된 비인간화의 명백한 예는 기원전 2천년대에서 찾을 수 있으므로 이것은 아주 최근의 일일 수도 있다. 내가 옳다면 비인간화는 사람들이 폭력 행위에 대한 도덕적 억제를 극복할 수 있는 수단을 제공함으로써 정착되었다. 민속 사회학적 사고가 이미 자리 잡고 있었으므로 민족 집단들은 각자 다른 모든 집단과 구별되는 독특한 본질을 가진 유사 종으로 인식되었다. 거기에서 이들 유사종의 일부가 인간 이하의 본질을 가졌다고 상상하는 것은 짧은 걸음에 불과했다. 그런 생각은 집단 구성원을 인간 이하의 동물처럼 보이도록 해 폭력의 정당한 대상으로 만들었다. 다른 공동체를 선택적으로 비인간화함으로써 인간은 자신의 양면성을 우회하는 방법을 찾아냈다. 그들은 특정한 민족 집단을 공통 인류라는 매력적인 서클에서 선별적으로 배제해 학살하고 소유물을 빼앗음과 동시에 다른 집단과 연대해 교역의 혜택을 누렸다.

포식자, 동물, 아니면 먹이

나는 7장의 끝부분에서 타인을 매력적인 동물로 상상하는 방식으로 비인간화하는 사례는 없다고 말했다. 그 동물은 공격적 반응을 끌어내는 동물이어야 한다. 앞선 장에서 나는 비인간화된 사람들이 종종 포식자와 기생충으로 인식된다는 것을 암시했다. 이 장의 나머지에서는 비인간화의 주요 형태에 대한 현상학을 논의하고 핵심적인 특징 몇 가지를 강조하는 사례들을 제시할 것이다.

때로 비인간화된 사람들은 종류가 특정되지 않은, 멸시를 받거나 혐오스러운 동물로 여겨진다. 하지만 세 가지 종류의 동물 중 하나로 표현되는 경우가 더 많다. 위험한 포식자, 불결한 동물, 아니면 먹이. 가끔 예외도 있지만 시공을 초월해 놀라울 정도로 강력한 패턴을 보인다.

불결한 동물로 해충, 질병을 옮기는 유기체, 기생충부터 시작해 보자. 당신이 대부분 사람과 다르지 않다면 구더기가 들끓는 그릇을 볼 때 속이 뒤집힐 것이다. 혐오 반응은 독특한 위협감을 수반한다. 그런 두려움은 동물 자체가 해를 끼칠 수 있다는 두려움이 아니다. 구더기에 대한 두려움은 독이 있는 뱀과 으르렁대는 개에 대한 두려움과 같지 않다. 그보다는 그들이 무언가 해로운 것으로 사람을 오염시킬 수 있다는 두려움이다. '불결한' 동물이 우리와 접촉하거나, 심지어 우리가 만진 물건과 접촉하는 것에도 혐오감이 느껴지는 것은 그 때문이다. 때로는 단지 불결한 동물을 보는 것만으로 마치 그들의 더러움이 우리의 눈을 통해 몸속으로 들어갈 수 있다고 느껴진다.

혐오는 인간의 고유한 특성인 것 같다. 다른 동물은 좋아하지 않는 먹이를 거부하지만 사람처럼 혐오감을 나타내지는 않는다. 어떤 사람들은 혐오감을 불러일으키는 대상이 우리의 동물적 본성을 불쾌하게 상기시키기 때문이라고 생각한다. 하지만 인간만이 자신의 불쾌한 경험을 반추하는 유일한 동물이기 때문에 혐오를 경험한다는 설명이 더 그럴듯하게 들린다. 불쾌한 대상과 접촉하는 것과 그것이 불쾌하다고 생각하는 것은 전혀 다르다.

사람들에게는 오염에 대한 직관적 이론이 있다. 우리는 특정한 대상을 혐오스럽게 생각할 뿐만 아니라 그 역겨움을 그들에게 포함된 오염물질의 탓으로 돌린다. 혐오의 성향은 타고나는 것이지만, 어떤 종류의 대상에서 혐오감을 끌어낼지를 결정하는 데는 문화가 중요한 역할을 한다. 아마도 구더기가 기어 다니는 음식 조각을 삼키는 것이 당신에게는 대단히 어려운 일이겠지만, 아주 최근까지도 유럽인과 미국인들은 구더기가 생긴 치즈를 즐겼다. 17세기와 18세기에 살았던 영국의 작가 대니얼 디포는 "진드기와 구더기가 붙은 헌팅던셔 지역의 스틸턴 치즈가 식탁에 나왔고, 두꺼운 치즈를 진드기와 함께 떠먹도록 숟가락이 준비되었다"라고 기록했다.[38] 그런 관행은 예일대학교 동물학자 앨페우스 하이엇 베릴Alpheus Hyatt Verill이 흥미롭게 관찰한 대로 1940년에도 여전히 대중적이었다.

일부 인종은 메뚜기, 귀뚜라미, 애벌레를 즐겨 먹는다. 우리 중에 그런 것을 먹는 데 끌릴 사람은 거의 없겠지만, 우리도 구더기가 있는 치즈를 먹고 그런 치즈를 사려고 비싼 값을 치른다. 그러나 '스키퍼' 구더기가 살아 있는 치즈를 좋아하는 바로 그 사람이 사과 벌레, 애벌레, 또는 벌레 먹은 밤이나 바구미에 감염된 시리얼을 삼킬 생각에는 구역질이 날 것이다.[39]

마찬가지로 한 문화권에서 불결하게 생각되는 동물도 다른 시간과 장소에서는 매우 다르게 여겨질 수 있다. 개를 생각해 보자. 현대 미국인과 유럽인에게 개는 사람의 가장 좋은 친구이지만, 세계의 다른 곳에서는 구제할 수 없이 역겨운 존재로 여겨진다. 오늘날 이란의 성직자들은 개를 소유하는 것을 '타락'이라고 비난한다.[40] 성서에도 개를 비하하는 언급이 많이 있다. 예를 들어 사도 바울은 빌립보의 기독교 공동체에 "저 개들, 악을 행하는 사람들, 육체를 훼손한 자들을 경계하라"고 경고한다.

비인간화된 사람들은 종종 쥐, 벌레, 이, 구더기, 개, 그리고 세균 같은 위험하고 불결한 것으로 여겨진다. 그들은 두려움과 혐오가 뒤섞인 공포감을 불러일으키고 불쾌한 생물을 박멸하려는 충동을 유발한다. 이런 형태의 비인간화는 종종 집단 학살과 분명하게 연결된다. 포즈난에서 행한 힘러의 연설을 기억하라. "우리에게는 도덕적 권리, 우리 국민을 위해 이 사람들을 말살할 의무가 있다. 우리가 세균을 박멸하는 것은 궁극적으로 세균에 감염되어 죽기를 원치 않기 때문이다. 나는 아주 작은 썩은 부위가 생겨나거나 자리를 잡는 것도 옆에 서서 지켜보지 않을 것이다." 다큐멘터리 〈끈질긴 유대인〉에 나오는 쥐 떼, 바퀴벌레로 묘사된 투치족과 결핵균이라는 아르메니아인의 이미지를 생각해 보라.

불결한 동물에 대한 두려움이 깨끗함과 순수함에 대한 우려와 관련되고 깨끗함과 순수함의 개념에는 강력한 도덕적 공명이 있다. 그러므로 이렇게 다양한 비인간화에는 유럽에서 유대인을 말살할 '도덕적 권리'가 독일 사람들에게 있다는 힘러의 말이 보여주듯이 상당한 도덕적 요소가 포함된다. 도덕적 정화로서의 대량 학살이라는 개념은 집단 학살에서 공통된 환상이다. 육체적 더러움과 도덕적 더러움 사이의 은유적 연결은 또한 이런 형태의 비인간화가 종종 종교적 동기의 폭력과 연관되는 이유를 설명한다. 16세기에 벌어진 가톨릭과 개신교도의 격렬한 충돌에서 그 예를 찾을 수 있다. 당시에 양측 모두 상대편이 더러움과 오염을 퍼뜨린다고 비난했다. 역사학자 나탈리 제몽 데이비스Natalie Zemon Davis는 16세기 프랑스의 종교적 폭동에 관한 연구에서 "폭력을 행사하는 사람들은 종종 '오염'이라는 단어를 입에 올리고, 그러한 개념은 폭도들이 더럽고 악마적인 적에게서 보는 위험을 잘 요약하는 역할을 한다. 가톨릭 광신도들에게 이단적인 '해충'의 박멸은 사회적 통합의 복원을 약속했다"라고 지적했다.[41]

인간을 해충으로 생각하는 것은 집단 학살과 종교적 폭력에만 국한되지 않는다. 일반적인 전쟁, 특히 무차별적 살인이 일어나는 상황의 특징이기도 하다. 따라서 철학자 글렌 그레이는 전쟁에서 적이 "본능적 혐오감이 느껴지는 특별히 해로운 종류의 동물로 여겨진다"라고 말한다.[42] 전쟁의 언어에는 그러한 사례가 많이 포함된다. 걸프 전쟁 중에 미군 조종사 리처드 라이트Richard Wright 대령은 르완다 집단 학살을 연상시키는 용어를 사용하며 이라크 보급선에 대한 미군의 공격을 설명했다. 그는 "밤에 부엌의 불을 켜면 사방으로 달아나기 시작하는 바퀴벌레를 죽이는 것과 거의 비슷하다"라고 말했다. 팔루자에서 첫 번째 전투가 끝난 직후에 미군의 리처드 마이어스Richard Myers 장군은 그 이라크 도시를 "곪아 터져서 처리해야 하는 거대한 쥐의 둥지"로 묘사했다. 해충을 박멸하는 불편한 이미지를 떠올리게 하는 발언이었다.[43]

비인간화된 사람들을 포식자로 상상하면 매우 다른 그림이 제시된다. 포식자는 선사 시대부터 인간의 상상력을 떠나지 않았다. 우리가 포식자를 무서워하면서도 흥미를 갖는다는 것은 〈죠스〉, 〈쥬라기공원〉, 그리고 〈우주전쟁War of the Worlds〉 같은 영화의 흥행 성공으로 입증된다. 우리가 괴물들에게 매혹되는 데는 강력한 생물학적 이유가 숨어 있다. 과학 저널리스트 데이비드 쿼먼David Quammen은 말한다. "크고 무서운 육식동물은 항상 인간과 풍경을 공유했다."

> 그들은 호모 사피엔스가 진화한 생태학적 기반의 일부였다. 그들은 우리의 정체성이 생겨난 심리적 맥락과 우리가 역경을 극복하려고 만들어낸 영적 시스템의 일부였다. 큰 포식자의 이빨, 발톱, 사나움과 배고픔은 피할 수는 있지만 잊을 수 없는 암울한 현실이었다. 때때로 숲과 강에서 괴물 같은 육식동물이 운명처럼 나타나서 누군가를 죽이고 그 시체를 먹었다…. 인간 자의식의 초기 형태 중에는 고기가 되는 것에 대한 자각이 있었다.[44]

우리의 조상들은 자신을 삼켜버릴 태세를 갖춘 동물에 대한 두려움 속에서 살았다. 어디서든 산 채로 잡아먹히는 가능성이 우주관을 물들였고 그들의 문화에 지울 수 없는 각인을 남겼다. 작가 바버라 에런라이크Barbara Ehenreich는 말한다.

아마도 신화의 가장 보편적인 주제는 땅을 황폐화하거나 우주 자체의 토대를 위협하는 괴물과 영웅의 만남일 것이다. 마르두크는 티아마트 괴물과 싸우고, 페르세우스는 안드로메다를 집어삼키기 전에 바다 괴물을 죽인다. 베오울프는 혐오스러운 밤의 괴물 그렌델과 맞선다. 정신과 의사라면 이 괴물들이 인간의 마음, 즉 신화적 표적으로 방향을 바꾼, 인정할 수 없는 적대감의 투영이라고 말할 수도 있다. 그러나 우리로서는 괴물들을 말 그대로 매우 실제적인 타자, 때때로 사람을 잡아먹는 포식자 짐승의 과장된 형태로 받아들이는 편이 더 단순하고 겸손한 생각일지도 모른다.[45]

인간의 생명에 제기되는 위협 때문에, 포식자들은 전통적으로 악과 관련되었다. 중세 기독교인들은 지옥을 포식이 만연하는 현장으로 생각했다. 12세기 아일랜드의 한 기사는 저주받은 자들의 형벌을 다음과 같이 묘사했다.

불을 품는 용이 그들 위에 걸터앉아 강철 같은 이빨로 그들을 물어뜯으면서 이루 형언할 수 없는 고통을 주고 있었다. 다른 사람들은 목, 팔, 몸통을 휘감고 독이빨을 심장에 박아 넣는 불 뱀의 제물이었다. 사람들의 가슴에 올라앉아 못생긴 주둥이로 심장을 뜯어내려 하는 거대하고 끔찍한 두꺼비도 있었다.[46]

중세 도상학에서 지옥의 입구는 저주받은 영혼을 삼키려고 크게 벌린 동물의 입으로 (때로는 악어의 턱처럼 구체적으로) 그려진다. 아우구스티누스도 "죄인은 악마의 먹이로 넘겨졌다"라고 선언했다.[47] 사람들이 포식자로 비유되어 비인간화될 때 사악하고 악마적이고 피에 굶주리고 심지어 사람을 잡아먹는 존재로 여겨지는 것은 그 때문이다. 3장에서 살펴본 대로 이러한 포식자의 이미지는 아메리카 원주민에 대한 '야생의 인디언'과 '피에 굶주린 야만인'이라는 고정관념을 형성했다. 또한 그런 이미지는 중세 기독교인들이 생각한 유대인의 핵심적 요소였다. "유대인에게는 뿔, 꼬리, 염소수염(염소는 사탄의 변장으로 여겨졌다), 그리고 악마의 후손임을 드러내는 유독한 냄새가 주어졌다."

> 수난극에서 유대인은 십자가를 옮기는 예수를 신나게 가학적으로 고문하고 십자가에 달린 예수의 몸을 훼손하는, 뿔과 꼬리가 있는 사악한 악마로 그려진다. 다른 연극에서는 성체를 찌르고 성상을 모독하고 악마와 공모해 미친개처럼 난동을 부리는, 기괴한 의상을 걸친 유대인이 등장한다. 중세인의 마음에 유대인은 단지 사악한 것만이 아니라 위험하고 두려운 살인자이자 악마이기도 했다. 그들은 고대 의식을 위한 피를 얻으려고 기독교도 어린아이들을 죽였다. 사탄의 초자연적 능력으로 무장한 그들은 기독교 세계를 파괴하고 신의 계획을 좌절시키려는 음모를 꾸몄다.[48]

포식자에 대한 반응은 무서움이라기보다는 두려움이다. 흉포하고 가차 없고 가공할 만한 포식자는 자기방어를 위해서 죽여야 한다. 예를 들어 전쟁에 개를 사용하는 것에 대한 최초의 언급 중 하나로《전쟁술 Stratagem in War》을 쓴 2세기의 작가 폴리아에누스Polyaenus는 다음과 같이 기록했다.

킴메르족이 쳐들어왔을 때 알리아테스는 군대와 함께 가장 사나운 개들을 데리고 전투에 나섰다. 개들은 야만인들이 야생 동물인 것처럼 달려들어 그들을 죽이고 나머지는 수치스럽게 도망치도록 했다.[49]

마라 도시를 연기가 자욱한 잔해 더미로 만들고 주민을 잡아먹은 기독교 군대를 언급하면서 "나는 내 고향 땅이 야수들의 방목지인지 아직도 내 고향인지 알지 못한다"라고 말한 익명의 11세기 시리아 시인은 자신의 많은 동포가 느끼는 것과 같은 감정을 토로했다. 그와 동시대인으로 시리아의 시인이며 외교관인 우사마 이븐 문키드Usama Ibn Munquid는 십자군을 동물로 보는 시각이 상당히 널리 퍼져 있음을 확인했다. "십자군에 대해 잘 아는 모든 사람은 그들을 동물이 힘과 공격성에서 우월한 것처럼 용기와 싸움의 열정은 우월하지만 다른 것은 아무것도 없는 짐승으로 본다."[50]

적을 포식자로 보는 개념이 오늘날에도 여전히 중요한지에 의구심이 든다면 적을 호랑이, 곰, 늑대, 거대한 거미, 그리고 문어를 포함한 육식동물 집단으로 나타내는 선전 포스터를 페이지마다 보여주는 샘 킨Sam Keen의 책《적의 얼굴Faces of the Enemy》을 훑어보거나 1장에서 논의된 신문 헤드라인을 생각해 보라.[51] 사악한, 야생의, 또는 피에 굶주린 같은 말이 정치적 담론에 양념을 치기 시작할 때는 언제나 포식자의 비인간화가 가까이에 숨어 있다고 확신할 수 있다.

마지막으로 우리는 비인간화된 사람들을 먹이로 표현하기도 한다. 먹이의 이미지(그리고 포식자로서의 우리 자신)는 사냥의 오래된 유산에서 온다. 사냥이 정확히 언제 인간 삶의 특징이 되었는지에 대해서는 많은 논쟁이 있다. 십중팔구 침팬지와 우리의 공통 조상은 오늘날의 침팬지와 마찬가지로 사냥을 했겠지만, 그들이 죽인 동물은 식단의 적은 부분만을 차지했을 것이다. 그러나 모든 연구자는 선사 시대의 호모 사피엔스가 뛰어난 사냥꾼이었고 오늘날의 여러 부족 사람들의 삶과 마찬가지로 사냥이 그들의 삶에서 중심적인 역할을 했다는 데 동의한다. 전쟁과 사냥 사이에는 명백한 은유적 공명이 있으므로 전사는 그들의 적을 먹이로 여기는 경향이 있다. 이러한 관계는 호메로스가 쓴《일리아스》의 상징적 구조에서 볼 수 있다.《일리아스》에서 싸움에 나선 헥토르는 "입에서 거품이 흐르고 숱이 짙은 눈썹 아래의 눈이 빛나는 그는 소 떼를 덮치는 사나운 사자처럼 그들에게 달려들었다"라고 묘사된다. 마찬가지로 서사시의 총아 아킬레우스도 포식 동물로 묘사된다. 그는 "잔치를 벌이려고 사람들의 무리에 달려드는, 날고기를 먹는 자"이다. 이와는 대조적으로 스파르타 왕 메넬라오스는 "아무리 때려 쫓아도 계속 물고 인간의 피를 먹는" 기생파리로, 그리스군의 지휘관은 늑대로 그려진다.

그리고 마음속의 분노가 끝이 없는, 날고기를 먹는 (산에서 뿔이 큰 사슴을 죽이고, 가느다란 혀로 깊고 어두운 샘의 표면을 핥고, 피를 토하는) 늑대들처럼 미르미돈의 지도자와 통치자들도 그렇게 달려 나간다.[52]

바이킹 사회에서 용맹한 전사가 되려는 사람은 자신을 사나운 곰과 동일시하고, 전투에서 동물처럼 울부짖고 방패를 씹으면서 광폭함을 보여야 했다. 타히티에서는 전사들이 먹이를 삼키는 들개 흉내를 내도록 장려했다.[53]

그러나 적을 먹잇감으로 비인간화하는 일은 은유의 수준을 훨씬 넘어선다. 호주와 뉴질랜드의 백인 정착민들은 원주민을 사냥감으로 여겼다. 한 목격자는 호주의 1873년 골드러시 당시의 상황을 설명했다. "수많은 사냥대가 조직되었고 죽일 사냥감이 없어지자 반복해서 흑인을 공격했다." 1889년에 또 다른 목격자는 말했다. "젊은이들이 특별한 목적이 있어서가 아니라 스포츠로 흑인을 사냥하면서 일요일을 보내는 사례가 있었다." 20세기 초 호주의 정치인 킹 오맬리King O'Malley는 의회에 호주 원주민이 인간이라는 과학적 증거가 없다고 주장했다. 마찬가지로 뉴질랜드 총독 아서 고든Arthur Gordon은 "문화적 소양을 갖춘 사람들이 일상적 스포츠를 하거나 성가신 동물을 죽여야 하는 일을 말하는 것과 똑같은 방식으로 원주민을 죽인 이야기를 하는 것"을 들었다고 했다.[54]

사냥꾼이 죽인 동물의 트로피를 보존하는 것처럼 전사들은 자신의 인간 사냥감에서 기념품을 취하는 것으로 알려졌다. 그리스 역사가 헤로도토스에 따르면 스키타이 전사들은 전투에서 죽인 사람의 머리에서 가죽을 벗겼다. "스키타이인은 이런 머리 가죽을 자랑스럽게 여기고 신부의 말고삐에 걸어놓는다. 보여줄 수 있는 머리 가죽의 수가 많을수록 더 높이 존경받는 남자가 된다."

> 많은 사람이 스스로 수많은 머리 가죽을 꿰매어 망토를 만든다. 다른 사람들은 죽은 적의 오른팔 가죽을 벗기고 손톱이 제거된 가죽으로 화살통 덮개를 만든다.[55]

한때는 머리 가죽을 벗기는 관습이 식민지를 개척한 유럽인에 의해 신세계에 도입되었다고 생각된 적이 있었다. 그러나 고고학적 증거는 아메리카 원주민이 콜럼버스가 카리브해 연안에 상륙하기 훨씬 전부터 머리 가죽을 비롯한 전리품을 취했다는 것을 보여준다.

아메리카 원주민이 트로피로 삼기 위해 머리, 두피, 눈, 귀, 이빨, 광대뼈, 턱뼈, 팔, 손가락, 다리, 발, 그리고 때로 생식기를 제거하는 것은 신세계에서 널리 퍼진 고대의 관습이었다. 콜롬비아와 안데스산맥의 몇몇 부족은 죽은 적의 피부 전체를 보관했다.[56]

대부분 경우에 우리는 이런 소름 끼치는 관습에 비인간화의 역할이 있었는지 알지 못하지만, 브라질의 문두루쿠족을 비롯한 몇몇 문화권의 사람 사냥 관행에는 비인간화의 역할에 관한 정보가 있다. 한때 문두루쿠족은 모든 외부인을 적으로 여기는, 극도로 호전적인 부족이었다. 그들과 함께 살았던 인류학자 로버트 머피Robert F. Murphy는 "전쟁은 그들의 생활 방식에서 필수적이고 의심할 여지가 없는 부분으로 여겨졌고, 외부 부족은 정의에 따라 적이기 때문에 공격받았다"라고 지적했다. 이웃 마을에 대한 공격은 사람 사냥을 위한 습격의 형태를 취했고 "적은 사냥감으로 여겨졌으며 문두루쿠족은 아직도 파리와트pariwat(비문두루쿠)라는 말을 동물인 페커리나 맥과 같은 의미로 사용한다."[57] 더 가까운 사례로 베트남전쟁에서 미군이 죽은 베트남군의 귀를 잘라 트로피로 보관했다는 것(때로는 줄을 꿰어 목걸이로 만들었다)은 잘 알려진 사실이다. 베트남전 참전 용사 존 닐리John Neely는 자신이 어떻게 시체에 접근해 "손을 뻗어 그 남자의 귀를 잘라내고 구멍을 뚫어 사슬에 매달았는지"를 다음과 같이 설명한다.

나는, 나도 모를 일이지만 짐승이라 불러도 좋을 인간이 되었다… 총격전과 살인을 즐겼고 장비에 달려 있던 이 사슬에 열세 개나 되는 귀를 걸어놓은 적도 있었다. 이제 나는 그 일을 되돌아보면서 자

366

문한다. 세상에, 나에게 도대체 무슨 일이 있었던 것일까?[58]

1장에서 나는 제2차 세계대전 중의 태평양전쟁에서도 비슷한 잔혹 행위가 저질러졌고, 그것이 아마도 "정말로 인간 이하인 작고 노란 짐승들"로 여겨진 일본인을 비인간화한 미국인과 관련이 있음을 언급했다.[59] 이런 일은 태평양함대 사령관이 "적의 신체 어떤 부분도 기념품으로 사용될 수 없다"라는 명령을 내릴 정도로 흔하게 일어났다.[60] 작가 폴 퍼셀Paul Fussell은 과달카날에서 싸웠던 퇴역 해병을 만난 일을 회상한다. 퍼셀이 제2차 세계대전에 관한 책을 쓰고 있다는 말을 들은 참전 용사는 신발 상자에 가득한 스냅사진을 보여주었는데, 그중에는 트로피가 된 일본인의 두개골 사진도 있었다. 한 사진은 장대에 달린 두개골이었고, 또 하나는 파괴된 일본군 탱크 위에 전시된 두개골이었다. 그리고 세 번째 사진에서는 "두개골이 금속 통 안에서 삶아지는 중이었고 두 명의 해병이 막대기로 찌르고 돌리느라 바빴다." 두 해병 중 한 사람이 퍼셀을 맞은 주인이었다.

> 내 친구는 일본인의 두개골을 획득하고 들고 다니는 일이 결코 드문 관행이 아니었고, 태평양전쟁의 치열한 전투가 사실상 시작된 과달카날에서 처음 나타났다고 단언했다. 해병들이 일본인의 무자비함을 아직 충분히 경험하지 못한 시기였으므로 이런 초기의 두개골 채취는 미 해병대가 일본군의 잔혹성 수준으로 침몰한 것보다는(나중에는 그렇게 된다) 단순히 1940년대 미국인의 인종적 경멸감을 나타낸 것으로 보인다. 왜 일본인의 두개골이 족제비, 쥐, 또는 다른 형태의 영혼이 없는 미치광이 해충의 두개골보다 존중받아야 하는가?[61]

사냥당하는 사람들에 대해서는 특별히 불편하게 느껴지는 무언가가 있다. 그에 대한 혐오감은 그런 살인이 아무런 자기방어의 요소가 없는, 전적으로 즐거움만을 위한 살인이라는 사실을 우리가 인식하는 데서 생겨난다. 이는 이 장의 앞부분에서 설명된 '전투의 황홀경'을 불러일으키는 종류의 폭력적인 게임이며, 전쟁 포르노의 매력을 설명하는 요소이다. 베트남전쟁에서 미 해병대의 정찰 저격병이었던 제임스 히브런James Hebron은 조상에게서 물려받은 이러한 충동을 솔직하게 표현한다.

소총의 총신을 따라 누군가를 내려다보면서 "와우, 내가 이 녀석을 쏴 죽일 수 있어"라고 말하는 힘을 가졌다는 느낌. 그 말을 실천하는 것은 다른 문제이다. 당연히 나쁜 기분이지 않을 것이다. 자랑스러움을, 특히 일대일 대결일 때는 느낄 수 있다. 그것은 도전장을 던지는 일이고 사냥의 전율이다.[62]

이제 우리는 여정의 막바지에 다가섰다. 다음의 결론을 짓는 장에서는 이 책에서 논의된 주요 요점을 요약하고 마지막 질문을 제시할 것이다.

"
유일하게 인간만이
잔인성을 지닌 동물이다.
아무런 해를 입지 않았음에도
낯선 사람을 죽이는 것은
인간뿐이다.
"

비인간화
이론을 위한
논의

우리의 본성은
무엇인가

여행의 끝에 도달한 작가는 더 능숙한 안내자가 되지 못하고
텅 빈 길과 성가신 우회로를 면하지 못한 것에 대해 독자의 용서를 구해야 한다.
더 잘할 수 있었다는 데는 의심의 여지가 없다.

—지그문트 프로이트, 《문명 속의 불만》[1]

이 책에서 많은 영역을 다루려 했던 나는 가장 중요한 요점을 독자에게 전달하는 데 얼마나 성공적이었는지가 궁금하다. 그래서 이야기의 결론을 내리기 위해 1장에서 제기되었던 질문들을 다시 살펴볼 것이다. 그중 하나를 제외한 모든 질문을 이어지는 장에서 다뤘으므로 여기서 말하려는 것은 요약에 해당한다. 그러나 전혀 다루지 않은 질문이 하나 있다. 따라서 이 장의 마지막 부분에서 아마도 가장 중요한 문제가 될 질문, 즉 비인간화에 대해 우리가 무엇을 할 수 있는가를 제시할 것이다.

누군가를 인간으로 생각한다는 것은 무엇을 의미하고, 비인간화된

9장 비인간화 이론을 위한 논의

사람들에게 부족하다고 여겨지는 것은 정확히 무엇일까? 누군가를 인간으로 생각하는 것은 그 사람에게 인간적 본질, 즉 모든 인간에게 있어야 하고 그들을 인간으로 만드는 가상적인 '무언가'가 있다고 생각하는 것이다. 비인간화된 사람에게는 이런 본질이 부족하다고 생각된다. 그들은 외모만 인간인 모조 인간이나 준인간적 존재로 여겨진다.

비인간화된 사람들은 어떤 종류의 생물체로 상상될까? 비인간화된 사람들은 인간 이하의 본질을 가진 것으로 생각되기 때문에 인간 이하의 동물로 상상된다. 설사 그런 사람들이 인간의 형태를 보이더라도 그것은 기만적이다. 그들의 '내부'에는 실제로 다른 것이 있기 때문이다. 그들은 혐오감, 두려움, 증오, 그리고 경멸 같은 부정적 반응을 끌어내는 생물체의 본질을 가졌다고 상상되고 일반적으로 포식자, 불결한 동물, 또는 먹이로 여겨진다.

인간의 정신과 관련된 무엇이 우리가 다른 사람들을 인간 이하로 생각할 수 있게 할까? 다른 사람들을 인간 이하로 생각하는 우리의 능력은 심리의 다섯 가지 특성에 의존한다. 첫째로, 우리에게는 민속 생물학을 위한 영역 한정적 인지 모듈이 있어야 한다. 우리가 직관적으로 생물계를 '종'이라 불리는 자연종으로 나누게 하는 모듈이기 때문이다. 둘째로, 우리에게는 인간 세계를 '인종'이라 불리는 자연종으로 나누는, 민속 사회학을 위한 영역 한정적 인지 모듈이 있어야 한다. 셋째로, 우리는 종과 인종에 대한 개념을 성찰할 수 있게 하는 2차 사고를 할 수 있어야 한다. 넷째로, 생물종과 인류에 그들의 정체성을 부여하는 고유의 본질(부모에서 자손으로 전달되는, 외모와 구별되는 본질)이 있다고 생각해야 한다. 그리고 다섯 번째로, 우리는 자연종의 '두꺼운' 계층구조라는, 아무리 조잡하더라도 존재의 대사슬을 받아들이는 것이 필요하다.

374

비인간화는 왜 발생하고, 어떻게 작동하고, 무슨 기능을 수행할까? 비인간화는 상충하는 동기에 대한 반응이다. 우리가 특정한 집단의 사람들에게 해를 끼치기를 원하지만, 그들을 해치지 못하도록 억제되는 상황에서 발생한다. 비인간화는 그러한 억제를 전복시키는 방법이다. 특정한 인구 집단이 비인간화되려면 그들이 고유의 인종적 본질이 있는 인종(자연적 인간 종류)으로 인식되어야 한다. 인종적 본질은 인간 이하의 본질과 동일시되어 그들이 인간 이하의 존재라는 믿음으로 이어진다. 비인간화의 기능은 폭력적 행동을 저지르지 못하게 하는 억제를 무효로 만드는 것이다.

비인간화의 충동은 보편적일까, 아니면 문화적, 역사적 특징일까? 비인간화는 우리에게 내재한 생물학적 진화의 산물일까, 아니면 후천적인 것일까? 보편적인지는 아무도 모르지만 비인간화는 매우 널리 퍼져 있다. 문화를 초월하는 형태를 취하기는 하지만 주어진 상황에서 비인간화의 내용은 문화적으로 결정된다. 비인간화는 자연선택으로 자리를 잡은 것도, 우리에게 내재하는 것도 아니고 심리적 갈등을 다루는 무의식적인 전략이다.

이제 내가 다루지 않았던 질문에 이르렀다. 비인간화라는 문제에 대해 우리는 무슨 일을 할 수 있을까? 역사적으로 비인간화가 전쟁, 집단 학살, 노예제도의 시녀 역할을 한 사실을 생각하면 비인간화를 방지하는 일이 헤아릴 수 없을 정도로 유익하리라는 것은 분명하다. 이 문제를 다루려는 모든 사람이 직면하는 문제는 비인간화가 거의 연구되지 않았고 결과적으로 알려진 것이 거의 없다는 사실이다. 중요한 질문에 대한 답이 없는 상황에서 우리는 한 발짝 물러서서 어떤 유형의 접근법이 그러한 답을 내놓을 가능성이 있는지를 살펴봐야 한다. 이 책에서 나

9장 비인간화 이론을 위한 논의

는 비인간화라는 현상에 대한 광범위한 과학적 접근만이 유일하게 합리적인 방법이라고 가정했다. 그러나 이에 맞서는 전략을 개발하는 데 과학적 지식은 중요하지 않다고 여기는 (심지어 과학적 접근 방식이 인간을 경험적 조사의 대상으로 바꿈으로써 비인간화를 조장한다고 믿는) 사람들도 있다. 그런 사람들 대부분은 우리에게 상식의 기반이 충분하고 원리적으로라도 과학이 이러한 상황에 더할 것은 없다고 생각한다. 이 장의 나머지 부분에서 나는 비인간화의 문제를 다루는 두 가지 비과학적 입장을 논의하고 그 어느 쪽도 만족스럽지 않다고 주장할 것이다.

나의 목표는 비인간화의 문제에 대한 광범위한 과학적 접근법을 옹호하는 것이다. 성공할 가능성이 있는 유일한 접근 방식이기 때문이다. 나는 과학이 비인간화에 대한 '치료제'를 제공한다거나 비인간화 과정의 과학적 이해가 한결같이 유익한 결과를 낳는다고 주장하지 않는다. 실제로 그런 지식이 잠재적으로 위험할 수도 있다고 생각한다. 피터 왓슨Peter Watson의 《마음의 전쟁War on the Mind》에 소개된 일화는 이러한 우려가 단순한 가능성을 넘어선다는 것을 시사한다. 왓슨은 특수부대의 엘리트 요원들이 '살인의 스트레스'에 대처하도록 준비시키는 미 해군의 프로젝트를 설명한다. 이 프로젝트의 중요한 부분은 병사들이 적을 비인간화하도록 하는 훈련이다.

이 훈련의 마지막 단계는 병사들이 마주칠 잠재적인 적을 열등한 형태의 생명체로 생각하게 하는 것이다. 그들은 미국의 이익에 반할 수 있는 외국의 분위기와 관습을 묘사하는 강의를 듣고 영화를 본다. 영화는 적을 인간 이하로 묘사하고 지역적 관습의 어리석음을 조롱한다. 또한 현지의 주요 인사는 정당한 정치인이기보다는 사악

376

한 반인반신으로 소개된다.[2]

이것은 손이 많이 가는 작업이지만 비인간화의 작동 방식에 대한 보다 정교한 이해가 더 효과적으로 살인자를 세뇌하는 데 이용될 수 있음을 상상하기는 쉽다. 지식은 양날의 검이다. 과학이 비인간화에 맞서는 방법에 대한 통찰을 준다면, 또한 비인간화를 더욱 효과적으로 발전시키는 전략을 제시할 수도 있다. 지식은 사람들을 덜 파괴적으로 만드는 힘이 없다. 하지만 그들이 원한다면 덜 파괴적이게 되도록 돕는 도구를 줄 수 있다.

미국의 저명한 철학자였던 리처드 로티Richard Rorty는 비인간화의 문제를 직접적으로 다룬 몇 안 되는 사상가 중 한 사람이었다. 1993년에 그가 국제 엠네스티 강연에서 발표한 에세이 〈인간의 권리, 합리성, 그리고 감성Human Rights, Rationality, and Sentimentality〉은 가능한 대안을 고려하는 유용한 발판을 제공한다.[3]

에세이는 1992년 11월 《뉴요커》에 실린 보스니아에서 벌어지고 있는 끔찍한 사태에 관한 데이비드 리프David Rieff의 기사를 발췌하는 것으로 시작한다. "세르비아인에게 무슬림은 더 이상 인간이 아니다. 경비병이 땅바닥에 줄지어 누워 심문을 기다리던 무슬림 포로들을 작은 밴으로 몰아넣었다."

도시 보산스키 페트로바츠에서는 한 무슬림 남성이 동료 무슬림의 성기를 물어뜯도록 강요받았다. 당신이 인간이 아니라고 말하는 남자가 당신과 비슷하게 보인다면, 그 악마를 식별하는 유일한 방법은 그의 바지를 끌어 내리는 것이다. 무슬림 남성은 할례를 받고 세르비아인은 그렇지 않기 때문이다. 거기서 그의 성기를 잘라내는 일은 심리적으로, 짧은 단계에 불과할 것이다. 성적 가학성이 빠진 인종 청소는 한 번도 없었다.[4]

이 끔찍한 이야기에서 로티가 추출한 교훈은 다음과 같다. "세르비아의 살인자와 강간범들은 자신이 인권을 침해한다고 생각하지 않는다. 동료 인간에게가 아니라 무슬림에게 그런 일을 하고 있기 때문이다."

그들은 비인간적이라기보다는 진짜 인간과 모조 인간을 차별하는 것이다. 그것은 십자군이 인간과 이교도의 개를, 그리고 흑인 무슬림이 인간과 푸른 눈의 악마를 구별한 것과 같은 유형의 구별이다. 내가 가르치는 대학교의 설립자는 노예를 소유하면서도 모든 인간이 신으로부터 양도할 수 없는 권리를 부여받았음이 자명하다고 생각할 수 있었다. 그는 흑인의 의식이 동물과 마찬가지로 "성찰보다는 감각에 가깝다"라고 확신했다. 세르비아인들처럼 제퍼슨 역시 자신이 인간의 권리를 침해한다고 생각하지 않았다.[5]

더 나아가 로티는 우리에게 폭력을 자행하는 사람들을 악마, 괴물, 또는 사악한 동물로 보는 경향이 있다고 말한다. 따라서 잔혹함까지 가지는 않더라도 그들에 대한 우리의 태도는 그들이 희생자를 대하는 태도와 놀라울 정도로 비슷하다. 하지만 더 나쁜 것이 있다. 로티는 우리가 가해자만큼이나 희생자를 비인간화하기 쉽다고 주장한다. "우리는 세르비아인과 나치를 동물로 생각한다. 먹이에 굶주린 야수는 동물이기 때문이다. 우리는 무슬림이나 유대인이 동물처럼 강제수용소에 몰아

넣어졌다고 생각한다. 소 떼도 동물이기 때문이다. 두 종류의 동물 모두 우리와는 별로 비슷하지 않고, 인간이 동물들의 싸움에 개입하는 것은 의미가 없는 것처럼 보인다."[6] 내 생각에 이는 우리가 외국의 군사 개입에서 이른바 '부수적 피해'에 관대한 것과 외국 땅에서 자행되는 (또는 우리 땅에서 이민자, 소수 민족, 가난한 사람들에게 저질러지는) 인권 침해에 무감각한 것을 설명할 수 있는 중요한 통찰을 보여준다. 나는 콩고민주공화국에서 벌어지는, 끝이 없어 보이는 내전과 그에 따라 만연한 강간의 참혹한 전염병에 대한 광범위한 망각을 상기한다. 2010년 6월 25일자 《뉴욕타임스》에 실린 〈아니, 성폭력은 문화적이 아니다No, sexual violence is not cultural〉라는 글에서 리사 섀넌Lisa Shannon은 선진국의 많은 사람이 강간이라는 유행병이 콩고 문화의 전통적 특징이라는, 잘못되고 이기적인 추정을 한다고 지적한다. "콩고의 폭력 사태를 '문화적'으로 설명하는 것은 모욕을 넘어서고 위험한 일이다."

이성의 목소리에 호소하는 것은 그러한 잔인성에 대한 유서 깊은 대응이다. 플라톤에서 칸트를 거쳐 오늘날의 후계자들까지 대부분의 도덕 철학자가 암묵적 또는 명시적으로 옹호한 접근 방식이다. 이러한 합리주의적 견해에 따르면 비인간화는 무지를 나타내는 증상이며 적절한 수준의 지적 깨달음을 통해서 치유되어야 한다. 한 가지 접근법은 비인간화를 자행하는 사람들이 인간이라는 존재에, 잔혹 행위의 대상이 되는 것과 양립할 수 없는 존중을 받을 자격을 우리 모두에게 부여하는 무언가가 있음을 깨닫도록 설득하는 것이다. 인간의 본성은 다른 동물에는 없는 특별한 이성, 감성, 영혼 등으로 다양하게 묘사되는 요소를 포함한다. 따라서 다른 사람들에게 폭력을 가하는 것이 그들의 인종, 종교, 또는 국적에 따라 허용된다고 믿는 사람들은 단지 인간이라는 존재가 무엇인지에 대한 깊은 진실을 인식하지 못하는 것뿐이다.

로티는 이런 접근 방식이 잘못되었고 효과도 없다고 지적한다. 누가 인간으로 간주되어야 하는가의 문제를 제기하기 때문이다. 리프가 논의한 공포의 상인들은 무슬림이 인간임을 부정하면서도 인권이라는 견해를 지지할 것이다. 무슬림이 인간 이하의 존재라고 믿는 세르비아인을 만난 당신이 그를 바로잡기를 원한다고 가정해 보자. 무슬림이 인간이라는 것을 그에게 납득시키기 위해 어떤 논리를 펼칠 수 있을까? 세르비아인과 무슬림 모두 같은 종의 구성원이고, 세르비아인이 인간이므로 무슬림도 인간임이 틀림없다고 주장할 수도 있다. 하지만 이런 논리는 같은 종의 구성원인 두 개인이 모든 면에서 같아야 한다는, 근본적으로 잘못된 전제에 의존한다. 당신의 대화 상대는 어떤 사람은 눈이 파랗고 다른 사람은 그렇지 않다는 것을 지적할 수 있다. 따라서 어떤 사람은 인간이고 다른 사람은 그렇지 않을 수도 있지 않을까? 당신은 대답할 것이다. "하지만 이 원리는 눈 색깔 같은 피상적인 특징에는 적용되지 않는다. 우리의 본질적인 본성에 관한 원리이다." 그러나 이 말을 하는 당신은 주장의 빈곤을 드러낼 수밖에 없다. 모든 호모 사피엔스가 본질적으로 인간이라는 것이 바로 쟁점이기 때문이다.

3장에서 언급했듯이 합리주의자의 주장을 뒷받침하기 위해 과학을 동원할 수는 없다. 생물학자들은 우리가 호모 사피엔스라는 같은 종의 구성원이라고 말하지만, 모든 호모 사피엔스가 인간이라고 말하는 것은 그들의 소관 밖이다. 인간은 전혀 과학적인 개념이 아니다. 대략 우리 중 하나를 의미하는 민속적 개념이다. 로티의 통찰력 있는 말대로 그런 사람들은 "그들이 인간으로 생각하지 않는 사람들을 인간처럼 대하라는 제안에 도덕적 불쾌감을 느낀다".

공리주의자들이 우리 생물 종의 구성원이 느끼는 모든 기쁨과 고통이 도덕적 숙고와 동등하게 관련이 있다고 말할 때, 칸트주의자들이 그러한 숙고에 참여하는 능력이 도덕적 공동체의 구성원 자격으로 충분하다고 말할 때 그들은 믿지 않는다. 그들은 이 철학자들이 분별 있는 사람이라면 누구라도 구별할, 명명백백한 도덕적 차이를 잊어버린 것 같다고 응수한다.[7]

로티는 합리주의적 접근 방식을 옹호하는 사람들이 헛다리를 짚어 왔다고 생각한다. 우리는 왜 모든 사람이 연민과 존중으로 대우받을 자격이 있는지에 대한 설명을 찾기보다는 사람들이 연민과 존중으로 대우받는 세상을 만드는 데 힘써야 한다. 인권은 발견되기를 기다리면서 널려 있지 않다. 발견되는 것이 아니라 만들어지는 것이다. 하지만 어떻게 이런 일을 성취할 수 있을까? 그는 우리가 흄을 본받아야 한다고 제안한다. 도덕성은 감정의 문제이므로 사람들이 서로를 인도적으로 대하기를 원한다면 무미건조한 이론적 논증을 제시하는 대신에 그들의 감정에 호소해야 한다. 우리는 '길고 슬프고 감상적인 이야기'를 들려줌으로써 사람들이 서로를 알아가도록 도와야 한다. 로티는 "그런 이야기들은 여러 세기에 걸쳐서 반복되고 변화하면서 부유하고 안전하고 힘 있는 사람들이 힘없는 사람들, 즉 처음에는 외모나 습관 또는 믿음이 도덕적 정체성과 허용되는 인간 다양성의 한계에 대한 우리 감각을 모욕하는 것처럼 보였던 사람들을 용인하고 심지어 소중히 여기도록 유도했다." 그는 이런 이야기들이 사람들에게 "자신과 다른 사람들이 준인간에 불과하다고 생각하는 유혹을 덜 느끼게 할 것"이라고 생각한다. 이런 종류의 정서 조작의 목적이 '우리 종류의 사람들'과 '우리와 같은 사람들'이라는 말의 언급을 확대하는 것이라고 설명한다. 다시 말해 인간이라는 용어의 언급에 모든 사람이 포함되도록 확대하는 것이 목적이다.[8] 나는 이를 감상주의적sentimentalist 접근 방식이라 부른다.

감상주의 전략은 합리주의 전략보다 효과적일 가능성이 더 크다. 흄이 옳았다. 우리는 이성보다는 감정으로 움직인다. 따라서 다른 사람들을 움직이고 싶다면, 증거를 가지고 설득하기보다는 그들의 감정에 호소해 올바른 방향으로 인도하는 편이 낫다. 올바른 방향? '올바른'이라는 말은 감상주의 프로젝트에 내재하는 문제, 사실 위험을 가리킨다. 비인간화의 이야기는 가장 강력하고 감동적인 이야기에 속한다. 그런 이야기는 종종 인간의 탈을 쓴 동물의 손에서 고통받는 사람들에 대한 연민의 홍수를 불러일으키는, 길고 슬프고 감상적인 것이다. 로티가 헤드라인의 이면을 보았다면, 리프가 묘사한 잔혹 행위가 국가의 후원을 받은 수년간의 선전, 즉 세르비아인들이 사악한 무슬림 적의 손에서 고통받은 이야기를 들려주는 선전에서 영감을 받았음을 발견했을 것이다. 세르비아 당국의 공식적 설명은 무슬림이 무고한 세르비아인의 집단 학살을 자행했으며, 밀로셰비치 정권에 반대하는 모든 사람은 이 집단 학살의 공모자라는 것이었다. 밀로셰비치가 세르비아에 대한 무역 제재에 길고 슬프고 감상적인 이야기로 대응한 것은 그런 이유에서였다.

나는 당신의 자녀들이 진실을 알게 되는 날에 그들에게 어떻게 설명할지 모르겠다. 당신이 왜 우리 아이들을 죽였는지, 왜 우리 아이들 300만 명을 상대로 전쟁을 벌였는지, 그리고 무슨 권리로 1천 200만 명의 유럽 주민을 금세기의 마지막이기를 바라는 집단 학살의 시험장으로 만들었는지를 말이다.[9]

히틀러는 유대인 해충으로 인해 아리안 인종이 받는 고통에 대한 감상적인 이야기를 했고, 르완다의 후투족은 투치족 바퀴벌레로 인한 자신들의 고통에 대한 감상적인 이야기를 했다. 그리고 미국의 백인 우월주의자들은 짐승 같은 옛 노예들로 인한 백인 남부인의 고통에 대한 감상적인 이야기를 했다. 게다가 사람들이 서로를 비인간화하는 이유에 대한 로티의 설명은 이상할 정도로 단순하고 명백히 거짓이다. 그는 다른 사람들을 비인간화하는 사람들이 '안전과 연민'을 박탈당했기 때문에 그렇게 하는 것이라고 말했다.

> 내가 말하는 '안전'은 다른 사람들과의 차이가 자긍심과 자존감이 중요하지 않을 정도로 충분히 위험에서 벗어난 삶의 조건을 의미한다. 인권의 문화를 생각해 낸 북미인과 유럽인들은 이러한 조건을 그 누구보다도 많이 누렸다. 안전과 연민은 평화와 경제적 생산성이 동행하는 것과 같은 이유로 함께 간다. 더욱 어려운 문제는 두려워해야 할 것이 많을수록, 상황이 위험해질수록 당신이 즉시 인식할 수 없는 사람들의 상황이 어떨지를 생각하는 데 할애할 수 있는 시간과 노력이 줄어든다는 것이다.[10]

미국인과 유럽인이 정말로 연민의 시장을 독점할까? 아우슈비츠의 생존자들에게 그런 이야기를 해보라. 미국의 노예와 아메리카 원주민의 후손들에게 말해보라. 나미비아의 헤레로족과 레오폴 국왕 통치하의 콩고 자유국에서 학살된 수백만 명의 사람에게 이야기해 보라.

왜 이렇게 진부하고 자축적인 자기 민족 중심주의로 후퇴할까? 나는 로티가 인간 본성의 존재를 인정하지 않는 것이 그 이유를 가장 잘

9장 비인간화 이론을 위한 논의

설명한다고 생각한다. 로티는 "'우리의 본성은 무엇인가?'라는 질문을 무시하고 '우리 자신을 무엇으로 만들 수 있을까?'라는 질문으로 대체하려는 의지가 점점 커지고 있다"라고 분명하게 인정한다.

> 우리는 존재론이나 역사 또는 행동학을 삶의 지침으로 삼으려는 경향이 우리 조상들보다 훨씬 덜하다. 역사와 인류학의 주된 교훈이 우리의 탁월한 유연성임을 알게 되었기 때문에 "우리는 무엇인가?"라는 존재론적 질문을 제기하는 경향도 훨씬 덜하다. 우리는 우리 자신을 이성적 동물이나 잔인한 동물이라기보다는 융통성 있고 변화무쌍하고 자기 형성적인 동물로 생각하게 되었다.[11]

"우리의 본성은 무엇인가?"라는 질문을 무시한다면 우리 본성에 있는 비인간화의 근원을 찾을 수 없고, 천박한 사회적 결정론에 끌리는 것 외에는 다른 대안이 없다. 나는 비인간화의 특정한 세계를 설명하는 데 사회적 조건이 필수적임을 부정하지 않는다. 이 책에서도 그 점을 되풀이해 언급했다. 그러나 사회적 구성은 진실의 한 조각만을 보여준다. "우리는 무엇인가?"라는 질문을 "우리 자신을 무엇으로 만들 수 있을까?"로 바꾸면서 로티는 잘못된 이분법을 제시한다. 우리 자신을 무엇으로 만들 수 있는가는, 조각가가 돌덩어리에서 만들어낼 수 있는 것이 돌의 속성에 따른 제약을 받는 것과 같은 이유로 우리가 무엇인가에 따르는 제약을 받는다. 조각가는 돌을 효과적으로 다루기 위해 돌의 속성을 이해해야 한다. 어느 지점에서 어떤 도구로 무슨 일을 해야 하는지를 알아야 한다. 같은 이유로 우리라는 자기 조각가들self-sculptors이 목표하는 결과를 얻을 희망이라도 품으려면 인간 본성의 속성을 이해해야 한다. 설령 당신이 로티처럼 더 나은 세상을 만드는 일이 더 나은 이야기를 하는 데 달려 있다고 믿더라도, 특정한 종류의 이야기가 특정한 종류의 효과를 확실하게 만들어낸다는 사실에는 설명이 필요하다. 또 적절한 설명이라면 왜 인간이라는 동물이 그런 종류의 이야기에 그런 식으로 반응하는지를 말해주어야 한다.

비인간화에 효과적으로 대처하려면 비인간화의 역학을 이해해야 한다. 실행 가능한 다른 대안은 없다. 이를 위해 우리는 비인간화의 충동을 지속시키는 인간 본성의 측면에 과학을 적용해야 한다. 이 책에서 몇 가지 제안을 했지만, 나의 노력은 시작에 불과하다. 비인간화의 연구가 우선시되어야 한다. 비인간화가 정확히 어떻게 작동하는지, 그리고 비인간화를 방지하기 위해 무엇을 할 수 있는지를 알아내기 위해 대학, 정부, 그리고 비정부 기구가 돈과 시간, 노력을 투입해야 한다. 그러면 우리가 알아낸 지식을 활용해 과거보다 덜 끔찍한 미래, 르완다도 히로시마도 '최종 해결책'도 없는 미래를 건설할 수 있을지도 모른다.

이런 일을 할 수 있을까? 아무도 모른다. 시도해 본 사람이 없기 때문이다.

9장 비인간화 이론을 위한 논의

심리학적 본질주의

1. 본질에 대한 믿음은 직관적이며 명시적일 필요는 없다.

2. 본질은 자연종(발명되기보다 발견되고, 단순히 상상되기보다 실재하고, 자연에 뿌리를 둔 종)의 구성원들이 공유한다고 상상된다.

3. 본질주의적 믿음의 내용은 문화적 기준에 민감하다.

4. 본질은 종류와 관련된 정형화된 특징을 낳는다. 정형화로부터의 편차는 무언가가 본질이 나타나는 것을 방해하거나 왜곡하는 것을 가리킨다.

5. 본질은 고유하고 불변한다. 사물은 정체성을 유지하면서 본질을 잃거나 바꿀 수 없다.

6. 본질은 점진적이기보다 절대적이다. 본질을 갖는 정도는 없다.

7. 본질은 부모에서 자손으로 전달된다.

8. 본질은 보존되지 않는다. 본질의 이전은 부모나 기증자에 남아 있는 본질의 양을 줄이지 않는다.

9. 본질은 변화 과정에서 안정적으로 유지된다. 외양의 변화는 본질의 변화에 해당하지 않는다.

전쟁에서의 비인간화에 대한 폴 로스코의 이론

2007년 8월에 나는 《가장 위험한 동물The Most Dangerous Animal》을 출간했다. 한 달 뒤에 메인대학교 인류학자 폴 로스코Paul Roscoe는 놀라울 정도로 나와 비슷한 이론을 학술지 《미국 인류학American Anthropologist》에 발표했다. 로스코와 나는 같은 문제를 연구했고, 독자적으로 매우 유사한 결론에 도달했다.[1]

로스코는 사람들에게 저비용으로 외부인을 죽이는 기회를 찾는 성향이 있다는 리처드 랭햄의 가설로 시작한다. 그리고 크리스토퍼 브라우닝Christopher Browning의 책 《보통 사람들Ordinary Men》의 예를 통해 우리에게는 또한 사람의 목숨을 빼앗은 것에 강한 혐오감이 있다고 주장한다.[2] 브라우닝은 '보통'의 중년 독일 남성들이 폴란드에서 유대인을 대량 학살하기 위해 101 경찰부대에 징집된 이야기를 다룬다. 이들 "보통 사람"은 적어도 3만 8천 명의 남자, 여자, 어린아이를 학살했고 4만 5천 명을 수용소로 보내는 데 관여했다. 로스코는 브라우닝을 인용하면서 말한다.

이 사람들에게 저비용으로 사람을 죽일 기회를 찾는 동기가 부여되었다면, 우리는 그들이 열성적으로 학살에 참여했으리라고 생각해야 한다. 그들 대부분은 적어도 처음에는, 그것에 두드러진 혐오감을 느낀 것으로 보인다. 부대원의 10~20퍼센트는 처형대가 소집되었을 때 뒤로 물러서거나 자신들이 그런 일을 하기에는 너무 약하다는 말을 퍼뜨리면서 집행에서 면제되도록 요청했다. … 나머지도 살인의 기회를 찾지 않았고(자신들의 행동을 감시하는 사람이 없을 때는 명령에 반해 살인을 삼가는 경우도 있었다) … 특히 거의 모두가 적어도 처음에는 자신들이 하는 일에 몸서리를 치고 역겨워했다.[3]

그렇다면 우리가 같은 종의 사람들을 죽이는 성향을 어떻게 설명할 수 있을까? 로스코는 지능의 진화로 우리가 억제를 전복시킬 수 있게 만들었다고 주장한다. 그는 말했다. "이 가설에 따르면 인간이나 인간의 선조가 언제 살인이 유익한지를 인식할 정도의 지능을 갖게 되었을 때 인간이 살인자 종이 되는 무대가 마련되었다."[4] 지능이 높아지면서 선조들은 살인에 대한 억제를 '무산시키는' 전략을 고안했다. 한 가지 방법은 살인자를 자신의 행동에서 격리하는 장거리 무기의 발명이었다. 또 다른 방법은 현실적 인식을 왜곡하기 위해 마음을 바꾸는 약물을 먹는 것이었다. 다른 전략에는 사람들이 전쟁에 나서도록 명령한다는 초자연적 존재에 책임을 전가하는 방법, 특정한 집단을 폭력 행위의 정당한 대상으로 폄하하는 방법, 북소리와 연호를 통해 의식 상태의 변화를 유도하는 방법이 포함된다.

그러나 살인에 대한 혐오감을 압도하는 가장 일반적인 방법은 인간이 아닌 종에 대한 적절한 살상 반응을 이끌어내는 이미지와 함께 적의(우리와 같은) 종의 지위를 부정하는, 비인간화를 결합하는 것이다.

종종 전쟁이 살인보다는 사냥으로 묘사되고 적은 인간이 아니라 사냥감인 동물로, 이성이 없는 작거나 거대한 포식자로, 또는 변덕스러운 악마로 묘사된다. 이는 생존의 위협을 나타내고 치명적인 대응을 불러일으킨다.[5]

폴 로스코와 나는 거의 모든 주요 사항에 대해 의견이 일치한다. 주된 불일치는 시기에 관한 것이다. 로스코는 침팬지가 다른 침팬지를 공격할 때 그들을 '비침팬지화'하는 것으로 보인다는 제인 구달의 관찰(2장에서 언급된)에 근거해 비인간화의 능력이 침팬지와 우리의 혈통이 갈라지기 전으로 거슬러 올라간다고 주장하는 반면에, 나는 훨씬 더 나중에 나타났다고 믿는다.

우리는 비인간화를 거듭할 것인가

사소한 차이로 사람을 분류할 수 있다면 세상에는 수천 종의 사람이 있을 것이다. 예를 들어 머리칼의 색에 따라 빨갛거나 하얗거나 까맣거나 혹은 잿빛으로 말이다. 얼굴색에 따라서 하얀 안색, 붉은 안색, 갈색 안색, 검은 안색으로 나눌 수도 있을 것이다. 코가 곧은지, 뭉툭한지, 비뚤어졌는지, 납작한지, 비스듬한지에 따라 나눌 수도 있다. 키가 큰 자와 작은 자, 뚱뚱한 자와 마른 자, 자세가 꼿꼿한 자와 구부정한 자도 있다. 어딘가 불안정한 이, 절뚝거리며 걷는 이도 있을 것이다. 제정신을 가진 사람이라면 이런 식으로 경박하게 종을 나누지는 않을 것이다.

―칼 린네, 1737년, 《크리티카 보타니카Critica Botanica》에서 발췌

창세기에 의하면 노아의 아들은 세 명이 있었다. 방주에서 가진 자식인데 각각 야벳, 셈, 함이다. 노아의 가족 이외에는 모두 대홍수로 죽었으므로 노아는 모든 인류의 조상이다. 그래서 "노아의 이 세 아들을 통해서 온 세상에 사람들이 퍼지게 되었다"라고 창세기에 기록되어 있다.

홍수가 끝난 후 노아는 포도 농사를 지었다. 포도주도 만들었는데, 잔뜩 취해서 벌거벗고 잠이 들었다. 함의 아들, 가나안이 할아버지가 벗은 모습을 보고 가족에게 알렸다. 노아는 술에서 깬 후 이렇게 말했다. "가나안은 저주를 받아 자기 형제들에게 가장 천한 종이 되리라… 가나안은 셈의 종이 되기를 바라며… 야벳을 번창하게 하셔서 셈의 축복을 함께 누리게 하시고 가나안은 야벳의 종이 되기를 원하노라."

390

1780년대 괴팅겐대학교 중심의 괴팅겐 역사학파는 인류를 세 아종으로 나누었다. 코카소이드, 몽골로이드 그리고 니그로이드의 세 집단으로 분류했는데 각각 백인종, 황인종 그리고 흑인종이다. 서양 문화에서는 각각 야벳과 셈 그리고 함의 자손이라고 믿었다. 함의 아들, 가나안은 종이 되는 저주를 받았다니, 흑인이 노예가 되는 일도 당연하다고 할 수 있을까?

여하튼 노예주는 '함의 저주 Curse of Ham'라는 교리를 참 좋아했다. 사실 성경에는 야벳이나 셈, 함의 피부색에 관한 이야기는 전혀 없다. 그러나 중요한 것은 피부색이 아니었다. 아리스토텔레스를 따라 인종의 본질이 피부가 아니라 내면에 있다고 믿었다(물론 보통 피부색에 잘 드러난다고 생각했지만). 어찌 되었든 내가 부리려는 녀석이 함의 후손이라고 할 수 있으면 그만이었다. 그래서 중세 유럽에서는 야벳이 귀족, 셈이 자영농의 조상이었다. 물론 농노의 조상은 함이었다. 모두 백인이었지만 말이다.

우리는 인종차별을 언급할 때 미국 남부의 농장에서 채찍을 맞아가며 목화를 따는 아프리카인부터 생각난다. 그러나 식민 개척 시대의 어떤 사악한 미국인이 직접 목화를 따다 지쳐서 '사람을 강제로 잡아다 목화를 따게 하자'라는 사업 아이디어를 처음 떠올린 것이 아니다. 어떤 이를 다른 이보다 낮은 지위의 사람으로 취급하는 비인간화의 관행은 역사 이전부터 있었던 오래된 '전통'이다.

중세 유럽에서는 사람들을 제멋대로 나눠 누구는 야벳의 자손이고 누구는 함의 자손이라고 했지만, 아프리카도 별반 다르지 않았다. 에티오피아인은 14세기부터 자국민을 노예로 팔아 수출했다. 부족 간 전쟁이 벌어지면 노예가 대량으로 공급되었다. 기근이 발생하면 굶주림을

감수의 글

못 이긴 부모가 자식을 팔아넘겼다. 노예상은 전쟁과 기근이 벌어질 때마다 쾌재를 불렀을 것이다. 이렇게 공급된 노예는 아라비아와 페르시아, 인도 등으로 수출되었다. 이를 정당화하는 근거는 역시 '함의 저주'였다. 에티오피아의 아비시니안 정교회는 최근까지 성경에 기반한 노예제를 정식 교리로 인정하고 있었다.

아프리카와 아메리카를 연결하는 대륙 간 장거리 노예무역이 불가능하던 시절부터 우리는 노예를 만들어 부렸다. 그리스와 로마, 아라비아, 인도가 그랬고 중국과 일본이 그랬다. 물론 고려와 조선도 예외가 아니었다. 우리는 모두 노예를 부렸던, 그리고 노예였던 조상의 자손이다. 다른 인간을 부리고 죽이고 심지어 잡아먹기도 하는 비인간화는 인류의 아주 오래된, 그러나 슬픈 관습이다.

사실 '함의 저주'는 종교와 상관없이 어디서나 비슷하다. 인간의 지위는 혈통에서 기인하며 오랜 조상으로부터 물려받은 혈통은 절대 변하지 않는다는 믿음이다. 대를 이어 내려가는 본질적 속성이라는 믿음은 인간이 가진 가장 강력한 세계관이다(물론 과학적이지는 않다).

1859년 찰스 다윈이 종의 가변성을 처음으로 제안했다.《종의 기원On the Origin of Species by Means of Natural Selection》에서 다윈은 모든 유기체가 단일 기원에서 시작해 나뭇가지가 갈라지듯 점진적으로 여러 종으로 나뉘었다고 주장했다. 엄청난 소란이 벌어졌다. 인종의 본질이 확고부동한 불변의 것이 아니라면 영원히 변치 않는 우열도 있을 수 없었다. 노예상을 비롯해서 많은 이는 다윈의 주장을 싫어했다. 다윈은 인류가 모두 같은 기원에서 유래했고, 아프리카에서 시작했을 것이라고 생각했다. 세상에! 아프리카라니.

런던민족학회Ethnological Society of London가 인종차별에 반대하는 다윈의 주장을 지지하자 일단의 인류학자들이 반기를 들었다. 런던민족학회를 탈퇴해서 런던인류학회Anthropological Society of London를 따로 만들었다 (나중에 다시 합쳤다). 그들은 찰스 다윈의 단일론monogenism에 반대하며 다원론polygenism을 주장했다. 대충 이런 식이다. 인종은 서로 매우 다르다. 각 대륙에서 따로 진화했다. 공통 조상을 공유하지 않는다.

　다원론은 어감과 달리 다양성의 가치를 옹호하는 주장이 아니다. 과학이 눈부시게 발전하던 빅토리아 시대이다. 더 이상 성경의 노아 이야기로 인종차별을 정당화할 수 없었다. 하지만 과학의 탈을 뒤집어쓴 다원론적 인류학이 바통을 이어받았다. 금세기 초, 유전자 인류학의 연구를 통해 다원론 대 단일론의 오랜 싸움이 단일론의 승리로 종지부를 맺을 때까지 수많은 사람이 다원론을 지지했다. 인류학자도 예외는 아니었다. 1950년대 미국 인류학자의 절반이 다원론을 믿었다. 그리고 지금도 많은 이가 '심정적'으로는 여전히 다원론을 믿으며, '우리'와 '너희'는 태생부터 다르다고 확신한다.

　당신은 어떤가? "나는 인종차별주의자이다"라고 스스로 떠들고 다니는 사람은 한 번도 보지 못했다. 그러나 인종을, 민족을, 인구 집단을 타고난 형질로 구분할 수 있다고 믿는 사람은 여전히 대다수이다. 흥미롭게도 우리가 더 열등하고 너희가 우월하다는 주장은 없다. 이상한 일이다. 100개의 민족을 우열로 나눌 수 있다면, 99개의 민족은 다들 열등하다. 그러나 모두 자기네가 최고라고 한다.

　내집단 선호, 외집단 차별의 인간적 본성이다. 좀처럼 잘 바뀌지 않는다. 의식적으로 노력해도 억누르기 어렵다. 아마 인류가 너른 곳에서 띄엄띄엄 살던 때에는 생존과 번식에 유용했을지도 모르는 심리적 기전

　　　　　감수의 글

이다. 외집단을 만날 일이 좀처럼 없으니 말이다. 50년대 호주의 한 인류학자가 원주민을 만나 그동안 만난 사람들에 대해 물었다. 놀랍게도 그가 평생 만난 사람은 20여 명에 불과했고 모두 같은 부족 사람이었다 (인류학자를 빼면). 우리가 우리 무리만 인간이라고 여기는 것도 아주 이상한 일은 아니다. 수만 년 전에는 말이다.

칼 린네도 결국 본성에 굴복했던 것일까? 서두의 글을 《크리티카 보타니카》에 쓸 때 린네는 30살이었다. 그는 이미 2년 전 28살의 나이로 《자연의 체계Systema Naturae》를 집필하며 생물 분류의 기초를 닦았다. 내가 28살에 무엇을 했는지 돌이켜보면 정말 천재적인 학자이다. 젊은 린네는 객관적 증거에 기초해서 '인간은 동물에 포함'되며 '하위 집단으로 나눌 수 없다'고 밝혔다. 당시로는 정말 혁명적인 주장이었다.

린네는 위의 책이 9판에 이르기까지 이러한 견해를 유지했다. '스스로 자신을 인식하는 동물Nosce te ipsum'로서의 호모 사피엔스를 지역에 따라 네 변종vaierties으로 나누긴 했지만, 단지 기후에 따른 피부색 차이라고 생각했다. 다른 종은 다양한 아종subspecies로 나누었지만, 인간은 그렇게 나눌 수 없다는 것이다. 단지 유러피언 화이트Europeus albus, 아메리칸 레드Americanus rubescens, 아시아 브라운Asia fuscus, 아프리칸 블랙African niger 등 기후에 따른 '변종'에 불과하다는 것이다.

그러나 중년의 린네는 조금 달랐다. 1758년 10판에서 네 변종이 단지 기후 차이에 따른 사소한 피부색 차이라고 생각하지 않았다. 다섯 가지 기준으로 나눠 체액과 성격, 옷차림 등 다양한 특징을 기술했다. 특히 행동상의 특징은 상당히 인종차별적이다. 예를 들면 '유럽인은 명랑하고 지혜롭고 창의적이다', '아시아인은 우울하고 무뚝뚝하며 엄격하고 거만하고 탐욕스럽다', '아프리카인은 게으르고 교활하고 둔하고 산

만하다'라는 식이다.

인종주의나 민족주의가 '옳지 못한' 주장이라는 것을 누구나 알고 있는 세상이다. 그러나 여전히 사람들은 우월한 우리와 열등한 너희를 나눈다. 차별하고, 증오하고, 심지어 때리고 죽인다. 코로나19 팬더믹은 이러한 인간적 본성에 불을 질렀다. 2020년 뉴욕의 인종 범죄는 작년 대비 무려 여덟 배가 증가했다. 대낮에 아시아인이 두들겨 맞는 일이 예사이다. 우리나라라고 나을 것도 없다. 코로나19 유행 초기 적지 않은 사람들이 중국인을 자기들 나라로 돌려보내라고 주장했다. 대림동의 조선족 중년 여성을 인터뷰한 적이 있는데, 그는 이렇게 말했다(구체적 내용은 변조했다).

"정말 숨죽이며 살았어요. 여기 주민들이 알아서 먼저 가게 문을 닫았어요. 아무도 안 만나고 스스로 격리했죠. 대림동에서 코로나 환자가 생기면 큰일 난다고… 우리에게 어떤 비난이 쏟아질지 뻔하니까."

문제의 원인을 모르면 해결책도 찾을 수 없다. 단지 인종차별에 반대한다는 강력한 선언이나 혹은 '올바른 정치적 입장'을 가지겠다는 굳은 다짐으로는 부족하다. 인종차별에 열렬히 반대하는 활동가가 있었다. 그런데 인종차별주의자를 마땅히 처단해야 한다는 무시무시한 주장을 듣고 있노라면, 그야말로 인종차별주의자를 '비인간'으로 깎아내리고 있는 것은 아닌지 궁금할 정도였다. 21세기를 살아가는 우리가 이 책을 읽어야 할 이유이다.

저자 데이비드 리빙스턴 스미스는 뉴잉글랜드대학교의 철학 교수이다. 철학뿐만 아니라 인지심리학과 진화인류학, 역사학, 심지어 정신

분석학까지 다방면에 박식한 학자이다. 2012년부터는 자신의 대학교에서 전쟁, 대량 학살, 외국인 혐오증, 인간이 만든 기후 변화, 환경 파괴 등 인류를 위협하는 문제를 인간 본성의 차원에서 해결하기 위한 이른바 '인간 본성 프로젝트Human Nature Project'를 만들어 운영하고 있다.

이 책에서 저자는 자기도취적 집단 차별과 잔혹한 폭력성이 나타나는 심리학적, 사회학적, 인류학적 설명을 다각도로 조명한다. 하나의 원인에 초점을 둔 단편적 주장이 아니라 거대한 진화사적 관점에서 포괄적 설명을 시도하는 기념비적 저작이다. 무척 흥미진진하게 읽었다. 처음에는 간단한 추천사를 요청받았는데 다시 부탁해서 해제와 감수를 하겠다고 나섰다. 좋은 책에 숟가락을 얹고 싶었다.

지그문트 프로이트는 내집단 선호와 외집단 배척의 심리를 두고 '작은 차이에 의한 자아도취narcissism of small differences'라고 불렀다. 처음에는 귀여운 자기만족으로 그친다. 그러나 점점 심해진다. 작은 차이를 침소봉대한다. 심지어 없는 차이를 만들어낸다. 그리고 이내 다른 집단을 비난하고 헐뜯는다. 심지어 '그들'을 없어져야 할 열등한 짐승으로 깎아내리는 데 이른다. '함의 저주'이든 '인류 진화의 다지역 기원설'이든 적당한 근거로 포장하면 이제 죄책감 따위는 사라진다. 죽여도 좋고, 노예로 팔아 치워도 좋다.

자신이 남보다 특별하다고 생각하는 개인적 나르시시즘이나 우리가 그들보다 특별하다고 여기는 집단적 나르시시즘 모두 근거가 빈약하다. 호미닌은 역사가 짧은 분류군이고, 특히 호모 사피엔스는 아주 젊은 종이다. 모두 같은 조상에서 기원했고 각 지역으로 퍼져 살기 시작한 것은 아주 최근의 일이다. 우리는 물론 모두 다르다. 그러나 누군가 특별히 우월하다고 여길 만큼 그리고 특별히 열등하다고 여길 만큼 다르지는 않다. 어떤 집단을 마땅히 가축 취급을 해도 될 만큼의 차이는 '단언컨대' 전혀 없다.

하지만 상황이 녹록하지 않다. 철학자 에릭 호퍼는 "개인적 자존심을 만족하기 어려운 상황에서 사람들은 집단적 자존심에 의존하려 한다"라고 했다. 앞으로 얼마나 계속될지 예측하기 어려운 코로나 19 대유행, 좀처럼 탈출구가 보이지 않는 우크라이나-러시아 전쟁, 세계적 인플레이션과 경제적 불황에 이르기까지 개인적 존엄을 위협하는 상황이 가득하다. 여러 나라에서 극단적 민족주의가 득세하고 있다. 극단적 민족주의자가 사해동포, 만민평등을 외치는 경우는 아직 보지 못했다.

인류 사회의 수많은 비극은 대개 인간 스스로 저지른 일이다. 비극의 원인을 이해하지 못한다면 우리의 후손은 서로 번갈아 가며 노예와 주인이 되기를 반복하고, 죽고 죽이기를 계속할 것이다. 한편으로는 진화적 본성이고 다른 한편으로는 문화적 관습이다. 분명 한때는 그럴 만한 이유가 있어서 생겼을 것이다. 그러나 앞으로도 그러한 본성과 관습을 계속해야 할 이유가 있을까? 이제 그만 멈춰야 한다면 그 이유는 무엇일까? 이 책을 통해 그 이유를 찾아낼 수 있기 바란다. 저자가 말했듯이 비인간화의 인류학적 원인을 이해하는 것이 인류사적 비극을 해결하는 첫걸음이다.

박한선
진화인류학자, 서울대학교 인류학과 조교수

주

서문 어딘가 열등한 종족

1. 18세기 사상에서 '인간'이라는 개념의 확장에 관한 깊이 있는 논의는 C. W. Mills, "Kant's Untermenschen," in Race and Racism in Modern Philosophy, ed. Andrew Valls (Ithaca, NY: Cornell University Press, 2005)를 참조할 것.

2. Mills, "Kant's *Untermenschen*," 3.

3. J. Philmore, *Two Dialogues on the Man-Trade* (London: Waugh, 1760), 12.

4. 비인간화의 주제를 다룬 책으로 내가 아는 것은 다음 네 권뿐이다. Sam Keen's *Faces of the Enemy: Reflections of the Hostile Imagination* (Minnetonka, MN: Olympic Marketing Corporation, 1986), William Brennan's *Dehumanizing the Vulnerable: When Word Games Take Lives* (Chicago: Loyola University Press, 1995), Linda LeMoncheck's *Dehumanizing Women: Persons as Sex Objects* (Totowa, NJ: Rowman and Allanheld, 1985), and Leonard Cassuto's *The Inhuman Race: The Racial Grotesque in American Literature and Culture* (New York: Columbia University Press, 1997). 킨의 책은 선전에 나타난 적의 이미지에 관한 획기적 연구였고 비인간화의 두드러진 시각적 예를 다수 포함하지만, 더 폭넓은 과학, 철학 문헌과의 연결이 부족하므로 비인간화의 학술적 분석으로 간주할 수는 없다. 로마 가톨릭의 사회복지학 교수인 브레넌의 책은 일곱 가지 집단 (인간의 배아를 포함해 브레넌은 낙태에 반대한다)에 대한 폭력을 정당화하는 비인

간화의 언어를 분석하지만, 분석이 너무 부족하다. 르몬첵의 책은 페미니즘 문헌에 상당히 기여했으나 그가 말하는 '비인간화'는 나와 상당히 다르다. 카수토의 책은 문학자의 관점으로 본 미국 문화에서의 비인간화와 인종차별의 훌륭한 연구이다.

5.   I. Eibl-Eibesfeldt, *Human Ethology* (New York: Aldine de Gruyter, 1989), 403.

6.   LeMoncheck, *Dehumanizing Women:* A. Cahill, *Rethinking Rape* (Ithaca NY: Cornell University Press, 2001); A. Dworkin, "Against the Male Flood: Censorship, Pornography, and Equality," in *Oxford Readings in Feminism: Feminism and Pornography,* ed. D. Cornell (New York: Oxford University Press, 2000); C. MacKinnon, *Feminism Unmodified* (Cambridge, MA: Harvard University Press, 1987). 비판적 반응에 관해서는 M. Nussbaum, "Objectifi cation," *Philosophy and Public Affairs* 24, no. 4 (1995): 249–91과 A. Soble, *Pornography, Sex, and Feminism* (New York: Prometheus, 2002)을 참조할 것.

7.   R. M. Brown, "1492: Another Legacy: Bartolome de Las Casas—God Over Gold in the Indies," *Christianity and Crisis* 51 (1992): 415.

1장 인간만 못한 존재 – 인종 청소 프로젝트의 비밀

1.   동요는 N. Nazzal & L. Nazzal, "The Politicization of Palestinian Children: An Analysis of Nursery Rhymes," in *Islamophobia and Anti-Semitism,* ed. H. Schenker and Z. Abu-Zayad (Jerusalem: Palestine-Israel Journal, 2006), 161에서 인용. 하아레츠(March 20, 2000)에 처음 나타난 오바디아 요세프 랍비의 발언은 Sivan Hirsch-Hoefler and Eran Halperin, "Through the Squalls of Hate: Arabic-phobic Attitudes Among Extreme Right and Moderate Right in Israel," in Schenker and Abu-Zayad, *Islamophobia and Anti-Semitism,* 103 에서 인용함.

2.   C. Hedges, *War Is a Force That Gives Us Meaning* (New York: Anchor, 2003), 94.

3.   같은 책, 95.

4.   C. McGreal, "Hamas Celebrates Victory of the Bomb as Power of Negotiation Falters," *The Guardian,* September 12, 2005.

5.   Steven Erlanger, "In Gaza, Hamas Insults to Jews Complicate Peace," *New York Times,* April 1, 2008. The Al-Jaubari excerpt is from "To Disclose the Fraudulence of the Jewish Men of Learning," in *The Legacy of Islamic Anti-*

Semitism: From Sacred Texts to Solemn History, ed. A. B. Bostom (New York: Prometheus, 2008), 321.

6. G. J. Annas and M. A. Grodin (eds.), *The Nazi Doctors and the Nuremberg Code: Human Rights in Human Experimentation* (Oxford: Oxford University Press, 1995), 67.

7. J. Herf, *The Jewish Enemy: Nazi Propaganda During World War II and the Holocaust* (Cambridge, MA: Harvard University Press, 2006), 101에 인용됨. M. Domarus (ed.), *Hitler: Reden und Proklamationen, 1932–1945,* vol. 2: *Untergang, 1939–1945* (Neustadt: Schmidt, 1963), 1967: A. Margalit and G. Motzkin, "The Uniqueness of the Holocaust," *Philosophy and Public Affairs* 25, no. 1 (1996): 65~83.

8. M. R. Habeck, "The Modern and the Primitive: Barbarity and Warfare on the Eastern Front," in *The Barbarization of Warfare,* ed. G. Kassimeris (New York: New York University Press, 2006), 95.

9. P. Knightly, *The First Casualty: The War Correspondent as Hero and Myth-Maker from the Crimea to Kosovo* (Baltimore: Johns Hopkins, 2002), 188, 269.

10. I. Ehrenberg, "Kill," quoted in A. Goldberg, *Ilya Ehrenburg: Revolutionary, Novelist, Poet, War Correspondent, Propagandist. The Extraordinary Life of a Russian Survivor* (London: Weidenfeld and Nicolson, 1984), 197.

11. G. McDonough, *After the Reich: The Brutal History of the Allied Occupation* (New York: Basic Books, 2007), 26, 46, 50.

12. J. W. Dower, *War Without Mercy: Race and Power in the Pacific War* (New York: Pantheon, 1986), 241.

13. H. Katsuichi, *The Nanjing Massacre: A Japa nese Journalist Confronts Japan's National Shame* (Armonk, NY: M. E. Sharpe, 1999), 119~121.

14. D. C. Rees, *Horror in the East: Japan and the Atrocities of World War II* (New York: DaCapo Press, 2002), 28.

15. K. Blackburn, *Did Singapore Have to Fall? Churchill and the Impregnable Fortress* (New York: RoutledgeCurzon, 2003), 94. A. Schmidt, *Ianfu: The Comfort Women of the Japa nese Imperial Army of the Pacific War: Broken Silence* (Lewiston, UK: Mellen Press, 2000), 87.

16. 나치에 대한 언급은 M. C. C. Adams, *The Best War Ever: America in World War Two* (Baltimore: Johns Hopkins University Press, 1994), 98에 인용됨. R. Holmes, "Enemy, attitudes to," in *The Oxford Companion to Military History,*

ed. R. Holmes (New York: Oxford University Press, 2001), 284.

17. Dower, *War Without Mercy,* 1986. H. Wouk, *The Caine Mutiny: A Novel* (Boston:Back Bay Books, 1992), 27. E. Pyle, *The Last Chapter* (New York: Henry Holt & Co., 1945), 5. Blamey is quoted in Dower, *War Without Mercy,* 71. E. Thomas, *Sea of Thunder: Four Commanders and the Last Naval Campaign,* 1941–45 (New York: Simon and Schuster, 2007).

18. C. A. Lindbergh, *The War time Journals of Charles A. Lindbergh* (New York: Harcourt Brace Jovanovich, 1970). Dower, *War Without Mercy,* 66.

19. J. G. Gray, *The Warriors: Reflections on Men in Battle* (Lincoln: University of Nebraska Press, 1998), 150.

20. *Leatherneck* 28, no. 3 (March, 1945). Dower, *War Without Mercy,* 91, 40–41, 71, 77–78.

21. S. M. Hersh, "Torture at Abu Ghraib," *New York Times,* May 10, 2004.

22. V. E. Bonnell, *Iconography of Power: Soviet Political Posters Under Lenin and Stalin* (Berkeley, CA: University of California Press, 1998), 221.

23. R. J. Lifton and N. Humphrey, In a Dark Time (Cambridge, MA: Harvard, 1984), 10에 인용된 미발표된 연설.

24. Knightly, *The First Casualty.* S. Keen, *Faces of the Enemy: Reflections on the Hostile Imagination* (New York: HarperCollins, 1986).

25. H. Dabashi, *Post-Orientalism: Knowledge and Power in Times of Terror* (New Brunswick, NJ: Transaction, 2009), x에 인용됨.

26. S. Kinzer and J. Rutenberg, "The Struggle for Iraq: American Voices," *New York Times,* May 13, 2004와 D. Berreby, *Us and Them: Understanding Your Tribal Mind* (New York: Little Brown and Company, 2005), 239에 인용됨.

27. "'상부의 명령에 따른' 이라크의 만행"이라는 2004년 6월 15일 BBC 뉴스(http://www.news.bbc.co.uk/1/hi/world/americas/3806713.stm)와 D. Berreby, Us and Them. Keen, Faces of the Enemy에서 인용함.

28. Media Matters for America, October 18, 2006 (http://mediamatters.org/items/20061018005)에서 인용된 "이슬람은 치명적인 바이러스다"와 "우리는 이 바이러스에 맞서 싸우기 위한 백신의 개발을 너무 오래 기다리게 될 것"이라는 부츠의 발언과, "야만적인 국가" 및 "나는 수감자의 학대가 '더 필요하다'고 말한다"라는 라디오 진행자 마이클 새비지의 2004년 5월 14일 발언(http://mediamatters.org/items//20060724007)은 E. Steuter and D. Wills, *At War with Metaphor: Media, Propaganda and Racism in the War on Terror* (New

York: Lexington, 2008), 131-155에 언급된다.

29. M. Dowd, "Empire of Novices," *New York Times,* December 3, 2003.

30. E. Steuter and D. Wills, "Discourses of Dehumanization: Enemy Construction and Canadian Media Complicity in the Framing of the War on Terror," presented at the Canadian Communication Association Annual Meeting, Ottawa, Canada, 2009. http://www.mta.ca/faculty/socsci/sociology/steuter/discoursesof_dehumanization.pdf

31. Steuter and Wills, *At War with Meta phor.* Steuter and Wills, "Discourses of Dehumanization," 2009, 69 – 99.

2장 비인간화 이론의 단계 - 존재의 대사슬에 자리한 두 인간

1. 〈옥스퍼드 영어사전〉에 따르면 이 단어가 최초로 사용된 것은 1818년이었다. A. Opsahl, "Technology Shouldn't Dehumanize Customer Service," Government *Technology News,* January 1, 2009. D. Holbrook, *Sex and Dehumanization* (London: Pitman, 1972). N. Dawidoff, "Triathalons Dehumanize," *Sports Illustrated,* October 16, 1989, 71(16). J. P. Driscoll, "Dehumanize at Your Own Risk," *Educational Technology* no. 18: 34 – 36. S. Hirsh, "Torture of Abu Ghraib," *The New Yorker,* May 10, 2004. 다른 여러 사례로는 A. Montague and F. Matson, *The Dehumanization of Man* (New York: McGraw-Hill, 1983) and N. Haslam, "Dehumanization: An Integrative Review," *Personality and Social Psychology Review* 10, no. 3 (2006): 252 – 264를 참조할 것.

2. L. LeMoncheck, *Dehumanizing Women: Treating Persons as Sex Objects* (Lanham, MD: Rowman and Littlefield, 1985).

3. A. Dworkin, "Against the Male Flood: Censorship, Pornography, and Equality," in *Oxford Readings in Feminism: Feminism and Pornography,* ed. D. Cornell (New York: Oxford University Press, 2000), 30 – 31. C. MacKinnon, *Feminism Unmodified* (Cambridge, MA: Harvard University Press, 1987). 객관화 개념에 대한 비판적인 분석은 M. Nussbaum, "Objectification," *Philosophy and Public Affairs* 24, no. 4 (1995): 249 – 291을 참조할 것.

4. H. Holtzer, *The Lincoln-Douglas Debates: The First Complete Unexpurgated Text* (New York: Fordham University Press, 1994), 151.

5. 같은 책, 348.

6. C. P. Cavafy, "Waiting for the Barbarians," in *Collected Poems* (Princeton: Princeton University Press, 1992), 18.

7. B. Isaac, *The Invention of Racism in Classical Antiquity* (Princeton: Princeton University Press, 2004), 506.

8. H. Lloyd-Jones, *Females of the Species: Semonides on Women* (Park Ridge, NJ: Noyes, 1975), 36.

9. Isaac, *The Invention of Racism in Classical Antiquity,* 197.

10. Aesop, Fable 515, *Aesop's Fables,* trans. L. Gibbs (New York: Oxford University Press, 2002), 238.

11. 이 문제에 관한 아리스토텔레스의 생각에 대한 명확한 설명은 C. Shields, *Aristotle* (New York: Routledge, 2007)을 참조할 것. 더 성공적인 다윈 이후의 철학적 설명은 R. G. Millikan, *White Queen Psychology and Other Essays for Alice* (Cambridge, MA: MIT Press, 1993)를 참조할 것.

12. 엄밀하게 말하자면 순수한 물은 산소와 수소의 비가 1:2인 산화물로 구성된다는 말이 더 정확하다. I. Hacking, "Putnam's Theory of Natural Kinds and Their Names Is Not the Same as Kripke's," *Principia* 1 (2007): 1-24 참조할 것.

13. H. Putnam, "The Meaning of 'Meaning,'" *Philosophical Papers, Vol. 2: Mind, Language and Reality* (Cambridge, MA: Cambridge University Press, 1975).

14. 아직 초창기이기는 하지만 본질적 사고의 연구는 학제 간 연구의 급성장하는 연결고리이고 상당한 문헌이 존재한다. 예컨대 W. K. Ahn, et al., "Why Essences Are Essential in the Psychology of Concepts," *Cognition* 82 (2001): 59-69; S. Atran, et al. "Generic Species and Basic Levels: Essence and Appearance in Biology," *Journal of Ethnobiology,* 17 (1997): 22-45; J. Bailinson, et al., "A Bird's Eye View: Biological Categorization and Reasoning Within and Across Cultures," *Cognition,* 84 (2002): 1-53; S. Gelman, *The Essential Child: Origins of Essentialism in Everyday Thought* (New York: Oxford University Press, 2003); L. Hirschfeld, *Race in the Making* (Cambridge, MA: MIT Press, 1996) 를 참조할 것.

15. Aristotle, *Politics,* trans. Ernest Barker (New York: Oxford University Press, 1998), I.6,1254b, 27-39를 참조할 것. 그는 다른 곳에서도 노예를 인간이 아닌 동물과 비교했다. A. Pagden, *The Fall of Natural Man: The American Indian and the Origins of Comparative Ethnology* (Cambridge: Cambridge University Press, 1982) and B. Isaac, *The Invention of Racism in Classical Antiquity* (Prince ton: Prince ton University Press, 2004) 참조할 것.

16. Aristotle, *Politics*, 1256b, 23 – 26. Cited and translated by B. Isaac, *The Invention of Racism in Classical Antiquity*, 178 – 179.

17. 아리스토텔레스의 타고난 노예 이론에 대한 탁월하고 간결한 설명은 P. Garnsey, *Ideas of Slavery from Aristotle to Augustine* (Cambridge: Cambridge University Press, 1996)을 참조할 것. 더 학술적인 설명은 E. Garver, "Aristotle's Natural Slaves: Incomplete *Praxeis* and Incomplete Human Beings," *Journal of the History of Philosophy*, 32, no. 2 (1994): 173 – 195를, 중세기 이슬람으로의 전파는 P-A Hardy, "Medieval Muslim Philosophers on Race," in *Philosophers on Race: Critical Essays*, eds. J. K. Ward and T. L. Lott (Malden, MA: Blackwell, 2002)를 참조할 것.

18. Augustine, *The City of God*, 16.8.

19. Boethius, *The Consolation of Philosophy*, trans. W. V. Cooper (London: J. M. Dent, 1902), 113 – 114. 고전 문학에서 동물 은유의 사용에 관해서는 J. Gottschall, "Homer's Human Animal: Ritual Combat in the *Iliad*," *Philosophy and Literature* 25 (2001): 278 – 294와 K. Bradley, "Animalizing the Slave: The Truth of Fiction," *The Journal of Roman Studies* 90 (2000): 110 – 125를 참조할 것.

20. A. Pope, *Essay on Man and Satires* (Teddington, UK: Echo Library, 1977), 8. 20세기 대사슬에 관한 변론은 E. F. Schumacher, *A Guide for the Perplexed* (New York: Harper and Row, 1977)를 참조할 것.

21. A. O. Lovejoy, *The Great Chain of Being: The History of an Idea* (Cambridge, MA: Harvard University Press, 1936). K. W. Luckert, *Egyptian Light and Hebrew Fire: Theological and Philosophical Roots of Christendom in Evolutionary Perspective* (Albany: SUNY Press, 1991).

22. T. Jefferson, "Notes on the State of Virginia," *Political Writings* (Cambridge: Cambridge University Press, 1999)를 참조할 것. 이런 이상한 생각은 17세기와 18세기에 널리 받아들여졌다. 제퍼슨은 아마도 아프리카 여성이 개코원숭이와 "짝을 짓는다"라는 토머스 허버트Thomas Herbert경의 주장과 "더운 나라에서는 유인원이 여자를 지배한다"라는 볼테르의 주장을 포함한 다양한 출처를 통해 이런 생각을 하게 되었을 것이다. T. Herbert, *A Relation of Some Yeares Travaile* (London: Jacob Blome and Richard Bishop, 1637), 19. F. M. Voltaire, "Of the Different Races of Men," in *The Idea of Race*, eds. R. Bernasconi and T. L. Lott (Indianapolis: Hackett, 2000), 6을 참조할 것.

23. W. Shakespeare, *Othello*, 2.3: 262 – 264.

24. 《코란》, 8장 55절 (trans. M. H. Shakir).

25. 수라 7장 166절. "When in their insolence they transgressed (all) prohi-bitions, We said to them: 'Be ye apes, despised and rejected.'"를 참조할 것.

26. *Sahih al-Bukhari,* Vol. 4, Book 54, No. 524; Vol. 7, Book 69, No. 494v; Vol. 4, Book 55, No. 569와 *Sahih Muslim,* Book 042, Number 7135 and 7136; Book 033, Number 6438을 참조할 것. 《코란》은 예수, 마리아, 아브라함, 솔로몬, 다윗을 포함해 성서에 나오는 여러 인물에 관해 언급한다. 무슬림은 유대교와 기독교의 경전이 알라에 의해 영감을 받았다고 믿는다.

27. A. Al-Azmeh, *Arabic Thought and Islamic Societies* (Dover, NH: Croom Helm, 1986).

28. P. della Mirandola, "Oration on the Dignity of Man," trans. R. Hooker, http://www.wsu.edu:8001/~dee/REN/ORATION.HTM

29. R. C. Dales, "A Medieval View of Human Dignity," *Journal of the History of Ideas* 38, no. 4 (1977): 557–572에 인용됨.

30. W. R. Newman, *Promethean Ambitions: Alchemy and the Quest to Perfect Nature* (Chicago: University of Chicago Press, 2004), 217.

31. T. Tryon, "Friendly Advice to the Gentlemen- Planters of the East and West Indies," in *Carribeana: English Literature of the West Indies, 1657–1777,* ed., T. W. Krise (Chicago: University of Chicago Press, 1999), 62.

32. E. C. Mossner, *The Life of David Hume* (New York: Oxford University Press, 2001).

33. D. Hume, *An Enquiry Concerning the Principles of Morals,* ed. L. A. Selby-Bigge, 3rd ed. revised by P. H. Nidditch (Oxford: Clarendon Press, 1975), *University Press, 1998), 173–175.

34. D. Hume, *A Treatise of Human Nature* (London: Penguin, 1985), 397–398.

35. J. D. Frank, "Prenuclear-Age Leaders and the Nuclear Arms Race," *American Journal of Orthopsychiatry* 52 (1982), 633.

36. J. Locke, *Two Treatises of Government* [2:11]. J. Tully, *An Approach to Political Philosophy: Locke in Contexts* (Cambridge: Cambridge University Press, 1993).

37. Hume, *Treatise,* 414, 492, 489. 공통적인 관점에 관해서는 R. Cohen, "The Common Point of View in Hume's Ethics," *Philosophy and Phenomenological Research* 57, no. 4 (1997): 827–850, 그리고 K. Korsgaard, "The General Point of View: Love and Moral Approval in Hume's Ethics," *Hume Studies* 25 no. 1 & 2 (1999): 3–42를 참조할 것.

38. D. Hume, *An Enquiry Concerning the Principles of Morals, 88.*

39. 같은 책, 88-89, emphasis added.

40. D. Hume, *Treatise,* 273-274, 369. A. Waldow, "Hume's Belief in Other Minds," *British Journal for the History of Philosophy* 17, no. 1 (2009): 199-132 를 참조할 것.

41. D. Hume, *The Natural History of Religion* (Whitefi sh, MT: Kessinger, 2004), 8. For more on the anthropomorphizing impulse, S. Guthrie, *Faces in the Clouds: A New Theory of Religion* (New York: Oxford University Press, 1993) 을 참조할 것.

42. 상상력에 관한 흄의 견해는 G. Streminger, "Hume's Theory of Imagination," *Hume Studies 6,* no. 2 (1980): 98-118을 참조할 것. 문제의 구절에 대한 더 상세 한 논의는 A. Kuflick, "Hume on Justice to Animals, Indians and Women," *Hume Studies* 24, no. 1 (1998): 53-70과 D. M. Levy and S. Peart, "Sympathy and Approbation in Hume and Smith: A Solution to the Other Rational Species Problem," *Economics and Philosophy* 20 (2004): 331-349를 참조할 것. 여성에 대한 흄의 견해는 *Enquiry,* 89를 참조할 것.

43. D. Diderot, anonymous passage in G. T. F. Raynal, *L' Histoire philosophique et politique des etablissements et du commerce des Europeens dans les deux Indies* (1770), quoted in A. Fitzmaurice, "Anticolonialism in Western Political Thought: The Colonial Origins of the Concept of Genocide," in *Empire, Colony, Genocide: Conquest, Occupation, and Subaltern Resistance in World History,* ed. A. D. Moses (New York: Berghahn, 2008), 67.

44. L. W. Beck, *Early German Philosophy: Kant and His Predecessors* (Cambridge, MA: Harvard/Belknap, 1969).

45. I. Kant, *Grounding for the Metaphysics of Morals,* 3rd ed. trans. J. W. Ellington (Indianapolis, IN: Hackett, 1993), 30.

46. I. Kant, *Anthropology from a Pragmatic Point of View,* trans. M. J. Gregor (Berlin: Springer Verlag, 1974), 9, and *Grounding,* 428.

47. I. Kant, "Conjectures on the Beginning of Human History," in *Kant: Political Writings,* trans. H. B. Nesbit, ed. H. Reiss (Cambridge: Cambridge University Press, 1991), 125. 인간이 아닌 동물에 대한 칸트의 관점에 대한 논의는 C. Korsgaard, "Fellow Creatures: Kantian Ethics and Our Duties to Animals," in *The Tanner Lectures on Human Values* 25/26, ed. G. B. Peterson (Salt Lake City, UT: University of Utah Press, 2005)을 참조할 것.

48. L. Doyle, "'A Dead Iraqi Is Just Another Dead Iraqi.' You Know, So What?," *The Independent,* July 12, 2007. Quoted in Steuter and Wills, *At War with Meta phor,* 85.

49. W. G. Sumner, *Folkways: The Study of Mores, Manners, Customs and Morals* (Mineola, NY: Dover, 2002), 13.

50. J. Diamond, *The Rise and Fall of the Third Chimpanzee* (London: Vintage, 1991), 267.

51. Sumner, *Folkways,* 14.

52. F. Boas, "Individual, Family, Population and Race," *Proceedings of the American Philosophical Society* 87, no 2. (1943): 161.

53. F. Roes, "An Interview with Napoleon Chagnon," *Human Ethology Bulletin* 13, no. 4, 1998: 6.

54. Sumner, *Folkways,* 14 – 15.

55. W. Owen, *The Collected Poems of Wilfred Owen* (New York: New Directions, 1965), 44.

56. H. Banister and O. L. Zangwill, "John Thomson MacCurdy, 1886 – 1947," *British Journal of Psychology* 40 (1949): 1 – 4; J. Forrester, "1919: Psychology and Psychoanalysis, Cambridge and London—Myers, Jones and MacCurdy," *Psychoanalysis and History* 10, no. 1 (2008): 37 – 94.

57. J. T. MacCurdy, *The Psychology of War* (Boston: John W. Luce and Company, 1918), 40.

58. 같은 책, 41. D. L. Smith, *The Most Dangerous Animal: Human Nature and the Origins of War* (New York: St. Martin's Press, 2007)도 참조할 것.

59. MacCurdy, *The Psychology of War,* 38 – 39.

60. 같은 책, 53.

61. L. Cohen, "The Story of Isaac," in *Stranger Music: The Poems and Songs of Leonard Cohen* (New York: Pantheon Books, 1993).

62. 에릭슨은 "Ontogeny of Ritualization in Man," *Philosophical Transactions of the Royal Society of London,* series B, 251 (1966): 337 – 349에서 유사종분화 개념을 소개하고, *Gandhi's Truth: On the Origin of Militant Nonviolence* (New York: Norton, 1994), *Identity, Youth and Crisis* (New York: Norton, 1968) 과 "The Galilian Sayings and the Sense of 'I,'" in R. Coles (ed.), *The Erik Erikson Reader* (New York: Norton, 2001)에서 유사종분화를 논의한다. 그가 이 주제를 다룬 유일한 논문은 1984년 5월에 〈미국 심리학협회〉에서 발표되고,

"Pseudospeciation in the Nuclear Age," *Political Psychology* 6, no. 2 (1984): 213–217로 출간되었다. 로렌츠의 제안에 대해서는 L. J. Friedman, *Identity's Architect: A Biography of Erik H. Erikson* (Cambridge, MA: Harvard University Press, 2000)을 참조할 것.

63. E. H. Erikson, "Pseudospeciation in the Nuclear Age," *Political Psychology* 6, no. 2 (1984): 214.

64. 같은 책.

65. K. Lorenz, *On Aggression* (New York: Bantam, 1966), 79.

66. B. Muller-Hill, *Murderous Science: Elimination by Scientific Selection of Jews, Gypsies and Others in Germany, 1933–1945* (Woodbury, NY: Cold Spring Harbor Laboratory Press, 1998), 14에 인용됨.

67. K. N. Laland and B. G. Galef (eds.), *The Question of Animal Culture* (Cambridge, MA: Harvard University Press, 2009).

68. R. Wrangham and D. Peterson, *Demonic Males: Apes and the Origin of Human Violence* (New York: Matiner, 1997), 8–9.

69. E. O. Wilson, *Sociobiology: The New Synthesis* (Cambridge, MA: Harvard, 1975). I. Eibl-Eibesfeldt, *The Biology of War and Peace: Men, Animals and Aggression* (New York: Viking, 1979).

70. E. O. Wilson, *On Human Nature* (Cambridge, MA: Harvard University Press, 1978), 70.

71. Eibl-Eibesfeldt, *The Biology of War and Peace,* 123.

72. Wrangham and Peterson, *Demonic Males,* 70.

73. J. Goodall, *Through a Window: My Thirty Years with the Chimpanzees of Gombe* (New York: Mariner, 2000), 209–210, emphasis added. P. Roscoe, "Intelligence, Coalitional Killing, and the Antecedents of War," *American Anthropologist* 109, no. 3 (2007): 485–495도 참조할 것.

74. I. Eibl-Eibesfeldt, *Human Ethology* (New York: Aldine de Gruyter, 1989), 402.

3장 칼리반의 후손들 – 외부자는 더럽고 폭력적이며 천하다

1. J-P. Sartre, preface to F. Fanon, *The Wretched of the Earth,* trans. C. Farrington (New York: Grove Weidenfeld, 1968), 26.

2. A. Pagden, *The Fall of Natural Man: The American Indian and the Origins of*

Comparative Ethnology (Cambridge: Cambridge University Press, 1982)를 참조할 것.

3. F. Retamar, "Caliban," *The Massachusetts Review* 15 (1973 – 74): 24.

4. Polybius, *The Complete Histories of Polybius,* trans. W. R. Paton (Lawrence, KS: Digireads.com, 2009), 48.

5. S. W. Baron, *A Social and Religious History of the Jews,* vol. 8 (New York: Columbia University Press, 1970), 135에 인용됨.

6. H. Kamen, *The Spanish Inquisition: A Historical Review* (Newhaven, CT: Yale University Press, 1999). D. Root, "Speaking Christian: Orthodoxy and Difference in 16th Century Spain," *Representations* 23 (1988): 118 – 134. A. Majid, *We Are All Moors: Ending Centuries of Crusades Against Muslims and Other Minorities* (Minneapolis: University of Minnesota Press, 2009).

7. Bartholomew Senarega, D. E. Stannard, *American Holocaust* (New York: Oxford University Press, 1992), 62에 인용됨.

8. J. G. Varner and J. J. Varner, *Dogs of the Conquest* (Norman, OK: University of Oklahima Press, 1983).

9. B. de Las Casas, *History of the Indies,* trans. A. Collard (New York: Harper and Row, 1971), 94.

10. H. R. Parish (ed.), *Bartolome de las Casas: The Only Way* (New York, NY: Paulist Press, 1992), 12.

11. Las Casas, *History of the Indies,*

12. Las Casas, T. Todorov, *The Conquest of America: The Question of the Other* (Norman, OK: University of Oklahoma Press, 1999), 141에 인용됨.

13. B. Kiernan, *Blood and Soil: A World History of Genocide and Extermination from Sparta to Darfur* (Newhaven, CT: Yale University Press, 2007).

14. Todorov, 141에 인용됨.

15. 같은 책, 139.

16. P. Bakewell, *A History of Latin America: Empires and Sequels 1450–1930* (Massachusetts: Blackwell, 1997), 83.

17. 메어의 *In Secundum Sententiarum*에 대한 발언은 Pagden, *The Fall of Natural Man*, 38에 인용됨. Aristotle, *Physics,* 199a: 20 – 25, in T. Irwin and G. Fine, *Aristotle Selections* (Indianapolis, IN: Hackett, 1995). M. R. Johnson, *Aristotle on Teleology* (New York: Oxford University Press, 2005).

18. Tostado and pseudo-Thomas are quoted in W. R. Newman, *Promethean*

Ambitions: Alchemy and the Quest to Perfect Nature (Chicago: University of Chicago Press, 2004), 188–189, 192–193.

19. Newman, *Promethean Ambitions,* 217, emphasis added.

20 Paracelsus, De homunculis, quoted in Newman, *Promethean Ambitions,* 219 를 참조할 것. 그의 유골에 대한 법의학 검사 결과에 따르면, 그가 부신생식기 증후군에 시달린 자웅동체의 유전적 남성이거나 유전적 여성이었다는 토머스의 언급 (파라켈수수의 이상한 성적 취향에 관한)도 흥미롭다. 파라켈수스의 성별에 대해서는 Newman, 196–197을 참조할 것.

21. J. G. de Sepulveda, *Tratado sobre las Justas Causas de la Guerra contra los Indios,* trans. M. Menendez, P. Garcia-Pelayo, and M. Garcia-Pelayo (Mexico City: Fondo de Cultura Economica, 1941), 153. Todorov, 152; Stannard, *American Holocaust,* 210; Pagden, *The Fall of Natural Man,* 23, 104, 116, 118. H. Honour, *The New Golden Land: European Images of America from the Discoveries to the Present Time* (New York: Pantheon, 1975). Kiernan, *Blood and Soil,* 83 and P. Mason, *Deconstructing America: Representation of the Other* (New York: Routledge, 1990)도 참조할 것.

22. Stannard, *American Holocaust,* 211. Paul III: Sublimis Deus, June 2, 1537, in H.R. Parish and H. E. Weidman, *Las Casas en Mexico: Historia y obras desconocidas* (Mexico City: Fondo De Cultura Economica, 1992). E. F. Fischer, *Indigenous Peoples, Civil Society, and the Neo-Liberal State in Latin America* (Oxford: Berghahn Books, 2009).

23. G. Jahoda, *Trail of Tears* (New York: Random House, 1995), 135. Letter from Reverend Solomon Stoddard to Governor Joseph Dudley, in R. Demos, *Remarkable Providences: Readings in Early American History* (Lebanon, NH: University Press of New England, 1991), 273.

24. J. Smith, *Generall Historie of Virginia, New England and the Summer Isles* (1624), quoted in M. J. Bowden, "The Invention of American Tradition," *Journal of Historical Geography* 18, no. 1 1992:3–26. S. Purchas, 19, *Hakluytus Postumus or Purchas His Pilgrimes 231* (1625), A. Tsesis, *Destructive Messages: How Hate Speech Paves the Way for Harmful Social Movements* (New York: New York University Press, 2002) 인용. C. Brooke, *A Poem on the Late Massacre in Virginia, With Particular Mention of Those Men of Note That Suffered in That Disaster* (London: G. Eld for Robert Myldbourne, 1622), 22–23. F. F. Fausz, "The First Act of Terrorism in En glish America," *History News Network,*

January 16, 2006 (http://hnn.us/articles/19085.html); A. T. Vaughan, *Roots of American Racism: Essays on the Colonial Experience* (Oxford: Oxford University Press, 1995) 참조할 것.

25. W. Bradford, *Of Plymouth Plantation, 1620–1647* (New York: Modern Library, 1981), 296.

26. W. Winthrop, "Some Meditations" (1675), quoted in R. Drinnon, *Facing West: Metaphysics of Indian-Hating and Empire Building* (New York: Meridian, 1980), 54.

27. Vaughan, *Roots of American Racism,* 24 – 25 인용됨.

28. R. F. Berkhoffer, Jr., *The White Man's Indian: Images of the American Indian from Columbus to the Present* (New York: Vintage, 1979), 13. R. Bernheimer, *Wild Men in the Middle Ages: A Study in Art, Sentiment and Demonology* (Cambridge, MA: Harvard University Press, 1952)도 참조할 것. James I 는 Vaughan, *Roots of American Racism,* 12에 인용되고, Cotton Mather는 Vaughan, 24에 인용됨.

29. 워싱턴의 편지는 R. Horseman, "American Indian Policy in the Old Northwest, 1783 – 1812," in R. L. Nichols (ed.), The American Indian: Past and Present (New York: Random House, 1986), 139에 인용됨.

30. C. D. Eby, "That Disgraceful Affair," *The Black Hawk War* (New York: Norton, 1973), 259. H. H. Brackenridge, *Indian Atrocities* (New York: V. P. James, 1967), 62. *The Oregon Trail*의 구절은 R. F. Berkhoffer, Jr., *The White Man's Indian: Images of the American Indian from Columbus to the Present* (New York: Vintage, 1979), 96에 인용됨.

31. D. E. Connor, *Joseph Reddeford Walker and the Arizona Adventure* (Norman, OK: University of *Oklahoma* Press, 1956), 302 – 303. J. R. Brown, *Adventures in the Apache Country: A Tour Through Arizona and Sonora* (New York: Harper and Brothers, 1869), 100. 아파치의 하위인간 특성화의 다른 많은 예는 K. Jacoby 에 인용됨. "'The Broad Platform of Extermination': Nature and Violence in Nineteenth Century North *American Borderlands*," *Journal of Genocide Research* 10, no. 2 (2008): 249 – 267.

32. Jacoby, "'The Broad Platform of Extermination,'" 258.

33. Haslam, "Dehumanization: An Integrative Review," *Personality and Social Psychology Review* 10, no. 3 (2006): 255.

34. 예로, R. E. Green et al., "Analysis of One Million Base Pairs of Neanderthal

DNA," *Nature* 444 (2006): 330–336; P. Forster, "Ice Ages and the Mitochondrial DNA Chronology of Human Dispersals: A Review," *Philosophic Transactions of The Royal Society of London: Biological Sciences* 359, no. 1442 (2004): 255–264; B. Wood and M. Collard, "The human genus," *Science* 284 (1999): 64–71; M. Hasegawa, H. Kishino, and T. Yano, "Dating of the Human-Ape Splitting by a Molecular Clock of Mitochondrial DNA," *Journal of Molecular Evolution* 22, no. 2 (1985): 160–174; A. S. Ryan and D. C. Johansen, "Anterior Dental Microwear in *Australopithecus afarensis*: Comparisons with Human and Nonhuman Primates," *Journal of Human Evolution* 18, no. 3 (1989): 235–268을 참조할 것.

35. D. C. Dennett, *Darwin's Dangerous Idea: Evolution and the Meanings of Life* (New York: Simon and Schuster, 1996).

36. H. C. Kelman, "Violence Without Moral Restraint: Refl ections on the Dehumanization of Victims and Victimizers," *Journal of Social Issues* 29, no. 4 (1973): 24.

37. 같은 책, 48–49.

38. 같은 책, 49.

39. L. Kuper, *Genocide: Its Political Use in the Twentieth Century* (Newhaven, CT: Yale University Press, 1981), 87.

40. 수라 9장 29절. 무슬림과 유대인의 밀접한 역사적 관계에 대한 논의는 Majid, We Are All Moors를 참조할 것.

41. Al Ghazali, Kitab al-Wagiz fi Fiqh madhab al-imam al Safi'i. Quoted in A. G. Bostom (ed.), *The Legacy of Jihad: Islamic Holy War and the Fate of Non-Muslims* (London: Prometheus, 2008), 199.

42. W. I. Brustein, *Roots of Hate: Anti- Semitism in Eu rope Before the Holocaust* (Cambridge: Cambridge University Press, 2003).

43. C. Koonz, *The Nazi Conscience* (Cambridge, MA: Harvard University Press, 2003), 173.

44. G. Orwell, "Marrakech," in *George Orwell: An Age Like This, 1920–1940* (Boston: David R. Godine, 2000), 388. E. Steuter and D. Wills, *At War With Metaphor: Media Propaganda and Racism in the War on Terror* (New York: Lexington, 2009), 27. O. Santa Ana, *Brown Tide Rising: Meta phors of Latinos in Contemporary American Public Discourse* (Austin: University of Texas Press, 2002), 72. L. Stoddard, *The Rising Tide of Color Against White World-*

Supremacy (New York: Charles Scribner's Sons, 1922).

45. C. Lomnitz and Rafael Sanchez, "United by Hate: The Uses of Anti-
     Semitism in Chavez's Venezuela," *The Boston Review*에 인용됨. July – August
     2009, emphasis added. A. Barrioneuvo, "Inquiry on 1994 Blast at Argentina
     Jewish Center Gets New Life," *New York Times,* July 17, 2009.

46. P. J. Oakes et al., "Becoming an In-group: Reexamining the Impact of
     Familiarity on Perceptions of Group Homogeneity," *Social Psychology
     Quarterly* 58, no. 1 (1995): 52- 51. G. W. Allport, *The Nature of Prejudice*
     (Cambridge, MA: Addison-Wesley, 1954).

47. M. Heidegger, "Bekenntniss der Professoren," C. Koonz, *The Nazi
     Conscience,* 46에 인용됨.

48. N. Haslam, et. al., "Attributing and Denying Humanness to Others,"
     European Journal of Social Psychology 19 (2008): 58. Plato, *Statesman,* 267E.
     The anecdote about Diogenes of Sinope is from Diogenes Laertius's *Lives of
     Eminent Philosophers,* 6.40.

49. E. Ben-Ari, *Mastering Soldiers: Conflict, Emotions and the Enemy in an Israeli
     Military Unit* (New York: Berghahn Books, 1998)을 참조할 것.

50. M. Sendivogius, "The New Chemical Light," in A. E. Waite (ed.), *The
     Hermetic Museum: Containing Twenty-Two Most Celebrated Chemical Tracts*
     (London: James Elliot & Co., 1893), 106.

51. J. W. Yolton (ed.), *The Locke Reader* (Cambridge: Cambridge University
     Press, 1977), 55.

52. J. Locke, *An Essay Concerning Human Understanding* (London: William Tegg
     & Company, 1879), 518.

53. 같은 책, 302.

54. R. A. Wilson, M. N. Barker, and I. Brigant, "When Traditional Essentialism
     Fails: Biological Natural Kinds," *Philosophical Topics* 35 (102): 189 – 215를 참
     조할 것.

55. S. Kripke, *Naming and Necessity* (Malden, MA: Blackwell, 1972), 123 – 125를
     참조할 것. 여기서 논의된 일련의 주제에 대해 나는 로크를 크립키의 선구자로 여기
     는 존 맥키의 견해를 승인하지 (또는 거부하지) 않음을 명백히 밝히고자 한다. J. L.
     Mackie, "Locke's Anticipation of Kripke," *Analysis* 34 (1974): 177 – 180을 참
     조할 것.

56. D. Chalmers, *The Conscious Mind: In Search of a Fundamental Theory* (New

York: Oxford University Press, 1996)와 비평을 위해 D. Dennett, "The Unimagined Preposterousness of Zombies," *Journal of Consciousness Studies* 2, no. 4 (1995): 322–326을 참조할 것.

4장 적개심의 수사학 – 사회적 죽음이라는 족쇄

1. N. J. O'Shaughnessy, *Politics and Propaganda: Weapons of Mass Seduction* (Ann Arbor: University of Michigan Press, 2004), 110.

2. E. Cassirer, *The Myth of the State* (Newhaven, CT: Yale University Press, 2009), 275.

3. D. J. Goldhagen, *Worse Than War: Genocide, Eliminationism and the Ongoing Assault on Humanity* (New York: PublicAffairs, 2009), 158에 인용됨.

4. K. Bales, *Disposable People: The New Slavery and the Global Economy* (Berkeley: University of California Press, 1999), 197.

5. F. L. Olmsted, *The Cotton Kingdom: A Traveller's Observations on Cotton and Slavery in the American Slave States* 2 (New York: Mason Brothers, 1862), 203.

6. 같은 책, 205–206.

7. 에베소서, 5장 6절.

8. T. Wiedemann, *Greek and Roman Slavery* (London: Routledge,1981). 여기에는 여성의 성적 노예화가 포함된다. G. Lerner, *The Creation of Patriarchy* (New York: Oxford University Press, 1986)를 참조할 것. 종(하인)이라는 용어의 기원에 대해서는 Florintinus, *Digesta seu Pandectae,* 1.5.4.2 참조할 것.

9. K. Jacoby, "Slaves by Nature? Domestic Animals and Human Slaves," *Slavery and Abolition: A Journal of Slave and Post-Slave Studies* 15, no. 1 [1994], 92–94. 노예의 희생에 관해서는 M. A. Green, *Dying for the Gods: Human Sacrifice in Iron Age and Roman Europe* (Charleston, SC: Tempus Publishing, 2001)을 참조할 것.

10. K. Jacoby, "Slaves by Nature?"

11. Strabo, *The Geographies of Strabo,* trans. H. L. Jones (Cambridge, MA: Harvard university Press, 1917).

12. J. Heath, *The Talking Greeks: Speech, Animals, and the Other in Homer, Aeschylus, and Plato* (Cambridge: Cambridge University Press, 2005), 201.

13. L. Lowenthal and N. Guterman, *Prophets of Deceit: A Study of the Techniques*

of the American Agitator (New York: Harper and Brothers, 1949), 80. G. L. Mosse, *Toward the Final Solution: A History of European Racism* (New York: Howard Fertig, Inc., 1978). T. J. Curran, *Xenophobia and Immigration, 1820–1930* (Boston: Thwayne Publishers, 1975).

14. M. Lichtheim, *Ancient Egyptian Literature, Vol. II: The New Kingdom* (Berkeley, CA: University of California Press, 1976), 144.

15. M-C. Poo, *Enemies of Civilization: Attitudes Towards Foreigners in Ancient Mesopotamia, Egypt and China* (Albany, NY: State University of New York Press, 2005), 74.

16. 같은 책, 50 – 51.

17. M. H. Fried, *The Notion of Tribe* (Menlo Park: Cummings, 1975). F. Dikotter, *The Discourse of Race in Modern China* (Stanford, CA: Stanford University Press, 1992). Poo, *Enemies of Civilization*, 65. E. G. Pulleyblank, "The Origin and Nature of Chattel Slavery in China," *Journal of Economic and Social History of the Orient* 1 (1958): 209.

18. O. Patterson, *Slavery and Social Death: A. Comparative Study* (Cambridge, MA: Harvard University Press, 1985), 24.

19. 같은 책, 25 – 26. "So You Want to Own a Ball Club," *Forbes,* April 1, 1977, 37 을 참조할 것. D. S. Eitzen and G. H. Sage, *The Sociology of American Sports* (Dubuque, IA: William C. Brown Company, 1977), 188에 인용됨.

20. Patterson *Slavery and Social Death,* 47.

21. K. Bradley, "Animalizing the Slave: The Truth of Fiction," *The Journal of Roman Studies* 90 (2000): 110. F. D. Harvey, "Herodotus and the Man-Footed Creature," in L. Archer (ed.), *Slavery and Other Forms of Unfree Labor* (New York: Routledge, 1988)도 참조할 것.

22. P. Garnsey, *Ideas of Slavery from Aristotle to Augustine* (Cambridge: Cambridge University Press, 1996).

23. Bradley, "Animalizing the Slave," 111. M. Gordon, *Slavery in the Arab World* (New York: New Amsterdam Books, 1989).

24. F. Douglass, *Narrative of the Life of Frederick Douglass, an American Slave* (New York: Barnes and Noble Books, 2005), 49.

25. A. de Tocqueville, *Democracy in America,* trans. George Lawrence (New York: Harper Perennial Modern Classics, 2000), 32.

26. E. Hornung, *The Ancient Egyptian Book of the Afterlife* (Ithaca: Cornell

University Press, 1999)와 R. Parkinson, *The Tale of Sinuhe and Other Ancient Egyptian Poems* (Oxford: Oxford University Press, 1997)를 참조할 것. 인종 표지로서의 피부색 차이에 대해서는 E. Bresciani, "Foreigners," in S. Donadoni (ed.), *The Egyptians* (Chicago: University of Chicago Press, 1997)를 참조할 것. 갈렌의 언급은 그리스 원전에는 남지 않았지만, R. Segal, *Islam's Black Slaves: The Other Black Diaspora* (New York: Farrar, Straus & Giroux, 2001)의 영문 번역으로 인용된 al-Ma'sudi's *Murujal-Dhahab wa Ma'adin al Jawhar*에 인용됨.

27. Patterson, *Slavery and Social Death,* 176. F. M. Snowden, *Blacks in Antiquity: Ethiopians in the Greco- Roman Experience* (Cambridge, MA: Harvard University Press, 1971) and F. M. Snowden, *Before Color Prejudice: The Ancient View of Blacks* (Cambridge, MA: Harvard University Press, 1991)를 참조할 것.

28. 무하마드의 마지막 설교에 대한 하디스는 알부하리al-Bukhari와 무슬림의 권위 있는 컬렉션에서 찾을 수 있다. 수브헤임은 B. Lewis, *Race and Slavery in the Middle East: An Historical Enquiry* (New York: Oxford University Press, 1990) 28에, 알안달루시Al-Andalusi는 Segal, *Islam's Black Slaves,* 49에 인용됨. 이븐 칼둔 Ibn Khaldun의 진술은 *The Muqaddimah,* vol. 1, trans. F. Rosenthal (New York: Pantheon, 1958), 301에서 인용함.

29. M. Gordon, 102에 인용됨. R. Segal, *Islam's Black Slaves*를 참조할 것.

30. Patterson, *Slavery and Social Death,* 146.

31. W. J. Jordan, *White Over Black: American Attitudes Towards the Negro, 1550—1812* (Baltimore: Benguin, 1969), 228-229.

32. 고드윈의 삶과 연구에 관한 정보는 A. T. Vaughan, "The Slaveholders' 'Hellish Principles': A Seventeenth Century Critique," Vaughan, *Roots of American Racism: Essays on the Colonial Experience* (Oxford: Oxford University Press, 1995), 55-81에서 인용함.

33. W. Updike, *A History of the Episcopal Church in Narragansett, Rhode Island: Including a History of the Other Episcopal Churches in the State* (Ithaca: Cornell University Library, 2009), 211. E. G. Wood, *The Arrogance of Faith: Christianity and Race in America from the Colonial Era to the Twentieth Century* (New York: Alfred A. Knopf, 1900), 237. Jordan, *White Over Black,* 228. A. Tsesis, *Destructive Messages: How Hate Speech Paves the Way for Harmful Social Movements* (New York: New York University Press, 2002), 31-35. M. Godwyn, *The Negro's and Indians Advocate,* M. Cantor, "The Image of the

Negro in Colonial Literature," *New England Quarterly* 36 (1963): 452–477에 인용됨. A. C. Fraser, *Life and Letters of George Berkeley, D.D., Formerly Bishop of Cloyne, Vol 4.* (London: Macmillan & Co, 1871), 188.

34. Jordan, *White Over Black,* 232.

35. 비슷한 견해로는 *Breaking the Spell: Religion as a Natural Phenomenon* (New York: Penguin, 2007)에서 대니얼 데닛의 '믿음의 믿음'에 관한 언급을 참조하고, '의견'과 '믿음'의 차이는 *Brainstorms: Philosophical Essays on Mind and Psychology* (Cambridge, MA: MIT Press, 1981)를 참조할 것.

36. 창세기, 9장 19~27절.

37. D. M. Goldenberg, *The Curse of Ham: Race and Slavery in Early Judaism, Christianity and Islam* (Prince ton, NJ: Prince ton University Press, 2003). 함의 아들 쇼에 대해서는 M. W. Robbins and W. Palitz, *Brooklyn: A State of Mind* (New York: Workman Publishing Company, 2001)를 참조할 것. 허구적인 설명에 관해서는 K. Baker, *Dreamland* (New York: HarperCollins, 1999)를 참조할 것.

38. Vaughan, *Roots of American Racism,* 67에 인용됨.

39. 같은 책, 66–67.

40. T. Waitz, *Introduction to Anthropology,* trans. J. Frederick Collingwood (London: Anthropological Society, 1863), 13.

41. 같은 책, 351.

42. 주석 43을 참조할 것.

43. 로렌스는 T. F. Gossett, *Race: The History of an Idea in America* (New York: Schoken, 1965), 57에 인용됨. 인종과 노예제도에 관한 다윈의 견해는 A. Desmond & J. Moore, *Darwin's Sacred Cause: How a Hatred of Slavery Shaped Darwin's Views on Human Evolution* (New York: Houghton Miffl in Harcourt, 2009)를 참조할 것. 19세기 인종차별주의자의 글에는 종종 다음과 같이 믿기 힘들 정도로 장황한 제목이 붙었다. B. H. Payne, *The Negro: What Is His Ethnological Status? Is He Progeny of Ham? Is He a Descendant of Adam and Eve? Has He a Soul? Or Is He a Beast in God's Nomenclature? What Is His Status as Fixed by God In Creation?* (Cincinnati, 1867). C. Carroll, *"The Negro A Beast"; or, "In the Image of God"; The Reasoner of the Age, the Revelator of the Century! The Bible as it Is! The Negro and His Relation to the Human Family! The Negro a Beast, but Created with Articulate Speech, and Hands, That He May Be of Service to His Master— the White Man! The Negro Not the Son of Ham, Neither Can It Be Proven by the*

Bible and the Argument of the Theologian Who Would Claim Such, Melts to Mist before the Thunderous and Convincing Arguments of this Masterful Book (St. Louis, 1900). 이 장르에 대한 탁월한 논의는 E. G. Wood, *The Arrogance of Faith: Christianity and Race in America from the Colonial Era to the Twentieth Century* (New York: Alfred A. Knopf, 1900)를 참조할 것. 19세기 말과 20세기 초 아프리카계 미국인에 대한 폭력은 D. A. Blackmon, *Slavery by Another Name: The Re-Enslavement of Black Americans from the Civil War to World War II* (New York: Doubleday, 2008), E. Jaspin, *Buried in the Bitter Waters: The Hidden History of Racial Cleansing in America* (New York: Basic Books, 2007), 그리고 H. A. Washington, *Medical Apartheid: The Dark History of Medical Experimentation on Black Americans from Colonial Times to the Present* (New York: Doubleday, 2006)을 참조할 것. 인종의 아담 이전pre-Adamite 이론 및 단일/다선진화론자 논쟁과의 관련성에 대한 뛰어난 설명은 데이비드 리빙스턴의 권위 있는 책 *Adam's Ancestors: Race, Religion and the Politics of Human Origins* (Baltimore: Johns Hopkins University Press, 2008)를 참조할 것.

44. A. Hochschild, *King Leopold's Ghost: A Story of Greed, Terror and Heroism in Colonial Africa* (New York: Mariner, 1999), 166에 인용됨.

45. M. Keller, "The Scandal in the Zoo," *New York Times,* August 6, 2006. P. V. Bradford and H. Blume, *Ota Benga: The Pygmy in the Zoo* (New York: Delta, 1992)도 참조할 것.

46. Bradford and Blume, *Ota Benga,* 182에 인용됨.

47. "Pygmy Chased by Crowd," *New York Times,* September 9, 1906.

48. D. Apel, *Imagery of Lynching: Black Men, White Women and the Mob* (New York: W. W. Norton & Company, 2003), 32.

49. A. Smith, *The Theory of Moral Sentiments* (Eastford, CT: Martino, 2009), 1.

50. A. C. Grayling, "Paradox at the Heart of Our Warring Psyche," *The Australian,* February 23, 2008.

51. H. Arendt, *Eichmann in Jerusalem: A Report on the Banality of Evil* (New York: Penguin, 1994).

52. S. Milgram, *Obedience to Authority* (New York: Harper & Row, 1974), 6.

53. "TRIALS: My Lai: A Question of Orders," *Time,* January 25, 1971.

54. H. C. Kelman, "Violence without Moral Restraint."

55. 같은 책, 48. H. Fein, *Accounting for Genocide* (New York: Free Press, 1979), 30도 참조할 것.

418

56. A. Bandura, B. Underwood, and M. E. Fromson, "Disinhibition of Aggre-
    ssion Through Diffusion of Responsibility and Dehumanization of
    Victims," *Journal of Research in Personality* 9 (1975), 266.
57. 같은 책.

5장 집단 학살에서 얻은 교훈 – 가해자의 만족감은 어디에서 오는가

1. E. Litvinoff, "To T. S. Eliot," in H. Schwartz and A. Rudolf (eds.), *Voices
   Within the Ark* (New York: Avon, 1980), 715–716.
2. D. J. Goldhagen, *Worse Than War: Genocide, Eliminationism and the Ongoing
   Assault on Humanity* (New York: Public Affairs, 2009), 191–192.
3. D. D. Gilmore, *Monsters: Evil Beings, Mythical Beasts and All Manner of
   Imaginary Terrors* (Pittsburgh: University of Pennsylvania Press, 2003), 25.
4. 같은 책, 31.
5. 같은 책, 45. 식민지 프로젝트와 관련한 괴물 인종 논의는 P. Mason, Deconstructing
   America: Representations of the Other (New York: Routledge, 1990)을 참조
   할 것.
6. Pliny, *Natural History,* Book II, S. T. Asma, *On Monsters: An Unnatural History
   of Our Worst Fears* (New York: Oxford University Press, 2009), 33에 인용됨.
7. D. Gilmore, 65.
8. D. L. Jeffrey, "Medieval Monsters," in *Manlike Monsters on Trial: Early Rec
   ords and Modern Evidence,* eds. M. Halpern and M. M. Ames (Vancouver:
   University of British Columbia Press, 1980). Gilmore, *Worse Than War,* 60에
   인용됨.
9. S. Drakulić, *They Would Never Hurt a Fly: War Criminals on Trial in the Hague*
   (London: Abacus, 2004), 168.
10. L. Goldensohn, *The Nuremberg Interviews* (New York: Vintage, 2005), S.
    K. Baum, *The Psychology of Genocide: Perpetrators, Bystanders and Rescuers*
    (Cambridge: Cambridge University Press, 2008), 74에 인용됨.
11. M. Sageman, *Understanding Terrorist Networks* (Philadelphia: University of
    Pennsylvania Press, 2004), 135.
12. F. Kafka, *The Metamorphosis* (Whitefish, MT: Kessinger, 2004), 1.
13. S. Hornshøj- Møller & D. Cuthbert, "'Der ewige Jude'(1940): Joseph

Goebbels' Unequalled Monument to Anti-Semitism," *Historical Journal of Film, Radio and Tele vision* 12, no. 1, 42에 인용됨.

14. J. Goebbels, *The Goebbels Diaries, 1939–1941,* transl. and ed. Fred Taylor (New York: G. P. Putnam's Sons, 1983), 23.

15. 엘케 프뢸리히Elke Fröhlich의 독일어판 괴벨스 일기에서 인용했다. Hornshøj-Møller, "The Eternal Jew—A blueprint for genocide in the Nazi film archives," working paper GS 05, Yale Center for International and Area Studies, 6. *The Goebbels Diaries,* 1983, 36와는 약간 다른 번역이다. B. Sax, *Animals in the Third Reich: Pets, Scapegoats and the Holocaust* (New York: Continuum, 2002).

16. Goldhagen, *Worse Than War,* 386에 인용됨.

17. 독일어: Wo Ratten auch auftauchen, tragen sie Vernichtung ins Land, zerstoren sie menschliche Guter und Nahrungsmittel. Auf diese Weise verbreiten sie (die Ratten) Krankheiten, Pest, Lepra, Typhus, Cholera, Ruhr u.s.w. Sie sind hinterlistig, feige und grausam und treten meist in grossen Scharen auf. Sie stellen unter den Tieren das Element der heimtuckischen, unterirdischen Zerstorung dar, nicht anders als die Juden unter den Menschen.

18. I. Kershaw, *Hitler: 1889–1936, Hubris* (New York: W. W. Norton & Co., 2000), 66.

19. J. Y. Gonen, *The Roots of Nazi Psychology: Hitler's Utopian Barbarism* (Lexington, KY: University of Kentucky Press, 2000), 29–30.

20. H. Himmler, "From a speech by Himmler before senior SS officers in Poznan, October 4th, 1943," in *Encyclopedia of Genocide, Vol 1,* ed. I. W. Charny (Washington, DC: ABC-CLIO, 1999), 241.

21. O. Bartov, *Hitler's Army: Soldiers, Nazis and War in the Third Reich* (New York: Oxford University Press, 1992), 116, 127.

22. R. Campbell, "Autumn," in *The Oxford Book of Twentieth Century English Verse,* ed. P. Larkin (New York: Oxford University Press, 1973), 336.

23. Goldhagen, *Worse Than War,* 319.

24. Stanton's analysis is available at the website for Genocide Watch at http://www.genocidewatch.org/8stages.htm. D. Moshman, "Us and Them: Identity and Genocide," *Identity: An International Journal of Theory and Research* 7, 2007: 121. 또한 예로 L. M. Woolf and M. R. Hulsizer, "Psychosocial Roots of

Genocide: Risk, Prevention and Intervention," *Journal of Genocide Research* 7, no. 1, 2005: 101–128, N. J. Kressel, *Mass Hate: The Global Rise of Genocide and Terror* (New York: Plenum, 1996), H. Hirsch, *Genocide and the Politics of Memory: Studying Death to Preserve Life* (Chapel Hill, NC: University of North Carolina Press, 1995), 그리고 D. Chirot and C. McCauley, *Why Not Kill Them All? The Logic and Prevention of Mass Political Murder* (Prince ton, NJ: Prince ton University Press, 2006), 80을 참조할 것.

25. A. Hochschild, *King Leopold's Ghost: A Story of Greed, Terror and Heroism in Colonial Africa* (New York: Houghton Miffl in, 1999), 31.

26. H. Bley, *South-West Africa Under German Rule 1894–1914* (Evanston, Ill: Northwestern University Press, 1971): 97. M. Mann, *The Dark Side of Democracy: Explaining Ethnic Cleansing* (New York: Cambridge University Press, 2005)에 인용됨.

27. H. Dreschler, *"Let Us Die Fighting": The Struggle of the Herrero and the Nama Against German Imperialism* (London: Zed, 1980): 167–8, n. 6. M. Mann, *The Dark Side of Democracy: Explaining Ethnic Cleansing* (New York: Cambridge University Press, 2005)에 인용됨.

28. H. Dreschler, *"Let Us Die Fighting,"* 154. H. Bley, *South-West Africa Under German Rule 1894–1914,* 97. D. J. Schaller, "From Conquest to Genocide: Colonial rule in German Southwest Africa and German East Africa," in D. Moses, *Empire, Colony, Genocide: Conquest, Occupation and Subaltern Resistance in World History* (Oxford: Berghahn Books, 2008). 화형에 대한 설명 은 *Report on the Natives of South-West Africa and Their Treatment by Germany* 에서 나온 것으로 quoted in Goldhagen의 *Worse Than War,* 181에 인용됨.

29. W. F. Ramsay, *Impressions of Turkey During Twelve Years' Wanderings* (New York: Hodder & Stoughton, 1897), 206–207.

30. V. N. Dadrian, *The History of the Armenian Genocide: Ethnic Conflict from the Balkans to Anatolia to the Caucasus* (New York: Berghahn Books, 1996), 159. The letter is quoted in Kiernan, 406.

31. V. Dadrian, "The Armenian Genocide: An Interpretation," in *America and the Armenian Genocide of 1915,* ed. J. Winter (New York: Cambridge University Press, 2004). V. Dadrian, *The History of the Armenian Genocide: Ethnic Conflict from the Balkans to Anatolia to the Caucasus* (New York: Berghahan Books, 2004). V. Dadrian, "The Role of Turkish Physicians in

the World War I Genocide of Ottoman Armenians," *Holocaust and Genocide Studies* 1(1986): 175. M. Mann, *The Dark Side of Democracy: Explaining Ethnic Cleansing* (Cambridge: Cambridge University Press, 2004), 160. T. Ackam, *A Shameful Act: The Armenian Genocide and the Question of Turkish Responsibility* (New York: Macmillan, 2007). Y. Aurun, "The Holocaust: Responses of the Jewish Community in Palestine," in *Encyclopedia of Genocide,* ed. I. W. Charny (Oxford: ABC-CLIO, 1999). J. Bourke, "Barbarization vs Civilization in Time of War," in *The Barbarization of Warfare,* ed. G. Kassimeris (New York: New York Universities Press, 2006).

32. "Memorandum des SD-Amtes," to Heydrich, C. Koonz, *The Nazi Conscience* (Cambridge, MA: Harvard/Belknap, 2003), 246와 N. H. Baynes, *Hitler's Speeches* (London: Oxford University Press, 1942)에 인용됨.

33. A. Musolff, "What Role Do Meta phors Play in Racial Prejudice? The Function of Antisemitic Imagery in Hitler's *Mein Kampf,*" *Patterns of Prejudice* 41, no. 1 (2007): 25.

34. 같은 책, T. Mommsen, *History of Rome* 3 (Ithaca, NY: Cornell University Press, 2009).

35. E. Jackel, *Hitler's World View: A Blueprint for Power* (Cambridge, MA: Harvard University Press, 1981), 89에 인용됨.

36. Musolff, "What Role Do Meta phors Play in Racial Prejudice," 31, 33에 인용됨.

37. V. E. Bonnell, *Iconography of Power: Soviet Po liti cal Posters Under Lenin and Stalin* (Berkeley, CA: University of California Press, 1998). A. Nove, "Victims of Stalinism, How Many?" in *Stalinist Terror: New Perspectives,* eds. J. A. Getty and R. T. Manning (Cambridge: Cambridge University Press, 1993).

38. V. Grossman, *Forever Flowing* (Chicago: Northwestern University Press, 1997), 142–143.

39. 같은 책, 144.

40. X. Peng, "Demographic Consequences of the Great Leap Forward in China's Provinces," *Population and Development Review* 13, no. 4 (1987): 639–670.

41. X. Lu, *The Rhetoric of the Chinese Cultural Revolution: The Impact on Chinese Thought, Culture and Communication* (Columbia, SC: University of South Carolina Press, 2004).

42. 같은 책, 60.

43. Z. P. Luo, *A Generation Lost: China Under the Cultural Revolution* (New York: Henry Holt, 1990), 28. X. Lu, *The Rhetoric of the Chinese Cultural Revolution*, 92에 인용됨.

44. B. Kiernan, "The Cambodian Genocide," in *Encyclopedia of Genocide,* vol. 1, ed. I. Charny (Santa Barbara, CA: ABC-CLIO, 1999), 131.

45. B. Kiernan, *Blood and Soil: A World History of Genocide and Extermination from Sparta to Darfur* (Newhaven, CT: Yale University Press, 2007), 549.

46. B. Kiernan, "The Cambodian Genocide." P. Yathay, *Stay Alive, My Son* (New York: Touchstone, 1987), 73.

47. Kiernan, *Blood and Soil,* 549 – 550에 인용됨.

48. N. Moyer, *Escape from the Killing Fields* (Grand Rapids, MI: Zonervan Publishing House, 1991), 123. A. L. Hinton, "Agents of Death: Explaining the Cambodian Genocide in Terms of Psychosocial Dissonance," *American Anthropologist* 98, no. 4 (1996): 818 – 831.

49. J. D. Criddle and T. B. Mam, *To Destroy You Is No Loss* (New York: Anchor, 1987), 164. L. Picq, *Beyond the Horizon: Five Years with the Khmer Rouge* (New York: St. Martin's Press), 100. D. Chandler, B. Kiernan and C. Boua, *Pol Pot Plans the Future: Confidential Leadership Documents from Demo cratic Campuchea, 1976–1977.* Monograph Series, 33 (New Haven CT: Yale University Southeast Asia Studies, 1988), 183. M. Stuart-Fox, *The Murderous Revolution* (Chippendale, Australia: Alternative Publishing Cooperative, 1985). A. L. Hinton, "Comrade Ox Did Not Object When His Family Was Killed," in I. W. Charny, *Encyclopedia of Genocide, Vol. I.,* 135. D. Chandler, *Voices from S-21: Terror andHistory in Pol Pot's Secret Prison* (Berkeley, CA: University of California Press, 1999). Goldhagen, *Worse Than War,* 371.

50. S. Mouth, "Imprinting Compassion," in *Children of Cambodia's Killing Fields: Memoirs by Survivors,* ed. K. DePaul (Newhaven, CT: Yale University Press, 1997), 179 – 180.

51. Desforges, *Leave None to Tell the Story: Genocide in Rwanda* (Washington, DC: Human Rights Watch, 1999), 73에 인용됨.

52. B. Kiernan, *Blood and Soil,* 559.

53. '바퀴벌레'라는 별명은 이차적으로만 모욕적이었다. 원래 투치족 민병대는 자신들을 '용감하게 헌신한 반군'으로 번역되는 구절의 머리글자인, 인옌지inyenzi라 불렀다.

바퀴벌레는 전통적인 적을 나타내는 일반적인 선택이다. 18세기 덴마크의 생물학자 린네는 이 곤충의 가장 흔한 종에 학명을 붙일 때, 독일인에 대한 적개심 외에는 별 다른 이유가 없이 *Blattella germanica*(독일 바퀴벌레)를 선택했다. 북부 독일에서는 이 곤충이 남부 독일인을 폄하하는 말인 *Schwabe*(스와비아 사람들)로 불렸다. 그에 뒤지지 않게 남부 독일인은 이 곤충을 *Preusse*(프러시아인)라 불렀다. 서부 독일에서는 *Franzose*(프랑스인)이었고 동부 독일에서는 *Russe*(러시아인)이었다. 폴란드에서는 프러시아인을 뜻하는 prusak이었고 뉴펀들랜드에는 '양키 정착민'이었다. M. Berenbaum, "Freedom Roaches," *American Entomologist* 51, no. 1 (2005): 4, 5, 10과 J. Waller, *Becoming Evil: How Ordinary People Commit Genocide and Mass Killing* (Oxford: Oxford University Press, 2002)을 참조할 것.

54. Desforges, *Leave None to Tell the Story*.

55. R. Block, "The tragedy of Ruanda," *New York Review*, October 20, 1994. Kiernan, *Blood and Soil*. C. Kagwi-Ndungu, *The Challenges in Prosecuting Print Media for Incitement to Genocide,* International Development Research Center. http://www.idrc.ca/fr/ev-108292-201-1-DOTOPIC.html 라키야 오마르Rakiya Omaar의 논평은 다음과 같습니다. M. Montgomery and S. Smith, "The Few Who Stayed: Defying Genocide in Rwanda," *American Radioworks*, http://americanradioworks.publicradio.org/features/rwanda/segc2.html. J. Waller, *Becoming Evil: How Ordinary People Commi Genocide and Mass Killing* (Oxford: Oxford University Press, 2002), 247. J. M. V. Higiro, "Rwandan Private Print Media on the Eve of the Genocide," in *The Media and the Rwanda Genocide,* ed. A. Thompson (London: Pluto Press, 2007). B. Nowrojee, "A Lost Opportunity for Justice: Why Did the ICTR Not Prosecute Gender Propaganda?," in *The Media and the Rwanda Genocide,* ed. E. Thompson (London: Pluto Press, 2007). '살충제 작전Operation Insecticide'은 A. Desforges, *Leave None to Tell the Story*를 참조할 것.

56. Goldhagen, *Worse Than War,* 353.

57. 같은 책, 182.

58. G. Prunier, *Darfur: The Ambiguous Genocide* (Ithaca, NY: Cornell University Press, 2005).

59. J. Hagan and W. Rymond-Richmond, "The Collective Dynamics of Racial Dehumanization and Genocidal Victimization in Darfur," *American Sociological Review* 73: 875–902. 마흐무드 맘다니는 다르푸르에서의 윤리적 갈등이 최근의 일이라고 주장한다; M. Mamdani, *Saviors and Survivors: Darfur,*

424

Politics and the War on Terror (New York: Pantheon, 2009)를 참조할 것.

60. Hagan and Rymond-Richmond, "The Collective Dynamics of Racial Dehumanization and Genocidal Victimization in Darfur," 882. H. Bashir, *Tears of the Desert: A Memoir of Survival in Darfur* (New York: Random House, 2009), 240.

61. W. Shakespeare, *Romeo and Juliet,* Act 3, Scene 3: 108–112.

62. 여기서 《하위인간》에 관한 모든 인용은 헤프만 포이어Hermann Feuer의 *Der Untermensch* 영어 번역을 참조했다. http://www.holocaustresearchproject.org/holo prelude/deruntermensch.html

63. Charny, *Encyclopedia of Genocide,* 241.

64. *Der Untermensch,* trans. Hermann Feuer.

65. L. Rees, *Auschwitz: The Nazis and the Final Solution* (London: BBC Books, 2001), 139.

66. 인용문과 시는 C. Koonz, *The Nazi Conscience* (Cambridge, MA: Harvard University Press, 2003), 137에서 나옴.

67. 같은 책, 116.

68. 같은 책, 197.

69. 같은 책.

70. H. Trevor-Roper and A. Francois-Poncet (eds.) *Hitler's Politisches Testament: Die Bormann Diktate vom Februar und April 1945* (Hamburg: Albrecht Knaus, 1981), 66–69. G. Heinsohn, "What Makes the Holocaust a Uniquely Unique Genocide?," *Journal of Genocide Research* 2, no. 3 (2000), 412에 영어 번역으로 인용됨.

71. Koonz, *The Nazi Conscience,* 7장.

6장 인종 – 흑인은 영원히 백인이 될 수 없다

1. L. E. Smith, *Killers of the Dream* (New York: W. W. Norton & Company, 1994), 13.

2. 같은 책, 13–14.

3. B. Latter, "Genetic Differences Within and Between Populations of the Major Human Subgroups," *American Naturalist* 116 (1980): 220–237, R. Lewontin, "The Aportionment of Human Diversity," *Evolutionary Biology* 25

(1972): 276 – 280. R. Lewontin, "Are the Races Different?," in D. Gill and L. Levidow (eds.), Anti-Racist Science Teaching (London: Free Association Books, 1987)을 참조할 것. 현대 생물학에서 인종의 중요성에 관한 비판적 논의는 S. M. Fullerton, "On the Absence of Biology in Philosophical Considerations of Race," in *Race and the Epistemologies of Ignorance*와 eds. S. Sullivan and N. Tuana 304 Notes (Albany: State University of New York Press, 2007), 그리고 P. Kitcher, "Race, Ethnicity, Biology, Culture," in *In Mendel's Mirror: Philosophical Reflections on Biology* (New York: Oxford University Press, 2002) 및 T. H. Huxley, A. C. Haddon, and A. Carr-Saunders, *We Europeans* (London: Jonathan Cape, 1935), 266 – 267를 참조할 것.

4. L. E. Smith, *Killers of the Dream,* 35 – 38.

5. 인종적 회의론자와 인종적 구성론자의 논쟁에 관한 탁월한 논의는 R. Mallon, "Passing, traveling and reality: social constructionism and the metaphysics of race," *Noûs* 38, no. 4 [2004]: 644 – 673을 참조할 것. 구성주의 이론의 예는 G. M. Fredrickson, *The Arrogance of Race: Historical Perspectives on Slavery, Racism and Social Equality* (Middletown, CT: Wesleyan University Press, 1988); A. Smedley, *Race in North America: Origin and Evolution of a Worldview* (Boulder, CO: Westview Press, 1993)를 참조할 것.

6. 20세기 초반에 아프리카계 미국인이 경험한 삶의 공포를 이해하려면 Douglas A. Blackmon's eye-opening book *Slavery by Another Name: The Re-Enslavement of Black Americans from the Civil War to World War II* (New York: Doubleday, 2008)를 참조할 것.

7. T. J. Curran, *Xenophobia and Immigration, 1820–1930* (Boston: Thwayne, 1975); D. Roediger, *Towards the Abolition of Whiteness: Essays on Race, Politics and Working Class History* (London: Verso, 1994); M. F. Jacobson, *Barbarian Virtues: The United States Encounters Foreign Peoples at Home and Abroad* (New York: Hill and Wang, 2000). 워커의 발언은 Jacobson, 157에 인용됨.

8. A. T. Vaughan, *Roots of American Racism: Essays on the Colonial Experiment* (Oxford: Oxford University Press, 1995), 33.

9. G. B. Nash, *Race and Revolution* (New York: Rowman and Littlefi eld, 1990), 178.

10. E. Machery and L. Faucher, "Social Construction and the Concept of Race," *Philosophy of Science* 72 (2005): 1208 – 1219.

11. 예를 들면. M. Banton, *The Idea of Race* (Boulder, CO: Westview Publishers,

1978); M. Banton, *The Idea of Race* (Cambridge: Cambridge University Press, 1987); B. Anderson, *Imagined Communities: Reflections on the Origin and Spread of Nationalism* (London: Verso, 1983); W. D. Jordan, *White Over Black: American Attitudes Toward the Negro, 1550–1812* (New York: Norton, 1968); E. Morgan, *American Slavery, American Freedom: The Ordeal of Colonial Virginia* (NewYork: Norton, 1975); M. Harris, *Patterns of Race in America* (New York: Walker, 1964); A. Smedley, *Race in North America: Origin and Evolution of a Worldview* (Boulder, CO: Westview, 1993).

12. 에두아르 마셰리Edouard Machery와 뤽 포셰Luc Faucher는 Handbook of Categorization in Cognitive Science, eds. H. Cohen and C. Lefebvre (Philadelphia: Elsevier)에 게재된 논문 "Why Do We Think Racially?"에서 처음으로 인지 진화적 접근법이라는 명칭을 제안했다.

13. L. A. Hirschfeld, *Race in the Making: Cognition, Culture and the Child's Construction of Human Kinds* (Cambridge, MA: MIT Press, 1998), xi.

14. A. Nevins (ed.), *George Templeton Strong's Diary of the Civil War, 1860–1865* (New York: Gramercy Books, 1962), 342–43.

15. 플라톤의 말은 *Phaedrus* 265d–266a에서 나옴.

16. W. Wagner, et al., "An Essentialist Theory of 'Hybrids': From Animal Kinds to Ethnic Categories and Race," *Asian Journal of Social Psychology* (forthcoming).

17. C. W. Mills, *Blackness Visible: Essays on Philosophy and Race* (Ithaca: Cornell University Press, 1998), 60.

18. 같은 책, 61. 인종에 관한 철학적 논점을 제시함과 아울러, 밀스는 교활한 농담을 하고 있다. 진정한 어원은 아마도 schwarzen Egger(검은 농부), 또는 '슈워제네거에서 온 사람'이겠지만 Schwarzenegger라는 이름은 검둥이를 의미하는 'schwarze Neger'로 해석될 수 있다.

19. C. W. Kalish, "Essentialism to Some Degree: Beliefs About the Structure of Natural Kind Categories," *Memory and Cognition* 30, no. 3 (2002): 340–352. W. Z. Ripley, *Races of Europe*, I. Hannaford, *Race: The History of an Idea in the West* (Washington, DC: Woodrow Wilson Center Press, 1996), 329에 인용됨.

20. Mills, *Blackness Visible*, 46. 가능한 세계 전문가들은 내가 초세계transworld 정체성을 금지하는 루이스식 세계 개념을 가정하고 있지 않다는 것을 알아차릴 것이다.

21. L. A. Hirschfeld, "Who Needs a Theory of Mind?," in *Biological and Cultural Bases of Human Inference*, ed. R. Viale, D. Andler, and L. Hirschfeld (Mahwah,

NJ: Lawrence Erlbaum Associates, 2006), 154–155. 허슈펠드의 인용문은 다음과 같다. Hirschfeld's citations are to L. Gordon, *The Great Arizona Orphan Abduction* (Cambridge, MA: Harvard University Press, 1999), 그리고 R. A. Hahn, J. Mulinare, and S. M. Teutsch, "Inconsistencies in Coding of Race and Ethnicity Between Birth and Death in US Infants: A New Look at Infant Mortality, 1983 Through 1985," *Journal of the American Medical Association* 267 (1992): 259–263.

22. I. M. Resnick, "Medieval Roots of the Myth of Jewish Male Menses," *Harvard Theological Review* 93, no. 3 (2000): 259에 인용됨.

23. B. Malamud, *The Fixer* (New York: Farrar, Straus and Giroux, 1966), 139. Resnick, 242에 인용됨.

24. D. Sperber, "Pourquois les animaux parfaits, les hybrids et les monstres sont-ils bon a penser symboliquement?," *L'homme* 15 (1975): 22. S. Atran, *Cognitive Foundations of Natural History: Towards an Anthropology of Science* (Cambridge: Cambridge University Press, 1990), 59의 영어 번역에 인용됨.

25. S. A. Gelman, *The Essential Child: Origins of Essentialism in Everyday Thought* (New York: Oxford University Press, 2003), 10. 또한 D. Medin, "Concepts and Conceptual Structure," *American Psychologist* 44 (1989): 1469–1481을 참조할 것.

26. G. E. Newman and F. C. Keil, "Where Is the Essence? Developmental Shiftsin Children's Beliefs about Internal Features," *Child Development* 79, no. 5 (2008): 1353.

27. M. J. Harner, *The Jivaro: People of the Sacred Waterfall* (Berkeley: University of California Press, 1973), 149.

28. C. S. Brown, *Refusing Racism: White Allies and the Struggle for Civil Rights* (New York: Teachers College Press, 2002), 14.

29. B. Russell, *Unpopular Essays* (New York: Routledge, 1995).

30. A. Rao, "Blood, Milk and Mountains: Marriage Practice and Concepts of Predictability Among the Bakkarwal of Jammu and Kashmir," in *Culture, Creation and Procreation: Concepts of Kinship in South Asian Practice,* eds. M. Bock and A. Rao (New York: Berghahn Books, 2000), 107.

31. J. Golden, *A Social History of Wet-Nursing in America* (New York: Cambridge University Press, 1996), 152–153을 참조할 것. 터훈의 일화는 M. Harland, *Eve's Daughters: Common Sense for Maid, Wife and Mother* (New York: J. R.

Anderson, 1882), 30–32에서, 윈터스의 언급은 J. E. Winters, "The Relative Influences of Maternal and Wet-nursing on Mother and Child," *Medical Record* 30 (1886), 513에서 인용함. 17세기 프랑스의 모유 유전에 대해서는 C. C. Fairchilds, *Domestic Enemies: Servants and Their Masters in Old Regime France* (Baltimore: Johns Hopkins University Press, 1984)와 *History of Childhood,* ed. L. de Mause (New York: Psychohistory Press. 1974)의 E. Marvick, "Nature versus Nurture: Patterns and Trends in Seventeenth Century French Childrearing"을 참조할 것. 네덜란드 식민지 개척자들에 대해서는 A. L. Stoler, *Race and the Education of Desire: Foucault's "History of Sexuality" and the Colonial Order of Things* (Durham, NC: Duke University Press)를 참조할 것.

32. F. J. Davis, *Who Is Black? One Nation's Defi nition* (University Park, PA: Pennsylvania State University Press, 1991).

33. W. Wagner et al., "An Essentialist Theory of 'Hybrids': From Animal Kinds to Ethnic Categories and Race," *Asian Journal of Social Psychology,* in press.

34. 민족인종이라는 용어는 캘리포니아대학교 철학 교수 데이비드 테오 골드버그David Theo Goldberg가 만들었고 로런스 허슈펠드도 사용했다. D. T. Goldberg, Racist Culture: Philosophy and the Politics of Meaning (London: Blackwell, 1993) 을 참조할 것.

35. M. Raudsepp and W. Wagner, "The Essentially Other: Representational Processes That Divide Groups," in *Trust and Distrust Between Groups: Interaction and Representations,* eds. I. Markova et al. (forthcoming).

36. S. Atran, "Folk Biology and the Anthropology of Science: Cognitive Universals and Cultural Particulars," *Behavioral and Brain Sciences* 21 (1998): 547–569.

37. G. Kober, *Biology Without Species: A Solution to the Species Problem* (unpublished Ph.D. dissertation, Boston University, 2009). D. N. Stamos, *The Species Problem, Biological Species, Ontology, and the Metaphysics of Biology* (Lanham, MD: Lexington Books, 2004).

38. 모듈화의 개념은 철학자 제리 포더Jerry Fodor가 인지과학에 처음으로 도입했다. 인지 모듈에 관한 포더의 원래 개념은 나중에 진화심리학자들이 개발한 다원적 모듈의 개념과 상당히 다르다. 포더와 다윈 버전의 모듈화에 관한 탁월한 설명은 J. L. Bermúdez, *Philosophy of Psychology: A Contemporary Introduction* (New York: Routledge, 2005)을 참조할 것. 모듈화와 선천성에 관한 논의를 위한 훌륭한 자료는 다음의 세 권으로 이루어진 논문 모음이다. P. Carruthers, S. Laurence, and

S. Stich (eds.), *The Innate Mind* (New York: Oxford University Press, 2005, 2006, 2007).

39. P. Boyer and C. Barratt, "Domain Specifi city and Intuitive Ontology," in *Handbook of Evolutionary Psychology,* ed. D. M. Buss (New York: Wiley, 2005), 97. Boyer and Barratt cite A. W. Young, D. Hellawell, and D. C. Hay, "Confi gurational Information in Face Perception," *Perception* 16, no. 6 (1987): 747–759; J. Tanaka and J. A. Sengco, "Features and Their Confi guration in Face Recognition," *Memory and Cognition* 25, no. 5 (1997): 583–592; M. Farah, K. D. Wilson, H. M. Drain and J. R. Tanaka, "The Inverted Face Inversion Effect in Prosopagnosia: Evidence for Mandatory, Face-Specific Perceptual Mechanisms," *Vision Research* 35 (1995): 2089–2093; J. Morton and M. Johnson, "CONSPEC and CONLERN: A Two-Process Theory of Infant Face Recognition," *Psychological Review* 98 (1991): 164–181; O. Pascalis, S. de Schonen, J. Morton, C. Druelle et al., "Mothers Face Recognition by Neonates: A Replication and an Extension," *Infant Behavior and Development* 18, no 1 (1995): 79–85; A. Slater and P. C. Quinn, "Face Recognition in the New-born Infant," *Infant and Child Development Special Issue: Face Processing in Infancy and Early Childhood* 10, nos. 1–2 (2001): 21–24; M. Farah, "Specialization Within Visual Object Recognition: Clues From Prosopagnosia and Alexia," in G. R. Martha and J. Farah (eds.) *The Neuropsychology of High-Level Vision: Collected Tutorial Essays. Carnegie Mellon Symposia on Cognition* (Hillsdale, NJ: Lawrence Erlbaum, 1994); B. C. Duchaine, "Developmental Prosopagnosia with Normal Confi gural Processing," *Neuroreport: For Rapid Communication of Neuroscience Research* 11, no. 1 (2000): 79–83; P. Michelon and I. Biederman, "Less Impairment in Face Imagery Than Face Perception in Early Prosopagnosia," *Neuropsychologia* 31, no. 4 (2003): 421–441; N. Kanwisher, J. McDermott, and M. M. Chun, "The Fusiform Face Area: A Module in Human Extrastriate Cortex Specialized for Face Perception," *Journal of Neuroscience* 17, no. 11 (1997): 4302–4211; J. V. Haxby, E. A. Hoffman, and M. I. Gobbini, "Human Neural Systems for Face Recognition and Social Communication," *Biological Psychiatry* 51, no. 1 (2002): 59–67.

40. 뇌 손상에 대해서는 J. R. Anderson, *Cognitive Psychology and Its Implications* (New York: W. H. Freeman and Company, 2005)를 참조할 것. 민속 생물학 모

430

둘은 S. Atran, "Folk biology and the anthropology of science," *Behavioral and Brain Sciences* 21, no. 4 (1998): 547–569를 참조할 것. 비판적 견해에 대해서는 *Behavioral and Brain Sciences* 21, no. 4 (1998): 547–569에 게재된 아트란의 표적 논문에 대한 반응을 참조할 것.

41. F. C. Keil, *Concepts, Kinds and Cognitive Development* (Cambridge, MA: MIT Press, 1989), 190, 205.

42. 같은 책, 215.

43. 같은 책, 176, 180.

44. Hirschfeld, *Race in the Making,* 96.

45. 같은 책, 98.

46. 같은 책, 138. 첫 번째 일화는 P. Ramsay, "Young Children's Thinking about Ethnic Differences," in *Children's Ethnic Socialization*, eds. J. Phinney and M. Rotherham (London: Sage, 1987), 60에서 나옴.

47. 이 견해에 찬성하고 가장 그럴듯한 대안에 반대하는 그의 주장에 대해서는 L. A. Hirschfeld, "Who Needs a Theory of Mind?" in R. Viale, D. Andler and L. A. Hirschfeld, *Biological and Cultural Bases of Human Inference* (Mahwah, NJ: Lawrence Erlbaum Associates, 2006)를 참조할 것. 그의 연구와 결론에 대한 비판적 평가는 E. Machery and L. Faucher, "Why Do We Think Racially?" in *Handbook of Categorization in Cognitive Science,* eds. H. Cohen and C. Lefebvre (New York: Elsevier, 2005)를 참조할 것.

48. K. W. Wam were, *Negative Ethnicity: From Bias to Genocide* (New York: Seven Stories Press, 2003), 45.

49. R. G. Klein을 인용한 Machery and Foucher, 2005, *The Human Career: Human Biological and Cultural Origins* (Chicago: University of Chicago Press, 1999) 와 P. J. Richerson and R. Boyd, "The evolution of human ultra-sociality," in I. Eibl-Eibesfeldt and F. K. Salter, *Indoctrinability, Ideology and Warfare* (New York: Berghahn Books, 1998) 그리고 P. J. Richerson and R. Boyd, "Complex Societies: the Evolution of a Crude Superorganism," *Human Nature* 10: 253–289를 참조할 것.

50. 사사기 12장 5–6절.

51. E. H. Erikson, "Pseudospeciation in the Nuclear Age," *Political Psychology,* 6, no. 2 (1986): 214.

52. F. J. Gil- White, "Are Ethnic Groups Biological 'Species' to the Human Brain?," *Current Anthropology* 42, no. 4: 519.

53.   같은 책, 432.

7장 잔인한 동물 – 개미와 침팬지도 전쟁을 일으킨다는 착각

1.   D. Penn, K. J. Holyoak and D. Povinelli, "Darwin's Mistake: Explaining the Discontinuity Between Human and Nonhuman Minds," *Behavioral and Brain Sciences,* 31(2008), 109.

2.   W. Shakespeare, *King Lear,* I. iv.

3.   M. Twain, *What Is Man?: And Other Philosophical Writings* (Berkeley: University of California Press, 1973), 84–85.

4.   E. O. Wilson and B. Holldobler, *Journey to the Ants: A Story of Scientific Exploration* (Cambridge, MA: Harvard University Press, 1994), 59.

5.   R. Wrangham and D. Peterson, *Demonic Males: Apes and the Origin of Human Violence* (New York: Matiner, 1997), 219.

6.   같은 책, 70.

7.   J. Goodall, *Through a Window: My Thirty Years with the Chimpanzees of Gombe* (New York: Houghton Miffl in, 1990), 108–109.

8.   R. W. Wrangham, "Evolution of Co ali tionary Killing," *Yearbook of Physical Anthropology* 42, no. 1(1999): 1–30.

9.   같은 책, 22.

10.   R. B. Ferguson, "Materialist, Cultural and Biological Theories on Why Yanomami Make War," *Anthropological Theory* 1, no. 1 (2001): 106.

11.   Wrangham and Peterson, *Demonic Males,* 14.

12.   Chagnon, 128–130.

13.   Wrangham and Peterson, *Demonic Males,* 18.

14.   Goodall, *Through a Window,* 210.

15.   B. Holldobler and E. O. Wilson, *The Ants* (Cambridge, MA: Harvard University Press, 1990).

16.   앤더슨은 민족주의를 설명하기 위해 상상의 공동체 개념을 개발했지만 "대면 접촉의 원시 마을보다 큰 모든 공동체가 상상된다"라고 말함으로써 이 개념의 적용 범위가 훨씬 더 넓다는 것을 인식했다. B. Anderson, *Imagined Communities* (New York: Verso, 1983), 6을 참조할 것.

17.   K. Vonnegut, *Galapagos: A Novel* (New York: Dial Press, 1999), 9.

18. C. Darwin, *The Descent of Man and Selection in Relation to Sex* (Charleston, SC: Bibliolife, 2009), 168.

19. D. Hume, *Dialogs and Natural History of Religion* (New York: Oxford University Press, 2009), 141.

20. S. Guthrie, *Faces in the Clouds: A New Theory of Religion* (New York: Oxford University Press, 1993), 62, 91.

21. Goodall, *Through a Window,* 108 – 109.

22. D. Bickerton, *Adam's Tongue: How Humans Made Language, How Language Made Humans* (New York: Hill and Wang, 2009)를 참조할 것.

23. W. James, *The Principles of Psychology* (Cambridge, MA: Harvard University Press, 1981), 462.

24. D. J. Goldhagen, *Worse Than War: Genocide, Eliminationism, and the Ongoing Assault on Humanity* (New York: PublicAffairs), 191 – 192.

25. G. Berkeley, "Three Dialogs between Hylas and Philonous," in *Principles of Knowledge/Three Dialogues* (London: Penguin, 1988), 195.

8장 양면성과 죄 – 살인에 대한 저항감을 뛰어넘는 동기

1. S. Freud, "Totem and Taboo," in *The Complete Psychological Works of Sigmund Freud,* trans. J. Strachey, vol. 13 (London: Hogarth Press and the Institute for Psycho-Analysis, 1950), 65.

2. D. A. Grossman, *On Killing: The Psychological Cost of Learning to Kill in War and Society* (Boston: Little, Brown & Co., 1996), 92 – 93.

3. G. L. Vistica, "One Awful Night in Tanh Phong," *New York Times Magazine,* April 29, 2001, 131.

4. B. Shalit, *The Psychology of Combat and Conflict* (New York: Praeger, 1988), 2. D. Grossman, *On Killing*에 인용됨.

5. J. G. Gray, *The Warriors: Reflections on Men in Battle* (Lincoln: University of Nebraska Press, 1998), 51.

6. E. Jünger, *Der Kampf als inneres Erlebnis* (Berlin: E.G. Mittler & Sohn, 1925). Gray, *The Warriors,* 52의 번역으로 인용됨.

7. W. Broyles Jr., "Why Men Love War," *Esquire,* November 1984, 57.

8. J. Ramirez, "Carnage.com," *Newsweek,* May 10, 2010. 전쟁 포르노라는 용어

는 프랑스 철학자 장 보드리야르의 동명 논문 *The Conspiracy of Art: Manifestos, Texts, Interviews* (Cambridge, MA: MIT Press, 2005)에서 처음 언급되었다.

9.   S. L. A. Marshall, *Men Against Fire: The Problem of Battle Command* (Norman, OK: University of Oklahoma Press, 2000), 78-79. 최근 몇 년 동안 마셜의 주장 은 비난을 받았다. R. J. Spiller, "S. L. A. Marshall and the Ratio of Fire," *RUSI* Journal (1988): 63-71. E. Thomas, "Fire Away: Exploding One of Military History's More Enduring Myths," *Newsweek*, December 12, 2007을 참조할 것. 더 균형 잡힌 평가를 위해 K. C. Jordan, "Right for the Wrong Reasons: S. L. A. Marshall and the Ratio of Fire in Korea," *Journal of Military History* 66, no. 1(2002): 135-162를 참고할 것.

10.   R. A. Kulka et al., *Trauma and the Vietnam War Generation: Report of Findings from the National Vietnam Veterans Readjustment Study* (New York: Brunner/ Mazel, 1990).

11.   Marshall, *Men Against Fire*, 78.

12.   W. Manchester, *Goodby Darkness: A Memoir of the Pacific War* (New York: Dell, 1980), 17-18.

13.   In E. C. Johnson (ed.), *Jane Adams: A Centennial Reader* (New York: Macmillan, 1960), 273.

14.   R. M. MacNair, *Perpetration-Induced Traumatic Stress: The Psychological Consequences of Killing* (New York: Praeger/Greenwood, 2002), 47.

15.   A. Fontana and R. Rosenheck, "A Model of War Zone Stressors and PosttraumaticStress Disorder," *Journal of Traumatic Stress* 12 (1999): 111-126; R. M. Mac-Nair, "Perpetration-nducted Traumatic Stress in Combat Veterans," *Peace and Conflict: Journal of Peace Psychology* 8 (2002): 63- 72; S. Maguen *et. al.*, "The Impact of Killing in War on Mental Health Symptoms and Related Functioning," *Journal of Traumatic Stress* 22, no. 5 (2009): 435-443. M. S. Kaplan, et al. "Suicide Among Male Veterans: A Prospective Population-based Study, *Journal of Epidemiology and Community Health* 61 (2007): 619- 624. H. Hendon and A. P. Haas, "Suicide and Guilt as Manifestations of PTSD in Vietnam," *Journal of American Psychiatry* 138 (1991): 586-591. http://www.ptsd.va.gov/public/pages/ptsd-suicide.asp〉. 또한 J. E. S. Phillips, *None of Us Were Like This Before: American Soldiers and Torture* (New York: Verso, 2010)를 참조할 것.

16.   J. Shay, *Odysseus in America: Combat Trauma and the Trials of Homecoming*

(New York: Scribner, 2002); B. T. Litz et al., "Moral Injury and Moral Repair in War Veterans: A Preliminary Model and Intervention Strategy," *Clinical Psychology Review* 29 (2009), 700.

17. Litz et al.; B. P. Marx, "Posttraumatic Stress Disorder and Operations Enduring Freedom and Iraqi Freedom: Progress in a Time of Controversy," *Clinical Psychology Review* 29 (2009): 671–673.

18. 같은 책, 697.

19. J. Diamond, "Vengeance Is Ours: Annals of Anthropology," *The New Yorker*, April 21, 2008, 74.

20. 다이아몬드의 논문은 결국 정보원이 제기한 천만 달러의 소송으로 이어졌다. C. Silverman, "New Yorker under Siege," *Columbia Journalism Review*, May 22, 2009를 참조할 것.

21. G. Orwell, "Looking Back on the Spanish War," *Facing Unpleasant Facts: Narrative Essays* (New York: Houghton Miffl in Harcourt, 2008), 149.

22. E. Lussu, *Sardinian Brigade* (New York: Alfred A. Knopf, 1939), 174.

23. Dean, 108.

24. Eibl- Eibesfeldt, *Human Ethology* (New York: Aldine de Gruyter, 1989), 420.

25. H. H. Turney-High, *Primitive War: Its Practices and Concepts* (Charleston, SC: University of South Carolina Press, 1991), 225. 또한 J. M. G. van der Dennen, "The Politics of Peace in Primitive Societies: The Adaptive Rationale Behind Corroboree and Calumet," in I. Eibl-Eibesfeldt and F. K. Salter, *Ethnic Conflict and Indoctrination: Altruism and Identity in Evolutionary Perspective* (New York: Berghahn Books, 1998)를 참조할 것.

26. R. Sapolsky, "A Natural History of Peace," *Foreign Affairs* 85, no. 1 (2006): 119.

27. R. Wrangham, *Catching Fire: How Cooking Made Us Human* (New York: Basic Books, 2009).

28. D. L. Cheney and R. M. Seyfarth, *How Monkeys See the World: Inside the Mind of Another Species* (Chicago: University of Chicago Press, 1992).

29. D. G. Bates and J. Tucker (eds.), *Human Ecology: Contemporary Research and Practice* (New York: Springer, 2010).

30. A. Clark, *Supersizing the Mind: Embodiment, Action, and Cognitive Extension* (New York: Oxford University Press, 2008), 58.

31. M. Kawai, "Newly-acquired Pre-cultural Behavior of the Natural Troop of Japanese Monkeys on Koshima Islet," *Primates* 6, no. 1 (1965): 1–30.

32. D. Dennett, *Consciousness Explained* (New York: Little Brown and Company, 1991), 195.

33. S. J. Mithen, *The Prehistory of The Mind: The Cognitive Origins of Art, Religion, and Science* (London: Thames and Hudson, 1999); S. J. Mithen, *The Singing Neanderthals: The Origins of Music, Language, Mind and Body* (Cambridge, MA: Harvard University Press, 2007); S. J. Mithen and L. Parsons, "The Brain as a Cultural Artifact," *Cambridge Archaeological Journal* 18, no. 3. (2008): 415–422; S. Mithen, "Ethnobiology and the Evolution of the Human Mind," *Journal of the Royal Anthropological Society* 12, no. 1 (2005): 45– 61. See also P. Carruthers, "The Cognitive Functions of Language," *Behavioral and Brain Sciences,* 25 (2002): 657–726.

34. H. Ofek, *Economic Origins of Human Evolution* (New York: Cambridge University Press, 2001), 172–173.

35. O. Bar-Yosef, "The Archaeological Framework of the Upper Paleolithic Revolution," *Diogenes* 54 (2007): 3–18

36. S. L. Kuhn and M. C. Stiner, "Paleolithic Ornaments: Implications for Cognition, Demography and Identity," *Diogenes* 54 (2007), 47–48.

37. J. Gulaine and J. Zammit, *The Origins of War: Violence in Prehistory* (Malden, MA: Blackwell, 2005), 55–56.

38. C. Spencer, *British Food: An Extraordinary Thousand Years of History* (New York: Columbia University Press, 2002), 149.

39. A. Hyatt Verrill, *Wonder Creatures of the Sea* (New York: D. Appleton-Century Company, 1940).

40. 빌립보서 3장 2절, "Iranian Cleric Denounces Dog Owners," BBC News, October 14, 2002 ⟨http://news.bbc.co.uk/2/hi/middleeast/2326357.stm⟩

41. N. Z. Davis, "Religious Riot in Sixteenth-Century France," in *The Massacre of St. Bartholomew: Reappraisals and Documents,* ed. A. Soman (The Hague: Martinus Nijhoff, 1974), 209–219.

42. Gray, *The Warriors,* 148.

43. Rick Atkinson and Dan Boltz, "Allied Bombers Strike Shifting Iraqi Troops," *The In dependent,* February 6, 1991; "The Reality of War," *Observer,* March 30, 2003; "Perspectives," *Newsweek,* May 3, 2004.

44. D. Quammen, *Monster of God: The Man- Eating Predator in the Jungles of History and the Mind* (New York: W. W. Norton and Company, 2003), 3.

45. B. Ehrenreich, *Blood Rites: Origins and History of the Passions of War* (New York: Henry Holt and Company, 1997), 49.

46. E. Gardiner, *Visions of Heaven and Hell Before Dante* (New York: Italica, 1989), 140.

47. J. E. Salisbury, *The Beast Within: Animals in the Middle Ages* (New York: Routledge, 1994). E. Gardiner, *Visions of Heaven and Hell Before Dante* (New York: Italica Press, 2008). Augustine, "The Christian Combat," in *The Writings of Saint Augustine,* vol. 4 (New York: Fathers of the Church, 1947), 317.

48. M. Perry and F. M. Schweitzer, *Antisemitism: Myth and Hate from Antiquity to the Present* (New York: Palgrave Macmillan, 2002), 76.

49. P. Krentz and E. L. Wheeler (eds. and trans.), *Polyaenus: Stratagems of War II* (Chicago: Ares, 1994), 625.

50. 이 인용구들은 A. Malouf, *The Crusades Through Arab Eyes,* trans. J. Rothschild (New York: Schocken Books, 1984), 39에서 나옴.

51. S. Keen, *Faces of the Enemy: Reflections on the Hostile Imagination* (New York: HarperCollins, 1986).

52. *Iliad,* 15: 604 – 30, 24: 207, 24: 43, 16: 155 – 67, Gottschall, 280에 인용됨.

53. B. Ehrenreich, *Blood Rites*, 11.

54. A. Palmer, *Colonial Genocide* (Adelaide: C. Hurst & Co. Ltd, 2001), 44f; J. La Nause, *The Making of the Australian Constitution* (Melbourne: Melbourne University Press, 1972); J. La Nause, *The Making of the Australian Constitution* (Melbourne: Melbourne University Press, 1972); "'Plenty Shoot 'Em': The Destruction of Aboriginal Societies Along the Queensland Frontier," in *Genocide and Settler Society: Frontier Violence and Stolen Indigenous Children in Australian History,* ed. A. D. Moses (New York: Berghahn Books, 2004), 155, 159.

55. Herodotas, *Histories,* trans. G. Rawlinson (London: Wordsworth, 1999), 326.

56. R. J. Chacon and D. H. Dye (eds.), *The Taking and Displaying of Body Parts as Trophies by Amerindians* (New York: Springer, 2007), 7.

57. R. F. Murphy, "Intergroup Hostility and Social Cohesion," *American Anthropologist* 59 (1957), 1025 – 1026, 1028.

58. J. R. Ebert, *A Life in a Year: The American Infantryman in Vietnam, 1965–1972* (Novato, CA: Presidio), 280.

59. P. Fussell, "Thank God for the Atomic Bomb," in *Thank God for the Atomic*

Bomb and Other Essays (New York: Summit, 1988), 26.

60. P. Fussell, *Wartime: Understanding and Behavior in the Second World War* (Oxford: Oxford University Press, 1989), 117.

61. P. Fussell, "Postscript (1987) on Japa nese Skulls," in *Thank God for the Atomic Bomb and Other Essays* (New York: Summit, 1988), 48.

62. A. Santoli, *Everything We Had: An Oral History of the Vietnam War by Thirty-Three American Soldiers Who Fought It* (New York: Ballantyne, 1981), 98–99.

9장 비인간화 이론을 위한 논의 – 우리의 본성은 무엇인가

1. S. Freud, *Civilization and Its Discontents* (New York: W.W. Norton and Company, 1961), 97.

2. P. Watson, *War on the Mind: The Military Uses and Abuses of Psychology* (New York: Basic Books, 1978), 250.

3. R. Rorty, "Human Rights, Rationality and Sentimentality," in *Truth and Progress* (New York: Cambridge University Press, 1998).

4. D. Rieff, "Letter from Bosnia," *New Yorker,* November 23, 1992, 82–95.

5. Rorty, "Human Rights, Rationality and Sentimentality," 167.

6. 같은 책, 168.

7. 같은 책, 178.

8. 같은 책, 176, 185.

9. A. Alvarez, *Governments, Citizens, and Genocide: A Comparative and Interdiscipl nary Approach* (Indianapolis: Indiana University Press, 2001), 151에 인용됨.

10. Rorty, "Human Rights, Rationality and Sentimentality," 180.

11. 같은 책, 169–170.

부록 II 전쟁에서의 비인간화에 대한 폴 로스코의 이론

1. P. Roscoe, "Intelligence, Coalitional Killing, and the Antecedents of War," *American Anthropologist* 109, no. 3 (2007): 485–495.

2. C. Browning, *Ordinary Men: Reserve Police Battalion 101 and the Final Solution in Poland* (New York: HarperCollins, 1998).

3. Roscoe, "Intelligence, Coalitional Killing, and the Antecedents of War," 487.
4. 같은 책, 488.
5. 같은 책, 490.

인간 이하

초판 1쇄 발행 2022년 12월 1일
초판 5쇄 발행 2023년 11월 5일

지은이 데이비드 리빙스턴 스미스
옮긴이 김재경·장영재
펴낸이 권미경
편집장 이소영
기획편집 김효단
마케팅 심지훈, 강소연, 김재이
디자인 studio forb
펴낸곳 (주)웨일북
출판등록 2015년 10월 12일 제2015-000316호
주소 서울시 마포구 토정로 47 서일빌딩 701호
전화 02-322-7187 **팩스** 02-337-8187
메일 sea@whalebook.co.kr **인스타그램** instagram.com/whalebooks

ⓒ 데이비드 리빙스턴 스미스, 2022
ISBN 979-11-92097-32-9 (03180)

소중한 원고를 보내주세요.
좋은 저자에게서 좋은 책이 나온다는 믿음으로, 항상 진심을 다해 구하겠습니다.